SCHRIFTEN zur öffentlichen Verwaltung und öffentlichen Wirtschaft

Hrsg. von Prof. Dr. Peter Eichhorn und Prof. Dr. Peter Friedrich

Band 100

Prof. Dr. Peter Eichhorn (Hrsg.)

Doppik und Kameralistik

Festschrift für Prof. Dr. Ludwig Mülhaupt zur Vollendung des 75. Lebensjahres

Nomos Verlagsgesellschaft
Baden-Baden

CIP-Kurztitelaufnahme der Deutschen Bibliothek

Doppik und Kameralistik: Festschr. für Prof. Dr. Ludwig Mülhaupt zur Vollendung d. 75. Lebensjahres / Peter Eichhorn (Hrsg.). – 1. Aufl. – Baden-Baden: Nomos Verlagsgesellschaft, 1987.
(Schriften zur öffentlichen Verwaltung und öffentlichen Wirtschaft; Bd. 100)
ISBN 3-7890-1391-9
NE: Eichhorn, Peter [Hrsg.]; Mülhaupt, Ludwig: Festschrift; GT

1. Auflage 1987

Inhaltsverzeichnis

Vorwort

Am 14. Juli 1987 vollendet Professor Dr. Ludwig Mülhaupt, emeritierter Ordinarius für Betriebswirtschaftslehre der Universität Münster, sein 75. Lebensjahr. Freunde, Schüler und Kollegen widmen aus diesem Anlaß dem hochgeschätzten Jubilar diese Festschrift. Sie gibt uns Gelegenheit, dem Gelehrten für seine fachlichen Anregungen und persönliche Zuwendung zu danken, seine »Daten und Taten« einem größeren Kreis außerhalb des Fachgebiets zugänglich zu machen und dieses selbst in einigen Facetten zu beleuchten.
Nachdem bereits ein von Professor Dr. Hans-Dieter Deppe herausgegebenes Bankbetriebliches Lesebuch zum 65. Geburtstag das Wirken des Jubilars im Bereich der Bank-, Geld- und Kreditwirtschaft dokumentierte, befaßt sich der vorliegende Band mit dem anderen Forschungs- und Lehrgebiet von Ludwig Mülhaupt: dem öffentlichen Rechnungswesen. Es gehört zum Kern der Öffentlichen Betriebswirtschaftslehre, einer Disziplin, die sich mit den betriebswirtschaftlichen Aspekten der staatlichen und kommunalen Verwaltungen und Unternehmen beschäftigt.
Obwohl wegweisende Publikationen zur Gemeindefinanzwirtschaft und öffentlichen Vermögensrechnung unter anderem von Ernst Walb und Rudolf Johns, den Lehrern Ludwig Mülhaupts, und von diesem selbst seit Jahrzehnten vorliegen, haben Verwaltungspraxis und Haushaltsreform der 60er und 70er Jahre davon kaum Notiz genommen. Es wäre wünschenswert, wenn dieser Band dazu beitragen könnte, die Diskussion über das »Haushalts- und Rechnungswesen« von Bund, Ländern und Gemeinden zu beleben.
Der Titel des Bandes »Doppik und Kameralistik« soll signalisieren, daß die Verbesserung der Informationsgrundlagen des Verwaltungshandelns mit Hilfe betriebswirtschaftlicher Kategorien und Methoden im Vordergrund steht. Dabei bot sich eine Zweiteilung der Beiträge an. Im ersten Kapitel, mit »Probleme« überschrieben, wird der gegenwärtige Stand des kameralistischen Rechnungswesens in einigen Teilbereichen analysiert. Es faßt Beiträge zusammen, die sich auf Probleme insbesondere der Eignung kaufmännischen Denkens, Finanzierens und Rechnens für öffentliche Verwaltungen konzentrieren. Welche Entwicklung die staatliche und kommunale Buchführung und Rechnungslegung nehmen soll, ist Thema des zweiten Kapitels »Perspektiven«.
Die Autoren sind größtenteils als Hochschullehrer tätig oder verknüpfen leitende Positionen in der Praxis mit wissenschaftlicher Arbeit. Alle Verfasser arbeiten auf dem Gebiet des öffentlichen Rechnungswesens und stehen seit Jahren mit dem

Jubilar in Verbindung. Die wichtigsten Stationen des Werdens und Wirkens von Ludwig Mülhaupt lassen sich dem abgedruckten Lebenslauf und Schriftenverzeichnis entnehmen.

Als Herausgeber dieser Festschrift danke ich sowohl den Autoren als auch meinen Mitarbeitern, Frau Gizella Hemmer und Frau Darja Hladnik für die Textverarbeitung sowie Frau Dorothea Feiertag, Herrn Thomas Kehl und Herrn Dipl.-Kfm. Günter Ermrich für ihre redaktionelle Zuarbeit. Die redaktionelle Gesamtverantwortung lag vertrauensvoll in den Händen von Herrn Dipl.-Kfm. Dietmar Köhrer.

Mannheim, im Januar 1987 Peter Eichhorn

Lebenslauf von Ludwig Mülhaupt

14. Juli 1912	geboren in Straßburg-Schiltigheim (Elsaß)
1931	Reifeprüfung am Realgymnasium
SS 1931 und WS 1931/32	Studium der Wirtschaftswissenschaften an der Handelshochschule Mannheim und Besuch des Dolmetscher-Instituts Mannheim
März 1932 bis März 1933	Volontär beim Bankhaus J.A. Krebs in Freiburg i.Br.
ab SS 1933	Fortsetzung des Studiums an der Universität Freiburg
1. Okt. 1935	Dipl.-Volkswirt an der Universität Freiburg
April 1936 bis Sept. 1936	Assistent am Betriebswirtschaftlichen Seminar der Universität Freiburg bei Dozent Dr. Rudolf Johns
Okt. 1936 bis Sept. 1938	Assistent am Seminar für Allgemeine Betriebswirtschaft, Bank- und Finanzwirtschaft der Universität Köln bei Dozent Dr. Rudolf Johns und Prof. Ernst Walb
18. Feb. 1938	Dr.rer.pol. an der Universität Köln
Okt. 1938 bis März 1939	Wissenschaftlicher Hilfsarbeiter im Statistischen Reichsamt, Abt. Finanz- und Steuerstatistik, in Berlin
April 1939 bis Sept. 1939	Revisionsassistent bei Wirtschaftsprüfer und Fachanwalt für Steuerrecht Dr. Alexander Spengler in Köln
Okt. 1939	Wissenschaftlicher Mitarbeiter am Institut für Weltwirtschaft an der Universität Kiel
Juli 1940	Wissenschaftlicher Assistent
24. März 1943	Habilitation für Betriebswirtschaftslehre
Sept. 1943	Dozent für Betriebswirtschaftslehre
Juni 1950	Wissenschaftlicher Dezernent
Okt. 1952	Oberassistent

SS 1956 und WS 1956/57	Vertretung des Lehrstuhl für Betriebswirtschaftslehre an der Hochschule für Sozialwissenschaften in Wilhelmshaven
Okt. 1956	Ord. Professor und Inhaber des Lehrstuhls für Betriebswirtschaftslehre an der Universität Kiel
1956	Rufe an die Hochschule für Sozialwissenschaft in Wilhelmshaven und an die Wirtschaftshochschule Mannheim
SS 1960 bis SS 1978	Ord. Professor und Inhaber des Lehrstuhls für Betriebswirtschaftslehre an der Universität Münster, Direktor des Instituts für Kreditwesen und des Instituts für Wirtschafts- und Sozialwissenschaften daselbst
1960	Ruf an die Universität Hamburg
April 1962 bis März 1968	Stellvertretender Vorsitzender des Prüfungsamtes für Wirtschafts- und Sozialwissenschaftliche Diplomprüfungen der Universität Münster
Okt. 1962 bis März 1982	Studienleiter der Verwaltungs- und Wirtschafts-Akademie Essen
1963	Ruf an die Universität Bonn
April 1964 bis Okt. 1980	Vorsitzender des Prüfungsausschusses des Deutschen Sparkassen- und Giroverbandes, Bonn, für das Verbandsprüferexamen
1965	Ruf an die Universität Freiburg i.Br.
1966	Ruf an die Universität Frankfurt a.M.
1966/67	Dekan der Rechts- und Staatswissenschaftlichen Fakultät der Universität Münster
Nov. 1971 bis Okt. 1980	Stellvertretender Vorsitzender der Gesellschaft zur Förderung der Wissenschaftlichen Forschung über das Spar- und Girowesen, Bonn
Nov. 1974 bis Mai 1979	Mitglied der Studienkommission für Grundsatzfragen der Kreditwirtschaft
30. Sept. 1978	Emeritierung
Okt. 1978 bis März 1980	Vertretung des Lehrstuhls für Betriebswirtschaftslehre an der Universität Münster und kommissarischer Leiter des Instituts für Kreditwesen daselbst

Autorenverzeichnis

Professor Dr. Franz Xaver Bea
Universität Tübingen
Sigwartstraße 18, 7400 Tübingen 1

Professor Dr. Günther E. Braun
Universität der Bundeswehr München
Werner-Heisenberg-Weg 39, 8014 Neubiberg

Professor Dr. Helmut Brede
Universität Göttingen
Nikolausberger Weg 5c, 3400 Göttingen

Privatdozent Dr. Werner Buchholz
Hans-Thoma-Straße 60, 6900 Heidelberg

Professor Dr. Dietrich Budäus
Hochschule für Wirtschaft und Politik
Von-Melle-Park 9, 2000 Hamburg 13

Professor Dr. Ernst Buschor
Hochschule St. Gallen
Bodanstraße 1, CH-9000 St. Gallen

Professor Dr. Peter Eichhorn
Universität Mannheim
L 5, 4 am Schloß, 6800 Mannheim 1

Stadtdirektor Dr. Manfred Fuchs
Stadtverwaltung Aachen
Verwaltungsgebäude Katschhof, 5100 Aachen

Professor Dr. Jürgen Gornas
Universität der Bundeswehr Hamburg
Holstenhofweg 85, 2000 Hamburg 70

Professor Dr. Klaus Lüder
Hochschule für Verwaltungswissenschaften Speyer
Freiherr-von-Stein-Straße 2, 6720 Speyer

Professor Dr. Walter A. Oechsler
Universität Bamberg
Hornthalstraße 2, 8600 Bamberg

Professor Dr. Karl Oettle
Universität München
Ludwigstraße 28, 8000 München 22

Wirtschaftsprüfer Professor Dr. Erich Potthoff
ehem. Vorsitzender des Vorstandes der WIBERA AG
Am Hövel 6, 4005 Meerbusch 1

Staatssekretär Professor Dr. Manfred Timmermann
Bundesministerium der Verteidigung
Hardthöhe, 5300 Bonn 1

Dipl.-Kfm. Ulrich Trogele
Universität Göttingen
Nikolausberger Weg 5c, 3400 Göttingen

Dr. Karl Saindl
Senatsrat i.R.
Günthergasse 8, A-2700 Wiener Neustadt

Professor Dr. Reinbert Schauer
Universität Linz
Altenbergerstr. 69, A-4040 Linz-Auhof

Professor Dr. Henner Schierenbeck
Universität Münster
Universitätsstraße 14-16, 4400 Münster

Sektionschef Professor Dr.Dr. Walter Schwab
Österreichischer Rechnungshof
Dampfschiffstraße 2, A-1030 Wien

Professor Dr. Manfred Steiner
Universität Münster
Am Stadtgraben 13-15, 4400 Münster

Professor Dr. Hannes Streim
Universität Trier
Kohlenstraße 68, 5500 Trier

Erstes Kapitel

Probleme

Informationsbedarf für Entscheidungen in öffentlichen Verwaltungen

von *Franz Xaver Bea*

I. Einleitung

Ein Entscheidungsproblem ist dann gegeben, wenn bei bestimmten Umweltsituationen aus mehreren Möglichkeiten diejenige Alternative zu wählen ist, die am besten zur Zielerfüllung beiträgt. Die Lösung eines Entscheidungsproblems kann durch die Anwendung von Entscheidungstechniken, speziell den Einsatz von Entscheidungsmodellen unterstützt und damit verbessert werden. Da diese das Entscheidungsproblem abbilden, verlangen sie Informationen über die Elemente des Entscheidungsproblems, also über Ziele, Alternativen und Umweltzustände. Beschaffung und Verarbeitung dieser Informationen wiederum werden wesentlich von der Organisation des Entscheidungsprozesses beeinflußt.

Seit der Ausbreitung des sog. entscheidungsorientierten Ansatzes in unserem Fach wird dem Thema »Entscheidung und Information« in der Betriebswirtschaftslehre große Aufmerksamkeit geschenkt.[1] Allerdings beziehen sich die Untersuchungen vorwiegend auf erwerbswirtschaftlich orientierte Betriebe. Einzelne Teilbereiche der Informationswirtschaft öffentlicher Verwaltungen sind jedoch schon früh beleuchtet worden, so z.B. das Rechnungswesen. Hier sind insbesondere die Arbeiten von *Ernst Walb, Rudolf Johns* und *Ludwig Mülhaupt* zu nennen.[2] Der Schwerpunkt dieser Arbeiten lag den Ansprüchen einer öffentlichen Verwaltung entsprechend auf der extern orientierten Dokumentation der Finanzwirtschaft. Informationen für die Fundierung von (internen) Entscheidungen wurden erst in der jüngsten Zeit verstärkt angefordert. Jedoch ist mit *Peter Eichhorn* festzustel-

1 Vgl. z.B. die Monographie von Wolfgang Mag, Entscheidung und Information, München 1977.

2 Vgl. beispielsweise Ernst Walb, Die Erfolgsrechnung privater und öffentlicher Betriebe, Eine Grundlegung, Berlin und Wien 1926; Rudolf Johns, Kameralistik, Grundlagen einer erwerbswirtschaftlichen Rechnung im Kameralstil, Wiesbaden 1951; Ludwig Mülhaupt, Neuere Entwicklungen auf dem Gebiet des Gemeinderechnungswesens in Westdeutschland, in: Gemeindewirtschaft und Unternehmerwirtschaft, Festgabe für Rudolf Johns, hrsg. von Ludwig Mülhaupt und Karl Oettle, Göttingen 1965, S. 15-49.

len: »Insgesamt hat man den Wert interner Leistungs- und Finanzrechnungen für Planung, Steuerung und Kontrolle, und das heißt als Entscheidungshilfe und zur Verbesserung der Wirtschaftlichkeit des Verwaltungshandelns, noch nicht hinreichend erkannt«.[3] Im folgenden sollen daher die Determinanten des Informationsbedarfs und die Möglichkeiten der Informationsbeschaffung für Entscheidungen in öffentlichen Verwaltungen behandelt werden.

II. Determinanten des Informationsbedarfs

1. Elemente einer Entscheidung

a) Ziele

Entscheidungen in öffentlichen Verwaltungen sind in der Regel nicht primär an Formalzielen (z.B. der Rentabilitätssteigerung), sondern an Sachzielen, d.h. an der Bedarfsdeckung durch Bereitstellung eines politisch festgelegten Leistungsprogramms ausgerichtet. Statt klar (d.h. quantitativ) definierter Ziele dominieren qualitative Ziele. Qualitative Ziele wiederum müssen interpretiert werden, falls sie ihre Funktion als Kriterien für die Bewertung von Alternativen erfüllen sollen. Geschieht dies – wie in öffentlichen Verwaltungen oft – nicht, sind unterschiedliche Urteile über Wirkungen von Alternativen möglich und demzufolge eine interessengeleitete Ausnutzung des Interpretationsspielraumes zu erwarten. Der Planungsvollzug wird erschwert, da bei unklaren Zielsetzungen eine Delegation von Entscheidungen und damit von Informationsbeschaffungs- und -verarbeitungsaktivitäten (etwa durch Anwendung des Management by Objectives) sinnvoll nicht möglich ist. Die Kontrolle (z.B. durch die Rechnungshöfe) wird behindert, da sie ein klar definiertes Soll voraussetzt. Schließlich leidet die Planungsaufgabe der (frühzeitigen) Problemidentifikation unter einer vagen Zielformulierung. Probleme können letztlich nur dann aufgedeckt werden, wenn sich das Ist an einem Soll messen läßt.[4] Besteht dazu keine Möglichkeit, muß sich

3 Peter Eichhorn, Öffentliche Verwaltung, Rechnungswesen der, in: Handwörterbuch des Rechnungswesens, hrsg. von Erich Kosiol, Klaus Chmielewicz und Marcell Schweitzer, 2. Aufl., Stuttgart 1981, Sp. 1223-1236, hier: Sp. 1230.

4 Vgl. Alfred Kötzle, Das Planungsverhalten nichterwerbswirtschaftlicher Unternehmen, in: Zeitschrift für öffentliche und gemeinwirtschaftliche Unternehmen, 1984, S. 346-359; Franz Xaver Bea und Alfred Kötzle, Nichterwerbswirtschaftliche Betriebe, Planung in, in: Handwörterbuch der Planung, hrsg. von Norbert Szyperski, Stuttgart (im Druck).

das Handeln in öffentlichen Verwaltungen in einem reaktiven Krisenmanagement erschöpfen. Prospektives Gestalten setzt Ziele voraus.
Sollen die Ziele öffentlicher Verwaltungen präzise und damit überprüfbar formuliert werden, sind qualitative Ziele über Indikatoren in quantitative Ziele zu überführen. Der Informationsbedarf ist beträchtlich: Es werden Informationen über solche Zielarten und Zielgewichte benötigt, die mit der gesamtwirtschaftlichen Zielsetzung kompatibel sind. Aber was ist das gesamtwirtschaftliche Ziel? Soll es im Bruttosozialprodukt oder in einem System sozialer Indikatoren als Maßstab einer gesellschaftlichen Wohlfahrt zum Ausdruck kommen? Zur Beantwortung dieser Frage müssen einmal die politischen Willensbildungsorgane Informationen für ein die individuellen Präferenzen berücksichtigendes und in sich konsistentes Zielsystem bereitstellen, zum anderen ist die Wissenschaft gefordert, Techniken zu entwerfen, die diese Informationen in meßbare Ziele transformieren helfen. Im Rahmen des PPBS (insbesondere der National Goal Analysis) ist dies versucht worden.
Ohne Zweifel ist das Handeln in öffentlichen Verwaltungen immer von Zielen geleitet; Ziele sind also stets vorhanden, sie werden nur häufig nicht offen gelegt, um eine Aufdeckung eventueller Zielkonflikte und eine Kontrollierbarkeit der Zielerfüllung (Soll-Ist-Vergleich) zu vermeiden[5]: »Viel leichter als Gegnern die Gründe für Planabweichungen – und mögen diese noch so begründet sein – zu erläutern, ist es, auf Planung von vornherein zu verzichten«.[6]

b) Alternativen

Die Handlungsalternativen (Instrumente, Strategien) öffentlicher Verwaltungen bestehen in der Bestimmung eines Leistungsprogramms, das sich vorwiegend aus immateriellen Gütern zusammensetzt, die unentgeltlich oder zu politisch festgesetzten Preisen abgegeben werden. Auf die Informationen des Marktes zur Auswahl und Bewertung dieser Alternativen wird bewußt verzichtet. Statt dessen müssen die zur Messung von Zielen gewählten Indikatoren herangezogen werden. Die Problematik der bereits erörterten Zieldefinition erzeugt also weitere Probleme: Mit der Erschwerung der Alternativenbewertung fehlt ein eindeutiger, am Erfolgsdenken anknüpfender Anreiz- und Sanktionsmechanismus.[7]

5 So hat Diederich beispielsweise festgestellt, daß bei den von ihm untersuchten KNA im Verkehrsbereich regelmäßig Informationen über Zielvorgaben durch Politiker fehlten (vgl. Helmut Diederich, Zur Planung öffentlicher Investitionen, in: Investitionstheorie und Investitionspolitik privater und öffentlicher Unternehmen, hrsg. von Horst Albach und Hermann Simon, Wiesbaden 1976, S. 37-63, hier: S. 44 f.).

6 Heinrich Reinermann, Controlling in mittleren und kleineren Kommunalverwaltungen, in: Die Betriebswirtschaft, 44. Jg. (1984), S. 85-97, hier: S. 89 f.

7 Vgl. Franz Xaver Bea und Alfred Kötzle, a.a.O.

Als Ersatzkriterien für die Alternativenbewertung werden in der öffentlichen Verwaltung häufig (meßbare) Aufwandsgrößen herangezogen und zwar mit unterschiedlicher Intention. Wird ein möglichst *geringer* Aufwand als Auswahlkriterium festgelegt, wird unterstellt, daß die Zielbeiträge der Alternativen gleich sind (vgl. dazu die Kostenwirksamkeitsanalyse). Als Beispiel sei der häufig gewählte Wirtschaftlichkeitsvergleich verschiedener Universitäten anhand der Kennzahl »Kosten pro Student« genannt. Bei einer Betonung des Aufwandes als *Erfolgsindikator* (etwa bei Bügermeistern, die mit Stolz auf ihre Aufwendungen für den Straßenbau verweisen) wird davon ausgegangen, daß mit der Höhe des Aufwandes auch die Zielerfüllung verbessert wird.
Die Ermittlung der Zielerträge von Alternativen verlangt Informationen, die nur schwer oder gar nicht beschaffbar sind. Dies gilt grundsätzlich, da Alternativen erst in der Zukunft wirken (Entscheidung unter Ungewißheit). Alternativen in der öffentlichen Verwaltung sind darüberhinaus in der Regel so beschaffen, daß sich ihnen nur langfristig und auch nicht eindeutig Zielbeiträge zurechnen lassen. Als Beispiele können die Beurteilung verschiedener Schulsysteme im Hinblick auf die Qualität der Berufsausbildung oder verschiedener Verteidigungssysteme zur Erhaltung der äußeren Sicherheit genannt werden. Insgesamt ist festzustellen, daß hier ein riesiger Informationsbedarf vorliegt. Je weniger er gedeckt wird, desto mehr werden Spekulationen und damit auch die politische Nutzung von Spielräumen erleichtert.

c) Umweltzustände

Umweltzustände schränken den Handlungsspielraum ein und beeinflussen die Ergebnisse der wählbaren Alternativen. Auch öffentliche Verwaltungen sehen sich oft sehr einschneidenden Beschränkungen ausgesetzt, die insbesondere rechtlicher und politischer Natur sind. Bei den rechtlichen Beschränkungen (etwa Besoldungsordnungen, haushaltsrechtliche Bindungen) besteht das Informationsproblem weniger in der Beschaffbarkeit von Rechtsinformationen (abgesehen von ungeklärten Rechtsfragen), sondern in der Organisation der Bereitstellung dieser Informationen für die einzelnen Stellen innerhalb der öffentlichen Verwaltung. So sind beträchtliche informationsorganisatorische Anstrengungen erforderlich, um beispielsweise die neueste Rechtsprechung an die interessierten Entscheidungsträger heranzubringen. Hier dürfte der Einsatz der computergestützten Informationstechnologie vielfache Erleichterung bringen (vgl. später). Allerdings sind dabei neue Restriktionen zu beachten, so etwa der Datenschutz bei der Einrichtung von Online-Anschlüssen an Datenbanken.
Politisch bedingte Restriktionen haben in den letzten Jahren an Bedeutung gewonnen: Entscheidungen öffentlicher Verwaltungen werden heute mehr denn

je in Frage gestellt durch die Überwachungsorgane (etwa den Gemeinderat) und durch sog. Bürgerinitiativen. Es sind daher vor einer Entscheidung Informationen über potentielle Widerstände zu berücksichtigen oder Widerstände dadurch zu vermeiden, daß einzelne gesellschaftliche Gruppierungen in den Entscheidungsprozeß einbezogen werden (z.B. über Bürgerversammlungen, Anhörungsverfahren).

Umweltzustände sind in der Regel nicht statischer Natur, sondern verändern sich im Zeitablauf. Bei den öffentlichen Verwaltungen sind insbesondere folgende Tendenzen feststellbar: Die für das Verwaltungshandeln relevante Umwelt ist komplexer, dynamischer und neuartiger geworden. Als Beispiele seien genannt: für die Polizeibehörden die Zunahme des Terrorismus und der Wirtschaftskriminalität, für Umweltbehörden das Anwachsen und die Neuartigkeit von Umweltschäden, für Gewerbeaufsichtsämter die Zunahme der technikbedingten Komplexität, für Steuerbehörden der u.a. aufgrund der internationalen Verflechtung von Unternehmungen gewachsene Schwierigkeitsgrad von Steuerfällen. Daraus resultieren neue Anforderungen an die Informationswirtschaft: Die Verwaltungen benötigen aufgrund der Erweiterung des Aufgabenbereichs zum einen umfassendere, zum anderen aber auch bedarfsgerechter aufbereitete Informationen, aufgrund der Verkürzung der verfügbaren Reaktionszeiten sowie der zunehmenden Intensität der Folgewirkungen von Verwaltungsentscheidungen präzisere und schneller verfügbare Informationen. Damit verbunden wiederum (bzw. der Anpassung der Informationswirtschaft vorausgehend) sind Konsequenzen für die organisatorische Gestaltung der Entscheidungsprozesse (vgl. später).

2. Entscheidungstechniken

Die Betriebswirtschaftslehre hat eine Fülle von Techniken zur Rationalisierung von Entscheidungen entwickelt. Sie unterscheiden sich u.a. in unterschiedlichen Ansprüchen an den Informationsbedarf und die Informationsverarbeitungskapazität des Entscheidungsträgers.[8] Die Entscheidungen in öffentlichen Verwaltungen verlangen – wie oben dargelegt – Informationen spezifischer Art. Aus diesem Grund mußten auch auf die Bedürfnisse der öffentlichen Verwaltung zugeschnittene Entscheidungstechniken entwickelt werden. Wir unterscheiden zwei Typen: Partialansätze und Totalansätze.

8 Vgl. Franz Xaver Bea, Ansätze einer Erweiterung der sog. rationalen Entscheidungstheorie, in: Struktur und Dynamik der Wirtschaft, Festschrift für Karl Brandt, hrsg. von Harald Enke, Walter Köhler und Wilfried Schulz, Freiburg 1983, S. 179-207.

Die *Partialansätze* berücksichtigen lediglich einzelne Aspekte eines Entscheidungsproblems, in der Regel die Kostenseite. Zu nennen sind u.a. auf die öffentliche Verwaltung zugeschnittene Kostenrechnungssysteme, Budgetrechnungssysteme und die Kostenwirksamkeitsanalyse. Sie weisen den Vorteil auf, daß sich der Informationsbedarf auf die Beschaffung quantitativer Informationen über Inputgrößen beschränkt. Sie sind jedoch andererseits für Entscheidungen nur dann aussagefähig, wenn die Leistungen aus dem Einsatz alternativer Kosten gleich sind. Die *Totalansätze* berücksichtigen sowohl den Kosten- als auch den Leistungsaspekt. Zu nennen sind vor allem das Planning-Programming-Budgeting-System (PPBS) und die Kosten-Nutzen-Analyse (KNA).

a) Planning-Programming-Budgeting-System (PPBS)

Das PPBS ist ein Planungssystem für öffentliche Verwaltungen.[9] Es wurde sowohl in den USA als auch in Deutschland wissenschaftlich fundiert und praktiziert. In Deutschland erfolgte für die im Rahmen des PPBS dominierende Planungstechnik »Kosten-Nutzen-Analyse« sogar eine gesetzliche Normierung. Die Grundidee besteht darin, die Zielplanung, die Maßnahmenplanung (mit Hilfe der Kosten-Nutzen-Analyse) und die Budgetierung zu einem System zu integrieren. Der mit seinem Einsatz verbundene Bedarf an Informationen ist beträchtlich und daran ist dieses System in der Praxis auch gescheitert. Nicht nur das PPBS ist gescheitert, mit ihm wurden auch eine Reihe von Planungssystemen (z.B. das politische Planungssystem des Bundes) und mit Planungsaufgaben befaßte organisatorische Einheiten in vielen öffentlichen Verwaltungen (z.B. Planungsstäbe) stark beschnitten, wenn nicht gar ganz abgeschafft.[10] Die Erfahrung zeigte, daß Entscheidungstechniken, die aufgrund ihrer Perfektion hohe Ansprüche an den Informationsstand und die Informationsverarbeitungskapazität stellen, in der Praxis kaum akzeptiert werden. Erstens lassen sich die Informationen in der Regel nicht beschaffen, zum zweiten sind die Techniken aufgrund ihrer Komplexität für die Politiker nicht mehr durchschaubar, d.h. sie zwingen zur Akzeptanz von Ergebnissen, deren Zustandekommen nicht nachvollziehbar ist. Schließlich werden die Politiker im Rahmen solcher Systeme zur Offenlegung von Entscheidungsprämissen (insbesondere der Ziele) gezwungen; dazu sind sie aber nicht ohne weiteres bereit. Insofern muß die Freude in der öffentlichen Verwaltung über das Scheitern des PPBS und überhaupt das Lästern

9 Vgl. Heinrich Reinermann, Programmbudgets in Regierung und Verwaltung, Schriften zur öffentlichen Verwaltung und öffentlichen Wirtschaft, hrsg. von Peter Eichhorn und Peter Friedrich, Band 6, Baden-Baden 1975.

10 Vgl. Heribert Schatz, Das politische Planungssystem des Bundes – Idee, Entwicklung, Stand, in: Anwendungsprobleme moderner Planungs- und Entscheidungstechniken, hrsg. von Hans-Christian Pfohl und Bert Rürup, Königstein 1978, S. 241-257.

über die Planungseuphorie der 70er Jahre nachdenklich stimmen. Die Wissenschaft andererseits sollte daraus lernen, daß Planungssysteme von Anwendern akzeptiert werden müssen, sollen sie tatsächlich funktionieren.

b) Kosten-Nutzen-Analyse (KNA)

Die KNA ist eine Entscheidungstechnik, die das Augenmerk auf die entscheidungsbedingten Folgewirkungen und deren Bewertung in Kosten und Nutzen lenkt.[11] Sie verlangt – im Gegensatz zu den klassischen Investitionsrechenverfahren – Informationen über sämtliche Wirkungen aus einer Entscheidung, auch (oder besser: insbesondere) die sog. intangiblen und externen Effekte, die sich nicht in Zahlungsströmen niederschlagen. Der stärkste Informationsbedarf besteht im Zusammenhang mit der Transformation der Wirkungen in Kosten und Nutzen. Relativ einfach lassen sich Kosten und Nutzen solcher Wirkungen erfassen, die monetärer Natur sind, wie etwa die Investitionskosten und Transportkostenersparnisse als (negative) und (positive) Folgen eines Brückenbaus. Wie lassen sich jedoch die Beeinträchtigung der Landschaft und die erhöhte Umweltqualität infolge einer Reduktion von Abgasen durch eben diese Brücke bewerten? Wer soll die Informationen für die Bewertungen liefern?
Es besteht kein Zweifel, daß in der Bewertungsfrage das Informationsdefizit schlechthin zu sehen ist. Diese Erkenntnis sollte jedoch nicht zu der Schlußfolgerung führen, das Verfahren sei insgesamt untauglich, wie etwa *Guy Kirsch* feststellt: »In dem Ausmaß, wie die Cost-Benefit-Analyse nötig ist, ist sie nicht möglich; in dem Ausmaß, wie sie möglich ist, ist sie nicht nötig«.[12] Es stellt sich nämlich die Frage, was an ihrer Stelle als Entscheidungshilfe zu verwenden ist. Die Gefahr ist nicht zu übersehen, daß als Folge der Kompromittierung dieser Technik überhaupt keine Techniken mehr angewandt werden und damit die Entscheidungen weder transparent noch kontrollierbar sind. Der Wert der KNA sollte aber gerade in der Tatsache gesehen werden, daß sie zu einem Informationsbeschaffungs- und -verarbeitungsprozeß anregt. Kurzum: Der Vorzug der KNA liegt vor allem in den Aktivitäten, die mit ihrem Vollzug verbunden sind,

11 Nach § 7 Abs. 2 Bundeshaushaltsordnung sind Nutzen-Kosten-Untersuchungen »für geeignete Maßnahmen von erheblicher finanzieller Bedeutung« vorgeschrieben. Die vom Bundesministerium der Finanzen erlassenen vorläufigen Verwaltungsvorschriften zu § 7 Abs. 2 BHO (am 11. Juli 1973 im Ministerialblatt des Bundesministers der Finanzen Nr. 13 mit der Bitte um sofortige Anwendung veröffentlicht) enthalten Vorschriften und Anregungen zur praktischen Handhabung der als Variante der Nutzen-Kosten-Untersuchung anzusehenden KNA. Zum Verfahren der KNA vgl. Eduard Joshua Mishan, Cost-Benefit Analysis, London 1975.

12 Guy Kirsch, Die Cost-Benefit-Analyse: Zur Kritik ihrer theoretischen Grundlagen, in: Nationale Ziele und soziale Indikatoren, hrsg. von Guy Kirsch und Walter Wittmann, Stuttgart 1975, von S. 69-80, hier S. 75.

nicht nur im Ergebnis selbst.[13] Aus diesem Grunde weist *Heinrich Reinermann* zurecht darauf hin, »daß die Sicherung ordnungsmäßiger und fairer Entscheidungsprozesse (durch die Rechnungshöfe, d.V.) für uns von wesentlich höherer Bedeutung ist als eine unmittelbare Bewertung der Entscheidungsergebnisse, die sich in Anbetracht politisch kontroverser Beurteilungen eben in aller Regel einer objektiven Messung entziehen«.[14] Entscheidungstechniken haben nicht nur eine instrumentale Funktion (Verbesserung der Entscheidung), sondern auch eine organisatorische Bedeutung (Arbeitsteilung im Rahmen der Entscheidungsprozesse, Dokumentation der Entscheidungsprämissen und des Entscheidungsablaufes, Erschwerung von Vorurteilen).

Erwägenswert aus der Kritik an der KNA ist, daß man sich der Relativität der mit dem Bewertungsvorgang verbundenen Schritte bewußt und gegenüber neuen Erkenntnissen sensibel sein sollte. Auch ist zu vermeiden, daß die KNA – wie allzu oft geschehen[15] – statt als Analyseinstrument als Rechtfertigungsinstrument für schon getroffene Entscheidungen mißbraucht wird.

3. Entscheidungsorganisation

Die Umwelt für öffentliche Verwaltungen – so haben wir festgestellt – ist komplexer und dynamischer geworden. Nach der zunächst von *Tom Burns* und *George M. Stalker* und später u.a. von *Paul R. Lawrence/Jay W. Lorsch* und *Henry Mintzberg* vermittelten Erkenntnis[16] müssen sich Organisationen ihrer Umwelt anpassen, wenn sie erfolgreich sein wollen.

Es können hier im einzelnen die Begründungen für organisatorische Konsequenzen in öffentlichen Verwaltungen nicht diskutiert werden. Es seien lediglich die wichtigsten Ergebnisse aus einer seit der Propagierung des sog. Harzburger Modells anhaltenden Diskussion festgehalten: Die Organsiation des Verwal-

13 Dies wiederum bedeutet, daß die Rechnungshöfe weniger auf die Inhalte und Ergebnisse von behördlichen Entscheidungen rekurrieren sollten als vielmehr auf die Verfahren der Entscheidungsfindung selbst (vgl. Heinrich Reinermann, Messungsprobleme der Rechnungskontrolle, in: Die Verwaltung, Zeitschrift für Verwaltungswissenschaft, 1981, S. 483-500, hier: S. 498).

14 Ebenda, S. 499, und Fritz Heinrichsdorf, Nutzen-Kosten-Untersuchungen zur Bewertung von verkehrs- und umweltspezifischen Wirkungen der Bundesverkehrswegeplanung, in: Investition, Erklärung und Planung durch Simulation, hrsg. von Franz Xaver Bea, Armin Bohnet und Herbert Klimesch, München 1981, S. 155-173, hier: S. 172.

15 Zur Verbreitung der KNA in der Praxis der öffentlichen Verwaltung vgl. Hans-Ulrich Derlien, Die Effizienz von Entscheidungsinstrumenten für die staatliche Ressourcenallokation, in: Anwendungsprobleme, a.a.O., S. 311-326, hier: S. 313 ff.

16 Tom Burns und George M. Stalker, The Management of Innovation, London 1961; Paul R. Lawrence und Jay W. Lorsch, Organization and Environment, Homewood 1967, Henry Mintzberg, The Structuring of Organizations, Englewood Cliffs 1979.

tungshandelns sollte sich von den bisher dominierenden Instrumenten einer
- Standardisierung der Tätigkeiten,
- Minimierung der Entscheidungsdelegation und
- funktionalen und stark spezialisierten Strukturierung

lösen und sich in Richtung
- ergebnisorientierter Vorgaben (Management by Objectives),
- verstärkter Delegation von Verantwortung und Entscheidung und einer
- Strukturierung nach funktionsübergreifenden Problembereichen

entwickeln.

Hat sich die Organisation der Umwelt anzupassen, so muß wiederum die Informationswirtschaft auf die Organisation abgestimmt sein. Aus den genannten Maßnahmen der organisatorischen Gestaltung resultieren u.a. folgende Anforderungen an die Informationswirtschaft:
- Dezentralisierung der Informationswirtschaft und damit auch Verstärkung der Motivation zur Informationsbeschaffung und -verarbeitung,
- Reduktion des vertikalen Informationsflusses zugunsten
- eines gut funktionierenden horizontalen Informationsflusses, insbesondere zwischen den dezentralen Entscheidungseinheiten.

Aus der organisatorischen Anpassung der Informationswirtschaft ergeben sich wiederum Konsequenzen für die Gestaltung des Informationssystems (vgl. dazu später).

III. Probleme der Informationsbeschaffung

1. Informationsquellen

Für Entscheidungen im erwerbswirtschaftlichen Bereich steht als Hauptinformationsquelle das sog. interne Rechnungswesen, speziell die Kosten- und Leistungsrechnung zur Verfügung. Das Rechnungswesen öffentlicher Verwaltungen ist dagegen primär an der Dokumentation und damit der Kontrollierbarkeit der Finanzwirtschaft orientiert, weil Informationsadressaten eher Parlamente, Öffentlichkeit, Rechnungshöfe und weniger innerbetriebliche Entscheidungsträger sind.

Nicht alle öffentlichen Verwaltungen beschränken sich allerdings auf die sog. Verwaltungskameralistik. In zunehmendem Maße wird versucht, eine Betriebsabrechnung aus dem externen Rechnungswesen abzuleiten. Die Zielsetzung dieses internen Rechnungswesens ist vor allem die Bereitstellung von Kosteninformationen. Allerdings handelt es sich dabei um Kostenrechnungssysteme, die in der Regel der Rechtfertigung der Gebührenpolitik dienen, d.h. von Vollkosten ausgehen (vgl. § 9 Abs. 2 und 3 Kommunalabgabengesetz Baden-Württemberg). Teilkostenrechnungssysteme sind kaum vorhanden. Sie werden aber benötigt, wenn etwa Preisuntergrenzen zu bestimmen oder Entscheidungen zwischen Eigenfertigung und Fremdbezug zu treffen sind.[17] Da Leistungen öffentlicher Verwaltungen selten über den Markt bewertet werden, muß neben der Kostenrechnung auch der Entwicklung einer Leistungsrechnung Beachtung geschenkt werden (vgl. dazu die Darlegungen zur KNA).

Ein Beispiel soll die Bedeutung der Kosten- und Leistungsrechnung für die Fundierung von Entscheidungen in öffentlichen Verwaltungen verdeutlichen[18]: Öffentliche Verwaltungen betätigen sich in beträchtlichem Umfang als Verleger, indem sie beispielsweise Informationsbroschüren, Handbücher und Kataloge (zu günstigem Preis oder gar kostenlos) anbieten. Sie machen damit nicht nur dem privaten Verlagswesen Konkurrenz, sondern verstoßen auch häufig gegen die in § 7 Abs. 1 Bundeshaushaltsordnung verlangten Prinzipien der Wirtschaftlichkeit und Sparsamkeit. Dieser Verstoß wird deswegen nicht bemerkt, weil entweder keine Kosteninformationen verwertet werden oder nur ein Teil der Kosten (etwa Druckkosten) berücksichtigt wird. Eine Entscheidung über Eigenfertigung und Fremdbezug verlegerischer Leistungen kann jedoch nur dann fundiert werden, wenn Informationen für die unterschiedlichen Entscheidungssituationen (operative oder investive Entscheidungen vorliegen. Dies setzt ein Kostenrechnungssystem voraus, das zumindest in fixe und variable Kosten trennt. Dieses Beispiel zeigt aber auch, daß Vergleiche zwischen privater und öffentlicher Leistungserstellung nur dann sinnvoll durchgeführt werden können, wenn die Leistungen vergleichbar sind. Da im Absatzbereich ein erhebliches Leistungsgefälle zwischen privater und öffentlicher verlegerischer Tätigkeit zu beobachten ist, führt die ausschließliche Durchführung eines Kostenvergleichs zu einer systematischen Überbewertung der Wirtschaftlichkeit öffentlicher verlegerischer Tätigkeit.

Eine Informationsquelle ganz anderer Art wird von der öffentlichen Verwaltung bevorzugt in Anspruch genommen: Beratung durch Gremien, wissenschaftliche Beiräte und Gutachter. Zwei Gründe sind dafür verantwortlich: Das Informa-

17 Zur Eignung von Vollkostenrechnung und Teilkostenrechnung für die öffentliche Verwaltung vgl. Jürgen Gornas, Grundzüge einer Verwaltungskostenrechnung, Schriften zur öffentlichen Verwaltung und öffentlichen Wirtschaft, hrsg. von Peter Eichhorn und Peter Friedrich, Band 13, baden-baden 1976, S. 86 ff.

18 Vgl. dazu Franz Xaver Bea und Alfred Kötzle, Grenzen für die verlegerische Betätigung der öffentlichen Hand – abgeleitet aus dem Grundsatz der Wirtschaftlichkeit der Haushaltsplanung und des Haushaltsvollzugs, in: Verlegerische Betätigung der öffentlichen Hand, hrsg. vom Börsenverein des Deutschen Buchhandels, Frankfurt 1984, S. 47-76.

tionsdefizit bezieht sich häufig – wie dargelegt – auf sämtliche Elemente einer Entscheidung. Es sind also Informationen über das komplette Entscheidungsproblem gefragt. Antworten darauf lassen sich am einfachsten bei Experten abrufen. Damit verbunden ist ein zweiter Vorteil: Informationen von Experten enthalten eine gewisse Integrationskraft. Die Entscheidungen lassen sich, da sie zumindest den Anschein der Objektivität erwecken, leichter durchsetzen.
Nicht selten bereitet jedoch diese Art der Informationsbeschaffung der öffentlichen Verwaltung zusätzliche Probleme, wenn die Position des neutralen Experten nicht unzweifelhaft ist. Man denke an die politische Turbulenz um Gutachten zur Standortfrage von Flughäfen.

2. Informationssysteme

Die Organisation der Informationswirtschaft in öffentlichen Verwaltungen ist heute im wesentlichen ein Thema der sog. Verwaltungsinformatik. Sie beschäftigt sich mit der Frage, wie die Informationsbeschaffung und -verarbeitung EDV-gestützt automatisiert werden kann. Der Schwerpunkt der Aktivitäten lag bisher auf dem Verwaltungsvollzug, d.h. der Bewältigung von Massen- und Routinearbeiten . In den Anfängen steckt dagegen die Nutzung der Automation für Entscheidungen. Werden die z.T. schon realisierten, z.T. sich im Aufbau befindenden Datenbanken mit Modellbanken kombiniert, können Modellrechnungen zur Vorbereitung von Entscheidungen durchgeführt werden.[19] So lassen sich beispielsweise die Konsequenzen potentieller Schadstoffemissionen auf die Immissionsintensität in einer bestimmten Region simulieren.
Da sich ein Informationssystem der Organisation anpassen muß, ergeben sich aus der (früher diskutierten) Notwendigkeit zur Entscheidungsdelegation auch Konsequenzen für die Gestaltung der Informationswirtschaft: Der Informationsbedarf des einzelnen Entscheidungsträgers ist umfassender und komplexer geworden. Einer Strukturierung nach funktionsübergreifenden Problembereichen muß eine Organisation der Informationswirtschaft folgen, die funktionsübergreifende Informationen liefert. Insofern wird sich künftig die EDV-gestützte Informationswirtschaft auf die Entwicklung übergreifender Informationspotentiale (Datenverbund) konzentrieren müssen.[20]

19 Vgl. Heinrich Reinermann, Verwaltungsautomation, in: Handwörterbuch der Organisation, 2. Aufl., hrsg. von Erwin Grochla, Stuttgart 1980, Sp. 2334-2346.

20 Vgl. beispielsweise das Projekt »Automatisierung des Grundbuchs unter Berücksichtigung der Integration mit dem Liegenschaftskataster« (Herbert Klimesch, Simulation von ADV-Investitionen in einem Projekt der öffentlichen Verwaltung, in: Investition, Erklärung und Planung durch Simulation, hrsg. von Franz Xaver Bea, Arnim Bohnet und Herbert Klimesch, a.a.O., S. 193-223

Bei der Einführung von Informationssystemen ist mit Akzeptanzwiderständen zu rechnen, da zwangsläufig Daten erfaßt und gespeichert werden müssen. Auch aus diesem Grunde empfiehlt sich ein Vorgehen in kleinen Schritten. Gigantische Managementinformationssysteme haben sich auch in der erwerbswirtschaftlichen Praxis nicht bewährt.

IV. Schlußbemerkung

Die bisherigen Erörterungen haben ergeben, daß zwischen dem Informationsbedarf und den Möglichkeiten der Informationsbeschaffung eine sog. Informationslücke besteht. Es wurde dargelegt, wodurch sie verursacht ist und welche prinzipiellen Möglichkeiten der Problemlösung bestehen. Werden sie nicht genutzt, wird die Entwicklung von einem inkrementalen und punktuellen, auf Umweltänderungen nur reagierenden und ausschließlich auf Sachziele orientierten Handeln hin zu einer langfristig angelegten, Umweltänderungen antizipierenden, Zusammenhänge erfassenden und formalzielbetonten Planung zumindest erschwert. Globalkürzungen von Haushaltsansätzen sind ein typisches Beispiel für ein durch Informationsdefizit geprägtes Entscheidungsverhalten. Es gibt Anzeichen dafür, daß die Informationslücke in Zukunft wachsen wird. Zunehmende Dynamik und Komplexität der Umwelt sind dafür verantwortlich. Dies könnte den Anstoß dafür geben, neueren Informationsbeschaffungstechniken auch in der öffentlichen Verwaltung Eingang zu verschaffen. Als Beispiele seien Frühinformationssysteme und strategische Planungstechniken genannt.[21]

21 Vgl. Brunhilde Seidel-Kwem, Strategische Planung in öffentlichen Verwaltungen, Berlin 1983, S. 138 ff.

Die Schweizer Haushaltsreform der Kantone und Gemeinden

von *Ernst Buschor*

Zu den Forschungsschwerpunkten von *Ludwig Mülhaupt* gehört das öffentliche Rechnungswesen. 1985 hat er in einem Aufsatz die »mangelnde Klarheit über die Rechnungsziele« bedauert.[1] In seinem Beitrag zum Gutachten über die große Finanzreform hat er auf die zentrale Rolle des Nachweises der Deckungspolitik hingewiesen und zur mangelhaften Aussagekraft öffentlicher Rechnungen festgehalten: »Das mit Recht so viel beklagte mangelnde Interesse des Bürgers an den Vorgängen in Staat und Gemeinde ist nicht zuletzt eine Folge der Tatsache, daß Rechnungslegung und Publizität der öffentlichen Haushalte, ihre Lesbarkeit für den Bürger, und damit das Verständnis für die Zusammenhänge zwischen Haushalts- und Vermögenswirtschaft völlig unzureichend sind.«[2]

Die Reformbedürftigkeit des öffentlichen Rechnungswesens wurde in den sechziger und siebziger Jahren in zahlreichen Staaten erkannt, wobei die Reformbestrebungen auf kommunal-regionaler Stufe ausgeprägter waren als in den zentralstaatlichen Haushalten.[3] Im Unterschied zur deutschen Haushaltsreform aufgrund des Haushaltsgrundsätzegesetzes mit einer kameralistisch-gesamtwirtschaftlichen Orientierung waren die Reformbestrebungen insgesamt eher durch eine vermehrte Ausrichtung auf die (betriebswirtschaftliche) Kostenrechnung und allgemein das privatwirtschaftliche Rechnungswesen gekennzeichnet. In einer Studie des Europarates über das kommunale und regionale Rechnungswesen der Mitgliedstaaten wird festgehalten, daß die steigende Verschuldung und die limitierten Fiskaleinnahmen die öffentlichen Gemeinwesen zur vermehrten Gebührenfinanzierung und zum verstärkten Kostendenken zwingen und sich damit eine vermehrte Übernahme privatwirtschaftlicher

1 Vgl. Ludwig Mülhaupt, Ziele und Aussagewert eines modernen öffentlichen Rechnungswesens, in: Betriebswirtschaftliche Erkenntnisse für Regierung, Verwaltung und öffentliche Unternehmen, hrsg. von Peter Eichhorn, Schriften zur öffentlichen Verwaltung und öffentlichen Wirtschaft, hrsg. von Peter Eichhorn und Peter Friedrich, Band 85, Baden-Baden 1985, S. 75-96.

2 Ludwig Mülhaupt, Die öffentliche Vermögensrechnung, in: Die große Finanzreform, Institut Finanzen und Steuern, Heft 80, Bonn 1966, S. 105-136, hier S. 106.

3 Zu den Entwicklungen in zentralstaatlichen Haushalten vgl. Walter Schwab, Die Haushaltsreform des Bundes, in: Das öffentliche Haushaltswesen in Österreich, 27. Jg., 1986, S. 1-15, hier S. 7, zur Entwicklung auf kommunal-regionaler Stufe, Local Authority Accounting in Europe, in: Study Series Local and Regional Authorities in Europe, Vol. 22, Council of Europe, 1983.

finanzieller Führungsinstrumente aufdränge. Die Studie hält drei Reformtendenzen fest:[4]

- die vermehrte Harmonisierung mit dem privatwirtschaftlichen Rechnungswesen,
- den Trend zum Funktionalbudget und
- die Anwendung des Soll- oder »Accrual-Prinzips« (welches auch dem kaufmännischen Rechnungswesen zugrundeliegt).

Die Haushaltsreform für die kommunale und regionale Stufe in der Schweiz liegt auf dieser Entwicklungslinie. Sie unterscheidet sich – gemeinsam mit den Entwicklungen in zahlreichen anderen europäischen Ländern – dadurch von den deutschen und österreichischen Reformbestrebungen, daß die kameralistische durch die doppelte Buchhaltung abgelöst worden ist.

I. Ziele und Aufbau des neuen Schweizer Rechnungswesens

1. Führungs- und informationsorientiertes kaufmännisches Rechnungswesen

Ähnliche Feststellungen veranlaßten die Konferenz der Kantonalen Finanzdirektoren (Vereinigung der politischen Vorsteher der kantonalen Finanzdepartemente), eine Harmonisierung der öffentlichen Rechnungen parallel zur Steuerharmonisierung einzuleiten. In der Schweiz wurden sowohl bei der Haushalts- als auch der Steuerharmonisierung eigene Wege beschritten. Während Österreich und Deutschland den Steuerverbund eingeführt haben, beschränkt man sich in der Schweiz auf die formelle Steuerharmonisierung (Harmonisierung der zentralen steuerrechtlichen Begriffe wie Einkommen, Abzugsarten usw.) und verzichtete mit Rücksicht auf die Finanzautonomie der Kantone und Gemeinden auf eine Vereinheitlichung der direkten Steuern (materielle Steuerharmonisierung). Eine begrenzte, durch einen wirksamen Finanzausgleich reduzierte Fiskalkonkurrenz der Kantone und Gemeinden soll zur Sichtbarkeit des Zusammenhangs zwischen Ausgaben und Steuern beitragen. Sie liegt im Interesse einer sparsamen Haushaltsführung in unserer direkten Demokratie mit umfassenden Referendumsmöglichkeiten bei den Steuern und Ausgaben vorab auf kantonaler und kommunaler Stufe.

In dieser ausgeprägten direkten Demokratie kommt dem öffentlichen Rechnungswesen eine Schlüsselrolle zu, muß sich doch der einzelne Bürger an den

4 Vgl. Local Authority Accounting in Europe, a.a.O., S. 5.

Ergebnissen des finanzpolitischen Zahlenwerks informieren. Überdies erforderte der Ausbau des Finanzausgleichs auf inter- und innerkantonaler Basis bessere Entscheidungs- und Bemessungsgrundlagen. Aus den vielfältigen, nur bedingt vergleichbaren Rechnungssystemen konnten die erforderlichen Daten nicht oder nur mit einem erheblichen, für Laien undurchschaubaren Rechenaufwand bereitgestellt werden. Im Unterschied etwa zur Bundesrepublik Deutschland stand aber von Anfang an keine bundesgesetzliche Regelung – etwa im Sinne eines Haushaltsgrundsätzegesetzes mit unmittelbarer Rechtsverbindlichkeit für Bund, Kantone und Gemeinden – zur Diskussion. Das neue Rechnungsmodell der Kantone und Gemeinden basiert auf einer einstimmig verabschiedeten Empfehlung der Konferenz der Kantonalen Finanzdirektoren zu dessen Einführung. Diesem einmütigen Appell wurde im wesentlichen nachgekommen, so daß bis Ende der achtziger Jahre mit der allgemeinen Einführung in den Kantonen und Gemeinden gerechnet werden kann, zumal es schon in den meisten Gemeinwesen eingeführt ist. Leider konnte sich der Bund nicht zur Übernahme des Modells entschließen.

Die Einführung des im wesentlichen auf Elemente des kaufmännischen Rechnungswesens aufbauenden neuen Rechnungsmodells in die vorwiegend vom kameralistischen Gedankengut geprägten Rechnungen führte allerdings in den siebziger Jahren zu teilweise heftigen Auseinandersetzungen über die Ziele und Formen der Haushaltsgestaltung. Erst nach einem längeren, anfänglich vor allem von der vorbereitenden Kommission getragenen Überzeugungskampagne konnte sich das neue Rechnungsmodell auf kantonaler und kommunaler Stufe durchsetzen. In den meisten Fällen waren hierfür Volksbeschlüsse erforderlich.

Bis zur Haushaltsreform waren auch in der Schweiz kameralistisch orientierte Rechnungssysteme vorherrschend. Allerdings finden sich seit der Wende zum 20. Jahrhundert Mischformen kameralistischer und doppischer Buchführung (System der doppelten Buchhaltung). Auch das Rechnungssystem des Bundes stellt eine solche Mischform dar, indem in der »Finanzrechnung« im Sinne der Kameralistik Ein- und Auszahlungen im Rahmen der öffentlichen Aufgabenerfüllung nach Departementen und Ämtern (institutionelle Gliederung) sowie zusätzlich nach Ausgaben- und Einnahmenarten (Artengliederung) gegliedert werden. Die die Finanzrechnung ergänzende »Vermögensveränderungsrechnung« ermöglicht zwar eine doppische Vollbilanz, erlaubt aber nicht die direkte Überführung der Haushaltsdaten in eine Kostenrechnung. Dies wird unter anderem dadurch bestätigt, daß Budget und Rechnung der mit einer Kostenrechnung ausgestatteten Rüstungsbetriebe des Bundes nach zwei Rechnungsmodellen (kameralistisch und doppisch) beschlossen werden,[5] was ein finanzrechtliches Kuriosum darstellt.

5 Vgl. z.B. die Rechnung des Bundesamtes für Rüstungsbetriebe 1985 in der Staatsrechnung des Bundes 1985, S. 601 ff.

Das von den Kantonen und Gemeinden weitgehend eingeführte Rechnungswesen baut auf einer den besonderen Bedürfnissen der öffentlichen Verwaltung angepaßten Buchführung nach kaufmännischen Grundsätzen auf.[6] Die Finanzvorfälle werden lückenlos erfaßt sowie informativ und führungsgerecht strukturiert. Diesen Zielen dienen die weiteren sechs Hauptmerkmale:

- einheitlicher Ausgabenbegriff,
- einheitlicher Inhalt der Investitionsrechnung,
- einheitlicher Kontenrahmen der öffentlichen Haushalte,
- funktionale Gliederung des Verwaltungshaushalts,
- harmonisierte Deckungsgrundsätze (Aktivierung und Abschreibung der Investitionen, Verzicht auf Reserve- und Rücklagebildung usw.),
- Förderung des Kostendenkens (Spezialfinanzierungen und Verrechnungen).

2. Einheitlicher Ausgabenbegriff

Der finanzrechtliche Ausgabenbegriff ist in der Schweiz durch das Finanzreferendum geprägt. Es räumt den Stimmberechtigten als betroffene Träger der Steuer- und Gebührenbelastung bei Ausgabenbeschlüssen von großer Tragweite und mit erheblichen finanziellen Folgen eine direkte Mitsprache (obligatorisches oder fakultatives Finanzreferendum) ein. Ausgaben, welche dem Finanzreferendum zu unterstellen sind, werden als neue Ausgaben bezeichnet. Mit deren Billigung durch die Stimmberechtigten werden die neuen zu gebundenen Ausgaben, welche danach in die Budgets aufgenommen werden können.

Für die Behandlung als Ausgabe der Verwaltungsrechnung wird darauf abgestellt, ob eine Zahlungsverpflichtung der Erfüllung einer öffentlichen Aufgabe dient und damit eine endgültige Verwendung der Mittel des Finanz- (oder Fiskal)vermögens für die öffentliche Aufgabenerfüllung erfolgt. Maßgebend ist der Grundsatz der Realisierbarkeit: Vermögenswerte, welche nicht nach kaufmännischen Gesichtspunkten bewirtschaftet werden können (z.B. flüssige Mittel als Festgeldanlagen), bilden einen Bestandteil des Verwaltungsvermögens. Sie haben für das Gemeinwesen einen (öffentlich rechtlich festgelegten) Nutzungswert, im Unterschied zum Finanzvermögen mit dem (kaufmännisch orientierten) Tauschwert.

6 Für eine umfassende Darstellung des Rechnungsmodells der Kantone und Gemeinden vgl. Handbuch des Rechnungswesens der öffentlichen Haushalte, Band 1 und 2, Ausgabe 1981, hrsg. von der Konferenz der Kantonalen Finanzdirektoren, Bern und Stuttgart 1981, für eine kürzere, kozeptionell orientierte Darstellung vgl. Ernst Buschor, Haushaltsführung und Finanzplanung, Schriftenreihe der Zürcher Kantonalbank (Hrsg.), Band 34, Zürich 1984, sowie Ernst Buschor, Management Accounting in der öffentlichen Verwaltung, in: Der Schweizer Treuhänder, 60. Jg., Heft 6, 1986, S. 268-273, hier S. 268 ff.

3. Einheitlicher Inhalt der Investitionsrechnung

Während die Zuordnung der Ausgaben zur Ordentlichen bzw. Außerordentlichen Rechnung nach deren Finanzierung (Direkt- bzw. Kreditdeckung) erfolgte, werden die Ausgaben der Investitionsrechnung aufgrund des Investitionsbegriffs abgegrenzt. Im kaufmännischen Rechnungswesen werden Investitionen direkt in der Bilanz verbucht. Dies hat den Nachteil, daß die Bruttoumsätze im Investitionsbereich aus dem Voranschlag nicht ersichtlich sind und damit keinen Gegenstand des Budgetbeschlusses darstellen (die Bilanz wird nicht budgetiert). Wegen der weitgehenden faktischen und rechtlichen Gebundenheit der laufenden Ausgaben stehen die Investitionen erfahrungsgemäß im Mittelpunkt der finanzpolitischen Auseinandersetzungen.
Im Sinne des volks- und betriebswirtschaftlichen Investitionsbegriffs gelten als Investitionen jene Ausgaben, welche dem Erwerb, der Erstellung und der Kapazitätssteigerung des Verwaltungsvermögens dienen. Zu ihnen zählen insbesondere auch Investitionsbeiträge. Obwohl mit ihnen nicht Eigentum im formellen Sinne begründet wird, ist ihre Aktivierung im Hinblick auf die Nutzungsauflagen (einschließlich der Rückforderung bei Zweckentfremdung) gerechtfertigt. Sie haben wirtschaftlich weitgehend Beteiligungscharakter. Im Hinblick auf die in einzelnen harmonisierten Bereichskostenrechnungen unterschiedliche Abgrenzung der Investitionsausgaben (Spitäler, Straßenverwaltung, Verkehrs-, Versorgungs- und Entsorgungsbetriebe usw.) wird eine Bandbreite für die Abgrenzung zwischen laufenden Ausgaben und Investitionsausgaben zugelassen.

4. Einheitlicher Kontenrahmen der öffentlichen Haushalte

Wie in anderen Ländern oder der Privatwirtschaft wurde ein Kontenrahmen für Kantone und Gemeinden entwickelt, welcher auf drei Stellen eine Gliederung der Verwaltungsrechnung (Bestandsrechnung, Laufende Rechnung und Bilanz) nach Arten (Gruppierungsplan) vorsieht. Er wurde möglichst weitgehend an bestehende Kontenrahmen angelehnt, um so die Überführung auf das neue Rechnungsmodell und die Anwendung bestehender Kostenrechnungen zu erleichtern. Er sieht folgende sechs Kontenklassen (ohne die Kontenklasse 9 Abschluß) vor (vgl. zum Aufbau Abbildung 1):

Bestandsrechnung	Laufende Rechnung	Investitionsrechnung
1 Aktiven	3 Aufwand	5 Ausgaben
2 Passiven	4 Ertrag	6 Einnahmen

5. Funktionale Gliederung des Verwaltungshaushalts

Die organisatorische Gliederung der einzelnen Gemeinwesen richtet sich nach deren Größe, Aufgaben und politischen Entwicklung. Sie zu vereinheitlichen, wäre weder möglich noch zweckmäßig. Hingegen wurde die (statistische) Gliederung der Aufgaben (funktionale Gliederung) ähnlich wie in anderen Ländern vereinheitlicht. Sie ist so gestaltet, daß sie in der in der Schweiz überwiegenden Zahl kleinerer und mittlerer Gemeinden (Gemeinden mit weniger als 25.000 Einwohnern) als Ersatz einer organisatorischen Gliederung verwendet werden kann, weil diese Gemeinden eine ausgeprägt auf den Gemeindeschreiber oder -präsidenten ausgerichtete Führungsstruktur ohne echtes Ressortprinzip aufweisen. Gleichzeitig wurde darauf geachtet, daß die funktionale Gliederung des Systems der volkswirtschaftlichen Gesamtrechnung der Europäischen Gemeinschaft (ESVG) ohne zusätzliche Erhebungen erstellt werden kann.

6. Harmonisierung der Deckungsgrundsätze

Das konzeptionell und finanzpolitisch heikelste Problem bildete die Harmonisierung der Deckungsgrundsätze. Hier lag gleichzeitig ein Kernpunkt und wohl die größte Hürde der Haushaltsreform, weil besonders hier sich die Wege zwischen kameralistischer und kaufmännischer Buchführung trennen.
Grundsätzlich dürfen nur Ausgaben mit Investitionscharakter im Rahmen der öffentlichen Aufgabenerfüllung als Verwaltungsvermögen in der Bilanz aktiviert werden. Das gewogene Mittel der Abschreibungen soll sich in einer Bandbreite von 10-25 % der Restbuchwerte halten (was rund 5-10 % der Abschreibungen auf Anschaffungswerten entspricht). Grundsätzlich sind feste Abschreibungssätze zu verwenden. Aus Gründen der Haushaltstransparenz und der Haushalts-(Kosten-) Vergleiche mußte der verbreiteten Praxis entgegengetreten werden, Abschreibungen nach Maßgabe des Rechnungsabschlusses festzulegen.
Eng mit der Abschreibungspolitik verknüpft ist die Bildung von Fonds und Reserven. Solche Fonds wurden häufig eingesetzt, um nicht budgetierte Überschüsse bestimmten Verwendungszwecken zuzuführen. Im Eigenkapital werden die Reserven und Rücklagen im Sinne einer einzigen Reserve für künftige Aufwandüberschüsse zusammengezogen. Das herkömmliche Fondskonzept wurde durch ein Konzept der Spezialfinanzierungen abgelöst, das auf die Förderung des Kostendenkens ausgerichtet ist.

7. Förderung des Kostendenkens

Eng mit den Deckungsgrundsätzen verknüpft ist das Prinzip der Einzeldeckung, das allerdings abweichend zur Kameralistik interpretiert wird. Soweit es im Interesse der Vergleichbarkeit und der Bereichsführung zweckmäßig ist, sind eigentliche Kostenrechnungen zu führen. Ist eine Kostenrechnung im betriebswirtschaftlichen Sinne nicht zweckmäßig (z.B. in der Zentralverwaltung mit dominanten Gemeinkosten), sind zur Förderung des Kostendenkens die wesentlichen verwaltungsinternen Dienstleistungen (Lohnnebenkosten, Verbrauch an Material und Datenverarbeitungsleistungen usw.) über Voranschlagskonten zu verrechnen, damit solche Leistungen nicht unkontrolliert in größeren Mengen konsumiert werden. Die internen Verrechnungen erfüllen damit zwei Funktionen: Sie erlauben innerhalb eines Verwaltungshaushalts das Aufzeigen der Ergebnisse der Kostenrechnung oder die Führung von Spezialfinanzierungen. Sie dienen vorab im Gemeinkostenbereich auch als Ersatz einer aufwendigeren oder gar problematischen Kostenrechnung.

II. Die Buchführung im neuen Schweizer Rechnungswesen

Die Laufende Rechnung ist als kaufmännische Erfolgsrechnung konzipiert. Sie enthält den Wertverzehr (Aufwand) bzw. den Wertzufluß (Ertrag) eines Kalenderjahres und weist als Saldo die Veränderung des Eigenkapitals auf. Die Investitionsrechnung weist auf der Soll-Seite die Brutto-Investitionsausgaben, auf der Haben-Seite in einer ersten Stufe die eingehenden Investitionsbeiträge und Darlehensrückflüsse des Verwaltungsvermögens auf (vgl. Schaubild 1 und 2).

Weder in der Laufenden Rechnung noch in der Investitionsrechnung sind Tilgungen oder Schuldenrückzahlungen enthalten. Die Finanzvermögens- und die Schuldentransaktionen werden ausschließlich bilanzintern abgewickelt (vgl. Buchungsbeispiel im Anhang).

Bei den Abschreibungen handelt es sich somit ausschließlich um solche im kaufmännischen Sinne, so daß sich aus der Summe der Abschreibungen und des Ertragsüberschusses (der Laufenden Rechnung) die Selbstfinanzierung des Verwaltungsvermögens ergibt.

Die Bruttoinvestitionen abzüglich der Summe der eingehenden Investitionsbeiträge und der Selbstfinanzierung ergeben den Fremdkapitalbedarf (externe oder interne Verschuldung) für die öffentliche Aufgabenerfüllung. Für die Analyse der kostengünstigen Verwaltung und Bereitstellung von Zahlungsmitteln (Tresorerie) eines Gemeinwesens ist eine (statistisch erstellte) Kapitalflußrechnung vorgesehen. Denn es ist durchaus möglich, daß die Verschuldung zur Verstärkung der flüssigen Mittel oder zur präventiven Ausschöpfung günstiger Zinskonditionen

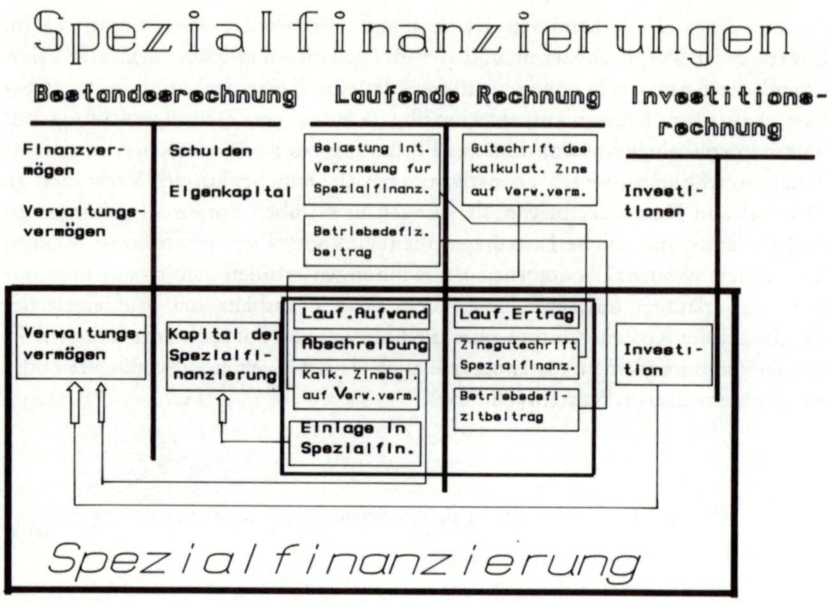
Spezialfinanzierungen
Bestandesrechnung
Laufende Rechnung
Investitionsrechnung
Finanzvermögen
Verwaltungsvermögen
Schulden
Eigenkapital
Belastung int. Verzinsung für Spezialfinanz.
Gutschrift des kalkulat. Zins auf Verw.verm.
Betriebsdefiz. beitrag
Investitionen
Verwaltungsvermögen
Kapital der Spezialfinanzierung
Lauf. Aufwand
Abschreibung
Kalk. Zinsbel. auf Verw.verm.
Einlage in Spezialfin.
Lauf. Ertrag
Zinsgutschrift Spezialfinanz.
Betriebsdefizitbeitrag
Investition
Spezialfinanzierung

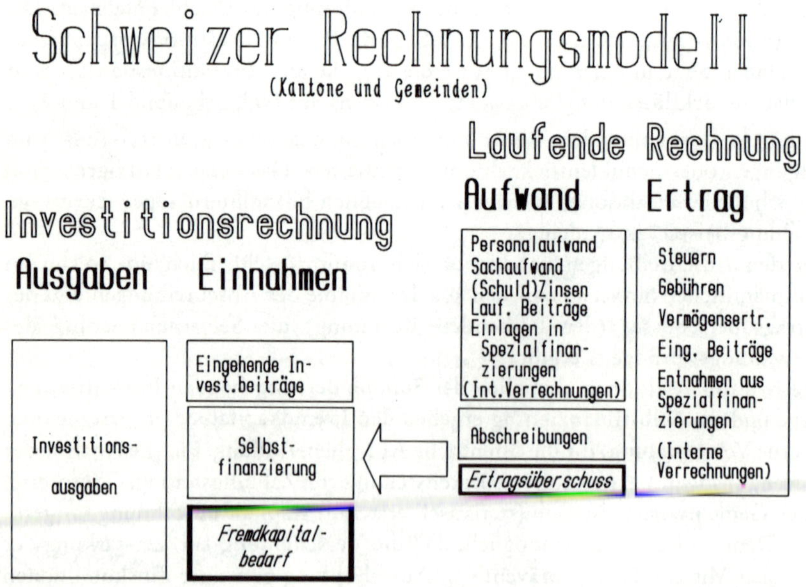
Schweizer Rechnungsmodell
(Kantone und Gemeinden)
Laufende Rechnung
Aufwand
Ertrag
Personalaufwand
Sachaufwand
(Schuld)Zinsen
Lauf. Beiträge
Einlagen in Spezialfinanzierungen
(Int.Verrechnungen)
Abschreibungen
Ertragsüberschuss
Steuern
Gebühren
Vermögensertr.
Eing. Beiträge
Entnahmen aus Spezialfinanzierungen
(Interne Verrechnungen)
Investitionsrechnung
Ausgaben
Einnahmen
Investitionsausgaben
Eingehende Invest.beiträge
Selbstfinanzierung
Fremdkapitalbedarf

erhöht wird. Die Tresorerie läßt sich nicht über ein Jahr im voraus budgetieren. Zudem ist es für den Bürger dann nicht auf einen Blick ersichtlich, welche Höhe der finanzwirtschaftlich letztlich entscheidende Nettokreditbedarf für die öffentliche Aufgabenerfüllung aufweist.
Die Integration der Kostenrechnung und das System der internen Verrechnungen wird aus dem Schaubild 2 ersichtlich. Mit den Spezialfinanzierungen können innerhalb des Verwaltungshaushalts Betriebs- und Kostenrechnungen in konsolidierter Form ausgewiesen werden. In der Bestandsrechnung wird das betriebliche Anlagevermögen als Verwaltungsvermögen erfaßt. Es verändert sich um die Differenz zwischen (Neu-)Investitionen und Abschreibungen. In der Laufenden Rechnung werden in der Spezialfinanzierung in einem sich doppisch ausgleichenden Rechnungskreis Aufwand und Ertrag aus Kosten und Erlösen sowie neutralen Aufwendungen und Erträgen verbucht. Die Belastung interner Leistungsbezüge des in der Spezialfinanzierung erfaßten Bereichs (z.B. Entsorgung) erfolgt über interne Verrechnungen (z.B. Lohnnebenkosten, kalkulatorische Zinsen und Abschreibungen, interne Betriebsdefizitbeiträge oder Gewinnablieferungen usw.).
Der Saldo zwischen Aufwand und Ertrag der Spezialfinanzierung ergibt die Einlage in das bzw. die Entnahme aus dem Kapital einer Spezialfinanzierung. Dieses Kapital stellt eine Form des Eigenkapitals des in der Spezialfinanzierung erfaßten Bereichs dar und bedeutet – vom Gesamthaushalt aus betrachtet – eine Schuld für diesen Bereich. Führen etwa Parkgebühren zu einem Ertragsüberschuß, so ergibt sich beim Verzicht auf eine Gewinnablieferungspflicht zugunsten des allgemeinen Haushalts eine Einlage in das Konto der Spezialfinanzierung »Parkgebührenrechnung«, welches im Falle eines künftigen Aufwandüberschusses (z.B. Eröffnung eines neuen Parkhauses mit anfänglichen Verlusten) zum Verlustausgleich aus früher erarbeiteten Mitteln entnommen werden kann. Dabei erlaubt dieses flexibel konzipierte System sowohl die Überweisung von Betriebsbeiträgen als auch von Gewinnablieferungen (etwa bei kommunalen Elektrizitätsversorgungsbetrieben) über das System der internen Verrechnungen.
Den einzelnen Gemeinwesen bleibt es freigestellt, ob sie unselbständige öffentliche Betriebe in der Verwaltungsrechnung in der Form von Spezialfinanzierungen integrieren, oder ob sie für diese Betriebe vom Haupthaushalt getrennte Rechnungen führen. Im zweiten Fall besteht aber die Pflicht zum (statistisch) konsolidierten Ausweis der Umsätze des Haupthaushalts (z.B. Rechnung einer Stadt) und deren unselbständigen Betriebe (z.B. Verkehrs- und Energieversorgungsbetriebe).

1. Konzeptionelle und praktische Aspekte der Schweizer Haushaltsreform

a) Vermengung finanzwirtschaftlicher Deckung (Tilgung) und (betriebswirtschaftlicher) Abschreibungen

Es ist unbestritten, daß der Nachweis der endgültigen Deckung der (wie immer definierten) Ausgaben ein, wenn nicht das Hauptziel des öffentlichen Rechnungswesens darstellt.[7] Ausgaben können gedeckt werden:

- direkt aus laufenden Einnahmen der Rechnungsperiode,
- nachträglich durch die Aufnahme von Krediten und deren Rückzahlung, oder
- im voraus durch die Bildung von Fonds, Rücklagen, Rückstellungen, Reserven oder Spezialfinanzierungen.

Aus der pagatorischen Ausrichtung kameraler Buchführung müssen Rücklagen kassamäßig (z.B. durch Bankanlagen) gebildet werden. Das gleiche gilt für die finanzwirtschaftliche Tilgung von Schulden. Im kaufmännischen Rechnungswesen hingegen werden mit Hilfe der Kapitalflußrechnung statistisch Finanzierungsanalysen erstellt, was grundsätzlich im Schweizer Rechnungswesen vorgesehen ist. Ein verkürzter Nachweis der Finanzierung ergibt sich für die gesamte Verwaltungsrechnung aus der Substraktion der Selbstfinanzierung (definiert als Summe der Abschreibungen und des Ertragsüberschusses) von der Nettoinvestition. Damit wird immerhin die Hauptkomponente der Verschuldungsentwicklung, die Nachdeckung des Verwaltungsvermögens, erfaßt. Dank der vollständigen Bilanz können beliebige Bilanzanalysen im Sinne der Kapitalflußrechnung vorgenommen werden, welche allerdings vorwiegend in den Interessenkreis einer sehr beschränkten Zahl von Fachleuten fallen.

Ein Hauptargument gegen ein Tilgungs- und Rücklagensystem, wie es etwa die deutsche Kameralistik enthält, ist die Erschwerung einer dynamischen Tresoreriepolitik. Ein kostengünstiges Cash-Management wird durch die Pflicht zur echt kassamäßigen Reservestellung (etwa bei Anleihen) erschwert. Durch die Konzentration der flüssigen Mittel – bedingt aus dem zeitlich unterschiedlichen Anfall der Einnahmen und Ausgaben – können einzelne Tresoreriezyklen der Verwaltungsbereiche schlechter ausgeglichen und damit die Zinssituation auf der Anlage- und Verschuldungsseite nicht optimal genutzt werden. In einem kameralen Rech-

7 Vgl. Ludwig Müllhaupt, Die öffentliche Vermögensrechnung, a.a.O., S. 116 f., sowie derselbe, Ziele und Aussagewert eines modernen öffentlichen Rechnungswesens, a.a.O., S. 81 ff., ferner derselbe und Jürgen Gornas, Finanzwirtschaftliches und betriebswirtschaftliches Rechnen in Gemeinden, in: Der öffentliche Haushalt, 14. Jg., 1973, S. 15 ff.

nungssystem ist dies allenfalls um den Preis komplexer und letztlich schwer durchschaubarer Buchungsoperationen möglich und damit jedenfalls schwerfälliger.

b) Einzel- versus Gesamtdeckung

Das Gesamtdeckungsprinzip des deutschen Haushaltsgrundsätzegesetzes wurde vorwiegend gesamtwirtschaftlich begründet. In einem Kommentar zum neuen Haushaltsrecht von 1969 führte das Bundesministerium für Finanzen aus: »In einer Zeit, in welcher der Staat bewußt Konjunktur- und Wachstumspolitik betreibt, kann eine starre Bindung der Kreditaufnahmen an bestimmte Ausgaben nicht mehr länger in Betracht kommen. Hier ist eine moderne situationsbezogene Betrachtungsweise am Platze.«[8] Vor und nach der Haushaltsreform bedauerten *Ludwig Mülhaupt* und zahlreiche andere Autoren mit Recht die Abkehr vom Prinzip der Einzeldeckung.[9] Im kommunalen Haushaltsrecht wird sie praktisch dennoch verwirklicht, im Rahmen der nach der Betriebskameralistik geführten Einheiten.

Das Schweizer Rechnungswesen nimmt in dieser Frage eine mittlere Position ein. Einerseits erlaubt es im Rahmen der aufgezeigten Spezialfinanzierung den Nachweis der Einzeldeckung, andererseits ergibt sich im Abschluß der Laufenden Rechnung (Ertrags- oder Aufwandsüberschuß) ein Ausweis der (teilweise allerdings kalkulatorischen) Gesamtdeckung eines Gemeinwesens. Im übrigen ist allerdings auch in Deutschland eine erhebliche Ernüchterung zumindest über die stabilitätspolitische Bedeutung und Manövrierfähigkeit der Gemeindefinanzen eingetreten. Gleichzeitig zeichnet sich international eine Aufwertung der betriebswirtschaftlichen Aspekte öffentlicher Haushaltsführung in Richtung des privatwirtschaftlichen, vor allem internen Rechnungswesens (Kostenrechnung) ab.

Schon wegen der Verbuchung im privatwirtschaftlichen Rechnungswesen aufgrund des Sollprinzips ist ein pagatorischer Ausweis der Deckungsvorgänge im Schweizer Rechnungsmodell schwierig. Hier ist jedoch vor einem übertriebenen Perfektionismus zu warnen. Mit Kapitalflußrechnungen können, Dank der Vollbilanz, beliebige Analysen erstellt werden. Jedenfalls ist es verfehlt, die pagatorische Einzweckinformation liquiditätspolitischer Art zu Lasten der übrigen Informationsfunktionen des öffentlichen Haushalts überzubewerten.

8 Bundesministerium der Finanzen, Das neue Haushaltsrecht, Bonn 1969, S. 22.

9 Vgl. Ludwig Mülhaupt, Ziele und Aussagewert eines modernen öffentlichen Rechnungswesens, a.a.O., S. 91 f., sowie Peter Eichhorn, Öffentliche Verwaltung, Rechnungswesen der, in: Handwörterbuch des Rechnungswesens, hrsg. von Erich Kosiol, Klaus Chmielewicz und Marcell Schweitzer, 2. Aufl., Stuttgart 1981, Sp. 1223-1236, hier Sp. 1232.

Der Aufwands- oder Ertragsüberschuß der Laufenden Rechnung kann durchaus als Ergebnis der finanzwirtschaftlichen Erfolgsrechnung interpretiert werden.

2. Vorteile der Vollbilanz

Zu den besonders kontroversen Fragen des öffentlichen Rechnungswesens zählt seit jeher die öffentliche Bilanz. Unbestritten ist eigentlich nur die Bilanzierung der Schulden, der flüssigen Mittel und Forderungen. Bei den übrigen Aktiven setzt die Auseinandersetzung bereits ein. Während von der reinen Kameralistik her Sach- und Finanzanlagen nur soweit aktiviert werden sollten, als sie »werbenden Zwecken« dienen und aus eigener Quelle verzinst und amortisiert werden können, kennt das kaufmännische Rechnungswesen die kamerale Restposition »zu tilgende Aufwendungen« nicht.
Das Schweizer Rechnungswesen weicht hier insofern von rein kaufmännischen Grundsätzen ab, als Sachvermögen, Investitionsbeiträge usw. nach Maßgabe ihres volkswirtschaftlichen Nutzens (und nicht allein aufgrund ihrer betriebswirtschaftlichen Rendite) aktiviert werden dürfen. Ein Schulhaus oder ein Universitätsgebäude bringen einen zu vernachlässigenden finanziellen Mittelrückfluß. Nach Maßgabe der betriebswirtschaftlichen Nutzungsdauer sind sie jedoch volkswirtschaftlich produktiv, indem sie die Erteilung von Unterricht ermöglichen. Der Unterschied zu einem Lehrer- oder Professorensalär liegt darin, daß mit der Lohnzahlung die Tätigkeit und der volkswirtschaftliche Nutzen abgeschlossen sind. Zwar gibt es Autoren, die im Sinne eines Bildungskapitals eine Aktivierung etwa von Dozentenlöhnen befürworten. Das Konzept des Schweizer Rechnungswesens nimmt hier jedoch eine betriebswirtschaftliche Position ein und sieht – trotz bedenkenswerter Argumente – von derartigen Aktivierungen ab.
Zu den strittigen Punkten gehört auch die Aktivierung der Investitionsbeiträge. Es wird argumentiert, damit würde kein Sacheigentum begründet, so daß nach der Eigentumstheorie deren Aktivierung unzulässig sei. Dem ist entgegenzuhalten, daß Investitionsbeiträge doch mit umfangreichen Auflagen zur Erfüllung bestimmter öffentlicher Aufgaben verbunden sind und im Zweckentfremdungsfall sogar nach Maßgabe des Restwertes der subventionierten Anlagen rückerstattungspflichtig sind. In der Regel haben sie den Charakter einer indirekten Beteiligung, welche formal vor allem bei Investitionsbeihilfen der öffentlichen Körperschaften nicht in Beteiligungsform ausgerichtet werden kann (formale Unmöglichkeit von Beteiligungsverhältnissen unter Bund, Kantonen und Gemeinden).
Ein weiterer wichtiger Grund für die Aktivierung des Verwaltungsvermögens

bildet der Umstand, daß eine Kostenrechnung ohne Aktivierung des Anlagevermögens technisch nicht möglich ist. Die Förderung des Kostendenkens durch Integration der Kostenrechnung in die Verwaltungsrechnung ist ein zentrales Ziel des neuen Rechnungsmodells, wobei die für die Betriebskameralistik typische Trennung von externem und internem Rechnungswesen bewußt nicht gemacht wird.

Aus der Sicht der Kameralistik wird die Vollbilanz insbesondere auch im Hinblick auf den Ausgleichposten der Aktiven und Passiven, das Reinvermögen, abgelehnt. Es wird argumentiert, im privatwirtschaftlichen Rechnungswesen sei das Eigenkapital ein wichtiger Indikator für den Liquidationswert einer Unternehmung und damit für deren Kreditwürdigkeit, was bei öffentlichen Gemeinwesen natürlich entfällt. Im Schweizer Rechnungswesen kommt in konzeptioneller Hinsicht dem Eigenkapital hauptsächlich die Funktion einer Reserve für künftige Ausgabenüberschüsse zu. Das Eigenkapital wird erhöht durch Ertragsüberschüsse bzw. gesenkt durch Aufwandsüberschüsse der Laufenden Rechnung.

Nach dem Modellkonzept sollten öffentliche Gemeinwesen im Sinne eines konjunkturpolitischen Stabilisierungsbeitrags eine flexible Eigenkapitalpolitik verfolgen, indem sie in der Hochkonjunktur Ertragsüberschüsse erzielen (und damit eventuell Schulden zurückzahlen können) und in Rezessionszeiten Aufwandsüberschüsse (und damit eine tendenziell höhere Verschuldung) bis zur Erschöpfung des Eigenkapitals in Kauf nehmen. Das Eigenkapital im Schweizer Rechnungswesen erhält damit eine Funktion, die mit derjenigen der Rücklagen des deutschen Haushaltsrechts vergleichbar ist, auch wenn es sich hier nicht um eine Rücklagenbildung nach dem reinen Prinzip pagatorischer Finanzvorfälle handelt. Deren pagatorische Auswirkung kann einer Kapitalflußrechnung leicht entnommen werden.

a) Trennung von Voranschlags- und Verpflichtungskrediten

Von kameralistischer Seite wird als Vorteil der Kameralistik der Verbundcharakter des kameralistischen Rechnungswesens hervorgehoben. Das kameralistische Sachkonto ermöglicht den Ausweis der zulässigen Verpflichtungen und der hierfür geleisteten Zahlungen mit Hilfe eines Kolonnenausweises, welcher in einer doppischen Buchhaltung in dieser Form nicht erbracht werden kann.[10]

Allerdings existiert vorab im Bereich der Bauabrechnungen das Bedürfnis der über mehrere Jahre abwicklungsfähigen Kredite. Dies wird dadurch gelöst, daß ein

10 In diesem Zusammenhang ist insbesondere auf die österreichische Form der kameralistischen Verbundrechnung hinzuweisen. Vgl. Reinbert Schauer, Das System der integrierten Haushaltsverrechnung in Österreich, in: Betriebswirtschaftliche Erkenntnisse für Regierung, Verwaltung und öffentliche Unternehmen, S. 217-234.

eigener Rechnungskreis für die Verpflichtungen (z.B. Baukredit eines Gebäudes), die eingegangenen Zusicherungen und die geleisteten Zahlungen erstellt wird, wobei zwischen der Finanzbuchhaltung und der Objekt- (Verpflichtungs-) Buchhaltung insofern ein Teilverbund besteht, als der Zahlungsverkehr innerhalb des Rechnungsjahres über die Finanzbuchhaltung abgewickelt wird. Heute sind zahlreiche, auch in der Privatwirtschaft (z.B. Bau- und Einkaufsverwaltung) verwendete, integrierte Softwarepakete auf dem Markt, welche selbst hochkomplexe Abrechnungen bis zur Strukturierung der einzelnen Investitionskomponenten für die Kostenrechnung bereitstellen. Die Vorteile der Verbundrechnung sind somit in der kaufmännisch-privatwirtschaftlichen Buchführung realisiert.

b) Integration von externem und internem Rechnungswesen

Mit der Entwicklung der Betriebskameralistik wurde zwar angestrebt, die für die Kostenrechnung notwendigen kalkulatorischen Finanzvorfälle in die Kameralistik zu integrieren. In konzeptioneller Hinsicht bilden sie jedoch einen Fremdkörper im kameralistischen Rechnungssystem.[11] Zudem entstehen dadurch hoch komplexe Kontensysteme, die kaum mehr praktikabel sind.[12] Deshalb wird auch in Deutschland das kaufmännische Rechnungswesen in zunehmendem Maße verwendet.

Für die Schweiz war in diesem Zusammenhang wesentlich, daß das Rechnungspersonal aus dem kaufmännischen Bereich stammt und ohne besondere (kameralistische Zusatz-)Ausbildung eingesetzt werden kann.

Ein ebenso wichtiger Grund für die kaufmännische Ausrichtung des öffentlichen Rechnungswesens bildet der Umstand, daß es so mit relativ geringem Aufwand möglich ist, für den privaten Sektor entwickelte Buchführungsprogrammpakete im öffentlichen Sektor einzusetzen. Zahlreiche Hard- und Softwarehersteller verfügen heute über wirtschaftliche, hoch integrierte, alle Verwaltungsbereiche abdeckende Applikationen für öffentliche Gemeinwesen, womit ein erheblicher Entwicklungsaufwand eingespart werden kann. Hier lag wohl einer der entscheidenden Gründe für die relativ rasche und grundsätzlich freiwillige Einführung des Schweizer Rechnungsmodells.

Insgesamt wird ein integrierter, modularer Aufbau des Rechnungswesens

11 Vgl. Ludwig Mülhaupt, Ziele und Aussagewert eines modernen öffentlichen Rechnungswesens, a.a.O., S. 89, und Werner Scheel und Johannes Steup, Gemeindehaushaltsrecht Nordrhein-Westfalen, 2. Aufl., Köln 1974, S. 281.

12 Vgl. Jürgen Weber, Ausgewählte Aspekte des Controlling in öffentlichen Institutionen, in: Zeitschrift für öffentliche und gemeinwirtschaftliche Unternehmen, Band 6, Heft 4, 1983, S. 438-461, hier S. 444, sowie Cäcilia Klostermann, Kommunales Haushalts- und Rechnungswesen, Eine vergleichende Analyse der Haushaltsreformen in der Bundesrepublik Deutschland und in der Schweiz, Diss. Zürich, 1984, S. 272 ff.

angestrebt. Damit verliert auch die Unterscheidung zwischen externem und internem Rechnungswesen an Tragweite. Es handelt sich dabei um unterschiedliche Aggregierungsgrade des Datenausdrucks und nicht um separate Teilsysteme. Das Schaubild 3 illustriert diese Zusammenhänge etwas näher.

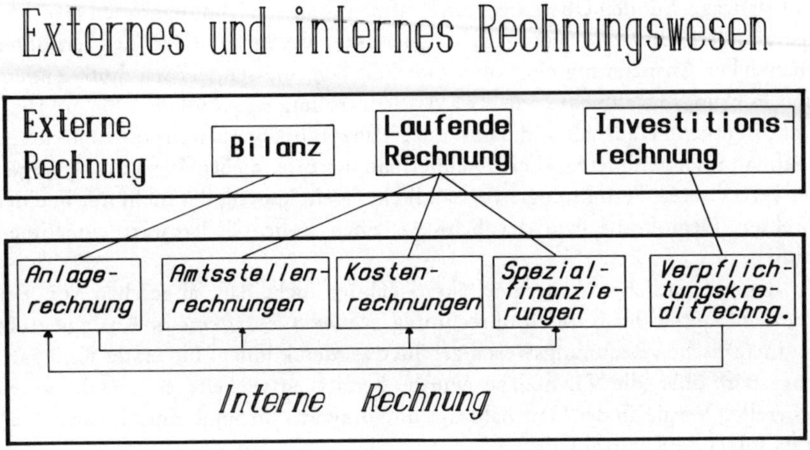

3. Synergie zwischen privatwirtschaftlichem und öffentlichem Rechnungswesen als wichtigem Entwicklungsprinzip

Wie diese Ausführungen zeigen, liegen die Unterschiede zwischen kameralistischem und adäquat dem öffentlichen Sektor angepaßtem kaufmännischen Rechnungswesen nicht in der Unmöglichkeit, bestimmte, für die Haushaltsführung benötigte Informationen bereitzustellen. Grundsätzlich können aus beiden Systemen die notwendigen Daten verfügbar gemacht werden. Andernfalls hätte das kaufmännische Rechnungswesen im öffentlichen Sektor gar nicht im heutigen Ausmaß eingesetzt werden können.
Der Trend zum kaufmännischen Rechnungswesen der öffentlichen Gemeinwesen, vorab der Kommunal- und Regionalstufe, ist vor allem außerhalb Deutschlands und Österreichs ungebrochen. Auch die Europäische Gemeinschaft hat sich hierfür entschieden, lautet doch Artikel 71 Abs. 1 Satz 1 der Haushaltsordnung vom 25. April 1973 für den Gesamthaushaltsplan der EG wie folgt: »Die Rechnungsführung ist in Kalenderjahren in Form der doppelten Buchführung vorzunehmen.« Gemäß Art. 94 ist für die Forschungs- und Investitionsmittel ein eigener Einzelplan vorgesehen, der den Charakter einer Investitionsrechnung hat.

Allerdings erfordert ein Konzept der kaufmännischen Buchführung im öffentlichen Sektor einen sowohl buchhalterisch als auch konzeptionell differenzierten Ansatz, wie dies hier etwa bezüglich der Notwendigkeit einer Investitionsrechnung oder der Interpretation des Eigenkapitals aufgezeigt wurde.
Die Systemwahl wird im Rahmen einer solchen Sicht auch zu einer Zweckmäßigkeitsfrage. Für den Übergang zum kaufmännischen Rechnungswesen sprechen insbesondere die dargelegten Synergieeffekte, denen in einer Zeit erhöhter finanzieller Anspannung ein hohes Gewicht beigemessen werden muß. Zudem sind Führungsinstrumente wie etwa das Controlling verständlicher integrierbar. Der öffentliche Haushalt und damit die Finanzpolitik werden für die zahlreichen kaufmännisch gebildeten »Laien« außerhalb der öffentlichen Verwaltung wegen der vertrauteren Terminologie verständlicher – ein Vorteil, der nicht nur in einer direkten Demokratie wie der Schweiz einen hohen Stellenwert einnehmen muß!
Zu den wesentlichen Synergieeffekten gehört auch, daß, abgesehen von der Verwendbarkeit der Kapitalflußrechnung, *Kennzahlensysteme* in Analogie zum kaufmännischen Rechnungswesen gebildet werden können. Ein erstes Kennzahlensystem über die Finanzlage wurde bereits entwickelt: es erlaubt einen generellen Vergleich der Haushaltslage und umfaßt – im Sinne einer Illustration – etwa folgende Kennzahlen:[13]

- *Selbstfinanzierungskraft*
  Selbstfinanzierung (Abschreibungen und Ertragsüberschuß) in % des Ertrags
- *Zinsbelastungsquote*
  Differenz der Passivzinsen und des Nettovermögensertrags in % des Ertrags
- *Selbstfinanzierungsgrad*
  Selbstfinanzierung in % der Nettoinvestition
- *Ausgabenquote*
  konsolidierte Ausgaben in % des jeweiligen Volkseinkommens
- *Investitionsquote*
  Investitionen in % des Volkseinkommens
- *Steuerquote*
  Steuern in % des Volkseinkommens

Solche Kennzahlen der Finanzlage spielen bereits eine zentrale Rolle bei der Formulierung der Finanzpolitik. Sie werden in den Medien präsentiert und von der Öffentlichkeit zur Kenntnis genommen. Dies gilt insbesondere für die Steuerquote, deren Ansteigen raschen Druck auf die Ausgabenseite auslöst.

13 Vgl. Ernst Buschor, Haushaltsführung und Finanzplanung, a.a.O., S. 29 ff.

Buchungsbeispiel

Mit dem folgenden Buchungsbeispiel soll die buchhalterische Handhabung des Rechnungswesens illustriert werden. Aus Platzgründen wird pro Konto der Verwaltungsrechnung (Laufende Rechnung und Investitionsrechnung) nur eine Buchung durchgeführt. Ferner wird im Interesse der Übersichtlichkeit auf das Aufführen der Budgetbezüge verzichtet. In der Regel wird im Konto als erster Posten der Budgetbetrag (inkl. Nachtragskredite) aufgeführt. Bei der Verbuchung der Belege erfolgt ein automatischer Vergleich des Verkehrs mit dem betreffenden Budget, wobei im Falle der Überschreitung der Budgetsumme in einem Konto in der Regel die Buchungen bis zur kreditrechtlichen Regelung (Bewilligung eines Nachtragskredits oder einer Kreditüberschreitung) nicht mehr vorgenommen werden können. Zu den einzelnen Buchungen ist folgendes zu bemerken:
Die Posten der Eingangsbilanz sind mit »e« gekennzeichnet.
Die Buchung 1 (Aufnahme einer Schuld (z.B. Anleihe) von 25) dient als Beispiel der Verbuchung von Finanzvorfällen innerhalb des Finanzvermögens, welche die Verwaltungsrechnung nicht tangieren. Mit dieser Schuldenerhöhung werden lediglich realisierbare flüssige Mittel (z.B. im Konto »Bank«) aufgestockt, welche ohne Einfluß auf die öffentliche Aufgabenerfüllung sind. Auch eine Schuldenrückzahlung würde als Vorgang der Tresorerie innerhalb der Bilanz (Soll: Schulden, Haben: Kassa) verbucht, da es sich nicht um eine Ausgabe für die öffentliche Aufgabenerfüllung, sondern um eine Reduktion der Schulden und der Kassamittel handelt.
In den Buchungen 2 bis 8 wird der Verkehr der Verwaltungsrechnung abgewickelt. Nach dem Abschluß der Verkehrsbuchungen erfolgen die abschlußvorbereitenden Buchungen: Die Konten der Investitionsrechnung werden auf die Bilanz übertragen (Buchungen 6a, 7a und 8a), damit danach die Abschreibungen (in diesem Beispiel 10 % vom Buchwert) ermittelt werden können (Buchungen 10 und 11).
Als nächster Schritt werden die Spezialfinanzierungen abgeschlossen: der kalkulatorische Zins auf dem investierten Anlage-(Verwaltungs-)vermögen und auf dem zweckgebundenen Kapital werden belastet (mit jeweiliger interner Gutschrift in den Verrechnungskonten, hier in der Amtstelle X, z.B. Finanzamt). In diesem Beispiel erfolgt überdies eine Gewinnablieferung vor dem Ausgleich der Spezialfinanzierung zugunsten des zweckgebundenen Kapitals (hier für Parkhäuser), was eine entsprechende Verbesserung des Saldos der Laufenden Rechnung bewirkt.
In einem weiteren Schritt werden die Spezialfinanzierungen über das Abschlußkonto abgeschlossen, woraus sich die Einlage in bzw. die Entnahme aus der Spezialfinanzierung ergibt (Gegenbuchung in der Bestandsrechnung). Nach dem

Abschluß der Spezialfinanzierungen werden die übrigen Amtsstellen abgeschlossen, woraus sich der Ertrags- bzw. der Aufwandsüberschuß als Saldo der Laufenden Rechnung ergibt (Gegenbuchung im Eigenkapital).
Als letzte Phase werden die Konten der Bestandsrechnung in der Schlußbilanz abgeschlossen.
Schließlich wird durch die Saldierung der Bruttoinvestitionen und der Investitionseinnahmen die Nettoinvestition ermittelt. Nach Abzug der Selbstfinanzierung (Abschreibungen und Ertragsüberschuß) ergibt sich der Finanzierungsfehlbetrag.
Die Kapitalflußrechnung zeigt abschließend die Mittelherkunft und -verwendung des Gesamthaushalts (Verwaltungsvermögen und direkt in der Bestandsrechnung verbuchte Finanzvorfälle der Vermögensverwaltung (Finanzvermögen). Aus ihr wird ersichtlich, daß die Mittelherkunft hauptsächlich aus der (externen) Neuverschuldung stammt. Als interne Mittel wurden fünf im Rahmen der Parkhausspezialfinanzierung (aus Parkgebühren) und fünf aus dem Ertragsüberschuß der Laufenden Rechnung erarbeitet. Der größte Teil der Mittel dient auch in der Praxis meistens der Finanzierung der Verwaltungsvermögensbildung. Ferner werden die Kassamittel des Finanzvermögens verstärkt. Dieses Beispiel zeigt, wie die Kapitalflußrechnung durchaus zweckmäßig als analytisches Instrument eingesetzt werden kann.

Buchungsbeispiel zum Schweizer Rechnungswesen
Fallbeispiel mit Spezialfinanzierung

Bestandesrechnung

Kassa

Soll		Haben	
e)	10	3)	160
1)	25	5)	15
2)	170	6)	50
4)	29	8)	20
7)	30	a)	19

Schulden

Soll		Haben	
a)	95	e)	70
		1)	25

Parkhaus

Soll		Haben	
e)	31	11)	5
8a)	20	a)	46

Parkhaus-spez.fin.

Soll		Haben	
a)	23	e)	18
		15)	5

Verwaltungsgebäude

Soll		Haben	
e)	70	7a)	30
6a)	50	10)	9
		a)	81

Eigenkapital

Soll		Haben	
a)	28	e)	23
		Eü)	5

Eingangsbilanz

Finanzvermögen		Schulden	70
Kassa	10	Parkhausspezialfinanzierung	18
Verwaltungsvermögen	101		
Parkhaus	31	Eigenkapital	23
Verwaltungsgebäude	70		

Schlußbilanz

Finanzvermögen		Schulden	95
Kassa	19	Parkhausspezialfinanzierung	23
Verwaltungsvermögen	127		
Parkhaus	46	Eigenkapital	28
Verwaltungsgebäude	81		

Kapitalflußrechnung

	Mittel Herkunft	Mittel Verwendung
Schulden	25	
Spezialfin.	5	
Eigenkap.	5	
Finanzverm.		9
Verwaltungsvermögen		26

Verwaltungsrechnung

Laufende Rechnung

Amtsstelle

Personal- u. Sachaufwand

Soll		Haben	
3)	160	3a)	160

Steuern

Soll		Haben	
2a)	170	2)	170

Abschreib. Verwalt.verm.

Soll		Haben	
10)	9	10a)	9

Parkhausgewinn

Soll		Haben	
14a)	2	14)	2

Verzinsung Spez.fin. kapital

Soll		Haben	
13)	1	13a)	1

Verzinsung Parkhausanlagen

Soll		Haben	
12a)	3	12)	3

Spezialfinanzierung Parkhaus

Personal- u. Sachaufwand

Soll		Haben	
5)	15	5a)	15

Parkhausgebühren

Soll		Haben	
4a)	29	4)	29

Anlagezins

Soll		Haben	
12)	3	12a)	3

Kapitalzins

Soll		Haben	
13a)	1	13)	1

Abschreibungen

Soll		Haben	
11)	5	11a)	5

Gewinnablief.

Soll		Haben	
14)	2	14a)	2

Einlage in Spezialfin.

Soll		Haben	
15)	5	15a)	5

Investitionsrechnung

Bauamt

Verwaltungsbauten

Soll		Haben	
6)	50	6a)	50

Eing. Investitionsbeiträge

Soll		Haben	
7a)	30	7)	30

Parkhausbau

Soll		Haben	
8)	20	8a)	20

Finanzierung

Nettoinvestition		40
Selbstfinanzierung		19
- Abschreibung.	14	
- Ertragsüberschuss	5	
Finanzierungsfehlbetrag		21

Abschlußkonto Lauf. Rechnung

Soll		Haben	
5a)	15	4a)	29
12a)	3	13a)	1
11a)	5		
14a)	2		
15a)	5		
	30		30
3a)	160	2a)	170
10a)	9	14a)	2
13a)	1	12a)	3
Ertragsüberschuss (Eü)	5		
	175		175

Allgemeine und Öffentliche Betriebswirtschaftslehre, insbesondere Doppik und Kameralistik

von *Peter Eichhorn*

I. Erkenntnisobjekt

Mit »Allgemeiner Betriebswirtschaftslehre« pflegt man eine Disziplin zu bezeichnen, die sich den betrieblichen Erscheinungen widmet, die allen Betrieben gemeinsam sind. Sie existiert bislang nur ansatzweise. Das liegt daran, daß viele Autoren den Begriff »Betrieb« in einem eingeschränkten Sinn verstehen und nur auf die Wirtschaftseinheiten in den Wirtschaftszweigen beziehen. In diesem Fall erfaßt die Allgemeine Betriebswirtschaftslehre lediglich die Gemeinsamkeiten zum Beispiel von Handels-, Industrie-, Bank- und Versicherungsbetrieben.

Diesen als *Produktionswirtschaften* bezeichneten Betrieben werden gern die privaten und öffentlichen Haushalte als *Konsumtionswirtschaften* gegenübergestellt, die man dann Wissenschaftsgebieten außerhalb der Betriebswirtschaftslehre zuordnet. Der Nachteil dieser Auffassung ist eklatant: Solche Wirtschaftssubjekte werden betriebswirtschaftlich ausgespart, obwohl sie sich von ihrer Bedeutung und Betätigung her unübersehbar für betriebswirtschaftliche Beschreibungen und Erklärungen eignen und anbieten.
Methodologisch betrachtet kann man von einer *Allgemeinen Betriebswirtschaftslehre* erst sprechen, wenn für die generelle Erkenntnisgewinnung alle Betriebe alias Betriebs- bzw. Einzelwirtschaften herangezogen werden, und zwar unabhängig davon, ob sie Wirtschaftszweigen angehören, oder aber anderen Bereichen, etwa der Kultur, dem Sport oder der Verwaltung.[1] Wesentlich ist das Vorhandensein der Betriebseigenschaft, d.h., es muß sich um Einheiten handeln, in der (materielle und immaterielle) Güter beschafft, erstellt und abgegeben werden. Der Präzisierung der Fragestellung – nicht der Isolierung des Gegenstands – dient der

1 Zur kontroversen Diskussion über die Betriebswirtschaftslehre als Lehre von den Produktionswirtschaften oder von den Einzelwirtschaften und zu den überzeugenden Gründen, die für den letzteren (umfassenden) Objektbereich der Betriebswirtschaftslehre sprechen, siehe Hans Raffée, Grundprobleme der Betriebswirtschaftslehre, Uni-Taschenbücher 97, Göttingen 1974, S. 48-59.

Auswahlgesichtspunkt, um aus der erfahrenen Wirklichkeit das Erkenntnisobjekt herzuleiten. Die Betriebswirtschaftslehre findet ihre Identität in der Analyse der Wirtschaftlichkeit der Betriebe.

Wirtschaftlichkeit ist ein teleologisches Prinzip, und ihr Zweck-Mittel- oder Soll-Ist-Quotient wird durch betriebsbezogene ökonomische Kategorien (z.B. Leistungen, Kosten, Erlöse, Produktivität) determiniert. Dabei geht es nicht nur um die einzelwirtschaftliche Zweckmäßigkeit schlechthin, sondern auch um deren Sinnhaftigkeit (Metaökonomik), Tatsächlichkeit (positive Ökonomik) und Praktizierbarkeit (normative Ökonomik).

Durch Fragestellung und Erkenntnisobjekt grenzt sich die Betriebswirtschaftslehre zwar gegenüber anderen Disziplinen ab, zugleich ist sie mit diesen interdependent verflochten. Enge Berührungspunkte bestehen zur Volkswirtschaftslehre, die sich der Wohlfahrt (im Sinne einer gesamtwirtschaftlichen Zweckmäßigkeit) von (lokalen, regionalen, nationalen, kontinentalen und mondialen) Wirtschaftsräumen widmet. Benachbarte Disziplinen der Betriebswirtschaftslehre sind ferner Soziologie und Politologie mit ihren Kalkülen gesellschaftlicher und politischer Zweckmäßigkeit, soweit sie sich auf das Handeln von Wirtschaftssubjekten beziehen. Die Rechtswissenschaft sucht die Frage zu beantworten, ob und inwieweit das Handeln rechtmäßig geschieht. Weitere betriebswirtschaftlich relevante Fachgebiete ließen sich nennen, wie die (Wirtschafts- und Unternehmens-)Geschichte, (Wirtschafts- und Betriebs-)Psychologie, (Wirtschafts- und Betriebs-)Informatik usw.

II. Wirtschaftssubjekte

Im Mittelpunkt der betriebswirtschaftlichen Forschung und Lehre der Gegenwart stehen nach Gewinn strebende (sog. erwerbs- oder eigenwirtschaftliche) *Unternehmen* der verschiedenen Wirtschaftszweige. Daneben interessieren private *Haushalte* in ihrer Eigenschaft als Nachfrager bzw. Konsumenten. Private Haushalte als selbständige Wirtschaftssubjekte, die ihre Bedarfe planen, Beschaffungsentscheidungen treffen, Arbeitsleistungen anbieten und abgeben (insoweit Arbeitgeber sind!), ihre Finanzierung sicherstellen und darüber Rechnung legen in Form von Ermittlungen des zu versteuernden Einkommens oder der einkommensteuerlichen Gewinnermittlung, werden ebenso vernachlässigt wie Unternehmen mit Nichterwerbszielen (sog. bedarfs- oder gemeinwirtschaftliche Unternehmen).

Obschon von wesentlicher Bedeutung, bleiben auch zwei andere Arten von

Wirtschaftssubjekten großenteils außer acht: nämlich *Vereinigungen* und *Verwaltungen*. Sie unterscheiden sich untereinander und gegenüber Haushaltungen und Unternehmungen sowohl durch ihre Zielsetzung als auch durch ihre Finanzierung. Während private Haushalte auf Selbstverwirklichung zielen, private und öffentliche Unternehmen mehr oder weniger nach Gewinn oder zumindest nach Kostendeckung streben, steht bei Vereinigungen (z.B. Vereinen, Verbänden, Kammern) die Deckung von Gruppenbedarf (der Mitglieder) und bei öffentlichen oder kirchlichen Verwaltungen die Deckung von mehr oder minder Allgemeinbedarf im Vordergrund. Ihre ökonomische Selbständigkeit sichern sich diese Wirtschaftssubjekte auf verschiedene Weise: Haushalte finanzieren sich über Einkünfte, Unternehmen über (Umsatz-)Erlöse, Vereinigungen über Mitgliedsbeiträge bzw. Umlagen und Verwaltungen über öffentliche Abgaben. Die folgende Übersicht veranschaulicht diese Zusammenhänge:

Merkmale	Wirtschaftssubjekte			
	Haushaltungen	Unternehmungen	Vereinigungen	Verwaltungen
Zielsetzung	Selbstverwirklichung	Gewinnstreben, Kostendeckung	Deckung von Gruppenbedarf	Deckung von Allgemeinbedarf
Finanzierung	Einkünfte	(Umsatz-) Erlöse	Beiträge Umlagen	Abgaben
Beispiele	Einpersonen- und Mehrpersonenhaushalte	Banken, Industriebetriebe, Verkehrsbetriebe, Wohnungsbaugenossenschaften	Vereine, Verbände, Gewerkschaften, Kammern	öffentliche Verwaltungen, Kirchenverwaltungen

Bei diesen vier Wirtschaftssubjekten handelt es sich um *Idealtypen*. In der Praxis kommen wegen mehrfacher Zielsetzungen und Mischfinanzierungen vielfältige Überschneidungen vor. Zum Beispiel weisen freie Berufe wie niedergelassene Ärzte, Architekten, Versicherungsagenten, Steuerberater, Rechtsanwälte usw.

Merkmale von Haushaltungen und Unternehmungen auf, sind Fußballvereine teils Unternehmungen und teils Vereinigungen, gibt es bei Krankenhäusern und Rundfunkanstalten Übergänge zwischen Unternehmungen und Verwaltungen und leben manche kulturtreibende Vereine von Mitgliedsbeiträgen und Zuschüssen aus Steuermitteln gegebenenfalls erzielen sie auch Erlöse aus Verkäufen und verfügen insoweit über unternehmerische Eigenschaften.
Aufgabe der Allgemeinen Betriebswirtschaftslehre ist es, die Gemeinsamkeiten all dieser Ideal- und Realtypen zu erforschen. Nicht genug damit: aus Gründen der Erkenntnisinteressen an den einzelnen Wirtschaftssubjekten bzw. Betrieben, der wissenschaftlichen Arbeitsteilung und methodischen Vorgehensweise sowie der Ausbildungs- und Berufsanforderungen bedarf es betriebswirtschaftlicher Teildisziplinen. Wir kennen die Differenzierung nach Allgemeiner Betriebswirtschaftslehre und Speziellen Betriebswirtschaftslehren, nach Wirtschaftszweig- bzw. Institutionen- und (Betriebs-)Funktionenlehren oder nach Theoretischer und Angewandter Betriebswirtschaftslehre. Die betriebswirtschaftliche Systembildung richtet sich nach der Opportunität für das Eindringen in Komplexität, die Gewinnung von Aussagen und die Vermittlung an die Praxis. Werden in bisherigen Systematiken Aspekte ignoriert oder tabuisiert, kann mit Hilfe modifizierter Klassifikationen das Augenmerk darauf gerichtet werden.

III. Systembildung

Bei der überkommenen Gliederung der Betriebswirtschaftslehre orientierte man sich an der privatwirtschaftlichen Unternehmung als *dem* untersuchungswerten Betrieb. Obwohl die Bezeichnung »*Privatwirtschaftslehre*«[2] als antiquiert gilt, dominiert deren Objektbereich nach wie vor in der Denkweise der meisten Betriebswirtschaftler. Prototyp des betriebswirtschaftlichen Untersuchungsgegenstandes sind die gewinnerzielenden Kapitalgesellschaften in privater Hand, namentlich Handels- und Industrieunternehmen, Banken und Versicherungen; weniger Beachtung finden Versorgungs- und Verkehrsbetriebe, Fremdenverkehrsbetriebe, Wohnungsbauunternehmen, Krankenhäuser und Verwaltungsbetriebe; weitgehend unberücksichtigt bleiben schließlich Bergwerke, Land- und Forstbetriebe, (Groß-)Forschungseinrichtungen, Handwerksbetriebe, die freien Berufe, private Haushalte sowie die unter »Vereinigungen« zusammengefaßten Vereine, Verbände usw.

2 Als Repräsentanten einer solchen Benennung des Faches galten Arnold Lindwurm 1866 (nur zunächst, später nicht mehr), Heinrich Nicklisch 1912, M. Weyermann und H(ans) Schönitz 1912, Hans Töndury 1916, Friedrich Leitner 1919, Wilhelm Rieger 1928 und Emil Grichting 1951.

Erfreulicherweise bemühen sich mehr und mehr Hochschullehrer für Betriebswirtschaft[3] darum, die ausgegrenzten oder vernachlässigten Betriebe zu thematisieren und zu analysieren – sei es aus Gründen betriebswirtschaftlichen Nachholbedarfs bei diesen Betrieben selbst oder bei manchem Prototypenforscher. Gerecht wird man den Betrieben, indem man die herkömmliche Systematik der Betriebswirtschaftslehre entsprechend modifiziert.
Einige mögliche Klassifikationen seien im folgenden genannt:

- Wirtschaftssubjekte
  - BWL der Haushaltungen
  - BWL der Unternehmungen
  - BWL der Vereinigungen
  - BWL der Verwaltungen
- Sektoren
  - BWL der Urproduktionsbetriebe
  - BWL der Verarbeitungsbetriebe
  - BWL der Dienstleistungsbetriebe
- Eigentum
  - BWL privater Betriebe (von Personen oder Institutionen)
  - BWL öffentlicher Betriebe (von Bund, Ländern oder Gemeinden)
- Zielinhalt
  - BWL erwerbswirtschaftlicher Betriebe (eigentlich Privatwirtschaftslehre)
  - BWL bedarfswirtschaftlicher Betriebe (sog. Nonprofit-Organisationen)
- Zielrichtung
  - BWL eigenwirtschaftlicher Betriebe (bzgl. Anteilseigner, Beschäftigte, Betrieb)
  - BWL gemeinwirtschaftlicher Betriebe (bzgl. Gemeinwesen, Naturhaushalt)
- Autonomie
  - BWL selbstbestimmter Betriebe (in der Markt- und Planwirtschaft)
  - BWL plandeterminierter Betriebe (in der Markt- und Planwirtschaft)

3 Vielen voran Ludwig Mülhaupt, wie die zahlreichen Veröffentlichungen zeigen, die aus seinem in diesem Band abgedruckten Schriftenverzeichnis hervorgehen.

Wie bei der Unterscheidung von Institutionen- und Funktionenlehren, sind auch diese Gliederungen weiter unterteilbar. Mittlerweile durchgesetzt hat sich eine mehrere, obige Kriterien pragmatisch verbindende Teildisziplin in Form einer Speziellen Betriebswirtschaftslehre, genannt *Öffentliche Betriebswirtschaftslehre*. Ihre Etablierung wird man rein systematisch betrachtet als nicht eindeutig qualifizieren müssen, weil sie sich mit diversen Einteilungen überschneidet. Im Kern *beinhaltet* sie *die wirtschaftliche Erfüllung öffentlicher Aufgaben* und gehört insoweit zu den Funktionenlehren. Was öffentliche Aufgaben sind, über welche Eigenschaften sie verfügen, wie sie zustandekommen, welche Verfahren der Leistungserstellung und -abgabe sich als wirtschaftlich erweisen, wer als Aufgabenträger zuständig sein, wie deren Finanzierung erfolgen und welcher Art von Rechnungswesen man sich bedienen soll usw., all diesen Fragen widmet sich die Öffentliche Betriebswirtschaftslehre. Bezogen auf die öffentlichen Unternehmen und Verwaltungen als Aufgabenträger stellt sie eine Institutionenlehre dar. Im übrigen verknüpft die Öffentliche Betriebswirtschaftslehre bedarfswirtschaftliche, gemeinwirtschaftliche und plandeterminierte Betriebe und befaßt sich damit auch mit privaten Unternehmen von öffentlichem Interesse (dem sog. dritten Sektor mit den Einrichtungen der freien Wohlfahrtspflege oder den öffentlich gebundenen (regulierten, konzessionierten, beliehenen Privatunternehmen usw.).

Der Reiz dieses Fachgebiets besteht in der Integration heterogener Elemente, mögen sie den traditionellen Wirtschaftszweig- oder Betriebsfunktionenlehren oder betriebswirtschaftlich relevanten Institutionen, Methoden und Erkenntnissen anderer Disziplinen entstammen oder arteigenen Charakter tragen. Am Beispiel des Rechnungswesens lassen sich solche Einflüsse und Verbindungen eindrucksvoll nachweisen.

IV. Rechnungsziele

In der Allgemeinen Betriebswirtschaftslehre wird dem Rechnungswesen die Aufgabe zugedacht, betriebliche Tatbestände und Vorgänge zu erfassen, um mittels der Informationen zielorientierte Entscheidungen treffen zu können. Diese sog. Abbildungs- und Steuerungsziele des Rechnungswesens sind aber nur vordergründig generalisierbar. Im Hinblick auf öffentliche Verwaltungen zeigen sich von Unternehmen derart abweichende Inhalte und Formen, daß es lohnt, die Spezifika gegenüberzustellen; damit Besonderheiten der Öffentlichen Betriebswirtschaftslehre zu kennzeichnen und einer Neubelebung der Allgemeinen Betriebswirtschaftslehre Wege zu weisen.

Aus betriebswirtschaftlicher Sicht bilden öffentliche Verwaltungen Wirtschaftssubjekte (Betriebe, Betriebs- bzw. Einzelwirtschaften, Institutionen), die Verfügungen über Güter (samt Sachen, Dienste, Rechte) im Sinne öffentlicher Ziele auf der Grundlage öffentlichen Eigentums treffen. Zu ihrer ökonomischen (nicht juristischen) Konkretisierung und Abgrenzung gegenüber anderen Wirtschaftssubjekten (vor allem anderen Verwaltungen, aber auch öffentlichen Unternehmen) bedürfen sie eines ausreichenden Entscheidungs- und Handlungsspielraums sowie eines gewissen Bestandes an zugeordneten Produktionsfaktoren.[4] So gesehen erkennt der Ökonom in der Bundesverwaltung, einer Landesverwaltung oder einer Gemeindeverwaltung jeweils eine Gesamtverwaltung, die sich aus zahlreichen einzelnen Verwaltungen zusammensetzt. Beispiele hierfür sind die Ministerien, Rechnungshöfe, Bundesanstalten, Landesämter, Staatsbibliotheken, Oberfinanzdirektionen, Universitäten, Bezirksregierung, Polizeipräsidien, Finanzämter, Gesundheitsämter, Ordnungsämter, Stadtkämmereien, Schulen, Altenheime usw.

Diese Art der Differenzierung ist vom Standpunkt anderer Disziplinen ungewohnt. Dem Staats- und Rechtswissenschaftler erscheint die Verwaltung (im Singular!) hauptsächlich als exekutive Gewalt, verteilt auf drei Ebenen nach dem föderativen Staatsaufbau mit dem Recht der kommunalen Selbstverwaltung. Für den Volkswirtschaftler geht – vereinfacht gesagt – die Verwaltung im Konto »Staat« der Volkswirtschaftlichen Gesamtrechnung auf und stellen die Verwaltungen des Bundes, der Länder und Gemeinden wirtschaftspolitische Instanzen dar. Den Finanzwissenschaftler interessieren primär deren öffentliche Haushalte bzw. der Gesamthaushalt und die Budgetpolitik. Dementsprechend global erweisen sich die *Abbildungs- und Steuerungsziele des* – wie es heißt – *»Haushalts-, Kassen-, Rechnungs- und Prüfungswesens»*[5] der Verwaltung: Erstere haben die Haushaltsansätze und deren Einhaltung nachzuweisen, bei letzteren dominieren gesamtwirtschaftliche Steuerung und Übertragung. Diesen Zielen der Budgetbewilligung, Budgetbindung, Dokumentation, Rechnungslegung bzw. Rechenschaftslegung bis hin zur Finanzkontrolle einerseits und der Verteilung der Ausgaben auf Konsum und Investition der (Um-)Verteilung der Einkommen und des Vermögens sowie des Finanzausgleichs zwischen den

4 Zu den Einzelheiten und insbesondere zur Ausfüllung dieser Leerformeln siehe Peter Eichhorn und Peter Friedrich, Verwaltungsökonomie I, Methodologie und Management der öffentlichen Verwaltung, Schriften zur öffentlichen Verwaltung und öffentlichen Wirtschaft, hrsg. von Peter Eichhorn und Peter Friedrich, Band 1, Baden-Baden 1976, S. 56 und 72.

5 Vgl. hierzu Peter Eichhorn, Öffentliche Verwaltung, Rechnungswesen der, in: Handwörterbuch des Rechnungswesens, 2. Aufl., hrsg. von Erich Kosiol, Klaus Chmielewicz und Marcell Schweitzer, Stuttgart 1981, Sp. 1223-1236, hier Sp. 1223 ff.

Gebietskörperschaften andererseits dienen die Struktur der Haushaltspläne[6] und das Procedere der Aufstellung und Ausführung der Haushaltspläne[7].

Den genannten Rechnungszielen wird auch die kameralistische Buchführung (Kameralistik) gerecht, indem sie die Zahlen für den Vergleich zwischen Haushaltsplan und Haushaltsvollzug bereitstellt, im Rahmen des Haushaltsvollzugs die Abstimmung zwischen Zahlungsanordnung und Zahlungsausführung sowie die Kontrolle der Kassenbestände und ihrer Veränderungen erlaubt und schließlich das sog. finanzwirtschaftliche Ergebnis offenbart.[8] Über dessen Umfang gehen die Meinungen auseinander. Die derzeitige Praxis begnügt sich damit, die Einnahmen und Ausgaben eines Haushaltsjahres gegenüberzustellen und die Änderungen des Vermögens und der Schulden aus der Ausführung des Haushaltsplans lediglich in Nebenrechnungen (sog. Nachweisen) zu dokumentieren. (Eine Ausnahme bilden die Gemeinden in Baden, die mit der Haushaltsrechnung verbundene Bestandsrechnungen aufweisen.)

Basierend auf *Ernst Walb*[9], entwickelte *Rudolf Johns*[10] *ein geschlossenes System der Verwaltungskameralistik, bestehend aus einer finanzwirtschaftlichen Erfolgs- und einer finanzwirtschaftlichen Vermögensrechnung.*[11] Gerade letztere ist umstritten. Die sich in der Haushaltsreform Mitte der 60er bis Mitte der 70er Jahre durchgesetzte Auffassung verkannte deren Möglichkeiten des Nachweises der Ausgabendeckung, insbesondere ob und inwieweit die in der laufenden Periode endgültig zugeflossenen Einnahmen ausreichten, die Ausgaben zu decken, wie sich der Prozeß der endgültigen Deckung bzw. Entschuldung der Investitionsausgaben vollzieht und wie die Investitionstätigkeit aussieht. Statt dessen unterstellte man den Befürwortern einer finanzwirtschaftlichen Deckungsbilanz eine Vermögensrechnung im kaufmännischen Sinn eines Reinvermögensnachweises und verwarf diese – durchaus zurecht; leider damit aber auch den sinnvollen Gedanken der vollverbundenen finanzwirtschaftlichen Deckungsrechnung. Man-

6 Gliederung der Haushaltspläne nach Einzelplänen, Kapiteln und Titeln bei Bund und Ländern sowie nach Einzelplänen, Abschnitten und Unterabschnitten bei den Gemeinden und Gruppierung der Einnahmen und Ausgaben nach Arten einschließlich weiterer Übersichten.

7 Mit Veranschlagungs- und Bewirtschaftungsgrundsätzen, bei Gemeinden auch Allgemeinen Haushalts-, Einnahmebeschaffungs- und Deckungsgrundsätzen.

8 Eine profunde Einführung in die Kameralistik gibt Klaus v. Wysocki, Kameralistisches Rechnungswesen, Stuttgart 1965.

9 Ernst Walb, Die Erfolgsrechnung öffentlicher und privater Betriebe, Berlin und Wien 1926.

10 Rudolf Johns, Die Vollrechnung der Gemeinden, in: Zeitschrift für handelswissenschaftliche Forschung, 1938, S. 145-176 und 193-212, und weitere Literaturhinweise bei Peter Eichhorn, Rudolf Johns 80 Jahre alt, in: Zeitschrift für öffentliche und gemeinwirtschaftliche Unternehmen, Band 3, Heft 2, 1980, S. 233-236.

11 Es ist das Verdienst Ludwig Mülhaupts, diese Entwicklung aufgegriffen und fortgeführt zu haben. Siehe dazu sein soeben erschienenes umfassendes Werk Theorie und Praxis des öffentlichen Rechnungswesens, Schriften zur öffentlichen Verwaltung und öffentlichen Wirtschaft, hrsg. von Peter Eichhorn und Peter Friedrich, Band 93, Baden-Baden 1987.

ches spricht dafür, daß ihr Fehlen in Verbindung mit der durch die Neufassung des Art. 115 Grundgesetz gegenüber früher erleichterten Kreditaufnahme und der Einführung der Nettoveranschlagung von Krediteinnahmen die öffentliche Verschuldung begünstigt.
Wie die Rechnungsziele der Kameralistik deren Struktur bestimmen, sind auch die Rechnungsziele der kaufmännischen doppelten Buchführung für deren Gestalt verantwortlich. *Bei der sog. Doppik* lassen sich *ebenfalls Abbildungs- und Steuerungsziele* unterscheiden. Abgebildet wird für (unternehmens-)externe und intere Adressaten der erwerbswirtschaftliche (nicht Bedarfsdeckungs-)Erfolg, ausgedrückt in Gewinn, Rentabilität, Dividenden, Umsatzerlösen, Wertschöpfung, Betriebsergebnis, Kostenstruktur. Er kommt durch das Verfolgen von Leistungs- und Finanzzielen zustande, die sich zum einen erstrecken auf Art, Menge, Qualität, Ort und Zeit der Leistung, zum anderen auf Liquidität und finanzielle Struktur. Die Steuerungsziele der Unternehmensrechnung dienen weniger der Dokumentation und Kontrolle als der Gewinnung von Informationen zur Fundierung von (Rentabilitäts- und Wirtschaftlichkeits-)Entscheidungen in erster Linie über den Einsatz der elementaren, monetären, externen[12] und dispositiven Produktionsfaktoren im Bereich der Beschaffung, Leistungserstellung, Leistungsabgabe und Finanzierung und im Hinblick auf die einzelnen Produkte und das Produktionsprogramm.
Zur Erreichung dieser Rechnungsziele bedient sich die kaufmännische Buchführung vollverbundener Erfolgs- und Bestandsrechnungen mit diversen Rechnungskategorien entsprechend der Zielsetzung im einzelnen sowie zweiseitigen Konten. Die folgende Gegenüberstellung faßt die hier und oben genannten Unterschiede zusammen.

V. Rechnungs-Mix

Beide Rechnungsstile, die Doppik und die Kameralistik, werden gemeinhin mit den sie anwendenden Wirtschaftssubjekten, den Unternehmungen (»kaufmännische doppelte Buchführung«) und den Verwaltungen (»Verwaltungskameralistik«, »Behördenbuchführung«), identifiziert. Es wurden aber auch Ansätze

12 Darunter werden solche Produktionsfaktoren verstanden wie Dienstleistungen Dritter, öffentliche Infrastrukturleistungen und der Naturhaushalt.

13 Die mit der Haushaltsreform durchgeführte Umwidmung der Kameralistik zum Informationsinstrument für die Wirtschaftspolitik hat die Kameralistik als Steuerungsinstrument der einzelnen Verwaltung weiter zurückgedrängt. Siehe hierzu auch die Ausführungen unter VI., ferner Ludwig Mülhaupt und Peter Eichhorn, Haushaltsreform – In falscher Richtung, in: Der Volkswirt, Nr. 14 vom 3. April 1969, S. 48 f.

Merkmale		Rechnungsstile: Doppik	Rechnungsstile: Kameralistik
Rechnungsziele	Abbildungsziele	Nachweis des kaufmännischen Erfolgs (durch Erreichung von Leistungs- und Finanzzielen)	Nachweis der Einhaltung der Haushaltsansätze (insb. Haushaltsausgleich und Soll-Ist-Nachweis)
	Steuerungsziele	einzelwirtschaftliche Rentabilität und Wirtschaftlichkeit	gesamtwirtschaftliche Ordnung mittels Allokation, Distribution und Stabilisation[13]
Rechnungsverbund und Rechnungskategorien		vollverbundene kaufmännische Erfolgs- und Bestandsrechnungen[14] mit Ein- und Auszahlungen, Einnahmen und Ausgaben, Erträgen und Aufwendungen, Leistungen und Kosten, Vermögen und Kapital	Einnahmen-Ausgaben-Rechnungen mit teilverbundenen Vermögens- und Schuldennachweisen
Kontenstruktur		zweiseitige Konten (Soll und Haben)[14]	einseitige Konten (entw. Einnahmen oder Ausgaben)
		einspaltige Konten (nur Ist-Größen)	mehrspaltige Konten (Soll, Ist und Rest)[15]

14 Hierin äußert sich das Wesen der Doppik: Der Periodenerfolg wird doppelt ermittelt: durch die Bilanz und die Gewinn- und Verlustrechnung, und jeder buchführungsfähige Geschäftsvorfall hat zwei wertgleiche Buchungen zur Folge: sowohl auf der Soll- als auch auf der Habenseite von Aktiv- und/oder Passiv- und/oder Erfolgskonten.

15 Genau genommen besteht das kameralistische Sachbuchkonto für Einnahmen und für Ausgaben aus folgenden Spalten: Haushaltsansatz, Anordnungssoll, aufgeteilt in Reste-Soll aus Vorperioden und laufendes Soll, Ist (d.h. Ausführung) und Rest (d.h. noch auszuführen).

unternommen, den einzelnen Rechnungsstil um Elemente des anderen zu erweitern. Hingewiesen sei auf die sog. *Betriebskameralistik,* die früher für kommunale Eigenbetriebe einen aus der Verwaltungskameralistik heraus entwikkelten kaufmännischen Jahresabschluß mit integrierter Erfolgs- und Vermögensrechnung vorsah. Wegen des komplizierten Rechenumfangs, der einerseits den Vorschriften für die Haushaltswirtschaft, andererseits den kaufmännischen Grundsätzen ordnungsmäßiger Buchführung und Bilanzierung zu genügen hatte, entschieden sich die Gemeinden für die *Nettoetatisierung* namentlich ihrer Versorgungs- und Verkehrsbetriebe: im Haushaltsplan des Trägers erscheint nur der voraussichtlich zu vereinnahmende Gewinn oder zu deckende Verlust, der rein kaufmännisch-doppisch ermittelt wird. Diese Regelung gilt für die rechtlich unselbständigen Eigenbetriebe und erst recht für die rechtlich verselbständigten Gemeindeunternehmen des öffentlichen Rechts (z.B. Sparkassen) und des privaten Rechts (z.B. Wohnungsbaugesellschaften).
Auch bei Bundes- und Landesbetrieben ist diese Nettoetatisierung üblich geworden, zum Teil allerdings in nicht ausschließlich kaufmännischem Stil. Aus Gründen der parlamentarischen und administrativen Kontrolle finden sich in rechtlich unselbständigen, teilrechtsfähigen und rechtsfähigen § 26 BHO/LHO-Betrieben (z.B. Kleiderkasse der Bundeswehr, Staatshäfen, Universitätsklinika), Sondervermögen (z.B. Deutsche Bundespost) und bei Zuwendungsempfängern (z.B. Studentenwerken) sowie in rechtlich selbständigen Anstalten in der Rechtsform des öffentlichen Rechts (z.B. Rundfunkanstalten) oder in privatrechtlichen Gesellschaften (z.B. Großforschungseinrichtungen in der Rechtsform der GmbH) neben der dominierenden Doppik zahlreiche kameralistische Bestandteile.[16] Angesichts der in den vergangenen Jahren zu beobachtenden Entwicklung hin zu mehr kaufmännischem Verhalten dürfte es eine Frage der Zeit sein, bis auch diese Betriebe primär als Unternehmen verstanden und nach den Regeln der Doppik die Bücher führen und Rechnung legen werden.
Eine andere Form der Übernahme der Doppik stellt die sog. *Erweiterte Kameralistik* dar. Sie wird in kommunalen Einrichtungen praktiziert, die sich in der Regel ganz oder zum Teil aus Entgelten finanzieren. Solche sog. kostenrechnenden Einrichtungen (früher auch Gebührenhaushalte oder Selbstabschließer genannt) sind zwar vollständig im Haushalt des »Muttergemeinwesens« verankert (Bruttobetriebe). Durch Aufbereitung des Buchungsstoffes im Sinne einer

16 Siehe hierzu unter anderem Jürgen Weber, Zielorientiertes Rechnungswesen öffentlicher Betriebe, Schriften zur öffentlichen Verwaltung und öffentlichen Wirtschaft, hrsg. von Peter Eichhorn und Peter Friedrich, Band 71, Baden-Baden 1983, Peter Eichhorn (Hrsg.), Kaufmännische Wirtschaftsführung für staatliche Einrichtungen, Schriften zur öffentlichen Verwaltung und öffentlichen Wirtschaft, hrsg. von Peter Eichhorn und Peter Friedrich, Band 89, Baden-Baden 1986, Paul Kemmer, Zielkonzeption und Rechnungssystem von Rundfunkanstalten, Schriften zur öffentlichen Verwaltung und öffentlichen Wirtschaft, hrsg. von Peter Eichhorn und Peter Friedrich, Band 49, Baden-Baden 1986.

kaufmännischen Erfolgsspaltung in neutrale und betriebliche Aufwendungen und Erträge sowie unter Einbeziehung kalkulatorischer Zusatzkosten wird die einfache Kameralistik jedoch um eine Kosten- und Leistungsrechnung erweitert, mit deren Hilfe sich dann zum Beispiel kostendeckende Gebühren ermitteln lassen. Die Erweiterung der Verwaltungsbuchführung um eine Betriebsbuchführung[17] ist aber, entgegen verbreiteter Auffassung in der Verwaltungspraxis, nicht auf Einrichtungen beschränkt, die ihre Leistungen entgeltlich abgeben. Vielmehr bietet die durch Kosten- und Leistungsgrößen erweiterte Kameralrechnung Informationen auch für die Analyse der Wirtschaftlichkeit des Verwaltungshandelns[18] und damit für Entscheidungen zur Ressourcensteuerung. Um Mißverständnisse gar nicht aufkommen zu lassen, sei betont, daß hier für Ergänzen und nicht für Ersetzen kameralistischer durch kaufmännische Kategorien und Methoden plädiert wird.[19]

Die »Beimischung« findet auch in umgekehrter Richtung statt, *indem das kaufmännische Rechnungswesen von kameralistischen Überlegungen oder Bestandteilen profitiert.* Exemplarisch stehen dafür die pagatorische Bilanzauffassung, der pagatorische Kostenbegriff und die Budgetrechnungen. Die auf *Ernst Walb* basierende und von *Erich Kosiol* entwickelte Bilanztheorie[20] führt Finanzbuchhaltung und Bilanz sowie die Wertansätze auf Zahlungsvorgänge zurück, wie sie seit eh und je die Kameralistik verwendet. Ähnlich geht *Helmut Koch* bei der pagatorischen Begriffsbestimmung der Kosten vor.[21] Das Vorbild der kameralistischen Sollverrechnung bzw. allgemeiner: der Vorgabe auszuführender Ansätze gewinnt zunehmend Bedeutung in der Unternehmenspraxis. Dort ist von Budgetierung, Budgetierungssystemen, Budgetmanagement, Kostenbudgets usw. die Rede, ohne daß man sich allerdings der Ursprünge dieses Denkens bewußt wäre.

17 Siehe das einschlägige Werk von Manfred Fuchs und Helmut Zentgraf, Betriebsabrechnung in öffentlichen Einrichtungen, 4. Aufl., Göttingen 1981.

18 Siehe hierzu vom Verfasser Verwaltungshandeln und Verwaltungskosten, Möglichkeiten zur Verbesserung der Wirtschaftlichkeit in der Verwaltung, Baden-Baden 1979.

19 Wesentlich weitreichender ist die Einführung eines neuen Rechnungsmodells in Kantonen und Gemeinden der Schweiz, das »auf einer den besonderen Bedürfnissen der öffentlichen Haushalte angepaßten kaufmännischen Buchführung« aufbaut. Siehe zu den Einzelheiten Ernst Buschor, Haushaltsführung und Finanzplanung, hrsg. von der Zürcher Kantonalbank, Zürich 1984, hier S. 9, derselbe, Management Accounting in der öffentlichen Verwaltung, in: Der Schweizer Treuhänder, 60. Jg., Heft 6, 1986, S. 268-272, derselbe, Die Schweizer Haushaltsreform der Kantone und Gemeinden, S. 29-47, in vorliegendem Band, ferner Konferenz der Kantonalen Finanzdirektoren (Hrsg.), Handbuch des Rechnungswesens der öffentlichen Haushalte, Bände I und II, Bern 1981.

20 Erich Kosiol, Bilanztheorie, pagatorische, in: Handwörterbuch des Rechnungswesens, 2. Aufl., Stuttgart 1981, Sp. 235-258.

21 Helmut Koch, Grundprobleme der Kostenrechnung, Köln und Opladen 1966, insb. S. 48 ff.

VI. Neue Kameralistik

Man versetze sich in die Rolle eines Ministerpräsidenten, der seine Landesregierung nicht nur als Verfassungsorgan und politische Instanz begreift, sondern auch als Vorstand eines *Dienstleistungskonzerns, genannt Landesverwaltung.* Dieses Verständnis erscheint inzwischen durchaus als gerechtfertigt, wenn man sich die neuzeitlichen Anforderungen an Regierung und Verwaltung vergegenwärtigt: komplexere Aufgabenstellung, Wettbewerb um Zukunftssicherung, Zunahme der Leistungsverwaltung, Druck zur Rationalisierung der Behördenarbeit, Anwendung neuer Informations- und Kommunikationstechniken. Die Regierungstätigkeit vollzieht sich gegenüber Öffentlichkeit, Parlament, Justiz, Parteien und Verbänden, und sie ist für die Mitglieder der Landesregierung mit der Führung großer Geschäftsbereiche verknüpft. Die Strukturen und Prozeduren in den Ministerien und nachgeordneten Behörden orientieren sich allerdings nach wie vor am konstitutionellen Modell[22] der Ordnungs- und Eingriffsverwaltung. Trotz der Haushalts-, Gebiets- und Aufgabenreformen in den vergangenen beiden Jahrzehnten änderte sich weder im Bereich des öffentlichen Dienst- und Organisationsrechts noch im kameralistischen Rechnungswesen grundlegendes im Hinblick auf Managementanforderungen. Es ist an der Zeit, daß sich die Verwaltungen des Bundes, der Länder und der Gemeinden neuzeitlicher Führungs- *und* Informationssysteme bedienen.[23] Ein Bestandteil letzterer sind Haushaltsplanung und Buchführung. Beide weisen aus betriebswirtschaftlicher Sicht nicht unerhebliche Defizite auf. Einige wesentliche sollen abschließend kurz erwähnt werden.

Es wird verkannt, daß das Haushalts- und Rechnungswesen einer Verwaltung auch Informationen zu deren internen Steuerung zu liefern hat. Die jetzige primär wirtschaftspolitische Ausrichtung erlaubt keine *Wirtschaftlichkeitsanalysen* von Faktoreinsätzen und Verwaltungsleistungen. Die haushaltsrechtlich vorgeschriebenen »Grundsätze der Wirtschaftlichkeit und Sparsamkeit« bleiben insoweit eine papierne Forderung. Die in § 7 Absatz 2 BHO/LHO vorgesehenen volkswirtschaftlichen Nutzen-Kosten-Untersuchungen lassen dieses betriebswirtschaftliche Manko noch deutlicher werden.

22 Darunter versteht man die tradierte verfassungs- und verwaltungsrechtliche Denkmuster von Fürst bzw. Staat und Volk als den zwei Souveränen bei Übergang vom Absolutismus zur parlamentarischen Demokratie.

23 Die Bemühungen um eine »Neue Führungsstruktur Baden-Württemberg« mag gut gedacht und sogar ein Schritt in diese Richtung sein. Man fragt sich aber, wie eine Kommission organisatorische Vorschläge erarbeiten kann, ohne elementare Erkenntnisse der Betriebswirtschaftslehre, insbesondere der Führungslehre, einzubeziehen. Ein modernes Verwaltungsmanagement bedarf auch eines ziel- und entscheidungsorientierten Informationswesens samt Controlling, ferner adäquater Führungsstile und anderer Leistungsanreize der Erfolgskontrolle usw.

Geht man von den Bürgern und ihren Gemeindevertretern und Abgeordneten sowie von den Bediensteten aus, interessiert die Verwaltung als Wirtschaftssubjekt bzw. Einzelwirtschaft. Das zugängliche Zahlenwerk vermag indessen deren Informationsbedürfnisse kaum zu befriedigen. Abgesehen von der fehlenden Darstellung des Deckungserfolgs, Deckungsgrades und Deckungverlaufs – also einer verbundenen finanzwirtschaftlichen (nicht erwerbswirtschaftlichen!) Vermögensrechnung über Investitionen und ihre Finanzierung – leidet die *Transparenz* der Planansätze und der Istrechnung an Diskrepanzen zwischen Verwaltungsorganisation einerseits und Haushalts- und Rechnungswesen andererseits. Beide Bereiche, die Leistungs- und die Finanzsphäre, stehen isoliert gegenüber und folgen ihren eigenen organisatorischen und haushaltsmäßigen »Gesetzmäßigkeiten«. die (Dienst-)Leistungen der Querschnittsämter (z.B. des Rechtsamts einer Gemeinde oder eines Landesamtes für Besoldung und Versorgung) zugunsten anderer Organisationseinheiten (z.B. dem Jugendamt) oder eigenständiger Verwaltungen (z.B. Hochschulen) sind nicht erkennbar und können finanziell nicht verursachungsgemäß zugerechnet werden. Auch innerhalb einzelner Verwaltungen – seien es oberste, obere, mittlere und untere Behörden oder Abteilungen, Dezernate, Referate, Außenstellen, Präsidien, Direktionen, Inspektionen oder sonst abgrenzbare (und deshalb zu überschauende) Einheiten – läßt die monetäre Abspiegelung der Leistungserstellung zu wünschen übrig. Man erfährt zwar, welche Arten von Ausgaben anfallen, nicht aber wofür, anders gesagt: für welche Aufgaben und Leistungsabnehmer. Die Entwicklung von outputorientierten Programmbudgets[24] oder verwandter Budgetkonzeptionen[25] hilft für diese Forderung nach Kongruenz von Investition, Funktionen und Finanzen nicht weiter.

Was not tut, ist eine neue Kameralistik. Dazu sind folgende Schritte notwendig:

1. Das kameralistische Rechnungswesen darf nicht als schlichte Buchführung über die Einnahmen und Ausgaben der Verwaltung verstanden werden.
2. Haushalts-, Kassen- und Rechnungswesen bilden eine Einheit, zu der auch finanzwirtschaftliche Vermögensrechnung und betriebswirtschaftliche Kostenrechnung gehören.
3. Ein solches weitgreifendes Rechnungswesen muß gesamt- und einzelwirtschaftlichen Rechnungszielen dienen, um die Wohlfahrt in toto und die Wirtschaftlichkeit in concreto steuern zu können.

24 Vgl. unter anderem Heinrich Reinermann, Programmbudgets- in Regierung und Verwaltung, Schriften zur öffentlichen Verwaltung und öffentlichen Wirtschaft, hrsg. von Peter Eichhorn und Peter Friedrich, Band 6, Baden-Baden 1975.

25 Vgl. Peter Langner, Zero-Base Budgeting und Sunset Legislation, Schriften zur öffentlichen Verwaltung und öffentlichen Wirtschaft, hrsg. von Peter Eichhorn und Peter Friedrich, Band 80, Baden-Baden 1983.

4. Zwischen Verwaltungsorganisation, Haushaltsstruktur und Rechnungssystem ist Deckungsgleichheit anzustreben, mit anderen Worten: einzelne Verwaltungen bzw. Organisationseinheiten sollen Abrechnungsbezirke bilden (wie man das von kostenrechnenden Einrichtungen oder Sondervermögen her kennt, wobei deren Entgeltfinanzierung nicht maßgeblich ist). In Einzelfällen könnte man für bestimmte Organisationseinheiten das Instrument der Selbstbewirtschaftungsmittel nach § 12 Abs. 3 HGrG[26] einsetzen und sogar eine eigenständige Bewirtschaftung und Abrechnung etwa im Stile des Fund Accounting[27] vorsehen.

26 »Ausgaben können zur Selbstbewirtschaftung veranschlagt werden, wenn hierdurch eine sparsame Bewirtschaftung gefördert wird. Selbstbewirtschaftungsmittel stehen über das laufende Haushaltsjahr hinaus zur Verfügung. Bei der Bewirtschaftung aufkommende Einnahmen fließen den Selbstbewirtschaftungsmitteln zu. Bei der Rechnungslegung ist nur die Zuweisung der Mittel an die beteiligten Stellen als Ausgabe nachzuweisen.«

27 Vgl. hierzu den Beitrag von Helmut Brede und Ulrich Trogele, Grundzüge des Fund Accounting, S. 201-215, in diesem Band und auch das dort zitierte Schrifttum.

Das betriebliche Rechnungswesen in der Kommunalverwaltung

von *Manfred Fuchs*

I. Kameralistik als Informationssystem für wirtschaftliche Verwaltungsführung

Öffentliche Verwaltungen müssen – wie andere zweckgerichtete Organisationen – ihre Tätigkeit nach dem ökonomischen Prinzip ausrichten. Es wird erwartet, daß das vorgegebene oder selbst gesetzte Ziel mit dem geringstmöglichen Mitteleinsatz erreicht, d.h. das Verhältnis von Nutzen und Aufwand so optimal wie möglich gestaltet wird. Die gesetzlichen Bestimmungen verpflichten die Gebietskörperschaften ausdrücklich, »bei Aufstellung und Ausführung des Haushaltsplanes die Grundsätze der Wirtschaftlichkeit und Sparsamkeit zu beachten.«[1] Wenn diese Formulierung auch viele Fragen offenläßt, so enthält sie doch auf jeden Fall den eindeutigen Auftrag an die Verwaltung, die zu erfüllende Aufgabe so rationell wie möglich durchzuführen.

Dieser Auftrag kann nur erfüllt werden, wenn die Verwaltungsführung über ausreichende Informationen über die gegenwärtige und zukünftige Höhe der Kosten der zur Erstellung der Verwaltungsleistung erforderlichen Faktoren (Personal, Sachmittel, Fremdleistungen usw.) verfügt und in der Lage ist, unter mehreren Möglichkeiten die in betriebswirtschaftlicher Hinsicht optimalste Variante auswählen zu können.

Als generelles Informationssystem steht allen Verwaltungen das kamerale Rechnungssystem in Form des gesetzlich festgelegten Haushalts-, Kassen- und Rechnungswesens zur Verfügung. Dieses Rechnungswesen mit seiner einfachen Einnahmen- und Ausgabenrechnung ist jedoch nur in beschränktem Umfang in der Lage, die für eine wirtschaftliche Verwaltungsführung notwendigen Daten zu liefern. Die Kameralrechnung ist aus einer anderen Zielsetzung heraus entstanden.

1 § 7 Abs. 1 Bundeshaushaltsordnung und Landeshaushaltsordnungen. Entsprechende Bestimmungen finden sich in allen Gemeindeordnungen der Länder, so z.B. § 62 Abs. 2 GO NW »Die Haushaltswirtschaft ist sparsam und wirtschaftlich zu führen.«

Ihre wesentliche Aufgabe ist die Erfassung der kassenmäßigen Vorgänge und die Kontrolle der Geldbewegungen. Sie umfaßt damit im Grunde nur die Finanzsphäre, also die Bereitstellung, Verfügung und Kontrolle der finanziellen Mittel. Der Leistungssphäre, d.h. der Erfassung des Werteverzehrs bei der Beschaffung, Erstellung und Abgabe von Leistungen, wird dagegen in der Haushaltsrechnung keine oder nur geringe Beachtung geschenkt. (Auf die Besonderheit im Kommunalen Haushaltsrecht seit der Haushaltsrechtsreform wird später eingegangen.)

Einzelne Verwaltungspraktiker und Kommunalwissenschaftler haben diese einseitige Ausrichtung der Kameralistik auf die Finanzsphäre schon früh als nachteilig empfunden. Bereits Anfang des 19. Jahrhunderts schlug der Österreicher *Jäger von Weidenau* vor, die kameral zu verbuchenden Vorgänge in erfolgswirksame (»zum Gefällserträgnis gehörige reelle«) und erfolgsunwirksame (»zum Gefällserträgnis nicht gehörige«[2]) zu trennen. Dieser Vorschlag ist von Wissenschaft und Praxis jedoch nicht aufgegriffen worden. Erst ein Jahrhundert später wurden erneut Vorschläge zum Ausbau der Kameralrechnung zu einem System gehobener Kameralistik bzw. Betriebskameralistik gemacht.[3] Auch diese Systeme haben wegen ihrer Kompliziertheit in der Praxis jedoch kaum Anwendung gefunden. Obwohl das Eigenbetriebsrecht die Betriebskameralistik gleichberechtigt neben die kaufmännische Buchführung stellt, haben die Eigenbetriebe der Gemeinden – von wenigen Ausnahmen abgesehen – die kaufmännische Buchführung vorgezogen. Die Verwaltungen haben sich weiter mit der einfachen Kameralistik begnügt. Ebenso wenig Beachtung in der Praxis fanden bisher Vorschläge zur Ausgestaltung der Haushaltsrechnung zu einer Vollrechnung.[4]

Die Frage, ob die öffentliche Verwaltung generell ein Rechnungswesen benötigt, das nicht nur einen Überblick über die Einnahmen und Ausgaben gibt, sondern auch Kosten und Erlöse erfaßt und Erfolgs- und Vermögensrechnung systematisch miteinander verbindet, ist bis heute umstritten. Öffentliche Verwaltungen – dies gilt im besonderen Maß für die Kommunalverwaltungen – stellen kein homogenes Gebilde dar, sondern bestehen aus vielen Teilverwaltungen mit unterschiedlichen Aufgaben, Organisationsstrukturen und Außenbeziehungen.

2 Zitiert nach Ernst Walb, Die Erfolgsrechnung privater und öffentlicher Betriebe, Berlin und Wien 1926.

3 Vgl. Ferdinand Schneider, Wegweiser durch die gehobene kameralistische Buchführung für die werbenden Betriebe der Staats- und Kommunalverwaltungen, Berlin 1913, Karl Klapdor, Die kameralistische Buchführung in ihrer einfachen und gehobenen Form, 3. Aufl., Düsseldorf 1914, Ernst Walb, a.a.O.

4 Vgl. Robert Friedel, Haushaltsrechnung und -plan in verbundener Form, Leipzig 1940, Rudolf Johns, Die Vollrechnung der Gemeinden, in: Zeitschrift für handelswissenschaftliche Forschung, 32. Jg., 1938, S. 145-176 und S. 193-212.

Der Bogen der Tätigkeit einer Kommunalverwaltung spannt sich von der strengen Wahrnehmung gesetzlich eindeutig festgelegter hoheitlicher Funktionen bis zur Erstellung freiwillig übernommener Dienstleistungen, von dem Amt, das seine Leistungen nur für den eigenen Bereich erbringt, bis zu im Wettbewerb mit privaten Unternehmen stehenden Organisationseinheiten.
Nicht für alle diese Teilbereiche braucht an das Rechnungswesen die gleiche Anforderung gestellt zu werden. Verwaltungsbereiche, die nur Gesetze vollziehen, unentgeltliche Verwaltungsleistungen nach eindeutigen Richtlinien erbringen oder bestimmte Querschnittsaufgaben erfüllen, haben nur einen geringen Spielraum, die zur Erfüllung der gestellten Aufgaben benötigten Mittel zu minimieren. In der Regel genügt für sie daher neben der laufenden Kontrolle der Geldbewegungen und der Ermittlung des finanzwirtschaftlichen Ergebnisses eine gelegentliche Organisations- und Wirtschaftlichkeitsprüfung, für die die laufenden Einnahmen und Ausgaben besonders aufbereitet werden können. Die ständige Erfassung der Kosten und die Fortschreibung der eingesetzten Vermögenswerte sind hier wenig sinnvoll, da aus den Kenntnissen der Ergebnisse einer Vermögensrechnung oder einer exakten Kostenrechnung keine weiteren Schlußfolgerungen gezogen werden können.
Es gibt aber innerhalb der Kommunalverwaltungen viele Organisationseinheiten, für die die Kenntnis der anfallenden Kosten, der speziellen Entgelte und des betriebswirtschaftlichen Ergebnisses absolut erforderlich ist, sowohl um die Entgelte richtig kalkulieren als auch die Wirtschaftlichkeit ständig überwachen zu können.

II. Betriebliches Rechnungswesen nach dem System der Erweiterten Kameralistik

Dem Erfordernis eines betrieblichen Rechnungswesens ist nach dem 2. Weltkrieg in der Kommunalverwaltung durch die Einführung des Systems der Erweiterten Kameralistik Rechnung getragen worden. Die Erweiterte Kameralistik wurde aus dem Bedürfnis der Praxis heraus von *Alexander Petry* im Lüdenscheider Krankenhaus entwickelt. Sein Bericht über das von ihm angewandte Verfahren in der »Anstaltsumschau«[5] fand Aufmerksamkeit. Die *Kommunale Gemeinschafts-*

5 Alexander Petry, Von der Kameralistik zur Wirtschaftlichkeitsrechnung, in: Anstaltsumschau, 18. Jg., 1949, S. 6-10.

stelle für Verwaltungsvereinfachung nahm sich dieses Verfahrens an und gab es in Gutachtenform ihren Mitgliedern zur Kenntnis. Nach und nach erkannten immer mehr Kommunalverwaltungen den Wert dieses betriebswirtschaftlichen Rechnungssystems und übernahmen es für ihre Ämter mit Betriebscharakter. Es wurde dabei in Literatur und Praxis ständig weiterentwickelt und verfeinert. Heute findet das System – von wenigen Ausnahmen abgesehen – in allen kostenrechnenden Einrichtungen der Gemeinden und in vielen sonstigen Bereichen Anwendung, bei denen spezielle Entgelte erhoben werden oder bei denen die Kenntnis der genauen Kostenstruktur wichtig ist.

Ausgangsbasis für das betriebliche Rechnungswesen bilden im System der Erweiterten Kameralistik die Einnahmen und Ausgaben des Haushalts. Dabei knüpft die Betriebsrechnung am Anordnungssoll, nicht an der Ist-Buchung an. Die Sollstellung der Einnahmen und Ausgaben entspricht – besser als die kassenmäßige Ausführung der Sollstellung – dem Zeitraum, dem die Einnahmen und Ausgaben wirtschaftlich zuzurechnen sind. Zudem wird nur so die Übereinstimmung mit dem kameralen Jahresabschluß, der im kommunalen Bereich ebenfalls ein Sollabschluß ist, sichergestellt. Die Nichtbeachtung der Kassenreste (Forderungen und Verbindlichkeiten) ist durchaus vertretbar. Kassenausgabereste sind in der Kommunalverwaltung äußerst selten. Wo die Kenntnis der Höhe der Kasseneinnahmereste (Forderungen) und ihrer Entwicklung von Bedeutung ist, können sie leicht zusätzlich erfaßt und fortgeschrieben werden.

Die Soll-Spalte des üblichen Kontos der Haushaltsrechnung wird bei Einnahmen und Ausgaben um eine Aufteilung nach betriebswirtschaftlichen Kriterien erweitert. Nach den möglichen Geschäftsvorfällen weist das Konto der Erweiterten Kameralistik folgende Unterteilung auf:

I Kameralrechnung (Anordnungssoll Ausgaben – Einnahmen)
II Betriebsrechnung (Erfolgsrechnung im engeren Sinn) (Kosten – Erlöse)
III Neutrale Rechnung (Neutrale Aufwendungen bzw. Erträge)
IV Vermögensveränderungsrechnung
   1. Anlagenrechnung
      (Vermehrung bzw. Verminderung des Anlagenvermögens)
   2. Lagerrechnung
      (Lagerzu- und -abgang)
   3. Rechnungsabgrenzung
   4. Sonstiges
      (Rücklagen, Haushaltsreste)

Bei jeder Buchung in der Spalte »Kameralrechnung« wird gleichzeitig in der entsprechenden Zusatzspalte gebucht. Die Summe der Zusatzspalten muß dabei mit der Spalte »Kameralrechnung« übereinstimmen.

In der Betriebsrechnung (Erfolgsrechnung i.e.S.) werden von den kameralen Ausgaben die übernommen, die Kosten im betrieblichen Sinn darstellen. Vermögenswirksame oder neutrale Ausgaben werden ausgegliedert. Entsprechend ist es auf der Einnahmenseite. Zusätzlich zu den pagatorischen werden die kalkulatorischen Kosten gebucht. Diese werden aus der systematisch mit der Haushaltsrechnung verbundenen Vermögensrechnung entnommen. Über die Vermögensveränderungsrechnung werden auch die Ausgaben und Einnahmen anderer Abrechnungszeiträume, die dem laufenden Zeitraum zugerechnet werden müssen (Rechnungsabgrenzungsposten), eingegliedert. Die in der Spalte »Betriebsrechnung« erfaßten Kosten können nach üblichen betriebswirtschaftlichen Grundsätzen auf Kostenarten, Kostenstellen und Kostenträger aufgeteilt werden.

Die Spalte »Neutrale Rechnung« nimmt alle neutralen Aufwendungen und Erträge auf. Die Spalte kann gleichzeitig als Abgrenzungssammelkonto für die Kosten dienen, bei denen statt der tatsächlich entstehenden Aufwendungen kalkulatorische Kosten in die Betriebsrechnung eingesetzt werden, z.B. normierte Instandhaltungskosten.

In der Vermögensveränderungrechnung wird die Veränderung der Vermögenswerte einschließlich der Abschreibungen erfaßt. Die Erfassung dieser Veränderungen setzt voraus, daß die Ursprungswerte bekannt sind. Für die Bereiche der Verwaltung, die die Erweiterte Kameralistik anwenden, muß daher eine Vermögensrechnung geführt werden, d.h., die Vermögenswerte müssen mengenmäßig erfaßt, bewertet und fortgeschrieben werden. Im System der Erweiterten Kameralistik kann dabei die Vermögensrechnung systematisch aus der Einnahmen-Ausgaben-Rechnung entwickelt werden. Neben der Anlagenrechnung, die den Kern darstellt, werden auch die Vorräte, die Rücklagen, die Haushaltsreste und die Rechnungsabgrenzungsposten in die Vermögensrechnung einbezogen und gleichzeitig die Zuweisungen und Beiträge, die bei der Berechnung der kalkulatorischen Kosten als Abzugskapital berücksichtigt werden müssen, erfaßt und fortgeschrieben.

Durch eine so ausgestaltete Vermögensrechnung kann auch der Nachweis der Substanzerhaltung des öffentlichen Vermögens erbracht werden. Der übrige Bereich der Verwaltung begnügt sich dagegen weiterhin mit einem einfachen mengenmäßigen Nachweis.[6] Die verschiedenen Vorschläge aus dem Kreis von Betriebswirten, die Haushaltsrechnung generell systematisch mit einer Vermö-

6 Zur Problematik der Vermögensrechnung der öffentlichen Verwaltung siehe unter anderem Peter Leimich, Die Vermögensrechnung der öffentlichen Hand, Schriften zur Verwaltungslehre, hrsg. von Werner Thieme, Heft 3, Köln und Berlin 1968, Karl Oettle, Notwendigkeit und Grenzen öffentlicher Vermögensrechnungen, in: Finanz- und Geldpolitik im Umbruch, hrsg. von Heinz Haller und Horst Claus Recktenwald, Mainz 1969.

gensrechnung zu verbinden, haben bekanntlich auch bei der letzten Haushaltsrechtsreform keine Berücksichtigung gefunden.
Am Ende der Rechnungsperiode werden die Ergebnisse der einzelnen Spalten der Konten der Erweiterten Kameralistik in einer umfangreichen Jahresabschlußübersicht zusammengefaßt und durch Gegenüberstellung der Kosten und Erlöse das betriebliche Ergebnis ermittelt. Mit dem so ausgestalteten betrieblichen Rechnungswesen lassen sich in der Kommunalverwaltung für die Bereiche, in der dies für notwendig erachtet wird, alle Erkenntnisse gewinnen, die zur wirtschaftlichen Führung erforderlich sind, ohne daß die systematische Verbindung mit der Haushaltsrechnung verlorengeht. Finanzsphäre und Leistungssphäre, externe und interne Rechnung werden in einem Buchungskreislauf dargestellt. Die Kostenrechnung ermöglicht den Gemeinden eine genaue Kalkulation der Selbstkosten sowohl der Gesamtkosten einer Einrichtung als auch der Kosten einer einzelnen Kostenstelle und bietet damit eine gesicherte Grundlage für die Entgeltkalkulation. Gleichzeitig stellt sie alle Informationen bereit, die für die Planung, Steuerung und Kontrolle der entsprechenden Einrichtung erforderlich sind.

III. Gesetzliche Bestimmungen zum betrieblichen Rechnungswesen

Das betriebswirtschaftliche Rechnungswesen ist den Gemeinden in dieser Form nicht vorgeschrieben. Abgabenrechtliche und haushaltsrechtliche Bestimmungen zwingen die Kommunen jedoch, bestimmte Daten zu ermitteln, die sinnvollerweise nur ein ausgebautes Rechnungswesen liefern kann. Diese Bestimmungen haben daher sehr zur weiten Einführung des betrieblichen Rechnungswesens in der kommunalen Verwaltung beigetragen.
Die Kommunalabgabengesetze der Länder schreiben den Gemeinden vor, in den Einrichtungen, in denen sie zur Deckung der Kosten spezielle Entgelte in Form von Benutzungsgebühren erheben, diese Gebühren so zu bemessen, daß das voraussichtliche Gebührenaufkommen die voraussichtlichen Kosten der Einrichtung oder Anlage nicht übersteigt. Die Rechtsprechung achtet streng darauf, daß dieses Kostenüberdeckungsverbot eingehalten wird. Dabei werden Kosten als nach betriebswirtschaftlichen Grundsätzen ansatzfähige Kosten definiert und es wird ausdrücklich gesagt, daß dazu auch Abschreibungen und eine angemessene Verzinsung des aufgewandten Kapitals gehören. Die exakten Kosten, vor allem die kalkulatorischen Kosten, können jedoch nur einem betrieblichen Rechnungswesen, das auch die Erfassung und Fortschreibung des Vermögens einschließt,

entnommen werden. Eine nachträgliche Ermittlung der pagatorischen Kosten aus der Finanzrechnung und die Berechnung der kalkulatorischen Abschreibungen und Zinsen nach Durchschnittswerten dürften nur in Ausnahmefällen den gebührenrechtlichen Bestimmungen genügen.

Nach der Novellierung des kommunalen Haushaltsrechts, die 1974/1975 in Kraft getreten ist, hat der Gesetzgeber erstmals betriebswirtschaftlich-kostenrechnerische Kriterien in die Finanzrechnung eingeführt. Die frühere, rein finanzwirtschaftlich orientierte Zweiteilung in ordentlichen und außerordentlichen Haushalt ist durch die betriebswirtschaftliche Aufteilung in Verwaltungs- und Vermögenshaushalt ersetzt worden. Im Verwaltungshaushalt werden alle erfolgswirksamen, d.h. das Vermögen nicht beeinflussenden Ausgaben und Einnahmen veranschlagt, im Vermögenshaushalt die vermögenswirksamen.

Damit wird der Verwaltungshaushalt durch die Ausgliederung der vermögenswirksamen Ausgaben und Einnahmen der kaufmännischen Aufwands- und Ertragsrechnung angenähert. Für kostenrechnende Einrichtungen werden darüber hinaus Elemente der internen Kostenrechnung in die Haushaltsrechnung eingeführt. § 12 der GemHVO der Länder (in Schleswig-Holstein § 11) fordert für Einrichtungen, die in der Regel und überwiegend aus Entgelten finanziert werden (kostenrechnende Einrichtungen), im Verwaltungshaushalt auch die Veranschlagung von angemessenen Abschreibungen und einer angemessenen Verzinsung des Anlagekapitals. Gleichzeitig werden diese Beträge wieder im Einzelplan 9 als Einnahmen veranschlagt. Damit werden pagatorische und kalkulatorische Kostenbestandteile vermengt und in der Finanzrechnung unterschiedslos als Ausgaben dargestellt.

Das Einbringen von betriebswirtschaftlichen Kriterien in die Haushaltsrechnung hat zwar das Bewußtsein für Zusammenhänge der Finanz- und Leistungssphäre gestärkt, bleibt insgesamt aber unbefriedigend. Schon die Abgrenzung der kostenrechnenden Einrichtungen, für die Abschreibungen und Zinsen zu veranschlagen sind, ist willkürlich. Zu kostenrechnenden Einrichtungen im haushaltsrechtlichen Sinn zählen solche, die überwiegend aus Entgelten finanziert werden.

Es stellt sich die Frage, weshalb Organisationseinheiten mit Betriebscharakter, bei denen mehr als 50 v.H. der Kosten durch Erträge gedeckt werden, anders zu behandeln sind als Einrichtungen, deren Kosten zu weniger als 50 v.H. gedeckt werden. Bei ihnen erscheint die Kostenrechnung ebenso wichtig. Zu denken ist hier z.B. an Theater, Stadthallen, Schwimmbäder, Parkhäuser. Bei der Aufnahme dieser Bestimmungen in das Haushaltsrecht hat man als Zweck der Kostenrechnung – und selbst das unvollständig – nur die Entgeltkalkulation gesehen. Unverständlich ist auch, warum für Vermögensverwaltungen, z.B. die Verwaltung städtischer Wohnungen, kalkulatorische Kosten im Haushaltsplan nicht veranschlagt werden dürfen, obwohl die Kenntnis der Abschreibungen und Zinsen gerade hier von großer Bedeutung ist. Letztlich erweckt die Veranschlagung von Abschreibungen und Zinsen den Eindruck, daß damit die im Verwaltungshaushalt veranschlagten Ausgaben mit den Kosten der Einrichtung identisch sind. Dies ist keineswegs immer der Fall. Die Haushaltsrechnung enthält oft auch neutrale Aufwendungen. Andererseits sind Lagerveränderungen, sonstige kalkulatorische Kosten, z.B. Zinsen für das Umlaufvermögen u.a., in der Haushaltsrechnung nicht enthalten.

Die Einbeziehung von Kostenkriterien für Teile der Verwaltung in den Haushaltsplan und in die Haushaltsrechnung kann daher nicht als glücklich angesehen werden. Die Verwaltungen benötigen für die Entgeltkalkulation und für Zwecke der Wirtschaftssteuerung exakte Daten, die nur ein internes betriebliches Rechnungswesen geben kann. Diese Betriebsrechnung läßt sich leicht in systematischer Form mit der Haushaltsrechnung verbinden, ohne daß die unterschiedlichen Kriterien der Finanz- und Betriebsrechnung vermengt werden.

Der Stand der elektronischen Datenverarbeitung im Haushalts-, Kassen- und Rechnungswesen öffentlicher Verwaltungen

von *Jürgen Gornas*

I. Begriff und Abgrenzung

1. Das Haushalts-, Kassen- und Rechnungswesen

Innerhalb der Querschnittsfunktionen der öffentlichen Verwaltung nimmt das Haushalts-, Kassen- und Rechnungswesen eine zentrale Stellung ein, denn Gegenstand dieser Funktion ist der »Lebensnerv« öffentlichen Handelns, der Haushalt. Dabei bringt der Begriff »Haushalts-, Kassen- und Rechnungswesen« – in der Verwaltungssprache auch kurz als HKR bezeichnet – nur recht unscharf zum Ausdruck, daß die Beschäftigung mit dem Haushalt in verschiedenen, zeitlich voneinander abgrenzbaren Phasen verläuft. Den einzelnen Begriffselementen lassen sich folgende Phasen zuordnen:

HKR		*Phasen*
Haushaltswesen	⟶	Haushaltsplanung
Kassenwesen	⟶	Haushaltsvollzug
Rechnungswesen	⟶	Rechnungslegung und -prüfung

Zur Phase der Haushaltsplanung gehören alle Prozesse im politischen und administrativen Bereich, die der Aufstellung und Verabschiedung eines Haushalts einschließlich der Fortschreibung der mittelfristigen Finanzplanung gemäß den haushaltsrechtlichen Vorschriften dienen. Im Haushaltsvollzug werden – wiederum unter Beachtung haushaltsrechlicher Grundsätze wie der Wirtschaftlichkeit und Sparsamkeit – die veranschlagten Einnahmen erhoben und die bewilligten Mittel verausgabt sowie die entsprechenden Vereinnahmungs- und Verausgabungsprozesse im Rechnungswesen dokumentiert. In der Rechnungslegung und -prüfung nach Ablauf des Haushaltsjahres wird schließlich der Haushaltsvollzug im wesentlichen auf formale Richtigkeit geprüft und im Rechnungsabschluß Haushalts-Soll und Ausführungs-Ist gegenübergestellt sowie das Ergebnis der Haushaltswirtschaft ermittelt.

In diesen Phasen, besonders aber in der Vollzugsphase, fallen in erheblichem Umfang operative Tätigkeiten an, die weitgehend nach vorgegebenen standardisierten Mustern abgewickelt werden können, so z.B. die Ausführung regelmäßig wiederkehrender Zahlungsvorgänge im Einnahmen- und Ausgabenbereich (Steuern, Gebühren, Löhne/Gehälter etc.) sowie die Erfassung aller Anordnungen und Zahlungen in der Haushaltsüberwachung und in den Zeit- und Sachbüchern des kameralistischen Rechnungswesens. Solche Massenverarbeitungen bieten geeignete Ansatzpunkte für Automatisierungsvorhaben und zwar mit der Zielsetzung, die Produktivität und Wirtschaftlichkeit des operativen Bereichs im Haushalts-, Kassen- und Rechnungswesen zu erhöhen. Die Automatisierung dieses HKR-Bereichs ist auch gleichzeitig eine wichtige Voraussetzung bzw. notwendige Basis für die adäquate Berücksichtigung der informatorischen Anforderungen einer rationalen Haushaltsplanung und -bewirtschaftung. So ist eine effektive Haushaltssteuerung, ein zielgerichtetes Haushaltsmanagement nur möglich, wenn tagfertige, gemäß den Erfordernissen der Entscheidungsträger aufbereitete Informationen zur Verfügung stehen. Nur auf diese Weise können beispielsweise in der Planungsphase die Aufstellung des Finanz- und Haushaltsplans beschleunigt sowie die Transparenz und die informatorische »Unterfütterung« der Entscheidungsprozesse verbessert werden. In der Vollzugsphase vermag eine tägliche zentrale Auskunft über den Stand der Ausgaben und der Einnahmen bei den einzelnen Haushaltstiteln und kumuliert nach ökonomischen Aspekten wichtige Impulse zu geben für finanz- und wirtschaftspolitische Steuerungsmaßnahmen sowie für die Geldbewirtschaftung mit Hilfe einer Liquiditätsplanung.[1]

Die Automatisierung im operativen Bereich des Haushalts-, Kassen- und Rechnungswesens stellt – wie bereits erwähnt – eine wichtige Voraussetzung für die Wirksamkeit der Haushaltssteuerung dar. Die jederzeit verfügbaren und maschinell verarbeitungsfähigen Basisdaten aus der operativen Tätigkeit bilden das Rohmaterial, aus dem die notwendigen Steuerungsinformationen zu gewin-

1 Zu den Zielsetzungen vgl. Leonhard Gawlik und Lieselotte Marsen, Verteilte Rechnerleistung für die Finanzwirtschaft, in: data report, 16. Jg., Heft 1, 1981, S. 20-26, hier S. 2O f., Wilhelm Bornhalm, Das staatliche Rechnungswesen, Möglichkeiten und Probleme einer zielgerechten Gestaltung, Bad Bentheim 1986, S. 67 ff., Peter Eichhorn, Gelddisposition und Liquiditätsplanung in öffentlichen Haushalten, Schriften zur öffentlichen Verwaltung und öffentlichen Wirtschaft, hrsg. von Peter Eichhorn und Peter Friedrich, Band 2, Baden-Baden 1973.

nen sind. Damit ist jedoch nur ein Teil der Informationsproblematik einer rationalen Haushaltsplanung und -bewirtschaftung angesprochen. Will man den als Beispiel genannten Steuerungszielen genügen, muß das Haushalts-, Kassen- und Rechnungswesen umfassender betrachtet werden, und zwar vor allem unter folgenden Gesichtspunkten:

- der Art und Weise seiner Automatisierung nicht nur im operativen, sondern auch im informatorischen Bereich,
- der Aufgaben- und Kompetenzverteilung zwischen allen mit dem Haushalt befaßten organisatorischen Teileinheiten (Behörden, Ämter, Personen) sowie der Organisation der Abläufe im Haushaltsvollzug und
- der Gestaltung des Rechnungswesens (Rechnungsstil, Art der erfaßten Rechnungsgrößen, Rechnungsabschlüsse etc.).

Diese Größen und ihre Ausgestaltungsmöglichkeiten im Rahmen der gegebenen haushalts- und kassenrechtlichen Vorschriften bestimmen weitgehend, in welchem Umfang Produktivität, Wirtschaftlichkeit und Effektivität im HKR-Bereich erzielt werden können.

In den weiteren Ausführungen steht der erstgenannte Aspekt im Vordergrund. Auf den zweiten Gesichtspunkt wird nur insofern eingegangen, als durch ihn auch Automatisierungsprobleme berührt werden. Der zweifellos sehr wichtige und interessante dritte Aspekt ist Gegenstand der Erörterung anderer Autoren in diesem Band.[2] Für die Behandlung der Art und Weise der Automatisierung sind noch einige Eingrenzungen und Präzisierungen notwendig. Wegen der Vielgestaltigkeit des Gebildes »öffentliche Verwaltug« soll nur ihr »Kern«, die Verwaltung der Gebietskörperschaften Bund, Länder und Gemeinden, betrachtet werden. Im Hinblick auf die Erörterung des Standes der Automatisierung, d.h. des Einsatzes der elektronischen Datenverarbeitung (EDV), erscheint es wenig sinnvoll, den hard- und softwaremäßigen Ist-Zustand gewissermaßen als eine Momentaufnahme zu referieren. Statt einer solchen statischen Betrachtung sollen die wesentlichen Merkmale und Grundzüge der für den EDV-Einsatz im HKR maßgeblichen Vorstellungen und Konzepte erörtert und dabei auf wünschenswerte Weiterentwicklungen hingewiesen werden.

2 Zum kameralistischen Rechnungswesen vgl. auch Klaus v. Wysocki, Kameralistisches Rechnungswesen, Stuttgart 1965, Gerhard F. Burret, Kameralistik und Doppik, Allgemeine Einführung in die Finanzwirtschaftslehre und in die Zusammenhänge zwischen kameralistischer und kaufmännischer Buchführung, Otterbach und Kaiserslautern 1965, Ludwig Mülhaupt, Kameralistik, in: Handbuch der Betriebswirtschaft, hrsg. von Erwin Grochla und Waldemar Wittmann, 4. Aufl., Stuttgart 1975, Sp. 2059-2077, derselbe, Kameralistische oder kaufmännische Buchführung für Gemeinden, in: Local Finance, Den Haag, Vol. 2, Nr. 1, 1973, S. 3 ff., Karl Oettle, Gemeinsamkeiten und Verschiedenheiten von Doppik und Kameralistik, in: Der öffentliche Haushalt, 8. Jg., Heft 1, 1966/67, S. 41-49, hier S. 41 ff., Hans Winckelmann, Kameralistische und kaufmännische Rechnungslegung in öffentlichen Verwaltungen und Betrieben, Berlin 1950.

2. Elektronische Datenverarbeitung (EDV)

Mit diesem Begriff wird ein Komplex bezeichet, der an Vielfalt und Entwicklungsdynamik alle anderen gesellschaftlichen und ökonomischen Bereiche weit in den Schatten stellt. Deshalb fällt es schwer, das, was an Hard- und Software unter dem Kürzel EDV angeboten wird, nur als ein Hilfsmittel bzw. Instrument für die Gestaltung sozialer und wirtschaftlicher Prozesse zu betrachten. Allerdings ist es ein Instrument, dessen gestalterische Kraft unsere Arbeitswelt und Sozialstrukturen grundlegend und in wachsendem Ausmaß vor allem qualitativ verändert. Somit ist der EDV-Einsatz im Funktionsbereich »Haushalts-, Kassen- und Rechnungswesen« nur ein, wenn auch bedeutsamer Mosaikstein in der mittlerweile weitgehenden Durchdringung der öffentlichen Verwaltung mit elektronischer Datenverarbeitung. Folgende hard- und softwaremäßigen Aspekte und Tendenzen auf dem Gebiet der EDV sind für die Art und Möglichkeiten ihres Einsatzes von besonderer Bedeutung:

- *Die Integration mit der Nachrichtentechnik*
  EDV und die von der Post vorgehaltenen Netze entwickeln sich nicht mehr unabhängig voneinander, sondern bilden in zunehmendem Maße eine technologische und anwendungsbezogene Einheit. Die unmittelbare Inanspruchnahme von EDV-Leistung ist also nicht mehr wie früher auf den Standort des Rechners beschränkt, sondern kann über Postleitungen und mit Hilfe entsprechender Peripheriegeräte an jedem räumlich entfernten Arbeitsplatz erfolgen. Durch die gegenwärtige Entwicklung eines einheitlichen Netzes für alle Kommunikationsarten (Bild, Sprache, Text und Daten) auf digitaler Basis wird diese Möglichkeit zudem eine ganz neue qualitative Dimension erhalten.
  Vor allem dieser Integrationsaspekt hat der sowieso nicht armen EDV-Begriffswelt einen weiteren Terminus beschert, die Informationstechnik oder -technologie. Diese Bezeichnung steht als Sammelbegriff für die Datentechnik (das, was man bislang als EDV bezeichnete) und die damit integrierte Nachrichtentechnik.
- *Die On-Line- bzw. Dialogverarbeitung*
  Die Integration der EDV mit der Nachrichtentechnik und vor allem Weiterentwicklungen im Softwarebereich (Systemsoftware und Programmiersprachen) haben die Möglichkeit geschaffen, von entsprechend ausgestatteten Arbeitsplätzen aus die anfallenden Daten sofort und in direktem Leitungsverbund mit dem Rechner zu verarbeiten. So können Datenbestände von verschiedenen Arbeitsplätzen aus gleichzeitig und unmittelbar eingegeben, geändert, abgefragt und ausgewertet und die Arbeitsergebnisse und gewünschten Informationen sofort auf dem Bildschirm angezeigt werden. Die

früher ausschließlich praktizierte Stapelverarbeitung bleibt somit auf die dafür geeigneten Arbeitsvorgänge beschränkt.

- *EDV-Leistung am Arbeitsplatz*
  Die Erfindung und die Massenproduktion des Mikroprozessors, bei dem alle Computerfunktionen auf einem Chip vereinigt sind, hat einen neuen Computertyp kreiert, den Microcomputer. Durch ihn kann EDV-Leistung auch unmittelbar und individuell am Arbeitsplatz des Mitarbeiters zur Verfügung gestellt werden. Ein solcher Personal Computer (PC) ist schon allein von seinen äußeren Dimensionen und Bedürfnissen her ein »schreibtisch- und arbeitsplatzfähiges« Gerät. Zudem besitzt er die Fähigkeit, als »dummes« Terminal zu einem Großrechner, dem Host, zu fungieren und damit auch zentrale EDV-Leistung unmittelbar verfügbar zu machen. Weiterhin bietet sich die Möglichkeit, die PCs, die an verschiedenen Arbeitsplätzen aufgestellt sind, zum Zwecke der Kommunikation und gemeinsamen Ressourcennutzung durch ein Netz untereinander und gegebenenfalls auch mit anderen Rechnern zu verbinden. Neben die bereits erwähnten, die räumlichen Grenzen überschreitenden Netze – wide area networks (WAN) – treten somit lokale Netzwerke – local area networks (LAN). Kaum eine Computerentwicklung und -technologie der letzten Jahre dürfte für soviel Aufsehen gesorgt haben und bislang strukturell und organisatorisch so wenig »verdaut« worden sein wie diese äußerlich kleinen, zum Teil aber sehr leistungsfähigen Rechenanlagen.
- *Endbenutzerorientierte Computersprachen*
  Während der sprachliche Umgang mit der EDV in der Vergangenheit eine Domäne des eigens dafür ausgebildeten Personals war, der Endbenutzer seine EDV-Wünsche also stets gegenüber diesen »Kommunikationsmittlern« artikulieren mußte, geht die Softwareentwicklung heute verstärkt in Sprachen, die es auch dem EDV-Laien ermöglichen sollen, eigenständig EDV-Anwendungen zu modellieren und bis zur Einsatzfähigkeit zu entwickeln. Dabei ist vor allem an den informativen Bereich gedacht. Während man sich bei operativen Anwendungen weiterhin schwerpunktmäßig der »klassischen« prozeduralen Sprachen bedienen wird, sollen Abfragen und Auswertungen vor Ort nicht mehr prozedural formuliert werden, d.h., der Benutzer teilt dem Computer nur seine Informationswünsche mit und nicht mehr den Weg bzw. die Arbeitsschritte zur Ableitung dieser Informationen.[3] Die Entwicklung

3 Zum Problem dieser Art der Datenverarbeitung in der öffentlichen Verwaltung vgl. Jürgen Gornas, Zur Anwendung von Werkzeugen »Individueller Datenverarbeitung in der öffentlichen Verwaltung«, in: GI – 16. Jahrestagung Informatik – Anwendungen – Trends und Perspektiven, hrsg. von Günter Hommel und Sigram Schindler, Band II, Berlin u.a. 1986, S. 57-66, hier S. 56 ff.

solcher Sprachen der vierten Generation wird vor allem durch die sehr benutzerfreundliche und leicht handhabbare Microcomputersoftware forciert.

- *Flexibilität der EDV-Konfiguration*
  Die enormen Fortschritte in der Hard- und Softwaretechnologie haben dazu geführt, daß heute jeder EDV-Anwender die Möglichkeit besitzt, eine EDV-Lösung zu realisieren, die genau auf seine Verarbeitungs- und Leistungsanforderungen zugeschnitten ist. Dies gilt zum einen für die Hardware: Bei den Zentraleinheiten existiert ein breites Spektrum zwischen den Micro-Computern auf dem unteren und den Großrechnern (mainframes) auf dem oberen Ende der Leistungsskala; und auch bei den Dateneingabe- und/oder Datenausgabegeräten in der Peripherie können aufgrund des umfassenden Marktangebots die unterschiedlichen Anwenderbedürfnisse erfüllt werden. Zum anderen ist auch die Software, insbesondere auf dem Gebiet der Betriebssysteme, der verschiedenen Computersprachen und Software-Werkzeuge, gemäß den differierenden Aufgaben- und Problemstellungen der EDV-Anwender konfigurierbar, so daß keine Notwendigkeit besteht, mit vorgegebenen Konfigurationen – will man EDV einsetzen – einfach vorlieb nehmen zu müssen. Allerdings liegt hier ein großes Informationsproblem: Es wird für den einzelnen Anwender zunehmend schwieriger, in der Vielfalt des Angebots das für ihn Geeignete auszumachen und praktikable und zutreffende Entscheidungskriterien in Auswahlverfahren anzuwenden.[4]
- *Verbesserungen im Preis-Leistungsverhältnis*
  Bei der EDV-Hardware steht der Anwender vor der für ihn vorteilhaften und in anderen Güterbereichen nicht üblichen Situation, daß er immer mehr Leistung für immer weniger Geld erwerben kann. Bei einzelnen Hardware-Komponenten, wie Prozessoren und Speicherchips, kann durchaus von einem Preisverfall gesprochen werden. Diese Entwicklung bewirkt, daß aufgrund der Kostensituation EDV nicht mehr in zentralen Einrichtungen für viele Benutzer vorgehalten werden muß, um entsprechende Degressionseffekte zu erzielen. Damit ist beispielsweise ein wichtiges Argument für die Existenz gemeinsamer kommunaler Datenverarbeitungszentralen entfallen. Auch kleinere Gemeinden sind mittlerweile durchaus in der Lage, eine eigene leistungsfähige EDV-Anlage zu finanzieren und aufgrund des gewachsenen

4 Als Beispiel für ein solches Kriteriensystem vgl. Stollmann GmbH (Hrsg.), Kriterien für Auswahl und Einsatz einer Datenverarbeitungslösung in Kommunalverwaltungen Schleswig-Holsteins, Hamburg 1985 (unveröffentlichtes Gutachten), Kommunale Gemeinschaftsstelle für Verwaltungsvereinfachung (Hrsg.), Kriterien für Auswahl und Entwicklung der automatisierten Datenverarbeitung auf Fachamtsebene, Bericht Nr. 20/1983, Köln 1983.

Bedienungskomforts mit eigenem Personal zu betreiben. In der Praxis durchgeführte Berechnungen zeigen vielerorts, daß diese Lösung im Vergleich zum Anschluß an ein zentrales Gebietsrechenzentrum zu erheblichen Kosteneinsparungen führt.[5]

II. Formen und Strukturen des EDV-Einsatzes

Vor dem Hintergund der oben skizzierten Aspekte und Tendenzen befindet sich der gesamte EDV-Einsatz in der öffentlichen Verwaltung in einer grundlegenden Neuorientierung.[6] Die Umstellung von Stapel- auf Dialogbetrieb und die Dezentralisierung der EDV-Leistung stellen dabei die wesentlichen Entwicklungsschwerpunkte dar. Dies hat auch in der Art der Automatisierung des Haushalts-, Kassen- und Rechnungswesens zu qualitativ neuen Anforderungen, Zielvorstellungen und Realisierungskonzepten geführt, die jedoch wegen der rechtlichen und vor allem organisatorischen Unterschiede zwischen staatlichem und kommunalem HKR in beiden Bereichen differieren. Deshalb wird der EDV-Einsatz im kommunalen und staatlichen HKR im folgenden getrennt betrachtet.

1. EDV und HKR in der kommunalen Verwaltung

Die kommunale EDV-Landschaft in den Bundesländern war bislang geprägt durch die Existenz großer Datenverarbeitungszentralen, die entweder regionalisiert nur für die kommunale Klientel oder mit landesweiter Zuständigkeit für die gesamte Verwaltung betrieben wurden. Der Anschluß der Gemeinden erfolgte in der Regel freiwillig, wobei finanzielle Anreize und sonstige »sanfte Zwänge« aber gewisse Präjudizien schufen. Charakteristisch für diese Art des EDV-Einsatzes war der Stapelbetrieb. Das führte dazu, daß im wesentlichen nur die operativen

5 Damit soll keine Wertung dieser Berechnungen vorgenommen werden. Zur Problematik solcher Kostenanalyse vgl. Stollmann GmbH (Hrsg.), Konzept zur Bewertung des Einsatzes autonomer dezentraler Datenverarbeitung in den Kommunalverwaltungen im Vergleich zu einer Kooperation mit der Datenzentrale Schleswig-Holstein, Hamburg 1985, (unveröffentlichtes Gutachten), S. 62 ff., Klaus Höring und Gerd van Nievelt, Wirtschaftlichkeit von Büro- und Informationssystemen – ein neuer Anfang, in: Office Management 33. Jg., 1985, S. 6-9, hier S. 6 ff., Axel G. Koetz, Autonome Datenverarbeitung birgt Risiken, in: Computerwoche, Nr. 50, 1984, S. 31-35, hier S. 31 f.

6 Vgl. dazu Heinrich Reinermann, Verwaltungsinnovation und Informationsmanagement, 92 Speyerer Thesen zur Bewältigung der informationstechnologischen Herausforderung, Heidelberg 1986, Frido Wagener, Datenverarbeitung auf der Ebene der Gemeinden, Kreise und Regionen, in: Öffentliche Verwaltung und Datenverarbeitung, 10. Jg., Heft 12, 1980, S. 4-8, hier S. 4 ff.

Tätigkeiten unter Bewegung erheblicher Papiermengen EDV-mäßig abgedeckt wurden. Allein schon wegen der mangelnden Tagfertigkeit der Ergebnisse kam dem informativen Bereich bei dieser Art der Haushaltsautomatisierung keine große Bedeutung zu.

Im Hinblick auf den Betrieb dieser Datenverarbeitungszentralen hat sich mittlerweile ein grundlegender Wandel angebahnt. Ihnen bläst allerorten der durch die Flexibilität der EDV-Konfiguration begünstigte und forcierte »Dezentralisierungswind« scharf ins Gesicht. Zu ihrer Überlebenssicherung haben sie mit Blick auf ihre kommunale Kundschaft zwei unterschiedliche Strategien bzw. Lösungen entwickelt:

- der Übergang vom Stapelbetrieb auf On-line-Datenfernverarbeitung (zentrale Datenverarbeitung mit dezentralem Zugriff),[7]
- ein gemischt zentrales/dezentrales Konzept mit Verarbeitungsfunktionen sowohl vor Ort in den Gemeinden als auch in der Zentrale.

Die erstgenannte Strategie erfordert Umstellungsarbeiten in zwei Bereichen: Zum einen muß die notwendige Hardware installiert (Terminals, Übertragungseinrichtungen etc.) und die Systemsoftware um Kommunikationskomponenten ergänzt werden. Zum anderen sind die bislang batchorientierten Programme für Dialoganwendung einzurichten. Gerade dieses ist für die stete Auskunftsbereitschaft und die Vermittlung tagfertiger Informationen zur Steuerung im Haushaltsvollzug unerläßlich. Da eine solche Umstellung jedoch mit erheblichen Aufwendungen verbunden ist, ergeben sich für die angeschlossenen Gemeinden unter Kostengesichtspunkten zunehmend Akzeptanzprobleme, und zwar insbesondere dann, wenn ein Vergleich mit ausschließlich dezentralen Lösungen angestellt wird.

Um dem Dezentralisierungsdruck zu begegnen, hat die Datenzentrale Schleswig-Holstein in Kiel einen Mittelweg beschritten:[8] Den Gemeinden werden vor Ort eigene, flexibel konfigurierbare und auf Dialog-Betrieb eingerichtete EDV-Anlagen zur Verfügung gestellt. Diese Systeme arbeiten jedoch nicht autonom; sie sind sowohl hard- als auch softwaremäßig mit dem Großrechner in der Zentrale verbunden, was im Haushalts-, Kassen- und Rechnungswesen zu einer nicht ganz überschneidungsfreien Arbeitsteilung führt. So findet vor Ort im wesentlichen die Datenerfassung, die Zeitbuchführung, der Tagesabschluß, die Haushaltsüberwa-

7 Vgl. unter anderem Heinz-Dieter Renfordt, Zukunftsorientierte Informationsverarbeitung einer GKD, in: Öffentliche Verwaltung und Datenverarbeitung / Online, 15. Jg., Heft 9, 1985, S. 79-84, hier S. 79 ff.

8 Vgl. dazu Henning Marwedel, Zukunftsperspektiven der kommunalen Datenverarbeitung, in: Mitteilungen des schleswig-holsteinischen Landkreistages, 6. Jg., Heft 6, 1984, S. 1, hier S. 1, Hartmut Niesig, Datenverarbeitung im Verbundkonzept der Datenzentrale Schleswig-Holstein für die öffentliche Verwaltung, in: Die Gemeinde, 35. Jg., Heft 8, 1983, S. 220-225, hier S. 220 ff.

chung, die Haushalts- und Finanzplanung sowie die auf diesen Funktionen beruhende Auskunftserteilung statt. In der Zentrale wird dagegen der Kern der operativen Tätigkeiten, die Sachkonten- und Personenkontenführung ausschließlich im Stapelbetrieb durchgeführt. Abgesehen davon, daß diese Lösung in den Verarbeitungsfunktionen und Datenspeicherungen Redundanzen aufweist, was zusätzliche Kosten bedingt, liefert sie auch nicht den jeweils aktuellen Stand des Haushaltsvollzugs und ist somit in ihrer Auskunftsbereitschaft und Informationsvermittlung eingeschränkt.

Die dezentrale EDV steht diesen beiden zentralen Lösungen gegenüber.[9] Sie gewinnt in allen Bundesländern zunehmend an Bedeutung, nicht nur wegen des qualitativ hervorragenden und kostengünstigen Angebots an Hardware, die sich nahezu für jede Gemeindegröße individuell konfigurieren läßt, sondern vor allem auch wegen der verfügbaren Anwendungssoftware. Am Markt werden für das Haushalts-, Kassen- und Rechnungswesen mittlerweile zahlreiche, auf Dialogbetrieb ausgerichtete Softwarepakete offeriert, die den gesamten Haushaltsprozeß von der Planung bis zur Rechnungslegung einschließlich der Haushaltsüberwachung integriert enthalten. Sie ermöglichen nicht nur eine zeitechte Abwicklung der operativen Tätigkeiten, sondern – damit verbunden – auch eine jederzeit aktuelle Auskunftsbereitschaft, sei es im Stadium der Haushaltsplanung oder in der Phase des Haushaltsvollzugs und der Mittelbewirtschaftung. Es wäre jedoch falsch, diesen Funktionsbereich als EDV-mäßig gelöst »abzuhaken«. Was dringend notwendig erscheint und was die zukünftige Softwareentwicklung bestimmen muß, ist die Einrichtung von Schnittstellen und der Verbund mit betriebswirtschaftlichen Anwendungssystemen, und zwar vor allem mit Kosten- und Leistungsrechnungen, Wirtschaftlichkeitsrechnungen sowie betriebswirtschaftlichen Vermögens- und Anlagerechnungen,[10] Funktionsbereiche, die soft-

9 Eine umfassende Untersuchung in einer Kommunalverwaltung bieten hier Wilfried Frankenbach und Heinrich Reinermann, Benutzerorientierte und bürgerfreundliche Informationstechnik für kleinere Kommunalverwaltungen, in: Speyerer Forschungsberichte 41, Speyer 1984, vgl. auch unter anderem Wilhelm Albrecht, Gemeinschaftliche autonome Basis-Datenverarbeitung, in: Öffentliche Verwaltung und Datenverarbeitung, 9. Jg., Heft 6, 1979, S. 3-7, hier S. 3 ff., Herbert Schramm, Eine Stadtverwaltung schert aus und schafft kurzfristig den Alleingang, in: Öffentliche Verwaltung und Datenverarbeitung, 11. Jg., Heft 11, 1981, S. 878-880 hier S. 878 f., o.V., Die Soltauer Lösung, in: IBM Magazin für Basis-Datenverarbeitung und Textverarbeitung, Heft 12, 1981, S. 6-8, hier S. 6 ff.

10 Zu den Zwecken und der Gestaltung öffentlicher Vermögensrechnungen vgl. Rudolf Johns, Das Problem der öffentlichen Vermögensrechnung und seine Lösung, in: Kommunalwissenschaftliche Studien und Forschungen, Heft 8, Würzburg 1943, derselbe, Die Vollrechnung der Gemeinden, in: Zeitschrift für handelswissenschaftliche Forschung, 32. Jg., Leipzig 1938, S. 145-176, hier S. 145 ff. und S. 193-212, Peter Leimich, Die Vermögensrechnung der öffentlichen Hand, Schriften zur Verwaltungslehre, Heft 3, Köln u.a. 1968, Ludwig Mülhaupt, Der Deckungsprozeß in der Gemeindefinanzwirtschaft und seine rechnerische Darstellung, in: Finanzarchiv, Neue Fassung, Band 8, Tübingen 1941, S. 402-443, hier S. 405 ff.

waremäßig bislang noch nicht oder nur unvollkommen abgedeckt sind. Dafür hat das Haushalts-, Kassen- und Rechnungswesen das Rohmaterial, die finanzwirtschaftlichen Größen zu liefern, die, in betriebswirtschaftliche Größen transformiert, als Kosten, Erträge, Leistungen, Vermögensbewegungen etc. weiterzuverarbeiten sind. Dabei handelt es sich keinesfalls um eine datenmäßige Einbahnstraße. Vielmehr benötigt auch das Haushaltswesen betriebswirtschaftliche Werte. Ein Beispiel dafür ist die vorgeschriebene Veranschlagung kalkulatorischer Kosten im kommunalen Haushalt. Die kommunale HKR-Software muß somit als Kernsystem in einen Kranz betriebswirtschaftlicher Anwendungen eingebettet werden, denn die finanziell orientierte Haushaltssteuerung bedarf dringend der Fundierung und Ergänzung durch betriebswirtschaftliche Steuerungselemente.

2. EDV und HKR in der staatlichen Verwaltung

Ein Vergleich zwischen dem Qualitätsstand des EDV-Einsatzes für das kommunale Haushalts-, Kassen- und Rechnungswesen und dem in der staatlichen Verwaltung würde sehr zuungunsten der letzteren ausgehen. Zwar wird die Aschenbrödel-Rolle des öffentlichen Rechnungswesens nirgendwo deutlicher als in der Verwaltung von Bund und Ländern: Die Betrachtung des Rechnungswesens als ein wichtiges Führungsinstrument ist dort noch weitgehend unbekannt.[11] Die Gründe für das Zurückbleiben vorrangig auf diesem Gebiet zu suchen, wäre aber nicht zutreffend. Die entscheidende Ursache liegt vielmehr im organisatorischen, strukturellen Bereich. Während die Haushaltsphasen in der Kommunalverwaltung räumlich und örtlich zusammengefaßt in organisatorisch überschaubarem Rahmen »nahezu unter einem Dach« ablaufen, ist die Situation im staatlichen Bereich genau entgegengesetzt. Dies wird besonders deutlich im Haushaltsvollzug: Während in der Kommunalverwaltung der Grundsatz der Einheitskasse gilt, d.h., daß alle Einnahmen und Ausgaben der Gemeinde in einer einzigen Kasse zusammengefaßt werden, sind bei Bund und Ländern für die Haushaltsausführung und Buchhaltung eine mehr oder weniger große Zahl von Kassen jeweils regional zuständig, wobei in den letzten Jahren unter der Bezeichnung der Kassenzentralisierung und der Einrichtung von Großraumkassen schon erhebliche Straffungen stattgefunden haben. Ebenso ist die Zahl und regionale Streuung der mittelbewirtschaftenden Stellen im staatlichen Bereich weitaus größer als in der Kommunalverwaltung. Vor diesem Hintergrund ergeben sich für einen umfassenden und integrativen EDV-Einsatz im Haushalts-, Kassen-

11 Vgl. Wilhelm Bornhalm, Das staatliche Rechnungswesen, Möglichkeiten und Probleme einer zielgerichteten Gestaltung, a.a.O., S. 1 ff.

und Rechnungswesen viel umfangreichere und gravierendere Probleme als im kommunalen »Mikrokosmos«.

Im wesentlichen haben wir es hier mit drei Funktionsbereichen bzw. organisatorischen Teileinheiten zu tun:

- der Haushaltsaufstellung und Rechnungslegung, die federführend beim Finanzressort angesiedelt ist,
- der Leistung von Ausgaben, der Erhebung von Einnahmen sowie der Zeit- und Sachbuchführung bei öffentlichen Kassen und
- der Mittelbewirtschaftung einschließlich Anordnungserteilung und Haushaltsüberwachung bei den mittelbewirtschaftenden Stellen in den Ämtern, Einrichtungen und Behörden.

Die Verfolgung eines zentralistischen Konzeptes sowohl bei der Hardware als auch bei der Anwendungssoftware, d.h. die Abwicklung des gesamten staatlichen Haushalts-, Kassen- und Rechnungswesens über einen zentralen Großrechner mit einem alle Funktionen umfassenden Softwarepaket ist irreal. Vielmehr erscheint eine Dezentralisierung der EDV-Leistung angebracht, d.h. EDV-Systeme in allen drei Bereichen, wobei für den Datenaustausch über Netzwerke aber Kompatibilität sicherzustellen ist. Ähnliches gilt auch für die HKR-Software. Statt eines integrativen Pakets wie im kommunalen Bereich sind die drei Funktionsbereiche mit einer eigenständigen Software »zu fahren«, die über kompatible Schnittstellen miteinander verzahnt sein muß. Eine solche Lösung ist auch unumgänglich, wenn mit dem Rechnungswesen beispielsweise betriebswirtschaftliche Belange verfolgt werden sollen; denn dieses läßt sich nur realisieren, wenn die vor Ort eingesetzten Mittelbewirtschaftungssysteme um Schnittstellen oder betriebswirtschaftliche Softwarekomponenten ergänzt werden können, die den individuellen Verhältnissen Rechnung tragen.[12] Hier sei als Beispiel auf einzelne Ansätze im Hochschulbereich hingewiesen, in denen angestrebt wird, eine Kosten- und Leistungsrechnung mit dem Mittelbewirtschaftungssystem zu verbinden. Solche Notwendigkeiten ergeben sich auch für alle diejenigen staatlichen Behörden, die für ihre Tätigkeiten an den Kosten orientierte Leistungsentgelte erheben sollen.

Die oben skizzierte Art des EDV-Einsatzes für das staatliche Haushalts-, Kassen- und Rechnungswesen erfordert ein alle Bereiche umfassendes Gesamtkonzept. Derartiges ist in unserer Verwaltungsrealität[13] – sieht man einmal vom Pilotpro-

12 Überlegungen zu diesem Bereich sind schon vor geraumer Zeit angestellt worden. Vgl. dazu Herbert König, Grundlagen zur Einführung eines geschlossenen, integrierten Kosten- und Buchungssystems der öffentlichen Hand, in: Öffentliches Rechnungswesen im Fortschritt der Automation, Ausschuß für Wirtschaftliche Verwaltung (AWV)-Schriftenreihe Nr. 123, hrsg. von Herbert König und Erhard Wobser, Berlin u.a. 1967, S. 1 ff.

13 Einen Überblick bieten hier Clemens Schumacher-Wolf und Ursula Siedenburg, Informations- und Kommunikationstechnologien in der öffentlichen Verwaltung, GMD-Studien Nr. 78, hrsg. von der Gesellschaft für Mathematik und Datenverarbeitung mbH Bonn, Darmstadt 1984.

jekt des Bundes ab,[14] das zumindest das Kassenwesen sowie die Mittelbewirtschaftung umfassen soll – noch nicht vorhanden. EDV-Lösungen werden heute überwiegend partiell in die »Verwaltungslandschaft« gesetzt.[15] Der Verbund- bzw. Integrationsaspekt wird dabei zwar hervorgehoben, aber die Realisierung wird letztlich unausgesprochen dem zugeschoben, der als nächster EDV für HKR-Zwecke einsetzt. In weiten Bereichen des Haushaltsvollzugs werden die operativen Tätigkeiten heute noch manuell abgewickelt, so vor allem im Kassenwesen und in der Haushaltsüberwachung. In diesen Fällen sind tagfertige Informationen zur Haushaltssteuerung nicht verfügbar. Der Haushaltsvollzug bietet so gewissermaßen das Bild einer informatorischen »black box«. Bekannt ist der »Input«, der Haushaltsplan, und ins Licht der Öffentlichkeit tritt – wenn auch mit zeitlicher Verspätung – der »Output«, das Rechnungsergebnis. Dazwischen bleibt zu Vieles im Dunkeln: So sind aktuelle Bewirtschaftungsstände vielfach nur partiell auf den unteren Ebenen der Mittelverteilungs- und Mittelbewirtschaftungshierarchie verfügbar und nicht – wie es ein Haushaltsmanagement erfordern würde – in aggregierter Form auf den höheren Verwaltungs- und Politikebenen. Die Rationalität im Umgang mit öffentlichen Mitteln gebietet es, daß auch hier die Möglichkeiten der modernen Informationstechnik genutzt werden.

14 Vgl. Wilhelm Bornhalm, Das staatliche Rechnungswesen, Möglichkeiten und Probleme einer zielgerichteten Gestaltung, a.a.O., S. 172 ff., Winfried Roth, Bedeutung eines leistungsfähigen Rechnungswesens für Haushaltsplanung, Haushaltsvollzug und Rechnungslegung, o.O., o.J., (unveröffentlichtes Manuskript), derselbe, Der Einsatz der Datenverarbeitung im Haushalts-, Kassen- und Rechnungswesen des Bundes, o.O., o.J., (unveröffentlichtes Manuskript), Helmut Zehentner, Der Einsatz der Datenverarbeitung im Haushalts-, Kassen- und Rechnungswesen, Einführung in die Arbeitsweise, Bonn 1981, (unveröffentlichtes Manuskript).

15 So gerade in letzter Zeit für die Aufgabe der Haushaltsaufstellung (Hessen, Schleswig-Holstein etc.). Vgl. auch Dieter Weber, Haushaltsplan-Erstellung als IMS-Projekt, in: Öffentliche Verwaltung und Datenverarbeitung / Online, 12. Jg., Heft 1, 1982, S. 89-91, hier S. 89 ff.

Leistungsrechnung und Leistungsbeurteilung in wissenschaftlichen Hochschulen

von *Erich Potthoff*

Über Leistung in Universitäten wurde besonders in den 70er Jahren diskutiert, als sie die hohen Zuwachsraten an Studienanfängern erlebten. Im Rahmen seiner Empfehlungen zur Organisation, Planung und Förderung der Forschung, vorgelegt im April 1975, hat sich der Wissenschaftsrat mit der Beurteilung der Forschungsleistung auseinandergesetzt.[1] Der Stifterverband für die deutsche Wissenschaft erteilte 1973 einen Forschungsauftrag zur Ökonomie der Hochschule, deren Ergebnisse 1976 veröffentlicht wurden.[2] Darin spielten Kosten- und Leitungsrechnungen, vor allem aber mögliche Leistungsindikatoren, eine große Rolle. In einem Kolloquium der Westdeutschen Rektorenkonferenz (WRK) im Jahre 1979 über die Effizienz an Hochschulen ging es z.B. um Fragen, wie Forschung, Lehre, medizinische Versorgung und sonstige Dienstleistungen quantitativ und qualitativ ausreichend zu verwirklichen sind. Der Hintergrund waren die steigenden Studentenzahlen sowie der hohe Aufwand, den das Bildungswesen in der Bundesrepublik verursachte. Einige Jahre später wird die Leistung der Hochschule erneut diskutiert, allerdings mit einer anderen Zielrichtung. 1984 ist die Jahresversammlung der WRK in Hannover dem Thema »Differenzierung und Wettbewerb im Hochschulbereich« gewidmet.

Nach wie vor standen die Hochschulen wegen hoher Studentenzahlen vor quantitativen Problemen; der Sparzwang war nicht geringer geworden. Neu waren dagegen die Fragen, welchen Anteil die Hochschulen bei den weltweiten schnellen Änderungen in Technik und Wirtschaft für die Zukunftsvorsorge und Zukunftssicherung beisteuern; wie werden hierfür die erforderlichen, qualitativ hochwertigen Forschungsleistungen und die ausreichende wissenschaftliche Ausbildung junger Menschen gewährleistet? Im Mittelpunkt stand, ob und in welchem Umfange ein verstärkter Wettbewerb im Hochschulbereich, zwischen

1 Vgl. Empfehlungen des Wissenschaftsrates zu Organisation, Planung und Förderung der Forschung, gedruckt in: Bundesdruckerei Bonn, 1975, S. 159, vgl. auch Rudi K.F. Bresser, Fachbereichsorganisation, Frankfurt am Main 1979, S. 307 ff., Christian Flämig, Effizienzkontrolle der Hochschulforschung?, in: Hochschulverband, Bilanz einer Reform, Denkschrift zum 450jährigen Bestehen der Philipps-Universität zu Marburg, Bonn-Bad Godesberg 1977, S. 311 ff.

2 Vgl. WIBERA-Projektgruppe Bolsenkötter, Ökonomie der Hochschule, Eine betriebswirtschaftliche Untersuchung, Band I-III, Baden-Baden 1976.

Hochschulen untereinander oder zwischen einzelnen Hochschulkomponenten zu einer besseren Leistung in Forschung und Lehre führen kann. Möglich ist das nur dann, wie *Peter Graf Kielmannsegg* in seinem Grundsatzreferat ausführte, wenn Leistungsniveau und Leistungsprofil der Hochschulen nicht schamhaft verschwiegen, sondern in sorgfältigem Vergleich ermittelt und öffentlich bekanntgemacht werden.[3] 1985 diskutierten 15 Wissenschaftler (Anglisten, Biologen, Ökonomen, Psychologen und Soziologen) aus der Bundesrepublik Deutschland, aus Österreich, aus der Schweiz und den USA im Rahmen eines Kolloquiums auf Schloß Reisensburg die Frage, wie sich Forschungsleistungen messen und steigern lassen. Ausgangspunkt waren empirische Untersuchungen.[4]

I. Zum Begriff der Leistung in Betrieben der Wirtschaft und in Hochschulen

In der Unternehmenspraxis wird unter Leistung einmal die in *einer bestimmten Zeit verrichtete Arbeit* verstanden. Damit befaßt sich die Ergonomie, die Lehre von der menschlichen Arbeit. Erforscht werden Eigenarten und Fähigkeiten des menschlichen Organismus. Die Ergebnisse sind Voraussetzungen für eine Anpassung der Arbeit an den Menschen sowie umgekehrt des Menschen an die Arbeit. Für die in einer bestimmten Zeit zu verrichtende Arbeit ist ein entsprechendes Leistungsangebot des Menschen erforderlich. Zum anderen wird in der betrieblichen Praxis unter Leistung das *Ergebnis der Arbeit* verstanden, und zwar als die *bewertete* Erstellung von Ergebnissen in einer Periode, wobei die Wertansätze verschieden sein können. Dazu gehören Preise, die sich durch Angebot und Nachfrage am Markt bilden. Die Bewertung kann aber auch von den entstandenen Kosten ausgehen; dies geschieht in der innerbetrieblichen Rechnung bei den Fertig- und Halberzeugnissen und bei den aktivierten Eigenleistungen, die zu bilanzieren sind.

Die Leistung als Arbeitsergebnis kann in den Betrieben der Wirtschaft nach *Mengenleistung*, Qualitätsleistung und Sparleistung unterschieden werden. Mengeneinheiten können sein: Stück, Tonne, Zahl der beschriebenen Seiten usw. Sie sind einfach zu zählen oder zu messen. Bei unterschiedlichen Mengen bedarf es

3 Vgl. Peter Graf Kielmannsegg, »Adam Smith und Wilhelm von Humboldt« – Überlegungen zur Frage, ob mehr Wettbewerb im deutschen Hochschulsystem wünschenswert und möglich sei –, in: Differenzierung und Wettbewerb im Hochschulbereich, Dokumentation der Westdeutschen Rektorenkonferenz, Bonn-Bad Godesberg 1984, S. 41-60, hier S. 47.

4 Vgl. Rudolf Fisch und Hans-Dieter Daniel (Hrsg.), Messung und Förderung von Forschungsleistung, Konstanzer Beiträge zur sozialwissenschaftlichen Forschung, Band 2, Konstanz 1986.

der Verrechnungsfaktoren, um sie addieren zu können. Bei der *Qualitätsleistung* geht es um das Arbeitsergebnis selbst. Qualität bedeutet die Übereinstimmung der Ausführung einer Arbeit mit den vorgegebenen Zielen. Die *Sparleistung* ist diejenige Komponente der Leistung, die auf das Arbeitsmittel (z.B. Anlagen, Maschinen, Einrichtungen der Informationstechnik, Schreib- und Kopiermaterial) bezogen ist. Auch hier geht es um ein Ist-Soll-Verhältnis.

Wenn von Leistung oder Wettbewerb im Hochschulbereich gesprochen wird, stehen die Leistungen von Forschung und Lehre im Vordergrund. In betriebswirtschaftlicher Sicht sind *Hochschulen* nach Wissensgebieten gegliederte *Dienstleistungsbetriebe*, die Leistungen für Dritte erstellen. Sie unterscheiden sich von Dienstleistungsbetrieben in der Wirtschaft hinsichtlich der Ziele, der Art der Leistungen, der internen Struktur und der Außenbeziehungen sowie der Finanzierung. Im Sinne der Bildungsökonomie wird unter Leistung der Hochschule das *Lehrergebnis* verstanden; es bezieht sich auf die durch die Ausbildung erworbene Qualifikation im Sinne von Kenntnissen und Fertigkeiten. Verstehen wir in ökonomischer Sicht Hochschulen als Dienstleistungsbetriebe, besteht ihre Leistung in *Lehrveranstaltungen,* differenziert nach Art der Veranstaltungen, angekündigten Stunden und in Anspruch gnommener Leistung. Die Lehrveranstaltungen sind gleichsam das unmittelbare Produkt des »Produktionsprozesses« Lehre, d.h. der Kombination der menschlichen Tätigkeit mit den jeweils notwendigen Sachmitteln. Hochschulen kennen für diese erzielten Leistungen keine im Markt erzielten Preise, die im Wettbewerb der Unternehmen in der Wirtschaft ein Maßstab für die Leistung sind. So bedarf es besonderer Hilfsmittel, die Leistungen einer Hochschule als Dienstleistungsbetrieb zu messen. Da wissenschaftliche Hochschulen nicht nur Stätten der Lehre, sondern auch der Forschung sind, muß auch ihre Leistung ermittelt und gemessen werden.

Die Aufgaben eines Betriebes lassen sich danach gliedern, ob sie ursprünglich unmittelbar dem Betriebszweck dienen, oder ob sie mittelbar bewirkt werden. Im Dienstleistungsbetrieb Hochschule gehören Forschung und Lehre zu den unmittelbaren Aufgaben. Mittelbar dienen dem Betriebszweck alle Tätigkeiten, die als Verwaltung bezeichnet werden. Sie läßt sich glieden nach: Akademische Verwaltung, Wirtschaftsverwaltung und technische Dienste. Ein Blick auf das nebenstehende Schaubild zur Aufbauorganisation der Hochschulverwaltung zeigt, daß dieser Bereich weitgehend mit der Verwaltungsorganisation eines Großbetriebes in der Wirtschaft verglichen werden kann und damit die hierfür entwickelten betriebswirtschaftlichen Maßstäbe z.B. durch Leistungsrechnung einfacher übernommen werden können. Ein weiterer Teil von »Betrieben« im Hochschulbereich ist zwischen der Verwaltung und den Stätten für Lehre und Forschung angesiedelt, wie z.B. die wissenschaftlichen Bibliotheken und das im letzten Jahrzehnt immer wichtiger gewordene Rechenzentrum. Die Bibliotheken waren Ende 1986 Gegenstand einer Empfehlung des Wissenschaftsrats für ihre bessere Nutzung. Die Erörterungen darüber machten deutlich, daß sie ein besonders sensibler Bereich der Universitäten sind.

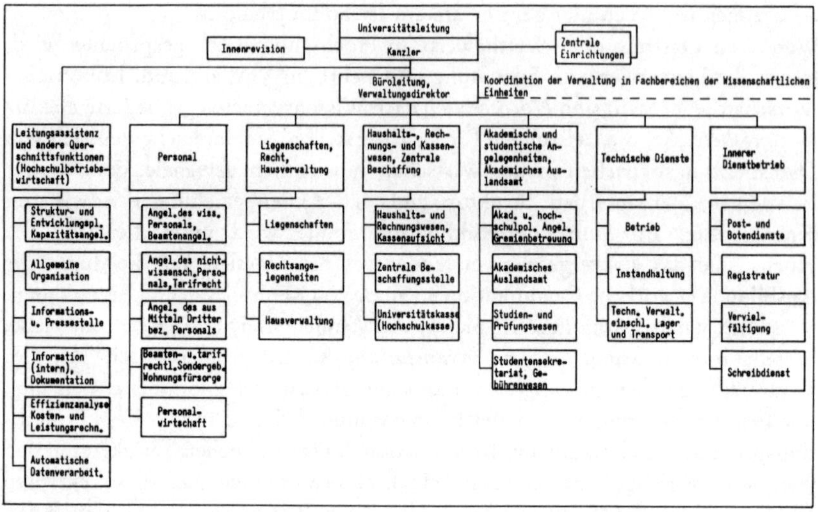

Modell der Aufbauorganisation einer Hochschulverwaltung
Quelle: WIBERA-Projektgruppe Bolsenkötter, Band III, a.a.O., S. 36

II. Kostenrechnung und Kennzahlen

Betriebe, die in der Wirtschaft ihre Produkte im Markte verkaufen, werden damit über die erzielten Preise automatisch für ihre Leistung in der Marktwirtschaft bewertet. Aus den Erträgen werden die Aufwendungen gedeckt; jährliche oder kurzfristigere Erfolgrechnungen geben regelmäßig darüber Aufschluß. Der Mehrertrag ist der Gewinn, der entweder ausgeschüttet wird oder der Neukapitalbildung dient. Im Vergleich dazu werden die Leistungen des Dienstleistungsbetriebs Hochschule weitgehend kostenlos abgegeben. Die Aufwendungen hierfür werden über die öffentlichen Haushalte der Länder finanziert. Als öffentliche Einrichtung hat die Hochschule auch kein kaufmännisches, sondern das für die öffentliche Verwaltung gültige *kameralistische* Rechnungswesen, dessen Ziel vor allem die laufende Kontrolle der Geldbewegungen ist.

Bei Aufstellung und Ausführung ihres Haushaltsplans sind die *Haushaltsgrundsätze* der Wirtschaftlichkeit und Sparsamkeit zu beachten. Für geeignete Maßnahmen von erheblicher finanzieller Bedeutung sind Nutzen-Kosten-Untersuchungen anzustellen. Diese Bestimmungen sind insofern als Norm zu verstehen, als bei allen Maßnahmen, seien sie organisatorischer oder verfahrensmäßiger Art, die günstigste Relation zwischen dem verfolgten Zweck und den einzusetzenden Mitteln anzustreben ist. Bei der Wirtschaftlichkeit geht es insbesondere um die sog. Kostenwirtschaftlichkeit. Sie läßt sich als Quotient aus Kosten (in DM) und ausgebrachten Leistungen (in Mengen und mit bestimmten Eigenschaften) ermitteln.[5]

Aus betriebswirtschaftlicher Sicht wäre für die Hochschulen zu fordern, daß sie, wie in den Betrieben der Wirtschaft, eine *Zweiteilung des Rechnungsweses* haben; in eine nach außen hin orientierte Rechnungslegung und eine als internes Kontroll- und Steuerungsinstrument dienende innerbetriebliche Kosten- und Leistungsrechnung. Das kameralistische Rechnungswesen könnte für die externe Rechnungslegung beibehalten werden, während zusätzlich eine interne Betriebsrechnung entwickelt wird, die natürlich mit der Haushaltsrechnung zu verbinden ist. Ihr wichtigster Bestandteil wäre eine Kostenrechnung für Hochschulen. Sie erhält ihren Wert bereits dadurch, daß die Kosten nach verursachenden Verantwortungsbereichen ermittelt werden. In den 60er und 70er Jahren sind darüber verschiedene Arbeiten erschienen.[6]

Nach *Marcell Schweitzer* sollte eine Hochschulkostenrechnung das Zahlensystem der Kameralistik erweitern und auf die Sachziele bezogen differenzieren. Zu diesem Zwecke umfaßt sie drei Teilrechnungen:

- eine Kostenartenrechnung
- eine Kostenstellenrechnung sowie
- ein Kostenkennzahlensystem

Das Kennzahlensystem tritt an Stelle der sonst für die betriebliche Kostenrechnung üblichen dritten Aufgabe, die Kostenträgerrechnung. Grund hierfür ist die Schwierigkeit, daß sich die Kostenträger von Hochschulen schwer definieren und daher ebenso schwer messen wie bewerten lassen. Damit ist schon zu erklären, daß die Verfahren der betrieblichen Kostenrechnung zu modifizieren sind, wenn sie auf die Hochschulen übertragen werden sollen. Die *Kostenträgerrechnung*, als eine Kosten- und Leistungsträgerrechnung, verlangt eine Abgrenzung der Träger. Das könnten z.B. Personen (Studenten, Professoren) oder Aktivitäten sein, die in

5 Vgl. Peter Eichhorn, Wirtschaftlichkeit, in: Verwaltungslexikon, hrsg. von Peter Eichhorn u.a., Baden-Baden 1985, S. 1050-1053, hier S. 1051.

6 Vgl. Heinz Bolsenkötter, Zum gegenwärtigen Stand und der Zukunft der Hochschul-Betriebswirtschaft, in: Zeitschrift für Betriebswirtschaft, 50 Jg., 1980, S. 928-933, hier S. 933.

der Hochschule zahlreich und sehr verschiedenartig sind. Dabei kann man mit Hilfsgrößen arbeiten.

Es bedarf aber, da Marktpreise fehlen, stets der Bewertung, für die es einen einheitlichen Maßstab nicht gibt. »Deshalb erscheint es unumgänglich, zu ihrer Kennzeichnung sowie zur Bestimmung von Kosten je Leistungseinheit eine Reihe unterschiedlicher Größen heranzuziehen. Man muß die trägerorientierte Auswertung der Betriebsabrechnung zu einem Kosten-Kennzahlensystem ausbauen. Kennzahlen sind sowohl absolute Größen wie die Kosten einer Fakultät im Semester als auch relative Kosten wie die Kosten je Student bzw. Arbeitsplatz«.[7]

Wie die Zahlen aus der Statistik, haben auch Kennzahlen die Aufgabe

- der Information,
- der Entscheidungshilfe,
- der Kontrolle und
- der Dokumentation.

Kennzahlen gehen aber über diese Zwecke hinaus, je nachdem, welche Indikator-Funktion sie haben sollen. Man spricht von einer Prognose-Funktion der Kennzahlen in der Planungsphase, von einer Vorgabe- und Koordinierungsfunktion in der Phase der Durchführung und von einer Kontrollfunktion in der Kontrollphase.

III. Leistungsrechnung im Lehrbereich

Die Aussage über die Leistung in der Lehre einzelner Fachbereiche oder einer Hochschule insgesamt setzt voraus, daß sie gemessen und bewertet werden kann. Wie schon erwähnt, ist die durchgeführte Lehrveranstaltung betriebswirtschaftlich gesehen das unmittelbare Produkt des Leistungsprozesses. Da hierbei Erstellung und Verwertung der Leistung eng zusammenhängen, ist auch der Lehrerfolg bei den Studenten in die Leistungsmessung einzubeziehen. Die *Mengenleistung* kann *unmittelbar* oder mittelbar errechnet werden. Die wichtigste, unmittelbar zu ermittelnde Zahl sind die für die verschiedenen Veranstaltungen benötigten Stunden. Sie sind im einzelnen aufzugliedern, z.B. nach Fachbereichen, Studiengängen, Studienfächern, nach Grundstudium und Aufbaustudium usw. Da es wichtig ist, wie groß die Zahl der Studenten ist, die an den

7 Marcell Schweitzer, Grundzüge einer Kostenrechnung für Hochschulen, in: Effizienz der Hochschulen, Colloquium der Westdeutschen Rektorenkonferenz 1979, Dokumente zur Hochschulreform XXXVII/1980, Bonn-Bad Godesberg 1979, S. 117-140, hier S. 126 f.

Veranstaltungen teilnehmen, müssen neben den von den Studenten belegten Stunden auch die Stunden der tatsächlichen Teilnahme ermittelt werden. Letztees ist schwierig zu ermitteln, da Zählungen erforderlich sind. Diese Unterscheidung ist aber notwendig, da gerade in großen Universitäten manche von den Studenten belegte Vorlesungen nur zum Teil besucht werden.

Im Gegensatz zu Deutschland, ist in anderen, vor allem angelsächsischen Ländern die regelmäßige Ermittlung der belegten Stunden nach Fachbereichen und Studiengängen durchaus üblich. Dabei bedient man sich aus Zweckmäßigkeitsgründen der Repräsentativerhebungen. Die Mengenleistung kann auch *mittelbar* gemessen werden, wenn wir nicht von den dargebotenen Verantaltungsstunden, sondern vom Lehrerfolg ausgehen. Er ist allerdings für die einzelne Veranstaltung kaum exakt zu ermitteln. Möglich ist jedoch, erfolgreiche Studienabschlüsse zu zählen und diese Zahlen in Beziehung mit den Studienanfängern zu setzen.

Bei der Leistungsrechnung sind nicht nur die Leistungen zu messen, sondern auch zu *bewerten*. Da die Leistungen der Hochschule weitgehend kostenlos abgegeben werden, können hilfsweise die mit der Mengenleistung entstandenen Kosten als Bewertungsmaßstab herangezogen werden. Unterstellt sei, daß eine Kostenrechnung besteht. Wertmaßstab sind dann z.B. die Kosten der Veranstaltungsstunden, der belegten Stunden oder Anwesenheitsstunden, jeweils unterteilt wie bei der Messung der Mengenleistungen. Diese Zahlen geben aber nur den Wert der Mengenleistung in der Lehre an. Sie besagen noch nichts über ihre *Qualität* oder den Studienerfolg. In der Veröffentlichung der *WIBERA*-Projektgruppe wird auf eine weitere Möglichkeit der quantitativen – und zwar mittelbaren – Leistungsbewertung hingewiesen, den sogenannten Ertragsraten-Ansatz. Ein einfacher Ausdruck hierfür ist das Verhältnis zwischen dem durchschnittlichen Einkommen von Hochschulabsolventen und dem von vergleichbaren Nichtabsolventen, gleichsam eine Bewertung durch den (Arbeits-)Markt. Auf Einzelheiten und Schwierigkeiten der Ermittlung soll nicht weiter eingegangen werden.[8]

IV. Leistungsrechnung in der Forschung

Der frühere Präsident des Hochschullehrerverbandes *Thomas Finkenstaedt* begann beim Kolloquium auf Schloß Reisensburg mit der Feststellung, daß die Mehrheit der bundesdeutschen Geisteswissenschaftler das Messen ihrer For-

8 Vgl. WIBERA-Projektgruppe Bolsenkötter, Ökonomie der Hochschule, Band I, a.a.O., S. 281.

schungsleistungen nicht nur für unmöglich, sondern auch für unsinnig hält. Die besondere Schwierigkeit liegt in der Definition der Forschung, ihrer Differenzierung nach der Person des Forschers, der Forschergruppe und den Institutionen der Forschung. Dies entbindet nach *Thomas Finkenstaedt* die Forschung jedoch nicht von der Verpflichtung, Untersuchungen zur Leistung der Geisteswissenschaften durch ihre Vertreter in Zusammenarbeit mit Sozialwissenschaftlern durchzuführen. Aus betriebswirtschaftlicher Sicht ist, wie für den Lehrbereich, zunächst zu prüfen, ob sich *Mengenleistungen* feststellen und bewerten lassen. Bei der Vielfalt der Forschungsvorhaben sind die Mengen schwer zu erfassen. Ein verhältnismäßig grober Indikator ist die Zahl der Forschungsprojekte, ferner der durch Befragung der Wissenschaftler zu ermittelnde Zeitaufwand für die Forschung. Auch die Zahl der Forschungsfreisemester kann als Maßstab genommen werden. Umfassender ist der Mengenmaßstab der für die Forschung aufgewendeten Kosten. Sie informieren vor allem über die anlagenintensive Großforschung. Diese Mengenangaben sagen allerdings nichts über die Ergiebigkeit der Forschungsanstrengungen aus. Sie zeigen allenfalls, welche Bedeutung der Forschung in einer Fakultät oder Hochschule im Vergleich zu den sonstigen quantitativen Leistungen beizulegen ist.

Von Ausnahmen abgesehen (z.B. Forschung für Dritte), gibt es auch für die Forschungsleistungen *keine Marktpreise* als Wertmaßstab. Ersatzweise können wieder die entstandenen Kosten herangezogen werden. »In Betracht kommen z.B. Forschungskosten pro Wissenschaftler und für ein Forschungsprojekt, das Verhältnis der Kosten eines bestimmten Projektes zu den durchschnittlichen Projektkosten, das Verhältnis der Forschungskosten zu den Gesamtkosten einer Hochschule oder auch das Verhältnis der Kosten von Forschung und Lehre zueinander. Alle diese Kennzahlen sind nicht ergebnisorientiert, sondern charakterisieren nur den absoluten oder relativen Güterverzehr für die Erfüllung der Forschungsaufgaben. Es wird vereinfachend die Forschungsmenge als proportional zum Wert der eingesetzten Produktionsfaktoren angenommen.«[9]

Weitere nach der Menge orientierte Leistungsindikatoren können sein: Anzahl der Diplomarbeiten, Promotionen, Habilitationen und sonstige auf die Forschung bezogenen Publikationen (Bücher, Aufsätze, Kongreßbeiträge). Die Aussagen sind allerdings wegen mangelhafter Vergleichbarkeit beeinträchtigt. Zu den *mittelbaren* Maßstäben, die Forschungsleistungen quantitativ zu bewerten, können Zahl und Umfang von Veröffentlichungen des Forschers über seine Arbeiten,[10] Erlöse aus Drittmitteln, Zahl der gehaltenen Vorträge oder der

9 Ebenda, S. 339.

10 Vgl. Horst Heiber, Messung von Forschungsleistungen der Hochschulen, Ein empirischer Ansatz auf der Basis von Zitatenanalysen, Schriften zur öffentlichen Verwaltung und öffentlichen Wirtschaft, hrsg. von Peter Eichhorn und Peter Friedrich, Band 66, Baden-Baden 1983.

erteilten Patente und die Zahl der Forschungsaufenthalte und die Darstellung in Forschungsberichten gehören.
Mit der Verwendung von Kennzahlen und Indikatoren befaßte sich die 149. Plenarversammlung der Westdeutschen Rektorenkonferenz am 7. Juli 1986. In einer mit Mehrheit verabschiedeten Stellungnahme hieß es, daß die damit zum Ausdruck kommende quantifizierende Leistungsmessung und Leistungsbetrachtung eingebettet sein müsse in eine qualifizierende Beschreibung und Würdigung, die die individuellen Besonderheiten des Einzelfalles und die Unterschiede von Vergleichsobjekten erläutern. Die in der Praxis benutzten Indikatoren liefen in der Regel auf eine verringerte Information hinaus. Im Interesse einer übersichtlichen Vergleichbarkeit, vor allem bei zahlreichen Vergleichsobjekten, sei dies zwar nicht zu vermeiden. Bei einer insbesondere nicht fachkundigen Interpretation würde die Information häufig sogar irreführen.
In der Stellungnahme wird im einzelnen angeführt, was bei der Beurteilung und Entwicklung der Ansätze zur Leistungsbewertung und -messung von Hochschulen zu beachten ist. Das Urteil über die Leistungsfähigkeit der beurteilten Institutionen soll *nicht auf der Basis einzelner Indikatoren* (z.B. Publikationstätigkeit) vorgenommen werden, wenn diese nur einen Teil des Leistungsbildes widerspiegeln. Der Indikator bzw. das Indikatorenbündel muß umfassend, eindeutig und zuverlässig mit der angestrebten Aussage korreliert sein. Entsprechendes gilt für eine etwa erforderliche Skalierung. Andererseits ist zu berücksichtigen, daß im Hinblick auf den Aufwand und die Übersichtlichkeit des Ergebnisses sowie dessen Nachprüfbarkeit die Zahl der Indikatoren zu begrenzen ist. *Sorgfalt und Zuverlässigkeit* der Datenerhebung und ihrer Methodik müssen gewährleistet sein. Die *Unabhängigkeit und Neutralität* der Auswertung sollte schon institutionell gesichert werden. Vor allem bei der Verarbeitung umfangreicher Datenmengen müßten die unterschiedlichen Rahmenbedingungen, die sich den unterschiedlichen Institutionen stellen, gegebenenfalls durch eine sinnvolle Klassifizierung oder Typisierung der Vergleichsobjekte berücksichtigt werden. Entsprechendes gilt für eine *Kommentiering* der äußeren Rahmenbedingungen bei der Bildung längerer Zeitreihen im Zeitvergleich.

V. Beurteilung der Qualitätsleistung

Nach *Jürg Steiner* gilt für die Universität in den USA das Wettbewerbsprinzip in viel höherem Maße als bei uns. Amerikanische Universitäten stehen in dauernder Konkurrenz miteinander; Marktkräfte entscheiden über Erfolg oder

Mißerfolg. Einige Universitäten werden immer berühmter und damit auch reicher, während andere um's Überleben kämpfen und vielleicht sogar ihre Tore schließen müssen.[11] Es wundert dann nicht, daß sich die Hochschulen verstärkt um eine »Markttransparenz« bemühen, mit Methoden und Ansätzen der »Qualitätsmessung« in Forschung und Lehre. »Die academic oder auch educational evaluation ist bei den amerikanischen Universitäten und ihren öffentlichen oder privaten Geldgebern eine seit Jahren anerkannte und oft genug geförderte Kontrollfunktion.«[12] Nach *Carl-Friedrich Curtius* gehört z.B. die unmittelbare Bewertung der einzelnen Lehrveranstaltungen heute schon zur Tradition. Aufgrund von Fragebogen beurteilen die Studenten jeweils bei Semesterschluß die von ihnen besuchten Lehrveranstaltungen. Diese faculty-evaluation (Lehrkörper-Bewertung) sei in den USA an den meisten Universitäten von den Hochschulleitungen verpflichtend vorgeschrieben, obwohl der eine oder andere Hochschullehrer dagegen wettern mag. Die Fragebogen sind von der Hochschulleitung vorgeschrieben. Im Zusammenhang mit weiteren mittelbaren Bewertungsverfahren ist man laufend um eine Verfeinerung bemüht. *Curtius* erwähnt noch ein anderes Beurteilungsverfahren; es beschränkt sich allerdings nicht auf die Forschungsleistung allein, sondern bezieht sich auf die Tätigkeit des Hochschullehrers insgesamt. Gemeint ist die Bewertung durch Kollegen des Fachs (peer evalutation) oder durch akademische Vorgesetzte, wofür sich verschiedene Formen entwickelt haben. In der Beurteilung und Bewertung von Forschungsleistungen gibt es in Deutschland solche Verfahren der qualitativen Leistungsbeurteilung durch Befragung von Wissenschaftlern oder durch Beurteilung seitens fachkundiger Ausschüsse.

In den USA gehört zur Beurteilung der Hochschule auch die der Verwaltung. Als administrator evaluation ist sie allerdings erst allmählich und relativ spät seit Mitte der 70er Jahre in Angriff genommen worden. Es ist natürlich konsequent, schreibt *Curtius,* wenn in einem derartig lückenlosen System der Evaluation auch die Fähigkeiten und Leistungen der Hochschulverwalter aller Arbeitsbereiche kontinuierlich beurteilt werden. Ebenso folgerichtig erscheine es, wenn nunmehr – statt der die Lehrfähigkeiten ihrer Professoren beurteilenden Studenten – die Professoren in ebenfalls anonymen Fragebogenaktionen zur Bewertung der Verwalter herangezogen werden. Seine Sorge ist nicht unberechtigt, daß eine solche Bewertung von Hochschulverwaltern in der deutschen Universitätswirklichkeit sicher rascher populär sein wird als die vorher beschriebene Beurteilung der Hochschullehrer in Lehre und Forschung. Im übrigen ist es in den USA nach

11 Vgl. Jürg Steiner, Spitzenförderung im amerikanischen Bildungswesen, in: Neue Zürcher Zeitung, 28./29. September 1986.

12 Carl-Friedrich Curtius, Evaluation im Hochschulwesen, in: Die Deutsche Universitätszeitung, Heft 1, 1981, S. 17-21, hier S. 17.

Curtius kein Problem, daß auch Spitzenämter (Presidents, Chancellors und deren Kabinettsmitglieder) sich dem Beurteilungssystem fügen müssen. Das kann sich anbieten, wenn es darum geht, die Amtszeit zu verlängern.
Aus betriebswirtschaftlicher Sicht bietet sich bei diesem Beurteilungsverfahren ein Vergleich mit den Beurteilungsmethoden im betriebswirtschaftlichen Personalwesen und den Befragungsmethoden im Bereich der Absatzwirtschaft und des Marketings an. Hier sind sie wichtige Instrumente für die Mitarbeiterbeurteilung und die Markt- oder Verbrauchsforschung. Wie in den Unternehmen, kommt es auch bei der Beurteilung durch Dritte und bei Befragungen in den Hochschulen darauf an, daß methodisch und theoretisch exakt gearbeitet wird. Die academic oder auch educational evaluation in den USA befaßt sich nicht nur mit Lehre, Forschung und Verwaltung der Hochschule, sondern auch mit der Zulassung, dem Lernverhalten und der Prüfung der Studierenden sowie mit den Universitätsprogrammen jeder Art. Die Beurteilung der Programme gewann in den USA an Bedeutung, als sie nach der Hochschulgesetzgebung von 1972 Voraussetzung dafür war, daß Neuentwicklungen in der Lehre bezuschußt werden sollten. Bei diesen Anforderungen entwickelte sich eine eigene Methodenlehre und Theorie der evalutation. Diese Wissenschaft »ist naturgemäß nicht durch die besondere Methodik eines einzelnen Wissenschaftszweiges bestimmt, sondern entnimmt ihre Methodologie in durchaus interdisziplinärer Weise aus mehreren Fachgebieten. Dabei sind erwartungsgemäß Sozial- und Verwaltungswissenschaften, Mathematik und Statistik, Psychologie, Erziehungswissenschaft u.a. beteiligt.«[13]
Zum Vergleich mit den erwähnten speziellen Betriebswirtschaftslehren des Personalwesens und des Marketing sei ergänzt, daß sich diese auch als interdisziplinäre Wissenschaften verstehen.

VI. Ranglisten für Hochschulen

Die Methode der Befragung ist in den USA auch Grundlage für den Leistungsvergleich zwischen den Hochschulen. *Curtius* berichtet von den »rating reports« in den 60er Jahren, die aufgrund von Fragebogen, versendet an Tausende von Hochschullehrern verschiedener Fächer, eine Rangfolge amerikanischer Forschungshochschulen aufzustellen versuchten. Sie erzielten damit seinerzeit eine große Resonanz; die Methode ist aber stets umstritten geblieben und trat in den

13 Carl-Friedrich Curtius, a.a.O., S. 19.

letzten Jahren etwas in den Hintergrund. Nach wie vor üblich seien jedoch vergleichende Ranglisten verschiedener Hochschulen im Hinblick auf *einzelne Fächer*. Für ihre Beurteilung schalten sich auch die zuständigen Fachvereinigungen ein.[14] Auf dem zitierten Kolloquium in Schloß Reisensburg wurden Versuche erörtert, Ranglisten deutscher Universitäten aufzustellen. Sie beruhten meist auf aggregierten Zitierungen in Veröffentlichungen wie Enzyklopädien und Fachzeitschriften. In einem Projekt war eine Prestigeordnung deutscher Rechtsfakultäten nach der Peer-Rating-Methode aufgestellt worden.

Auf der 149. Plenarversammlung der WRK am 1. Juli 1986 wurden Rangreihen für Hochschulen abgelehnt. Die Leistungsfähigkeit einer Hochschule als Ganzheit, ist in einer Stellungnahme zu lesen, kann nicht mit der Summe der Leistungen einzelner Fächer gleichgesetzt werden. Es gebe fast an jeder Hochschule deutliche Unterschiede im Leistungsstand einzelner Fächer; erfahrungsgemäß beeinflußten einzelne positiv oder negativ herausragende Fächer das Gesamturteil über die Hochschule stärker, als es ihrer tatsächlichen Bedeutung zukomme. Wenn hochschulübergreifende vergleichende Darstellungen vorgenommen werden, so könne es sich dabei in der Regel nur um eine vergleichende Leistungsbeurteilung zwischen gleichen Fächern (Fächerzonen) an verschiedenen Hochschulen handeln (intradisziplinärer Vergleich). Die daraus abgeleiteten Schlußfolgerungen müssen die unterschiedlichen Rahmenbedingungen an den einzelnen Hochschulen berücksichtigen (z.B. Alter, Größe und Ausstattung der Institute, Fächerspektrum, interdisziplinäre Verflechtungen). Beim sogenannten Ranking stütze sich das Gesamturteil – soweit es nicht auf einer subjektiven Pauschaleinschätzung von Experten beruht – häufig auf eine Zusammenfassung von Einzelindikatoren. Derartige Aggregationen seien grundsätzlich problematisch, weil eine Addition vor allem qualitätsbezogener Einzelindikatoren nicht objektivierbar sei und dies in der Praxis vom Verwender nicht hinreichend berücksichtigt werde. Deshalb sollte die Leistungsfähigkeit eher in einer Mehrzahl von Faktoren als in einem Gesamturteil zum Ausdruck kommen.

VII. Exkurs. Zum Vergleich mit den USA

So wie beim Vergleich der Leistungsqualität von Hochschulen in einem Lande die unterschiedlichen Rahmenbedingungen zu beachten sind, gilt das in noch höherem Maße, wenn die Hochschulen in den Vereinigten Staaten von Amerika

14 Vgl. auch Jürg Steiner, a.a.O.

und in der Bundesrepublik Deutschland miteinander verglichen werden. Die USA haben beinahe die vierfache Bevölkerung der Bundesrepublik mit einem entsprechend großen Binnenmarkt.
Besondere Unterschiede liegen bereits beim Schulsystem und dem Zugang zur wissenschaftlichen Hochschule vor. So gibt es nach dem Besuch der high-school erst das College. Danach kann das strengere wissenschaftliche Studium beginnen. In den USA gibt es nicht den einheitlichen Abschluß des Abiturs, wie bei uns, der zum Studium an einer Hochschule berechtigt. Mit dem Abschluß an einer high-school kann man nicht automatisch an einer amerikanischen Universität studieren. Nach *Jürg Steiner* gibt es in den USA insgesamt etwa 300 000 Universitäten und Colleges. Als Universitäten werden im allgemeinen Institutionen bezeichnet, die über ein Doktorandenprogramm verfügen, während Colleges ihre Studenten zum Abschluß eines »Bachelor« führen. Es gibt zahlreiche Ausnahmen, so daß »Universität« und »College« oft als synonyme Begriffe verwendet werden.
Das Hochschulsystem selbst ist in den USA viel mehr nach verschiedenen Merkmalen differenziert und hierarchisch gegliedert als in der Bundesrepublik Deutschland. So zählt man insgesamt 40 Spitzenuniversitäten, wovon fünf die Spitzenplätze einnehmen. Den nächsten Rang bilden 50 bis 100 weitere Hochschulen, denen mehrere Hunderte nachgeordnet sind.[15] Im allgemeinen steht ein starker Präsident an der Spitze der Universität. Er kann ein ehemaliger Dozent sein, aber auch von außen kommen. Er »ist in hohem Maß für eine gute Klassierung der Universität verantwortlich. Im Falle eines diesbezüglichen Versagens kann er unter Umständen abrupt entlassen werden. Ein Präsident muß bemüht sein, die Qualität aller Fachgebiete zu erhalten. ... Da die Spitzenuniversitäten sehr teuer sind (15.000 bis 18.000 $ pro Jahr), geht es für die Studenten bzw. ihre Eltern um einen finanziellen *Investitionsentscheid.*»[16] Universitäten haben häufig ein beachtliches Stiftungsvermögen. Demgegenüber ist für die bundesdeutschen Hochschulen charakteristisch, daß sie nicht über die Beiträge der Studierenden, sondern aus öffentlichen Haushaltsmitteln finanziert werden. Dabei sind sie an die Haushaltsgrundsätze gebunden, die im Interesse einer größeren Autonomie flexibler sein könnten.
Bemerkenswert ist, was *Jürg Steiner* über die Rolle der Publikationen als Ausweis für die Forschungsleistung in den USA schreibt. »Wer auf diesem Weg häufig strauchelt, geht akademisch ›zugrunde‹. An amerikanischen Universitäten gilt der Leitsatz ›Publish or perish‹, publizieren oder zugrunde gehen. Die Fachzeitschrif-

15 Vgl. Ekkehard Klausa, Die Prestigeordnung deutscher Rechtsfakultäten, in: Rudolf Fisch und Hans-Dieter Daniel (Hrsg.), a.a.O.
16 Jürg Steiner, a.a.O., S. 141.

ten pflegen eine ausgeklügelte Methode, wonach die unterbreiteten Forschungspapiere *anonym* und damit *möglichst objektiv* beurteilt werden. ... Bei den *bedeutenden Fachzeitschriften* ist die Annahmequote häufig unter 10 %, was die enorme Konkurrenzsituation zum Ausdruck bringt. Abgewiesene Autoren haben die Möglichkeit, ihre Forschungsbeiträge bei weniger bedeutenden Zeitschriften zu unterbreiten.«[17]

VIII. Größere Wirtschaftlichkeit durch mehr Selbstverwaltung

In einem grundlegenden Beitrag setzt sich *Ulrich Karpen* mit den Problemen auseinander, die mit den Fragen einer größeren Effizienz an Hochschulen verbunden sind.[18] Ein Schwerpunkt seiner Ausführungen ist das Verhältnis von Fremdkontrolle und Selbstkontrolle. Träger der Fremdkontrolle sind:

- Hochschulinterne Prüfung (Innenrevision)
- Rechnungsvorprüfung
- Staatsaufsicht
- Rechnungshofkontrolle

Neben den Möglichkeiten der Wirtschaftlichkeitskontrolle werden auch ihre Grenzen erörtert. »Am wenigsten kann der Rechnungshof im Hinblick auf *Zweckmäßigkeit* und *Wirtschaftlichkeit* der Wissenschaftsverwaltung ausrichten. Hier schützt die Wissenschaftsfreiheit den Entscheidungsspielraum der Wissenschaftler weitgehend.«[19] Die im Beitrag wiedergegebenen Tabellen mit Kennzahlen zur Leistungsmessung und -bewertung in der Lehre sowie in der Forschung werden kritisch kommentiert. Nach Ulrich Karpen kann und soll der Rechnungshof nicht bis in die Details prüfen, ob die Universität ihre Funktion wirksam und deshalb wirtschaftlich erfüllt. »Der überwiegende Teil der Prüfung fällt in den Bereich der *Selbstkontrolle.*[20] Das gilt für die *wissenschaftliche Erfolgskontrolle* und die *wirtschaftliche Kontrolle.*«[21] Organe der wissenschaftlichen Erfolgskontrolle sind der Senat und die Fachbereiche oder Fakultäten. Der Kanzler wacht über den Haushalt und die haushaltsrechtlichen Bestimmungen. Aufgabe der Innenrevision müsse es sein, das Kontrollbewußtsein von den Rechnungsprüfungsbehörden auf den einzelnen Forscher zu verlagern.

17 Ebenda.
18 Vgl. Ulrich Karpen, Wirtschaftlichkeitskontrolle an Hochschulen, in: Die Verwaltung, Band 19, 1986, S. 230-259, hier S. 231 ff.
19 Ebenda, S. 243.
20 Ebenda, S. 250.

Wie auch von der Westdeutschen Rektorenkonferenz gewünscht, verlangt *Ulrich Karpen* weniger administrative Detailkontrolle, aber Stärkung der Selbstverwaltung. Dazu gehören:

- stärkere Diversifizierung der Finanzierungsquellen
- flexiblere Haushaltsführung
- größere Dispositionsfreiheit der Hochschule auch über staatliche Mittel
- Anerkennung der beiden letztgenannten Richtlinien durch die Rechnungskontrolle[21]

Aus der Kommentierung dieser Forderungen wird deutlich, welche Schwierigkeiten bestehen, sie in die Tat umzusetzen. Wie von uns dargelegt, gibt es ebenso Schwierigkeiten bei der unmittelbaren und mittelbaren Leistungsmessung und -beurteilung. Wir meinen daher, daß insgesamt auch hier die alte Weisheit gilt: dies sollte man tun und jenes nicht lassen. Deshalb ist es zu begrüßen, daß die Westdeutsche Rektorenkonferenz Ansätze zur Leistungsmessung und -bewertung bei uns keineswegs ablehnt. Eine stärkere Transparenz bei der Darstellung der Leistungen der Hochschulen in Forschung und Lehre hält sie für wünschenswert, auch unter Anwendung von Kennzahlen bzw. Indikatoren, unbeschadet ihrer kritischen Vorbehalte gegenüber einzelnen Verfahren. Wir können dem nur zustimmen. Allerdings sind wir der Meinung, daß es eine besondere Aufgabe der Vertreter einer speziellen Betriebswirtschaftslehre für öffentliche Verwaltungen ist, die Leistungsrechnung an wissenschaftlichen Hochschulen ebenso weiterzuentwickeln wie die Verbesserung der Selbstverwaltung.

21 Vgl. ebenda, S. 255.

Das externe und interne Rechnungswesen in den österreichischen Gemeinden

von *Karl Saindl*

I. Rechtsgrundlagen für den Gemeindehaushalt

In der Kundmachung über die Aufhebung von »Rechtsvorschriften des Deutschen Reiches« vom 10. Juli 1945, die im Staatsgesetzblatt Nr. 68 vom 14. Juli 1945 veröffentlicht wurde, sind u.a. das deutsche Gemeinderecht und damit auch die reichsrechtlichen Haushaltsvorschriften als aufgehoben erklärt worden. Um zu verhindern, daß die Voranschläge (Haushaltspläne) und Rechnungsabschlüsse länderweise nach Form und Gliederung wieder voneinander abweichen, wie dies vor dem Jahr 1938 der Fall war, wurde in das Finanz-Verfassungsgesetz 1948, BGBl. Nr. 45, folgende Bestimmung aufgenommen: »Das Bundesministerium für Finanzen kann im Einvernehmen mit dem Rechnungshof Form und Gliederung der Voranschläge und Rechnungsabschlüsse der Gebietskörperschaften (Länder, Gemeindeverbände, Gemeinden) insoweit regeln, als dies zur Vereinheitlichung erforderlich ist.« In Ausführung hierzu wurden die Richtlinien für die Erstellung der Voranschläge und Rechnungsabschlüsse der Länder, Gemeindeverbände und Gemeinden erlassen (Erlaß des Bundesministeriums für Finanzen im Einvernehmen mit dem Rechnungshof vom 9. Juli 1949, Zl. 51400-20/49, zit. als »Richtlinien 1949«).[1] Des weiteren sind gesetzliche Bestimmungen über Voranschlag und Rechnungsabschluß in den Haushaltsordnungen (4 Bundesländer), Gemeindeordnungen und Stadtrechten enthalten.[2]

1 Vgl. Wilhelm Neidl, Richtlinien für die Erstellung der Voranschläge und Rechnungsabschlüsse der Länder, Gemeindeverbände und Gemeinden, Mit Erläuterungen versehen von Wilhelm Neidl, Wien 1949.

2 Vgl. Ludwig Fröhler und Peter Oberndorfer (Hrsg.), Das österreichische Gemeinderecht, Linz 1980, Johannes Hengstschläger, Das Gemeindehaushaltsrecht, in: Das österreichische Gemeinderecht, a.a.O., Nr. 3.10.4., S. 3-55, zum Haushaltsrecht der Länder siehe Walter Schwab, Budgetrecht der Länder, in: Budgetrecht und Budgetpolitik der Länder, hrsg. von Walter Schwab und Gerhard Lehner, Wien 1981, S. 7-199, zum Bundeshaushaltsrecht siehe derselbe, Die Haushaltsrechtsreform des Bundes, in : Handbuch der österreichischen Finanzpolitik, Festgabe für Wilhelm Weber, hrsg. von Wolfgang Weigel, Eckhard Leithner und Rupert Windisch, Wien 1986, S. 121-133.

Eine Neufassung der »Richtlinien 1949« erfolgte durch die Verordnung des Bundesministers für Finanzen vom 15. Juli 1974, BGBl. Nr. 493/1974, mit der im Einvernehmen mit dem Rechnungshof Form und Gliederung der Voranschläge und Rechnungsabschlüsse der Länder, der Gemeinden und von Gemeindeverbänden geregelt wurden. Die Verordnung trägt den Kurztitel »Voranschlags- und Rechnungsabschlußverordnung« und die Abkürzung »VRV«. Diese Vorschrift war von den angeführten Gebietskörperschaften erstmals bei der Veranschlagung für das Finanzjahr 1976 anzuwenden.[3]
Für die Neufassung der »Richtlinien 1949« war vor allem der Wunsch nach einer besseren Vergleichbarkeit der Haushalte aller Gebietskörperschaften maßgeblich; weitere Gründe sind die erforderliche Eignung zur automationsgerechten Veranschlagung und Verrechnung wie auch die Anpassung an die heutigen Tatbestände. Die VRV wurde bisher zweimal novelliert und einmal neugefaßt und durch eine neuerliche Novelle im Jahre 1986 dem letzten Stand angepaßt.[4]

II. Das Rechnungswesen der Gemeinden nach der VRV

Das Rechnungswesen[5] umfaßt nach der VRV:
- den Voranschlag als Vorrechnung über Mittelherkunft und Mittelverwendung in einen sinnvoll gegliederten und nach dem Dezimalsystem bezifferten Rahmen gebracht, dem verschiedene Nachweise beizugeben sind;
- die voranschlagsunwirksame Gebarung, die jene Einnahmen und Ausgaben erfaßt, welche die Gemeinde für Dritte lediglich einnimmt oder ausgibt;

3 Vgl. Walter Schwab, Harmonisierung im Rechnungswesen öffentlicher Haushalte, in: Das öffentliche Haushaltswesen in Österreich, Heft 1-3, 1976, S. 15o-173, hier S. 150 ff.

4 Kritische Hinweise zur VRV, Gustav Hafner, 10 Jahre VRV, in: Steirische Gemeinde-Nachrichten, Heft 2 und 3, 1986, S. 9-11, hier S. 10 ff., Fritz Klug, Die VRV in der Bewährungsprobe, in: Österreichische Gemeinde-Zeitung, Heft 1, 1986, S. 5-8, hier S. 5 ff., Walter Schwab, Harmonisierung des Rechnungswesens, a.a.O., S. 164 ff.

5 Zur Einteilung in ein externes und in ein internes Rechnungswesen sowie zu ihren Aufgaben siehe Peter Eichhorn, Öffentliche Verwaltung, Rechnungswesen der, in: Handwörterbuch des Rechnungswesens, hrsg. von Erich Kosiol, Klaus Chmielewicz und Marcell Schweitzer, 2. Aufl., Stuttgart 1981, Sp. 1223-1236, Ludwig Mülhaupt, Kameralistische oder kaufmännische Buchführung für Gemeinden?, in: Local Finance, Vol. 2., No. 1, S. 3-14, hier S. 5 ff., Ludwig Mülhaupt und Jürgen Gornas, Finanzwirtschaftliches und betriebswirtschaftliches Rechnen in Gemeinden, in: Der öffentliche Haushalt, 14. Jg., Heft 1/2, S. 15-46, hier S. 28 ff., Karl Saindl, Aufgaben der Betriebsrechnung und ihre Stellung innerhalb des gemeindlichen Rechnungswesens, in: Die Betriebsrechnung (Kostenrechnung) und ihre praktische Anwendung in den Gemeinden, hrsg. von KDZ, Wien 1980, S. 7-32, hier S. 7 ff.

- die Haushaltsrechnung (Rechnungsabschluß) als Nachrechnung, die den Deckungsverlauf der Einnahmen und Ausgaben wie auch den Deckungserfolg (Überschuß, Abgang) nachweist. Gleichzeitig wird festgestellt, wie weit die im Voranschlag zur Verfügung gestellten Mittel zur Aufgabenerfüllung ausgereicht haben. Es handelt sich hierbei um den »rechnungsmäßigen Nachweis des Voranschlagsvollzuges«;[6]
- Nachweise zum Rechnungsabschluß, wie z.B. einen Nachweis über die Personalbezüge, über Finanzzuweisungen, über Rücklagen, über den Schuldenstand und über den Schuldendienst. Um jene Schulden, für deren Schuldendienst spezielle Einnahmen zur Verfügung stehen, von den Schulden, deren Schuldendienst aus allgemeinen Deckungsmitteln bestritten werden muß, zu trennen, ist eine Vierteilung des Schuldenstandes nach Deckungskategorien vorzunehmen; einen Nachweis der am Ende des Haushaltsjahres offenen Bestellungen; Nachweise über den Stand an Wertpapieren, Haftungen, an geleisteten Vergütungen, Rechnungsquerschnitt (nur für Gemeinden über 10.000 Einwohnern verbindlich) u.a.;
- nach Zeitfolge und sachlicher Ordnung laufend geführte Verrechnung.

Innerhalb des externen Rechnungswesens der Gemeinde ist der Voranschlag (Aufgabenerfüllungsplan) neben der Haushaltsrechnung der wichtigste Teil. *Gustav Höferer*[7] bezeichnet den »Voranschlag als Grundelement des Rechnungswesens«, weshalb bei der Besprechung des Rechnungswesens vom Voranschlag ausgegangen wird.

Die VRV läßt die Frage nach dem Buchführungssystem (Stil) offen. Sie verlangt aber für Länder und Gemeinden die Aufstellung einer finanzwirtschaftlich aufgebauten Rechnung. In den meisten Gemeinden Österreichs wird kameral verrechnet (Verwaltungskameralistik).[8] In den Gemeinden des Bundeslandes Vorarlberg und in der Stadt Baden (Niederösterreich) wird doppisch verrechnet, das Ergebnis wird in eine finanzwirtschaftliche Rechnung umgewandelt.

Einige Gemeinden bedienen sich der Mehrphasenbuchführung. Was die Buchungstechnik betrifft, sind derzeit rund 35 Prozent der Gemeinden EDV-Buchungsgemeinschaften angeschlossen, 20 Prozent mit EDV-Eigenanlagen ausgestattet und 45 Prozent arbeiten mit Mittlerer Datentechnik (MDT) und sonstigen Verfahren (Daten ohne Wien).

Aufgabe des internen Rechnungswesens ist die Bereitstellung von Informationen für die Lenkung, Planung und Wirtschaftlichkeitskontrolle mit Hilfe betriebs-

6 Jürgen Gornas, Grundzüge einer Verwaltungskostenrechnung, Schriften zur öffentlichen Verwaltung und öffentlichen Wirtschaft, hrsg. von Peter Eichhorn und Peter Friedrich, Band 13, Baden-Baden 1976, S. 132.

7 Vgl. Gustav Höferer, Das Rechnungswesen der Gemeinden, Wien 1954, S. 11.

8 Über die Grundsätze der Kameralistik und über den kameralistischen Rechnungsstil siehe Karl Saindl, Der Gemeindehaushalt, Wien 1972, S. 76 ff.

wirtschaftlicher Methoden.[9] Besondere Bedeutung hat die Kostenrechnung (Betriebsrechnung, Erweiterte Kameralistik). Daneben sind noch zu erwähnen: die Kosten-Nutzen-Analyse, die Investitionsrechnung, Folgelastenberechnung, Null-Budgetierung. Um auch innerhalb des internen Rechnungswesens eine gewisse Vereinheitlichung des Rechnungsvorganges zu erreichen, hat der Arbeitskreis für das Haushaltswesen im Österreichischen Städtebund und die Studienkommission für das Rechnungswesen im Österreichischen Gemeindebund Richtlinien aufgestellt und deren Anwendung den Gemeinden empfohlen. Derzeit liegen vor:

- Richtlinien zur Führung des Anlagennachweises gemäß § 16 der VRV (15. November 1977)
- Richtlinien zur Aufstellung von Betriebsrechnungen (6. Juli 1979)
- Richtlinien zur Ermittlung von Folgelasten kommunaler Investitionen (Februar 1983)

Weitere Richtlinien sind in Ausarbeitung.

1. Gliederung des Voranschlages

Bei Ausarbeitung des Entwurfes der VRV stand im Mittelpunkt der Auseinandersetzungen die Frage, ob man den Haushalt ähnlich wie in anderen Ländern (z.B. in der Bundesrepublik Deutschland)[10] in einen Verwaltungshaushalt und einen Vermögenshaushalt gliedern, oder ob man bei der bisherigen finanzwirtschaftlichen Gliederung in einen ordentlichen und einen außerordentlichen Haushalt bleiben sollte. Die größere Zahl der befragten österreichischen Gemeinden sprach sich für die Beibehaltung der bisherigen finanzwirtschaftlichen Gliederung (ordentlicher und außerordentlicher Haushalt) aus, wobei man sich wohl der verschiedenen Schwächen einer solchen Teilung bewußt war. Das bisher geltende Einzeldeckungsprinzip im außerordentlichen Haushalt wurde dabei weitgehend beibehalten.

Dagegen verfolgte man in der Bundesrepublik Deutschland mit der Trennung von Verbrauchs- und Investitionsausgaben das Ziel, für die Konjunkturpolitik, den Finanzausgleich und für die volkswirtschaftliche Gesamtrechnung wichtige

9 Vgl. Dietrich Budäus, Betriebswirtschaftliche Instrumente zur Entlastung kommunaler Haushalte, Baden-Baden 1982.

10 Vgl. Karl Saindl, Die Gliederung des Gemeindehaushaltes aufgrund der Haushaltsreform in der Bundesrepublik Deutschland, in: Österreichische Gemeinde-Zeitung, Heft 20, 1973, S. 445-450, hier S. 445 ff., zum historischen Wandel der heute von den Gebietskörperschaften in Österreich angewandten Budgetkonzepte siehe Wilfried Schönbäck, zur historischen Genese des Budgets, in: Handbuch der österreichischen Finanzpolitik, a.a.O., S. 201-215.

Größen unmittelbar aus den beiden Haushaltsrechnungen zu gewinnen. Nach *Ludwig Müllhaupt* und *Peter Eichhorn*[11] krankt die Haushaltsreform in der Bundesrepublik Deutschland, insbesondere die Umgliederung des Haushaltes, an einem Zieldualismus. »Grundlage und Hauptzweck der Reform ist die Einbeziehung der Gemeinden in die staatliche Konjunkturpolitik. Dazu hält man es für notwendig, alle vermögenswirksamen Vorgänge, die der Einflußnahme der Konjunkturpolitik unterworfen werden sollen, transparent zu machen und gesondert zu erfassen ... Mit der Haushaltsneugliederung hat der Gesetzgeber eindeutig wirtschaftspolitischen Zielen den Vorrang gegeben vor den finanzwirtschaftlichen Zielen der Rechenschaftslegung gegenüber dem steuerzahlenden Bürger«.[12] Über den Erfolg oder über die Wirtschaftlichkeit der gemeindlichen Aufgabenerfüllung vermag der Verwaltungshaushalt nichts Wesentliches auszusagen. Vor allem die Vertreter einer finanzwirtschaftlich orientierten Auffassung sprechen sich für die Beibehaltung der bisherigen Gliederung aus, weil eine an den Einnahmen orientierte Gliederung durchaus sinnvoll sei. »Denn das finanzwirtschaftliche Kriterium für die Abgrenzung vom ordentlichen und außerordentlichen Haushalt mache sichtbar, in welchem Außmaß eine Gemeinde in der Lage ist, ihre Ausgaben aus den ihr endgültig zufließenden Mitteln eines Rechnungsjahres zu decken, und inwieweit die Finanzierung dieser Ausgaben einen Rückgriff auf die Substanz (Veräußerung von Vermögen) oder einen Vorgriff auf Deckungsmittel künftiger Rechnungsjahre (Schuldaufnahme) notwendig macht.«[13]
Um auf das Zahlenmaterial, das bei Aufstellung eines Verwaltungs- und Vermögenshaushaltes anfällt, nicht verzichten zu müssen, entschloß man sich in Österreich, unter Beibehaltung des ordentlichen und außerordentlichen Voranschlages einen Voranschlags- und Rechnungsquerschnitt, gegliedert in einen Verwaltungshaushalt und einen Vermögenshaushalt (als Beilage zum Voranschlag und Rechnungsabschluß) für Gemeinden mit über zehntausend Einwohnern verbindlich vorzuschreiben (§ 9 Z. 9, § 17 Abs. 2 Z. 11 der VRV).

2. Die Jährlichkeit des Voranschlages

Der Grundsatz der Jährlichkeit wurde in der VRV beibehalten, das Finanzjahr (Haushaltsjahr) entspricht dem Kalenderjahr. Die Ansichten über die Dauer der Haushaltsperiode sind in Theorie und Praxis geteilt. Als Gründe für die

11 Vgl. Ludwig Mülhaupt und Peter Eichhorn, In falscher Richtung, Das zukünftige Haushaltsrecht ist zu einseitig wirtschaftspolitisch orientiert, in: Der Volkswirt, Heft 14, 1969, S. 48-49, hier S. 48.

12 Ludwig Mülhaupt, Kameralistische oder kaufmännische Buchführung für Gemeinden?, in: Local Finance, Vol. 2, No. 1, 1973, S. 6.

13 Ludwig Mülhaupt, Die Pläne zur Reform der ordentlichen Haushaltsrechnung, in: Der öffentliche Haushalt, 11. Jg., Heft 2/3, S. 74-78, hier S. 75.

Aufstellung von Mehrjahresplänen werden u.a. genannt,[14] daß eine zeitgerechte Verabschiedung leichter möglich ist und deshalb eine vorläufige Haushaltsführung zu vermeiden wäre. Auch kann die kommunale Haushaltswirtschaft dadurch besser in den Dienst konjunkturpolitischer Zielsetzung gestellt werden.
Nach Ansicht der Vertreter der österreichischen Gemeinden bringt die Aufstellung von Mehrjahresplänen bei Vertretungsorganen und Verwaltungen keine Arbeitsersparnis. In der Praxis ist schon eine einjährige Voranschlagsperiode nicht leicht zu überblicken. Man denke nur an die aufzustellenden Nachtragsvoranschläge. Eine Arbeitsersparnis des Gemeinderates, in dessen Kompetenz die Beschlußfassung des Voranschlages fällt, dadurch zu erreichen, daß man nur alle zwei Jahre die Budgetsitzung abhält, ginge auf Kosten der Gemeindedemokratie. Denn gerade durch die jährlichen Voranschlagsberatungen wird die Verbindung zu den Bürgern hergestellt.

3. Die mittelfristige Finanzplanung

Die Ansicht, daß die einjährige Haushaltsplanung durch eine längerfristige Finanzplanung[15] zu ergänzen wäre, wurde auch von den österreichischen Gemeinden ziemlich einhellig vertreten. Während in der Bundesrepublik Deutschland seit dem Jahre 1974 die Aufstellung von mittelfristigen Finanz- und Investitionsplänen für alle Gemeinden verbindlich vorgeschrieben ist, fehlen in Österreich entsprechende Vorschriften weitgehend. Haushaltsordnungen von vier österreichischen Bundesländern[16] enthalten Bestimmungen über die Erstellung von mittelfristigen Plänen. Es fehlen aber verschiedene institutionelle Voraussetzungen zur Sammlung notwendiger Daten.[17] In der Praxis zeigt sich, daß eine Anzahl von Gemeinden eigenverantwortlich mittelfristige Finanzpläne erstellt, wobei Form und Verfahren nicht einheitlich sind.
Helfried Bauer zeigt im letzten Abschnitt der Studie über die kommunale Verschuldung, in welcher Weise auch die kommunale Verschuldung im Rahmen der mittelfristigen Finanzplanung beurteilt werden kann.

14 Vgl. Wolfgang Krüger-Spitta und Horst Bronk, Einführung in die Haushaltsrechnung und die Haushaltspolitik, Darmstadt 1973, S. 94 ff.
15 Zum Verfahren zur Erstellung von mittelfristigen Finanzplänen siehe Helfried Bauer, Die mittelfristige Finanzplanung, Wien 1971, mit ausführlichem Literaturverzeichnis.
16 Siehe derselbe, Grenzen der kommunalen Verschuldung, Linz 1980, S. 86.
17 Vgl. Ebenda, S. 93.

4. Die Veranschlagung aufgrund der Fälligkeit

Die Veranschlagung ist, wie bisher, nach der rechtlichen Fälligkeit der Einnahmen und Ausgaben (§ 2 Abs. 1 der VRV) vorzunehmen. Diese Bestimmung führt zur Aufstellung einer Sollrechnung, die es ermöglicht, eine zeitliche Abgrenzung derart vorzunehmen, daß dem betreffenden Finanzjahr unabhängig vom zufälligen Zeitpunkt des Zahlungsvorganges die Beträge zugerechnet werden können. Am Rande soll bemerkt werden, daß die Fortentwicklung des kameralen Rechnungswesens eng mit dem Namen des österreichischen Hofrats *Johann Mathias Puechberg* (1762) verknüpft ist, dem vor allem die Einführung der Sollrechnung zu verdanken ist.[18]

Aus der Überlegung, daß sich sowohl für den Voranschlagsvergleich als auch für die Feststellung des Ergebnisses die Sollrechnung besser eignet als die Istrechnung, wurde für alle Gemeinden verbindlich die Veranschlagung und Rechnungslegung nach dem Soll in der VRV festgelegt. Vor Inkrafttreten der VRV war es den Gemeinden unter 5.000 Einwohnern möglich, nach dem Ist zu veranschlagen und zu verrechnen.

5. Die Haushaltssystematik[19]

Die bedeutendste Änderung gegenüber den »Richtlinien 1949« betrifft die Haushaltssystematik, worunter man die Gliederung der Einnahmen und Ausgaben nach bestimmten Gesichtspunkten versteht (§ 7 der VRV).

Gemäß § 7 Abs. 1 sind die Einnahmen und Ausgaben zu gliedern:

- Nach haushaltswirtschaftlichen Gesichtspunkten durch einen Hinweis, der dem Ansatz voranzustellen ist. Hier wird vor allem unterschieden in ordentliche Einnahmen (Kennziffer 2), außerordentliche Einnahmen (Kennziffer 6), ordentliche Ausgaben (Kennziffer 1) und außerordentliche Ausgaben (Kennziffer 5).
- Nach funktionellen Gesichtspunkten (Ansätzen). Die Ordnung der Einnahmen und Ausgaben erfolgt nach einem dekadisch numerierten Ansatzver-

18 Vgl. Helmuth Tesar, Die oberste Rechnungskontrollbehörde Österreichs, in: 200 Jahre Rechnungshof, hrsg. vom Präsidium des Rechnungshofes, Wien, Dezember 1961, S. 1-23, hier S. 6 ff., Theodor Ferjancic, Die moderne Allgemeine Kameralistik, Wien 1941, S. 20: »Puechberg war theoretisch und praktisch ein Bahnbrecher ersten Ranges auf dem Gebiet der Kameralrechnung ... Seine zweite Tat war die unbedingte Gegenüberstellung von Soll- und Istbuchungen.«

19 Vgl. Karl Saindl, Überblick über die allgemeinen Bestimmungen der VRV, in: Die Voranschlags- und Rechnungsabschlußverordnung, hrsg. vom Österreichischen Städtebund, Wien 1974, S. 17-33, hier S. 26., Franz Wagner und Kurt Schredl, Grundzüge des Ansatz- und Postenverzeichnisses nach der VRV, in: Die Voranschlags- und Rechnungsabschlußverordnung, a.a.O., S. 45-63, hier S. 45 ff.(an einer Neufassung wird gearbeitet).

zeichnis. Die 1., 2. und 3. Dekade (Gruppe, Abschnitt, Unterabschnitt) der Gliederung sind verbindlich vorgeschrieben. Weitere 2 Dekaden können bei Bedarf – vor allem bei größeren Gemeinden – für eine tiefergehende Gliederung verwendet werden. Der Ansatzplan hält sich – entsprechend modifiziert – an ein Gliederungsschema der UNO, wonach auch der Bundesvoranschlag gegliedert ist.

- Nach Posten, welche Einnahmen und Ausgaben innerhalb der Ansätze nach ökonomischen Gesichtspunkten verbindlich gliedern.

Die Kombination von Haushaltshinweis, Ansatz und Post bildet die Voranschlagsstelle (VASt).

Eine fakultative (unverbindliche) Gliederung ist nach finanzwirtschaftlichen Gesichtspunkten möglich, ebenso eine Zuordnung der Einnahmen und Ausgaben nach regionalen, institutionellen und sonstigen Gesichtspunkten.

6. Die Vermögensrechnung

Derzeit fehlt innerhalb des externen Rechnungswesens der österreichischen Gemeinden eine systematisch verbundene Haushalts- und Vermögensrechnung. Theoretiker und Praktiker können sich mit der Tatsache nicht abfinden, daß ein solches bedeutsames Zahlenwerk wie die kommunale Haushaltsrechnung ohne Vermögensrechnung als ordnungsgemäß abgeschlossen gelten soll. Obwohl das finanzwirtschaftliche Rechnungsziel im österreichischen kommunalen Rechnungswesen »als das dominante«[20] festzustellen ist, brachte man bisher mit wenigen Ausnahmen in Theorie[21] und Praxis[22] der von *Rudolf Johns*[23] entwickelten und besonders von *Ludwig Mülhaupt*[24] in der Literatur vertretenen

20 Fritz Klug, Die VRV in der Bewährungsprobe, in: Österreichische Gemeinde-Zeitung, Heft 1, 1986, S. 6.

21 Vgl. Karl Saindl, Die finanzwirtschaftliche Deckungsbilanz als Vermögensrechnung für den Gemeindehaushalt, in: Das öffentliche Haushaltswesen in Österreich, Heft 2-3, 1978, S. 138-150, hier S. 138 ff.

22 In Österreich sind die kommunalen Vermögensrechnungen verschiedenartig organisiert. Neben nur mengenmäßigen Aufzeichnungen werden auch pauschalierte Abschreibungen vorgesehen und in Einzelfällen wird auch eine vollständige Bewertung mit Ausweis des Reinvermögens vorgenommen.

23 Vgl. Rudolf Johns, Die öffentliche Bilanz, in: Wirtschaftslenkung und Betriebswirtschaftslehre, Leipzig 1940, S. 165-182, hier S. 171 ff., derselbe, Das Problem der öffentlichen Vermögensrechnung, Würzburg 1943.

24 Vgl. Ludwig Mülhaupt, Neuere Entwicklungen auf dem Gebiet des Gemeinderechnungswesens, in: Gemeindewirtschaft und Untenehmerwirtschaft, Festgabe für Rudolf Johns, hrsg. von Ludwig Mülhaupt und Karl Oettle, Göttingen 1965, S. 15-49, hier S. 44 ff., derselbe, Die öffentliche Vermögensrechnung, in: Die große Finanzreform, hrsg. vom Institut »Finanzen und Steuer«, Heft 80, 1966, S. 105-136, hier S. 116 ff.

Konzeption einer finanzwirtschaftlichen Deckungsbilanz[25] wenig Interesse entgegen. Diese hat die Aufgabe, den Finanzierungsprozeß der kommunalen Vermögensgegenstände darzustellen. Ähnlich wie in der Bundesrepublik Deutschland[26] ist es seit Anfang der siebziger Jahre auch in Österreich in der Diskussion um die Möglichkeiten einer kommunalen Vermögensrechnung still geworden. Erst in letzter Zeit wurde die Diskussion, bedingt durch die Einführung der Mehrphasenbuchführung[27] beim Bund und bei den meisten Bundesländern, wieder belebt. Bei der Mehrphasenbuchführung handelt es sich um eine integrierte Vollrechnung, die die Aussagefähigkeit der kameralen und doppischen Rechnungsstile in sich vereinen will.[28] Dabei orientiert sie sich jedoch sehr stark an erwerbswirtschaftlichen Aspekten.[29]

Die VRV sieht für die österreichischen Gemeinden keine vollständige Vermögensrechnung vor. Vielmehr sind – ähnlich wie nach den »Richtlinien 1949« – verschiedene Aufstellungen (Nachweise) über Teile des Vermögens und der Schulden dem Voranschlag und dem Rechnungsabschluß anzuschließen. Des weiteren sieht § 16 Abs. 1 der VRV vor, daß die Gemeinden über unbewegliche und bewegliche Sachen sowie Rechte ihrer Betriebe, betriebsähnlichen Einrichtungen und wirtschaftlichen Unternehmungen, soweit diese keine eigene Vermögensrechnung erstellen, für jede Einrichtung gesonderte Anlagennachweise zu führen haben. Diese Bestimmungen über die Erfassung von Vermögenswerten bezwecken bei den genannten Einrichtungen, die Unterlagen zur Berechnung der Abschreibungen für die Betriebsrechnung (Kostenrechnung) bereitzustellen.[30]

Ausgehend von der Ansicht, daß das kommunale Rechnungswesen in erster Linie finanzwirtschaftliche Rechnungsziele zu verfolgen hat, wird auch eine mit der

25 Vgl. Franz Josef Götz, Kommunale Jahresrechnung, München 1978, S. 176 ff., siehe auch Hans Taxis, Die Konzeption der gemeindlichen Vermögensrechnung, in: Der Städtetag, Heft 1, 1954, S. 4 ff.

26 Vgl. Thomas Hobein, Zur Notwendigkeit öffentlicher Vermögensrechnungen, in: Archiv für Kommunalwissenschaften, 1. Halbjahresband, 1986, S. 64-78, hier S. 64.

27 Vgl. Friedrich Kohl, Die öffentliche Finanzkontrolle aus systemtheoretischer Sicht, in: Das öffentliche Haushaltswesen in Österreich, Heft 2, 1974, S. 57-73, hier S. 74 ff., Reinbert Schauer, Peter Marwan-Schlosser et al., Spezielle Betriebswirtschaftslehre – Öffentliche Verwaltung, Band II, Linz 1983, S. 58 ff., Reinbert Schauer, Das System der ingetrierten Haushaltsrechnung in Österreich, in: Betriebswirtschaftliche Erkenntnisse für Regierung, Verwaltung und öffentliche Unternehmen, hrsg. von Peter Eichhorn, Schriften zur öffentlichen Verwaltung und öffentlichen Wirtschaft, hrsg. von Peter Eichhorn und Peter Friedrich, Bd. 85, Baden-Baden 1985, S. 217-233, hier S. 217 ff.

28 Vgl. Österreichischer Städtebund (Hrsg.), Lexikon der kommunalen Finanzwirtschaft, Wien 1977, S. 110.

29 Vgl. Thomas Hobein, Zur Notwendigkeit öffentlicher Vermögensrechnungen, a.a.O., S. 73.

30 Vgl. Karl Saindl, Die Anlagennachweise gemäß § 16 Abs. 1 der VRV, in: Österreichische Gemeinde-Zeitung, Heft 3, 1978, S. 42-46, hier S. 42 ff.

Haushaltsrechnung verbundene Bilanz nach finanzwirtschaftlichen Grundsätzen auszugestalten sein.

III. Das Rechnungswesen der wirtschaftlichen Unternehmungen[31]

Am 1. Januar 1940 wurde in Österreich die Eigenbetriebsverordnung (EigVO) vom 21. November 1938 für die wirtschaftlichen Unternehmungen der Gemeinden ohne Rechtspersönlichkeit eingeführt. Sie ist seit 15. Juli 1945 außer Kraft, ohne daß unmittelbar darauf neue Organisationsvorschriften an ihre Stelle getreten sind.
Der Österreichische Städtebund veröffentlichte im Jahr 1949 unverbindliche »Richtlinien für die Führung kommunaler erwerbswirtschaftlicher Unternehmungen«,[32] um eine gewisse Einheitlichkeit der Wirtschaftsführung solcher Unternehmungen zu gewährleisten. Nähere Bestimmungen über Wirtschaftspläne, Rechnungsabschlüsse, über die Errichtung und Auflassung derartiger Unternehmungen, über die Erlassung einzelner Satzungen u.a.m. sind in den einzelnen Gemeindeordnungen und Stadtrechten enthalten.[33]
Das Land Steiermark hat im Jahr 1969 einen betriebswirtschaftlich durchdachten Entwurf einer Eigenbetriebssatzung für die Unternehmungen seiner Gemeinden, mit Ausnahme der Städte mit eigenem Statut, ausgearbeitet. Der Tiroler Gemeindeordnung 1966 ist das Muster einer Betriebssatzung für die »erwerbswirtschaftlichen Gemeindeunternehmen« angeschlossen.

1. Nettoveranschlagung der wirtschaftlichen Unternehmungen

Wirtschaftliche Unternehmungen konnten aufgrund der »Richtlinien 1949«, Punkt III Ziffer 2, dann mit ihrem abzuführenden Gewinn bzw. zu deckenden Verlust in den Voranschlag aufgenommen werden, wenn sie körperschaftsteuerpflichtig waren. Damit sollte diesen Wirtschaftskörpern eine größere Freizügig-

31 Im allgemeinen werden als »wirtschaftliche Unternehmungen« jene Einrichtungen der Gemeinde verstanden, die eine nachhaltige wirtschaftliche Tätigkeit ausüben und denen das zuständige Organ die Eigenschaft einer Unternehmung zuerkannt hat. Sie werden in der Regel finanzwirtschaftlich als Sondervermögen der Gemeinden geführt.

32 Abgedruckt in: Österreichische Gemeinde-Zeitung, Heft 7, 1949, S. 9-13, hier S. 9 ff.

33 Vgl. Herbert Manhart, Wirtschaftliche Unternehmungen der Gemeinden, I. Teil, Repetitorium: Kommunale Finanzen – Kommunale Wirtschaft, Heft 16, 1977, hier S. 9.

keit und Beweglichkeit eingeräumt werden. Praxis und Theorie haben sich jedoch einhellig gegen die Körperschaftsteuerpflicht als Abgrenzungskriterium ausgesprochen. Die wirtschaftlichen Unternehmungen größerer Gemeinden sind sehr oft in einem Verbund zusammengeschlossen, bei dem nicht alle Betriebszweige der Körperschaftbesteuerung unterliegen, so z.B. die land- und forstwirtschaftlichen Betriebe, die Wasserversorgung u.a.m. Sie konnten daher nicht einheitlich behandelt werden. Im § 3 Abs. 3 der VRV ist nun vorgesehen, daß wirtschaftliche Unternehmungen, die *eigene* Wirtschaftspläne aufstellen, netto budgetieren dürfen.

Eine wirtschaftliche Selbständigkeit setzt eine Nettoveranschlagung voraus. Man denke in diesem Zusammenhang nur an die Abschreibungs- und Investitionspolitik. Aus diesem Grund dürfte die Beibehaltung der Nettobudgetierung für die wirtschaftlichen Unternehmungen mit finanziellem Sondervermögen ein Vorteil sein.

Als Gewinn oder Verlust kommt der bilanzmäßige oder der kassenmäßige Überschuß oder Abgang in Betracht. Die Entscheidung obliegt dem für die Beschlußfassung über den Voranschlag zuständigen Organ. Vom Standpunkt der wirtschaftlichen Unternehmungen kommt, falls die Satzungen und die Beschlüsse des zuständigen Organes nichts Anderes vorsehen, nur der bilanzmäßig errechnete Erfolg in Frage. In einem solchen Fall können die Unternehmungen auch über ihre Abschreibungen disponieren und ihre Investitionspolitik selbst bestimmen.

2. Vor- und Nachrechnungen bei den wirtschaftlichen Unternehmungen

Bei den wirtschaftlichen Unternehmungen der Gemeinden tritt in der Regel an die Stelle des Voranschlages

- als Vorrechnung der Wirtschaftsplan, der ein Bestandteil des Voranschlages der Gemeinde ist und aus dem Finanzplan und dem Erfolgsplan besteht, und
- als Nachrechnung die Jahresbilanz und Jahreserfolgsrechnung als Bestandteil des Rechnungsabschlusses der Gemeinde.

Wirtschaftsplan sowie Jahresbilanz und Jahreserfolgsrechnung werden dem externen Rechnungswesen zugezählt. Die Aufstellung von Wirtschaftlichkeitsrechnungen, Investitionsrechnungen, Kostenrechnungen u.ä. fällt in den Aufgabenbereich des internen Rechnungswesens, auf dessen Ausbaufähigkeit und Ausbaunotwendigkeit hinzuweisen ist. Was den Rechnungsstil der wirtschaftlichen Unternehmungen betrifft, können sie sich der Betriebskameralistik bedienen, meistens führen sie aber ihre Buchhaltung nach den Grundsätzen der

Doppik. Das ausgewiesene Ergebnis gibt in beiden Fällen nur Aufschluß über den ökonomischen Erfolg aus betrieblicher Sicht, kann jedoch über den volkswirtschaftlichen, regionalwirtschaftlichen und sozialen Erfolg (im Sinne der Instrumentalfunktion) kein Urteil liefern.

3. Der Finanzplan

Der Finanzplan als wichtigster Teil des Wirtschaftsplanes war nach den Bestimmungen der EigVO 1938 nicht vollständig, weil er lediglich die Einnahmen und Ausgaben aus Anlageänderungen und aus der Kreditwirtschaft des Eigenbetriebes enthält, nicht dagegen solche aus Änderungen des Umlaufvermögens und der eigenen Mittel.[34] Es sind Bestrebungen im Gange, daß der Finanzplan besonders bei größeren Unternehmungen sämtliche finanzwirtschaftliche wirksame Posten enthalten soll,[35] also vollständig sein sollte, wie dies z.B. die »Eigenbetriebssatzung für die Führung der wirtschaftlichen Unternehmungen der Steiermärkischen Gemeinden« fordert. Gemäß § 10 Abs. 3 muß er darlegen, wie weit die Eigenfinanzierungsmittel (Abschreibungen, Rückstellungen, Erfolgsplanüberschüsse, Baukostenzuschüsse usw.) zur Deckung des zu erwartenden Geldbedarfs ausreichen und in welchem Umfang Kredite oder Ausgabenbeschränkungen ins Auge zu fassen sind. Im Finanzplan sind daher dem Finanzbedarf die vorhandenen bzw. zu besorgenden Deckungsmittel gegenüberzustellen. *Kurt Schredl*[36] weist nach, daß die Veränderungen der Geldbestände aus den Veränderungen der übrigen Bilanzpositionen zweier aufeinander folgender Bilanzen abgeleitet werden können. Das saldierte Ergebnis der Erfolgsrechnung erscheint als Bilanzposition »Gewinn« oder »Verlust«, so daß auch der Erfolg in die Berechnung des finanziellen Ergebnisses einbezogen wird. Ein vollständiger Finanzplan entspricht nicht der Bilanz, sondern den Bilanzveränderungen zwischen zwei Jahresbilanzen.
Dem Finanzplan sind gemaäß § 10 Abs. 2 der Steiermärkischen Eigenbetriebsverordnung der Kreditplan und der Investitionsplan zugeordnet. Im Investitionsplan, der alle Ausgaben für die geplanten Anlagenveränderungen aufweist, sind die einzelnen Vorhaben entsprechend dem Anlagennachweis zu gliedern. Um allzu häufige Änderungen des Finanzplanes zu vermeiden, sollte die Aufgliede-

34 Vgl. Fritz Nordsiek, Die Eigenbetriebsverordnung, 3. Aufl., Stuttgart und Berlin 1941, S. 47.
35 Vgl. Theo Thiemeyer, Wirtschaftslehre öffentlicher Betriebe, Reinbek bei Hamburg 1975, S. 239.
36 Vgl. Kurt Schredl, Die Funktion des Finanzplanes bei wirtschaftlichen Unternehmen, in: Das öffentliche Haushaltswesen in Österreich, Heft 2, 1964, S. 5-14, hier S. 5 ff.

rung in Einzelvorhaben – insbesondere bei den normalen Netzerweiterungen – nicht zu weit getrieben werden.

4. Der Erfolgsplan

Er muß alle voraussehbaren Erträge und Aufwendungen des Wirtschaftsjahres enthalten und ist wie die Jahreserfolgsrechnung zu gliedern.

5. Der Jahresabschluß als Nachrechnung

Er besteht aus der Jahresbilanz und der Jahreserfolgsrechnung samt Berichten und ist gemäß § 17 Abs. 2 Ziffer 13 der VRV dem Rechnungsabschluß der Gemeinde anzuschließen.
In der Jahresbilanz wird der Vermögens- und Schuldenstand zum Abschlußstichtag ausgewiesen. Es handelt sich um eine zeitpunktbezogene Gegenüberstellung von Vermögenswerten und Kapitalarten, deren Bilanzwerte von vornherein infolge der umstrittenen Bewertungsgrundsätze nicht immer aktuell sind. Die derzeitigen Probleme der wirtschaftlichen Unternehmungen sind besonders finanzieller Art, weshalb eine finanzwirtschaftliche Ergänzung des bisherigen Rechnungswesens durch Bewegungsbilanzen, Finanzfluß- und Kapitalflußrechnungen wünschenswert wäre[37].
Das in der Erfolgsrechnung ausgewiesene Ergebnis gibt nur Aufschluß über den ökonomischen, nicht jedoch über den sozialen oder gesellschaftlichen Erfolg. Es liegt nahe, die kaufmännische Erfolgsrechnung durch Einbeziehung der sozialen Kosten und sozialen Erträge zu einer gemeinwirtschaftlichen Erfolgsrechnung zu erweitern.[38] *Peter Schachner-Blazizek* hat in seinem Buch »Probleme einer

37 Vgl. Karl Saindl, Finanzierungsrechnung als Ergänzung des Rechnungswesens der wirtschaftlichen Unternehmen, in: Wirtschaftliche Unternehmungen der Gemeinden und ihr Rechnungswesen, hrsg. von KDZ, Wien 1975, S. 18-37, hier S. 23 ff.

38 Vgl. Peter Eichhorn, Grundlagen einer gemeinwirtschaftlichen Erfolgsrechnung für Unternehmen, Frankfurt am Main 1974, derselbe, Gemeinwirtschaftliche Rechnungslegung für öffentliche Unternehmen, in: Gemeinwirtschaft, Nr. 7, 1975, S. 20-26, hier S. 20 ff., derselbe, Zwölf Thesen über das öffentliche Interesse an und in Unternehmen, in: Öffentliche Bindung von Unternehmen, Beiträge zur Regulierungsdebatte, Gert von Eynern zum 80. Geburtstag gewidmet, hrsg. von Theo Thiemeyer, Carl Böhret und Gerhard Himmelmann, Schriftenreihe der Gesellschaft für öffentliche Wirtschaft und Gemeinwirtschaft, Heft 22, Baden-Baden 1983, S. 76: »Schließlich sei an die Vorschläge für eine gesellschaftsbezogene Unternehmensrechnung erinnert, die die Öffentlichkeit, insonderheit Wirtschaftspolitiker und Betroffene, über die bislang rechnerisch nicht erfaßten Wirkungen der betrieblichen Betätigung auf die Umwelt informieren soll.«

gesellschaftsbezogenen Unternehmensrechnung« den ersten Versuch in Österreich gemacht, die Erfolgs- und Vermögensrechnung der Verkehrsbetriebe der Grazer Stadtwerke AG in eine gesellschaftsbezogene Unternehmensrechnung zu überführen.[39]

Nach Möglichkeit sollte der finanzwirtschaftliche Teil des Rechnungswesens der wirtschaftlichen Unternehmungen ausgebaut werden, da die »Dominanz des Denkens in Erträgen und Aufwendungen unbeabsichtigt das Denken in Einnahmen und Ausgaben verschüttet hat.«[40]

39 Vgl. Peter Schachner-Blazizek, Probleme einer gesellschaftsbezogenen Unternehmensrechnung, Wien 1977, zur Sozialen Rechnungslegung siehe u.a., Herbert R. Haeseler (Hrsg.), Gemeinwirtschaftliche Betriebe und öffentliche Verwaltungen, in: Schmalenbachs Zeitschrift für betriebswirtschaftliche Forschung, Sonderheft 5, 1976, S. 159-194.

40 Eberhard Witte und Herbert Klein, Finanzplanung der Unternehmung, Reinbek bei Hamburg 1974, S. 12.

Zur Integration von kaufmännischer und kameralistischer Buchführung

von *Henner Schierenbeck*

I. Externe und interne Rechnungsziele

Der zentrale Bestandteil des Rechnungswesens ist traditionell die Buchhaltung. Ihre Aufgabe ist die planmäßige, systematische und lückenlose Aufzeichnung aller Geschäftsvorfälle. Die Verbuchung erfolgt einerseits in chronologischer Reihenfolge und andererseits in sachlicher und damit ordnender Hinsicht. Neben dem reinen Dokumentationszweck besteht das Ziel der Buchführung desweiteren darin, Daten und Informationen als Grundlage der externen Rechenschaftslegung und der Fundierung zukünftiger Entscheidungen aufzubereiten und vorzuhalten.

Diese Zielsetzung gilt grundsätzlich für beide hier zu behandelnde Rechnungsstile, wenngleich der zukunftsgerichtete Planungsaspekt im Rechnungswesen der öffentlichen Verwaltung im Vordergrund steht, während die ex-post-Betrachtung im kaufmännischen Rechnungswesen dominiert.

Die Pflicht zur externen Rechenschaftslegung besteht sowohl für erwerbswirtschaftlich orientierte private Unternehmen wie auch für alle öffentlichen Unternehmen und Verwaltungen.[1] Während der kaufmännische Jahresabschluß einer Unternehmung dem Fiskus, Eigentümern, Mitarbeitern, Gläubigern oder der interessierten Öffentlichkeit Rechenschaft über den wirtschaftlichen Erfolg der Unternehmung ablegt, sind die öffentlichen Verwaltungen verpflichtet, dem Steuerzahler und der Aufsichtsbehörde ihr Finanzgebaren offenzulegen und damit einen Nachweis über die geleisteten Ausgaben und deren Finanzierung zu erbringen.

Die Bereitstellung von Planungsunterlagen sowie die anschließende Kontrolle sind zwei wichtige Aufgaben des internen Rechnungswesens. Auch hier leistet die Buchhaltung insofern einen wesentlichen Beitrag, als sie durch ihre systematische

1 Vgl. Ludwig Mülhaupt, Kameralistische oder kaufmännische Buchführung für Gemeinden, in: Local Finance, Den Haag, Vol. 2, 1973, S. 3-14, hier S. 5.

Geschichtsschreibung den Ausgangspunkt für die Abschätzung der zukünftigen Entwicklung bildet. Dies gilt sowohl für kaufmännische Budgetrechnungen wie auch für den öffentlichen Haushaltsplan. Die anschließende Kontrolle dient der Feststellung, inwieweit die erreichten Istwerte von den Planwerten abweichen. Das zugrundeliegende Rechenwerk kann letztlich erst überzeugen, wenn es in der Lage ist, alle erforderlichen betrieblichen Informationen sowohl für die Planung wie auch für den anschließenden Soll-Ist-Vergleich bereitszustellen.

Neben diesen generellen Rechnungszwecken der Steuerung und Kontrolle sind auch die speziellen Rechnungsziele bei öffentlichen Verwaltungen, öffentlichen Unternehmen und privaten Erwerbswirtschaften nicht völlig anders geartet. Jede wirtschaftende Einheit ist durch eine Leistungssphäre und eine Finanzsphäre gekennzeichnet, wobei sich die Leistungssphäre genetisch in die drei Grundphasen Beschaffung, Produktion und Absatz gliedert. Die Finanzsphäre bildet die finanziellen Konsequenzen des Leistungsprozesses ab und erfaßt darüber hinaus auch solche Kapitalbewegungen, die hiervon losgelöst auftreten. Infolgedessen gilt, daß stets nebeneinander leistungswirtschaftliche und finanzwirtschaftliche Rechnungsziele existieren. Der wesentliche Unterschied zwischen dem öffentlichen Rechnungswesen im Kameralstil und dem kaufmännischen Rechnungswesen besteht in der unterschiedlich starken Betonung des finanzwirtschaftlichen Rechnungsziels einerseits und des leistungswirtschaftlichen Rechnungsziels andererseits.[2] Dies führt zu der Frage, ob sich durch einen integrierten Ansatz beider Methoden gegenseitig befruchtende Impulse gewinnen lassen, die letztlich in der Lage wären, die Aussagefähigkeit des Rechnungswesens allgemein zu steigern, dabei aber weiterhin den verschiedenen gesetzlichen und individuellen Rechnungszielen der wirtschaftenden Einheiten gerecht werden.

II. Kaufmännische Buchführung

Der Kaufmann investiert privates Kapital mit dem Ziel, über Erträge seine Aufwendungen zu decken und darüber hinaus einen angemessenen Gewinn, gemessen etwa in der Höhe einer Alternativanlage seines Geldes am Kapitalmarkt, zu erzielen. Die Liquidität stellt hierbei eine notwendige Nebenbedingung dar, um das Unternehmen vor dem Konkursgrund »Illiquidität« zu bewahren. Die

2 Vgl. Karl Oettle, Grundlagen und Systeme des betrieblichen Rechnungswesens, in: Zentrallehrgang 1967, hrsg. von der Studienstiftung der Verwaltungsleiter deutscher Krankenanstalten, 1967, S. 17.

zentralen Größen sind jedoch die Rentabilität, die Wirtschaftlichkeit im Sinne eines angemessenen Verhältnisses von Aufwand und Ertrag, sowie die Vermögens- und Kapitalstruktur und deren Änderungen im Zeitablauf.

Formell ist die kaufmännische Buchführung so gestaltet, daß sie in einem systematisch-geschlossenen System alle Geschäftsvorfälle, durch die sich der Wert oder die Struktur des Vermögens oder Kapitals ändert, streng kontenmäßig erfaßt.

Die erwerbswirtschaftliche Ausrichtung der kaufmännischen Buchführung verdeutlicht das Kapitalkonto. Abgesehen von den erfolgsunwirksamen Kapitalzuführungen und -entnahmen konkretisiert sich in diesem Konto der Periodenerfolg, indem Aufwendungen und Erträge entweder

- unmittelbar über das Kapitalkonto verbucht werden (einfache kaufmännische Buchführung) oder
- diese zunächst einzeln auf selbständigen Erfolgskonten erfaßt werden, um sie dann nach ihrer Zusammenführung in einer separaten Erfolgsrechnung, der Gewinn- und Verlustrechnung, mit ihrem Gesamtsaldo in die Bilanz zu überführen (doppelte kaufmännische Buchführung = Doppik).

Der Vorzug speziell der Doppik liegt darin, daß sie der erwerbswirtschaftlichen Zielsetzung durch die periodengerechte, detaillierte und artmäßig gegliederte Erfolgsermittlung gerecht wird und diese integrativ mit der Vermögensrechnung als Nachweis über Zusammensetzung und Wert der vorhandenen Aktiven und Passiven verbindet.

Die Liquiditätsentwicklung indessen läßt sich nicht ohne weiteres nachvollziehen. Dies liegt in der Tatsache begründet, daß in der traditionellen kaufmännischen Buchführung keine ausgebaute Finanzrechnung existiert, sondern alle liquiditätswirksamen Vorgänge auf den wenigen Konten »Kasse, Bank, Postscheck« ihren Niederschlag finden. Der Jahresabschluß zeigt in einer Momentaufnahme den Bestand liquider Mittel am Periodenende. Eine Aussage über ihre Entwicklung im Zeitablauf ist ebenso wenig möglich, wie die Analyse der ursächlich zugrundeliegenden Güter- und Finanzprozesse. Hier ist das kaufmännische Rechnungswesen auf ergänzende Nebenrechnungen angewiesen. Cash Flow-Analysen und Kapitalflußrechnungen sollen dazu beitragen, das Informationsdefizit im finanziellen Bereich zu beseitigen.

Unbefriedigend bleibt jedoch die Tatsache, daß diese Analysen losgelöst von der Buchhaltung in Form einer Nebenrechnung durchgeführt werden. Hier wäre eine mit der Bilanz- und Erfolgsrechnung verzahnte Finanzrechnung wünschenswert, die alle liquiditätswirksamen Geschäftsvorfälle auf eigenständigen Finanzkonten erfaßt und damit systematisch und in das Gesamtsystem integriert die Entwicklung, Herkunft und Verwendung von Einnahmen und Ausgaben erfaßt.

III. Kameralistische Buchführung

1. Verwaltungskameralistik

Während private und öffentliche Unternehmen kaufmännisch rechnen, bedienen sich öffentliche Verwaltungen primär des kameralistischen Rechnungswesens, wenngleich auch in vielfältiger Ausgestaltung.[3] Merkmal öffentlich geführter Verwaltungen ist die Aufgabe, primär gesellschaftlichen Nutzen zu stiften und darüber hinaus teilweise die gesellschaftlichen Kosten privater Wirtschaftstätigkeit zu tragen. Da sich die Erzielung eines erwerbswirtschaftlichen Erfolgs in der Regel nicht mit diesen Aufgaben verbinden läßt, sowie bedingt durch die Tatsache, daß die entstehenden Kosten nicht durch Leistungsentgelte sondern überwiegend durch Steuern finanziert werden, tritt die Finanzrechnung in den Mittelpunkt des Rechnungswesens. Im Vordergrund steht dabei der übersichtliche Nachweis aller kassenwirksamen Vorgänge. Zu diesem Zweck bedienen sich die öffentlichen Verwaltungen der Verwaltungskameralistik. Hierbei tritt neben die reine Erfassung von Einnahmen und Ausgaben die Abstimmung von Haushaltsplanung und -ausführung sowie die Abstimmung von Zahlungsanordnungen und Zahlungsausführungen.

Ein Merkmal öffentlicher Verwaltungen ist ihre Bindung an den Haushaltsplan, mit dem der Gesetzgeber vorgibt, in welchem Umfang planmäßige Einnahmen zu erheben sind und in welche Verwendungsrichtung diese zu lenken sind. Unterschieden wird hierbei zwischen dem Plan des Verwaltungshaushalts, in dem alle nicht vermögenswirksamen Zahlungen veranschlagt werden, und dem Plan des Vermögenshaushalts, der die vermögenswirksamen Zahlungen aufnimmt.[4] Desweiteren typisch für die öffentliche Kassenführung ist die Trennung von Zahlungsanordnung und Zahlungsausführung,[5] d.h. es dürfen keine Zahlungen ohne vorherige Verwaltungsanweisungen vorgenommen werden. Dieser Grundsatz dokumentiert sich auch im Aufbau des kameralistischen Kontos. Während das doppische Konto zweiseitig und auf jeder Seite eingliedrig ist, sind die Sachbuchkonten der Kameralistik in der Regel einseitig, unterteilt in Einnahme- und Ausgabekonten, aber im Aufbau mehrgliedrig:

3 Vgl. Peter Eichhorn, Öffentliche Verwaltung, Rechnungswesen der, in: Handwörterbuch des Rechnungswesens, 2. Aufl., hrsg. von Erich Kosiol, Klaus Chmielewicz und Marcell Schweitzer, Stuttgart 1981, Sp. 1223-1236, hier Sp. 1224.

4 Vgl. Manfred Fuchs, Kommunales Haushaltswesen, 4. Aufl., Göttingen 1983, S. 20 f., Karl Oettle, Buchhaltung, kameralistische, in: Handwörterbuch des Rechnungswesens, 2. Aufl., hrsg. von Erich Kosiol, Klaus Chmielewicz und Marcell Schweitzer, Stuttgart 1981, Sp. 313-324, hier Sp. 319 f.

5 Vgl. Gerhard Burret, Kameralistik und Doppik, Kaiserslautern 1965, S. 4 ff.

Das kameralistische Sachbuchkonto
Einnahmen (Ausgaben)

Konten-bezeich-nung	Anordnungssoll		Ausführung	noch auszuführen
	Reste aus Vorperioden	Laufendes Soll	Ist	Rest

Angeordnete Zahlungen werden im laufenden Soll verbucht, die tatsächliche Ausführung in der Istspalte kontiert. Entstehende Differenzen zwischen angeordneten, aber noch nicht ausgeführten Zahlungen, werden am Ende einer Rechnungsperiode in der Restspalte erfaßt und, soweit sie mit einem sog. Übertragbarkeitsvermerk ausgestattet sind, zu Beginn einer neuen Periode in die Rubrik »Reste aus Vorperioden« vorgetragen.

Für den Rechnungsabschluß in der Verwaltungskameralistik stehen drei verschiedene Zifferngruppen, die Etat-, die Soll- und die Istziffern zur Verfügung.

Sie dienen der Haushaltsrechnung und der Kassenrechnung, wobei die Haushaltsrechnung zeigt, inwieweit sich in der Rechnungsperiode ein finanzieller Überschuß bzw. Fehlbetrag ergeben hat, während mit der Kassenrechnung, bedingt durch die systematische Verbuchung aller ausgeführten Zahlungen in den Ist-Spalten der verschiedenen Sachbuchkonten die Kassenbestandsänderung festgestellt wird.[6]

Die Ist-Spalten entsprechen damit dem Kassenkonto der doppelten Buchführung. Wird darüber hinaus in Form einer Vermögensrechnung der Nachweis geführt, inwieweit es gelungen ist, vermögenswirksame Ausgaben durch endgültige Einnahmen zu decken und damit auf eine Belastung zukünftiger Haushalte in Form von Tilgungs- und Zinsausgaben zu verzichten, ist die Verwaltungskameralistik ein geeignetes Instrument der Rechnungslegung für alle solche öffentliche Einrichtungen, die lediglich in finanzwirtschaftlichen Dimensionen rechnen und an einen Haushaltsplan gebunden sind.

2. Betriebskameralistik

Als unzureichend erweist sich die Verwaltungskameralisitk für solche Einrichtungen, die zwar vollständig in den Haushaltsplan einer Gebietskörperschaft eingebunden sind, ihre Leistungen jedoch mit dem Ziel anbieten, ganz oder

6 Vgl. Ludwig Mülhaupt, Kameralistik, in: Handwörterbuch der Betriebswirtschaft, hrsg. von Erwin Grochla und Waldemar Wittmann, 4. Aufl., Stuttgart 1975, Sp. 2059-2077, hier Sp. 2066 f.

teilweise kostendeckend oder sogar mit einem Gewinn zu arbeiten.[7] Sie sind hinsichtlich ihrer Preisstellung auch an soziale Kriterien gebunden, so daß die Erlöse nicht unbedingt den Marktwert der erbrachten Leistungen widerspiegeln. Dennoch besteht hier die Notwendigkeit, neben den finanzwirtschaftlichen Größen auch Erträge und Aufwendungen zu verrechnen. Für das Rechnungswesen solcher wirtschaftenden Einheiten ergibt sich damit die Forderung, neben der reinen Kassenrechnung auch eine Erfolgs- und Vermögensrechnung zu ermöglichen.

Es ist insbesondere das Verdienst von *Ernst Walb*[8] und *Rudolf Johns*,[9] den einfachen Kameralstil so erweitert zu haben, daß dieser in der Lage ist, die gleichen Ergebnisse wie die kaufmännische Buchführung zu liefern. Dieser Rechnungsstil wird als »gehobene Kameralistik« oder »Betriebskameralistik« bezeichnet.

Das kameralistische Konto in seiner Grundform wird beibehalten, die inhaltliche Bedeutung der einzelnen Spalten erfährt jedoch eine wesentliche Erweiterung:

Konteninhalte in der Grundform der Betriebskameralistik[10]

	Einnahmen				Ausgaben			
	Reste aus Vorperioden	Soll	Ist	Rest	Reste aus Vorperioden	Soll	Ist	Rest
Bestandsrechnung	Anfangsbestand Aktiva	Zugänge Aktiva	Abgänge Aktiva	Endbestand Aktiva	Anfangsbestand Passiva	Zugänge Passiva	Abgänge Passiva	Endbestand Passiva
Erfolgsrechnung	-	Erträge	-	-	-	Aufwendungen	-	-
Kassenrechnung	-	-	Bareinnahmen	-	-	-	Barausgaben	-
Verrechnungen, Umbuchungen innerhalb der Bestandsrechnung und zwischen Bestand- und Erfolgsrechnung	-	wechselbezügliche Verrechnungseinnahmen	fiktive Isteinnahmen	-	-	wechselbezügliche Verrechnungsausgaben	fiktive Istausgaben	-

Für die Fortentwicklung der Verwaltungskameralistik zur Betriebskameralistik sind im wesentlichen zwei Modifikationen von Bedeutung:[11]

7 Vgl. ebenda, Sp. 2068 ff.

8 Vgl. Ernst Walb, Die Erfolgsrechnung privater und öffentlicher Betriebe, Berlin-Wien, 1926, ders., Die Erfolgsrechnung der Kameralistik, in: Zeitschrift für handelswissenschaftliche Forschung, 19. Jg., 1925, S. 241-307, hier S. 241 ff.

9 Vgl. Rudolf Johns, Kombinierte Finanz- und Betriebsrechnung, im Kameralstil, in: Zeitschrift für handelswissenschaftliche Forschung, 2. Jg., 1950, S. 407-440, hier S. 407 ff.

10 Vgl. Klaus v. Wysocki, Kamralistisches Rechnungswesen, Stuttgart 1965, S. 60.

11 Vgl. Hans Winkelmann, Kameralistische und kaufmännische Rechnungslegung in öffentlichen Verwaltungen und Betrieben, Berlin 1950, S. 92.

- die Ausweitung des Restebegriffs
- die rechnerische Trennung und der besondere Ausweis der Bestände und der Erfolgskomponenten

Die Reste-Spalten der Bestandsrechnung übernehmen die Anfangs- bzw. Schlußbestände aller Aktiva und Passiva und entsprechen damit der Eröffnungs- bzw. Schlußbilanz der kaufmännischen Buchführung. Die Sollspalten nehmen auf der Einnahmenseite die Zugänge der Aktiva und auf der Ausgabenseite die Zugänge der Passiva auf. Die Ist-Spalten haben eine doppelte Bedeutung.
In der Bestandsrechnung werden in den Ist-Spalten die Abgänge kontiert, andererseits stehen sie wie in der Verwaltungskameralistik für das Kassenkonto und nehmen daher alle Barzahlungen auf.
Die zweifache Bedeutung der Ist-Buchungen ist in solchen Fällen von Vorteil, bei denen eine Ist-Buchung in der Bestandsrechnung gleichzeitig mit einer Veränderung des Kassenbestandes verbunden ist, da hier eine einzige Buchung genügt. Dies sei anhand eines kurzen Beispiels verdeutlicht:

Beispiel: Verkauf einer Maschine gegen bar 20 GE Anfangsbestand 100[12]

	Einnahmen				Ausgaben			
Maschinen	RVp	Soll	Ist	Rest	RVp	Soll	Ist	Rest
Anfangs-bestand	100							
Verkauf			20					
Endbestand				80				

Die Veräußerung einer Maschine bedeutet einerseits eine Abnahme auf dem aktiven Bestandskonto, andererseits jedoch auch eine Kassenbestandserhöhung. Hier reicht eine Buchung in der Ist-Spalte des Bestandskontos »Maschinen« um einerseits gemäß der kameralistischen Grundgleichung Rest = Reste aus Vorperioden + Soll – Ist den entsprechenden Endbestand für dieses Konto zu ermitteln. Die vertikale Summierung über alle Ist-Spalten der verschiedenen Einnahme- und Ausgabekonten zeigt die Kassenbestandsänderung, so daß hier die Ist-Buchung die tatsächliche Bareinnahme widerspiegelt.
In allen anderen Fällen erweist sich die Betriebskameralistik insofern als umständlich und schwerfällig, als wechselbezügliche und fiktive Buchungen

12 Vgl. Klaus v. Wysocki, Kameralistisches Rechnungswesen, Berlin 1950, S. 64.

notwendig sind, um unerwünschte Erfolgs- oder Liquiditätswirkungen zu kompensieren.
Auch dies sei an einem Beispiel erläutert:

Barkauf einer Maschine 100 GE Anfangsbestand 80 GE[13]

	Einnahmen				Ausgaben			
Maschinen	RVp	Soll	Ist	Rest	RVp	Soll	Ist	Rest
Anfangsbestand	80							
Barkauf		100				100	100	
Endbestand				180				

Die Ausgabe-Ist-Buchung dokumentiert den Kassenabgang in Höhe von 100 GE. Die wechselbezügliche Sollstellung ist notwendig, um einerseits in der Bestandsrechnung auf der Einnahmeseite den Zugang zu erfassen und andererseits die damit verbundene Verbuchung eines Ertrages durch die Ausgabe Soll-Buchung zu kompensieren.
Ohne auf die Buchungstechnik der Betriebskameralistik im einzelnen einzugehen, ist festzustellen, daß dieser Rechnungsstil in der Lage ist, die gleichen Ergebnisse wie die kaufmännische Buchführung zu liefern. Dennoch hat sich dieses Buchungsverfahren in der Praxis nicht durchsetzen können. Dies insbesondere aufgrund der Unübersichtlichkeit, die durch die Vielzahl der notwendigen »Korrekturbuchungen« verursacht wird.
Die Entwicklung verdeutlicht jedoch das Bemühen, auf der Basis des kameralen Rechnungsstils neben den rein finanzwirtschaftlichen auch leistungswirtschaftliche Größen zu erfassen und zu verrechnen. Es ist in diesem Zusammenhang verwunderlich, daß in der kaufmännischen Buchführung die finanzwirtschaftliche Dimension bislang keine angemessene Berücksichtigung gefunden hat.[14] Neben rein organisatorischen Gründen erscheint es plausibel, diese fehlende Finanzrechnung als eine mögliche Ursache dafür zu sehen, daß sich im öffentlichen Bereich die kaufmännische Buchführung nicht durchgesetzt hat, sondern stattdessen an der teilweise komplizierten Buchungstechnik der Kameralistik festgehalten wird.

13 Vgl. ebenda.
14 Vgl. Jürgen Hauschildt, Die integrierte Erfolgs- und Finanzplanung – Leitbild einer Entwicklung des betrieblichen Rechnungssystems, in: Der Österreichische Betriebswirt, 24. Jg., 1974, S. 53-66, hier S. 56.

IV. Integrierte Rechnung

1. Die finanzwirtschaftliche Dimension in der kaufmännischen Buchführung

Als eine denkbare Lösungsmöglichkeit im Konflikt zwischen erwerbs- und finanzwirtschaftlicher Zielsetzung erscheint die von *Klaus Chmielewicz*[15] vorgeschlagene integrierte Finanz- und Erfolgsrechnung. Dieses auf der Basis der kaufmännischen Bilanz- und Erfolgsrechnung fußende dreiteilige Rechnungssystem ergänzt das traditionelle Instrumentarium um eine integrierte Finanzrechnung. Der Grundgedanke dieses Konzepts läßt sich folgendermaßen skizzieren:

dreiteiliges Rechnungssystem[16]

Finanzrechnung		Bilanz		Erfolgsrechnung	
(Perioden-) Einnahmen	(Perioden-) Ausgaben	Vermögen	Schulden	(Perioden-) Aufwand	(Perioden-) Ertrag
	Kassenerhöhung	Kassenerhöhung	Gewinn	Gewinn	

Neben den Bilanz- und Erfolgskonten werden als dritte Kontenkategorie die Finanzkonten eingeführt. Statt der im zweiteiligen Rechnungssystem üblichen Verbuchung der zahlungswirksamen Geschäftsvorfälle auf dem Kassenkonto erfolgt hier eine detaillierte Erfassung dieser Transaktionen auf speziellen Einnahme- und Ausgabekonten. Diese werden analog zu den Erfolgskonten in der GuV-Rechnung zunächst über die Finanzrechnung abgeschlossen und nur der Saldo in die Bilanz weiterverrechnet. Für die grundsätzliche Vorgehensweise ist es dabei zunächst unerheblich, ob ein eventueller Anfangsbestand an Zahlungsmitteln mit in die Finanzrechnung übernommen wird oder nicht. Im ersten Fall ist der Saldo der Finanzrechnung dann gleichzeitig der Endbestand an Zahlungsmitteln während im zweiten Fall der Saldo die Zahlungsmittelveränderung der Periode angibt.

15 Vgl. Klaus Chmielewicz, Integrierte Finanz- und Erfolgsplanung, Stuttgart 1972.
16 Vgl. ebenda, S. 8.

Finanzrechnung und Erfolgsrechnung treten in diesem Ansatz als Stromgrößenrechnungen in den Vordergrund und sind beide über die Bilanz als Stichtagsrechnung buchungstechnisch verbunden.
Die Erfolgsrechnung als Lenkungsinstrument des erwerbswirtschaftlichen Ziels zeigt als Nachschaurechnung neben der absoluten Höhe des Erfolgs auch wie sich dieser Saldo zusammensetzt. Hierdurch werden bestimmte Kosten- oder Erlösstrukturen sichtbar. Durch die Abspaltung neutraler Komponenten wird der eigentliche Zweckerfolg deutlich, ergänzende Zusatzposten führen dazu, daß erfolgswirksame Vorgänge nicht aufgrund fehlender Zahlungen unberücksichtigt bleiben. Die notwendige Periodisierung von solchen Erfolgszahlungen die mehrere Perioden betreffen, ist aufgrund des Schlüsselungsproblems mit einer gewissen Willkür behaftet. Im Sinne einer Verstetigung des Periodenerfolges ist dies jedoch notwendig. Hier erweist sich das dreiteilige Rechnungssystem insofern als vorteilhaft, als diese Schlüsselung in der Finanzrechnung unterbleibt.

In dieser werden nur solche Zahlungen verbucht, die effektiv angefallen sind. Eine Unterscheidung von Bar- und Buchgeld erfolgt nicht, ebenso wie keine Aufrechnung von Einnahmen und Ausgaben außerhalb der Finanzrechnung vorgenommen werden soll, diese also einen Bruttoausweis darstellt.
Im einzelnen ergeben sich durch die Erweiterung des zweiteiligen zum dreiteiligen Rechnungssystem die folgenden Vorteile, die aus der Sicht der Kameralistik fast als selbstverständlich gelten müssen.[17] Die Finanzrechnung verdeutlicht neben der reinen Ermittlung des Liquiditätssaldos die Einflußgrößen und Ursachen der einzelnen Zahlungsbewegungen und die daraus resultierenden Bestandsänderungen. Im Hinblick auf eine dauerhafte finanzielle Sicherung der Unternehmung ist weiterhin die aus der Kameralistik bekannte Unterscheidung von erfolgswirksamen und -unwirksamen (Finanz-) Zahlungen von Bedeutung. Der Saldo der erfolgswirksamen Einnahmen und Ausgaben zeigt, inwieweit sich der eigentliche Betriebszweck finanziell trägt, welcher Teil auf den neutralen Bereich entfällt und damit, ob ein gewisses Innenfinanzierungspotential aus dem Erfolgsbereich vorliegt. Dies ist insofern von Bedeutung, da in diesem Bereich ein anhaltender Auszahlungsüberschuß langfristig nicht tragbar ist. Die Parallele zur Kameralistik zeigt sich insofern, als auch dort die »endgültigen Deckungsmittel« eine zentrale Bedeutung erlangen.
Man könnte nun einwenden, daß eine so detaillierte Erfassung der Ist-Zahlungen nicht erforderlich ist, und für die laufende Kontrolle des Kassenbestandes das zweiteilige Rechnungssystem besser geeignet ist.

17 Vgl. ebenda, S. 53 ff.

Dagegen spricht der Planungsaspekt. Während traditionell die Finanzplanung losgelöst von Bilanz- und GuV-Planung durchgeführt wird, zeigt dieses dreiteilige Rechnungwesen deutlich die Interdependenzen zwischen diesen Bereichen. Obschon die Zukunft immer mit einer gewissen Unsicherheit behaftet ist, läßt sich die Prognosegenauigkeit erhöhen. Dies bewirkt einerseits die verbeserte Analysemöglichkeit vergangener Zahlungsströme durch die ausgebaute Finanzrechnung. Zum anderen gewährleistet das geschlossene Buchungssystem, daß geplante Erfolgs- und Bilanzveränderungen gleichzeitig ihren Niederschlag in der Finanzplanung finden und diese nicht isoliert erstellt wird.
Die vorstehenden Vorzüge des dreiteiligen Rechnungswesens verdeutlichen, daß eine Integration der finanzwirtschaftlichen Erkenntnisse der Kameralistik in die kaufmännische Buchführung systematisch und problemlos möglich ist. Für alle kaufmännisch rechnenden Unternehmungen bietet sich mit diesem Rechnungssystem eine echte Alternative. Durch die Integration der Finanzrechnung in das traditionell zweiteilige Rechnungssystem kann die bislang einseitig erfolgswirtschaftliche Rechnung um die finanzwirtschaftliche Komponente bereichert werden. Neben der verbesserten Planungsgrundlage würde damit auch das Verständnis und Bewußtsein der Verantwortlichen für gesamtbetriebliche Zusammenhänge gesteigert.

2. Kameralisitk und dreiteiliges Rechnungswesen

Fraglich ist nun, ob dieses Konzept, möglicherweise in etwas modifizierter Form, auch in solchen wirtschaftenden Einheiten Eingang finden kann, die sich bislang des kameralen Rechnungsstils bedienen. Da aufgrund der Vielfalt öffentlicher Verwaltungen hier zunächst keine globale Aussage möglich ist, wird auch im folgenden zwischen öffentlichen Einrichtungen mit »Erwerbscharakter« und solchen, die ihre Leistungen ganz oder teilweise unentgeltlich anbieten, unterschieden.
Erstere sind entgeltbedingt, es besteht ein Kausalzusammenhang zwischen Einnahmen und Ausgaben und der Wunsch nach einer zusätzlichen Erfolgskontrolle im Sinne einer Gegenüberstellung von Aufwand und Ertrag führte, wie gezeigt, zur Entwicklung der Betriebskameralistik.
Der Übergang zum dreiteiligen Rechnungswesen erscheint auch hier möglich. Die mit der Betriebskameralisitk verbundene komplizierte Buchungstechnik könnte zugunsten der systematischen doppischen Kontierung aufgegeben werden ohne auf eine finanzwirtschaftliche Rechnung verzichten zu müssen. Die mangelnde Betrachtung von Einnahme- und Ausgabegrößen in der traditionellen kaufmännischen Buchführung als Einwand gegen eine Übernahme der Doppik wäre gegenstandslos.

Die integrierte Erfolgsrechnung zeigt die Höhe und die Bestandteile des Periodenerfolges, dessen Interpretation jedoch immer soziale Erfordernisse mit zu berücksichtigen hat. Daß der Nutzen für die Allgemeinheit aus der Tätigkeit solcher öffentlichen Einrichtungen nicht oder nur schwer quantifizierbar ist, betrifft jedoch nicht das Rechnungswesen. Ob Aufwendungen und Erträge gerechtfertigt sind, kann nur im Hinblick auf die individuelle Zielsetzung abschließend beurteilt werden. Der Vorzug des dreiteiligen Rechnungssystems liegt in der klaren und übersichtlichen Erfassung der Erfolgskomponenten als Grundlage einer weitergehenden Analyse.
Als zwei wesentliche Aufgaben der Kameralistik sind bereits die Kontrolle des Haushaltsvollzugs und der Nachweis über die tatsächliche Zahlungsabwicklung genannt worden. Auch dies erscheint in der Finanzrechnung des dreiteiligen Rechnungssystems möglich, allerdings bedarf es einer Modifikation im Aufbau des doppischen Kontos. So können zunächst die hier angesprochenen Konten mit einer zusätzlichen Betragsspalte versehen werden.

Das erweiterte Konto der Finanzrechnung

Einnahmen		Ausgaben	
Anordnung	Ist	Anordnung	Ist

Die Bezeichnung der Spalten ist in Anlehnung an die Kameralisitk gewählt. Die Einnahme-Ist- und Ausgabe-Ist-Spalte steht für die Soll- und Habenseite des kaufmännischen Kontos. Die Verbuchung kassenwirksamer Geschäftsvorfälle bleibt für diese beiden Spalten ganz im System der Doppik.
Die Erweiterung um die beiden »Anordnungs-Spalten« dient der Aufnahme der zur Zahlung angeordneten Beträge. Hierdurch wird die Kontrolle des Haushaltsplans durch Vergleich der geplanten und angeordneten Beträge möglich. Die Differenz zwischen Anordnung und Ist-Buchung zeigt den Fortgang der Zahlungsabwicklung. Der Ausweis einer gesonderten Reste-Spalte kann unterbleiben, da alle Forderungen und Verbindlichkeiten bereits in ihrem Entstehungszeitpunkt auf entsprechenden Bestandskonten erfaßt werden. Damit ist der vollständige Ausweis dieser Positionen systematisch im dreiteiligen Rechnungswesen gewährleistet, während in der Kameralistik nur fällige Forderungen und Verbindlichkeiten in den Restespalten erscheinen. Die Notwendigkeit, daneben Verwahr- und Vorschußbücher zu führen, entfällt.
In kaufmännisch rechnenden Wirtschaftseinheiten ist die Trennung von Anordnung und Ausführung nicht vorgeschrieben und auch nicht üblich. Die

vorgeschlagene Erweiterung der Soll- und Habenseite um je eine zusätzliche Betragsspalte kann dazu dienen, eine Budgetrechnung in das Buchhaltungssystem zu integrieren. Eine direkte Zuordnung von Budgetansätzen auf einzelne oder alle Konten der Finanz-, Erfolgs- oder Bilanzrechnung könnte einerseits einer detaillierten Planung zuträglich sein und andererseits, analog zur Kontrolle des Haushaltsvollzugs eine direkte Budgetkontrolle ermöglichen. Der Saldenvergleich zwischen der Budgetspalte und der »Ist-Spalte« (Soll oder Haben) zeigt während, oder am Ende der Rechnungsperiode, inwieweit es gelungen ist, die Plangrößen einzuhalten bzw. in welcher Größenordnung Abweichungen aufgetreten sind. Ohne die Flexibilität kaufmännischer Budgetrechnungen aufzugeben, könnte die gemeinsame Erfassung von Plan- und tatsächlicher Entwicklung in einem Konto die Erkenntnis von Abweichungen beschleunigen und damit frühzeitige Gegensteuerungsmaßnahmen ermöglichen.

Gerade solche individuellen Gestaltungsmöglichkeiten belegen, daß sich Stilelemente der Kameralistik sinnvoll mit solchen der kaufmännischen Buchführung kombinieren lassen. Zu prüfen bleibt, ob ein solches Konzept auch für die übrigen, rein finanzwirtschaftlich orientierten öffentlichen Verwaltungen Anwendung finden könnte. Wie gezeigt, ist grundsätzlich auch das dreiteilige Rechnungssystem in der Lage Einnahmen und Ausgaben zu erfassen und daneben eine integrierte Vermögensrechnung zu führen. Aufgrund des fehlenden kaufmännischen Erwerbsprinzips tritt die Bedeutung der Erfolgsrechnung deutlich hinter die Finanzrechnung zurück.

Eine entsprechende Gliederung in der Finanzrechnung ermöglicht den gesonderten Ausweis von vermögensunwirksamen und vermögenswirksamen Zahlungen. Diese Trennung entspricht der bereits angesprochenen Unterscheidung von Verwaltungs- und Vermögenshaushalt. Eine Analyse der verschiedenen Zahlungsströme verdeutlicht, inwieweit ein finanzieller Überschuß über die laufenden (Aufwands-)Ausgaben vereinnahmt werden konnte und die Größenordnung der vermögenswirksamen Zahlungen. Durch die vorgeschlagene Erweiterung der Finanzkonten um die Anordnungs-Spalte ist die getrennte Erfassung von Zahlungsanweisungen und -ausführungen sichergestellt.

Hinsichtlich der Vermögensrechnung gilt, daß nicht die wertmäßige Erhaltung des Vermögens das Ziel kommunaler Tätigkeit ist. Vielmehr soll das Vermögen so erhalten bleiben, daß die Leistungskraft der öffentlichen Verwaltung gewährleistet ist.[18] Die kaufmännische Bilanz zeigt die Finanzierung des Vermögens »en bloc«. Die Differenz zwischen Vermögen und Schulden ist das Eigenkapital,

18 Vgl. Ludwig Mülhaupt, Probleme der kommunalen Vermögensrechnung, in: Der öffentliche Haushalt, 11. Jg., 1970, S. 117-136, hier S. 124.

dessen Veränderung im Zeitablauf den wirtschaftlichen Erfolg widerspiegelt. In der öffentlichen Vermögensrechnung werden den einzelnen Vermögensgegenständen unmittelbar die zugehörigen Passiva zugeordnet. Diese finanzwirtschaftliche Deckungsbilanz verzichtet auf den Ausweis einer Reinvermögensziffer, da die Erhaltung oder Mehrung eines bestimmten Kapitals den Aufgaben einer Verwaltung widersprechen würde.[19] Durch die horizontale Verknüpfung von Aktiva und Passiva wird für jeden Vermögensgegenstand einzeln oder für bestimmte Gruppen die Art der Finanzierung deutlich. Diese kann aus Schulden oder endgültigen Deckungsmitteln bestehen. Der Zeitvergleich über mehrere Perioden zeigt, inwieweit durch Schuldenaufnahme einzelne Investitionen künftige Rechnungsperioden belasten, bzw. wie sich der Entschuldungsprozeß im Zeitablauf entwickelt hat.

Der horizontale Bindungsgedanke ist der kaufmännischen Bilanz nicht fremd. Finanzregeln, wie beispielsweise die »goldene Bilanzregel« werden u.a. bei der Beurteilung von Unternehmen beachtet. Durch eine entsprechende Anordnung der Konten ist auch im dreiteiligen Rechnungswesen eine direkte Gegenüberstellung zueinandergehöriger Aktiva und Passiva denkbar. Charakteristisch für die Deckungskonten in der öffentlichen Vermögensrechnung ist die fehlende Rückzahlungsverpflichtung. Trotz der verschiedenen Zielsetzung und Interpretation unterscheiden sich damit die endgültigen Deckungsmittel wirtschaftlich nicht von den Eigenmitteln einer Erwerbswirtschaft.

Auf die besondere Bewertungsproblematik öffentlichen Vermögens soll hier nicht eingegangen werden. Die Frage, mit welchem Wertansatz Straßen, Parkanlagen o.ä. zu aktivieren sind, ist im übrigen unabhängig von der Buchungstechnik. Sie stellt sich für den kameralen Rechnungsstil genauso wie für eine eventuelle Verbuchung in doppischer Weise.

Neben den öffentlichen Unternehmen besteht damit auch für öffentliche Verwaltungen grundsätzlich die Möglichkeit, den Rechnungsstoff in der Systematik der kaufmännischen Buchführung zu verarbeiten. Die Voraussetzung hierfür war die Ergänzung des traditionellen Instrumentariums von Bilanz- und GuV-Rechnung um eine integrierte Finanzrechnung.

Letztlich gilt, daß die Wahl des Rechnungsstils grundsätzlich von den verfolgten Rechnungszwecken abhängt. Eine abschließende Beurteilung der Angemessenheit des Rechnungswesens und der zugrundeliegenden Buchungstechnik ist stets nur im Einzelfall möglich. Jedes übertriebene Streben nach Verfeinerung der

19 Vgl. Ludwig Mülhaupt, Ziele und Aussagewert eines modernen öffentlichen Rechnungswesens, in: Betriebswirtschaftliche Erkenntnisse für Regierung, Verwaltung und öffentliche Unternehmen, hrsg. von Peter Eichhorn, Schriften zur öffentlichen Verwaltung und öffentlichen Wirtschaft, hrsg. von Peter Eichhorn und Peter Friedrich, Band 85, Baden-Baden 1985, S. 88.

Rechnung ist abzulehnen, da Kosten und Nutzen in einem Mißverhältnis stehen würden.

Die integrierte Finanz-, Bilanz- und Erfolgsrechnung hat den Vorzug, daß in diesem Konzept grundsätzlich finanz- und erwerbswirtschaftliche Ziele vereinigt werden, und je nach Ausgestaltung der jeweiligen entscheidungspolitischen Randbedingungen »stufenlos« auf stärker kamerale bzw. kaufmännische Rechnungsziele ausgerichtet werden können. Einschließlich möglicher Modifikationen im Einzelfall erscheint dieser Ansatz geeignet, Vorteile der kameralistischen Buchführung in einem geschlossenen Buchungskreislauf mit den Vorteilen der kaufmännischen Buchführung integrativ zu verbinden.

Kostenanalysen in der Verwaltung – Erfahrungen und Erkenntnisse der öffentlichen Finanzkontrolle

von *Walter Schwab*

I. Mehr Verwaltung kostet mehr

Verwaltung findet in zwei Formen statt:
- als Leistungsdargebot des Staates (*»öffentliche Verwaltung«*) und
- als zentrale Willensbildung und Führung großer Unternehmungen (*»Administration«*).

Beiden – sowohl der öffentlichen Verwaltung als auch der Unternehmensverwaltung – ist ein *zunehmendes Gewicht* eigen.

Hat der *Staat* in Österreich noch 1913 rund 13 v.H. des Bruttosozialprodukts an Steuern und Sozialausgaben vereinnahmt, als kaum mehr als den »biblischen Zehnt«, so ist diese Belastungsquote 70 Jahre später auf 42 v.H. gestiegen. Darin dokumentiert sich der Wandel vom Ordnungs- zum Leistungsstaat, der dem Bürger nicht mehr nur Schutz nach innen und außen (Polizei, Justiz, Heer) bietet, sondern in erheblichem Ausmaß Daseinsvorsorge (soziale Sicherheit) und Infrastruktur (Straßen, Wasser) anbietet, ohne allerdings – sonst machte sich nicht zunehmend Staatsverdrossenheit breit – jenes Glücksgefühl zu vermitteln, das die Steigerung der sozialen Wohlfahrt hätte erwartungsgemäß mit sich bringen müssen. Während Politiker im aktuellen Widerstreit von Ökonomie und Ökologie als neues Ziel das Wohlbefinden anpeilen, läßt sich der unbefriedigende gesellschaftliche Zustand vor allem aus der perspektivischen Verzerrung erklären, der Steuerbelastung und erhaltene Staatsleistung beim Bürger unterliegen: jeweils in bezug auf Dritte wird erstere zu hoch, letztere zu niedrig eingeschätzt.

In der *Volkswirtschaft* hat sich der Anteil der Urproduktion stark vermindert, die Be- und Verarbeitung von Gütern ist leicht rückläufig, Dienstleistungen und Informationsverarbeitung (tertiärer und quartärer Sektor) nehmen zu.

In den Betrieben selbst steigen die Verwaltungskosten[1]
- mit der Größe des Betriebes, insbesondere wegen des überproportionalen Steigens des Bedarfs an Koordination und Kommunikation,

1 Vgl. Walther Thoms, Kritik der Verwaltungslehre Henri Fayol's, in:Der praktische Betriebswirt, 12. Jg., 1932, S. 754-760.

- mit zunehmender Arbeitsteilung,
- wegen Gleichbleibens (Kostenremanenz) auch bei schwankender Beschäftigung.

Bis zu 50 bis 55 v.H. der Kosten von Unternehmungen sind im Gemeinkostenbereich angesiedelt.[2]

Als wesentliche Gründe für diese *»economics of overhead«* werden genannt:[3]

- Die Mechanisierung und Automation, also die zunehmende Substitution menschlicher Arbeitskraft durch Maschinen bis zu Robotern fordern qualifizierte Planungs-, Informationsverarbeitungs- und Kontrollaktivitäten innerhalb der technisch-ökonomischen Verwaltung des Produktionsbereiches (z.B. Produktions- und Investitionsplanung, Fertigungsvorbereitung und Fertigungssteuerung).
- Die Anpassung an die geänderte bzw. sich ändernde marktliche Unternehmungsumwelt erfordert erhöhten Einsatz für Marktforschung und Marketing sowie Forschung und Entwicklung, aber auch verfeinerte Verfahren der Unternehmungsplanung und -kontrolle.
- Veränderungen der nichtmarktlichen Umweltbedingungen, insbesondere im Rechtssystem (z.B. Arbeits-, Sozial-, Arbeitsverfassungs-, Steuer-, Konsumentenschutz- und Umweltrecht) fordern verstärkte Planung, Kontrolle und Beratung durch zentrale Stellen. Nach einer Veröffentlichung in der BRD waren 1966 für den Bau eines Hauses 48 Gesetze und Verordnungen zu beachten, 20 Jahre später knapp 250; Österreich hat es – wie der steigende Umfang der Gesetzblätter annehmen läßt – hier wohl kaum besser.

Bemerkenswert erscheint, daß selbst bei Bildung flexibler dezentraler Organisationseinheiten und Profitcenter insgesamt wegen des vermehrten Koordinations- und Steuerungsaufwandes der Matrixorganisation eine Ausdehnung des Verwaltungsbereiches bewirkt wird.[4]

Anläßlich der Vorstellung der Regierungsvorlage zum Bundesfinanzgesetz 1986 am 23. Oktober 1985 bekundete der damalige Bundesminister für Finanzen und nunmehrige Bundeskanzler Franz Vranitzky im Hinblick auf die wesentliche Determinante des Staatshaushaltes, welches die Organisation darstellt: *»Jede große Organisation ist von Ineffizienz bedroht.* Hinsichtlich des öffentlichen Sektors sind diese Effizienzmängel in zwei Gruppen einzuteilen: Solche, die – den Willen dazu vorausgesetzt – beseitigbar sind, und solche, die eine Funktion der

2 Vgl. Michael Roever, Gemeinkosten-Wertanalyse, in: Zeitschrift für Betriebswirtschaft, Heft 6, 1980, S. 686-690.

3 Vgl. Arnold Picot, Rationalisierung im Verwaltungsbereich, in: Zeitschrift für Betriebswirtschaft, 1979, S. 1145-1165.

4 Vgl. Guido G. Sandler, Meinungsspiegel zum Gemeinkosten-Management, in: Betriebswirtschaftliche Forschung und Praxis, 33. Jg., 1981, S. 80.

Größe darstellen und gleichermaßen einen internationalen Konzern wie auch jede andere, somit auch staatliche Organisation treffen.«

Als erstes Zwischenergebnis ist festzuhalten:

- Zwischen *»public administration«* und *»business administration«* besteht bei allen Verschiedenheiten (etwa gerade wegen der unterschiedlichen Normierungsdichte für das Entscheidungsverhalten) wegen des heute zu Recht betonten Dienstleistungscharakters (der auch einen Service für den bisher ausschließlich förmlich als Partei oder Beteiligter angesprochenen Verwaltungskunden erfordert) eine *deutliche Konvergenz*. Daß hier keine Einbahn hinsichtlich der Einflußnahme gegeben ist, erweist die Übernahme des vom Staatshaushalt entwickelten Budgetdenkens in die Betriebswirtschaftslehre (z.B. Plankostenrechnung). Umgekehrt wird in der Verwaltung »eine betriebswirtschaftliche Rechnung zur Ermittlung von Bestands-, Erfolgs-, Aufwands- und Kostengrößen aufgemacht«.[5] Selbst das für gemeinwirtschaftliche Unternehmungen geltende Verlustminimierungsgebot stellt sich nur als Umformulierung des allgemeinen Gewinnmaximierungsgebotes dar, wenn es auch sicher schwieriger zu vollziehen ist.
- Der in traditioneller Sicht auf die Verwaltungs*rechts*lehre beschränkten österreichischen Verwaltungslehre hat es an Problemlösungskapazität für die bestmögliche Gestaltung der öffentlichen Verwaltung gefehlt. Die Betriebswirtschaftslehre der öffentlichen Verwaltung, die in den vergangenen 20 Jahren an den hohen Schulen Fuß gefaßt hat,[6] ist das *Hoffnungsgebiet für die Verwaltung 2000*. Mittlerweile liegt auch in Österreich ein »Grundriß der Verwaltungslehre«[7] vor und in dem als »Pool der Kronjuristen« eingerichteten Verfassungsdienst des Bundeskanzleramtes ist für Angelegenheiten der Verwaltungsreform ein gelernter Betriebswirt engagiert worden.[8]
- Für die öffentliche Verwaltung ebenso wie für die Verwaltung wirtschaftlicher Unternehmungen stellt sich angesichts dieser Gegebenheiten und Tendenzen die *Herausforderung, die Kosten kritisch zu untersuchen* (Sachzwang zur Kostenanalyse).

5 Ludwig Mülhaupt, Kameralistik, in: Handwörterbuch der Betriebswirtschaftslehre, 4. Aufl., Stuttgart 1975, Sp. 2059-2076.

6 Vgl. Ludwig Mülhaupt, Die öffentliche Verwaltung als Forschungsobjekt der Betriebswirtschaftslehre, Vortrag vom 9. Juni 1973 in Rothenberge.

7 Vgl. Karl Wenger, Christian Brünner und Peter Oberndorfer, Grundriß der Verwaltungslehre, Wien und Köln 1983.

8 Auf Initiative dieses Mitarbeiters fand am 17. April 1986 eine Enquete »Was kostet die Verwaltung?« statt.

Als 1925 im Zuge der vom Völkerbund der Republik Österreich verordneten Verwaltungsreform auch die öffentliche Finanzkontrolle verstärkt und insbesondere dem Rechnungshof eine obligatorische Prüfungszuständigkeit für das Gebaren der Länder eingeräumt werden sollte, äußerte Landeshauptmann Josef Rehrl Bedenken, weil »niemand in Wien beurteilen könne, was in Salzburg wirtschaftlich ist«.

Anknüpfend an diese Reminiszenz hat sich der Verfasser 1980 in der Salzburger Residenz beim 60-jährigen Jubiläum der Bundesverfassung zur Auffassung bekannt, daß es »keine Wirtschaftlichkeit aus Wiener Sicht« gebe, sondern nur eine solche nach dem jeweiligen Wissensstand der Betriebswirtschaftslehre.[9]

Wirtschaftlich zu sein heißt demnach, »mit einem gegebenen Mittelbestand einen möglichst großen Bedarfsdeckungseffekt zu erzielen beziehungsweise einen gegebenen Bedarfsdeckungseffekt mit möglichst geringem Mitteleinsatz zu realisieren«.[10] Nach diesem *Grundsatz rationalen Handelns* soll das Verhältnis von Mitteleinsatz (Input) und Leistungsergebnis (Output) optimiert werden.

Die Wirtschaftlichkeit als Formalziel für das Handeln in Verwaltung und Wirtschaft *folgt aus deren Rechenhaftigkeit und setzt sie zugleich voraus*. Je nach dem verfügbaren Datenmaterial wird die Aussagekraft jedoch unterschiedlich sein:

– Bei Gegenüberstellung von Einnahmen und Ausgaben auf *kassenmäßiger Basis*, wie sie etwa der voranschlagswirksamen Verrechnung im System der Neuen Österreichischen Staatsverrechung[11] entspricht, wird die Periodenbezogenheit nicht beachtet. Einnahmen und Ausgaben können also unregelmäßig die Rechnungsperiode vorhergegangene und folgende Jahre betreffen, wenn z.B. neben Einnahmen und Ausgaben, die sich auf das laufende Jahr beziehen, Zahlungen für Forderungen aus früheren Jahren eingehen oder Vorauszahlungen für Leistungen späterer Jahre befriedigt werden; letzteres trifft aber auch für die Anschaffung von Anlagegütern zu, die für eine längere Nutzungsdauer zur Verfügung stehen.

9 Vgl. Walter Schwab, Staatsausgabenerfüllung aus rechts-, wirtschafts- und kontrollpolitischer Sicht, in: Salzburger Symposium zum Jubiläum »60 Jahre Bundesverfassung«, Schriftenreihe des Landespressebüros, Serie Sonderpublikationen, Bd. Nr. 31, Salzburg 1980, S. 84-90, hier S. 89.

10 Karl Lechner, Anton Egger und Reinbert Schauer, Einführung in die allgemeine Betriebswirtschaftslehre, 8. Aufl., Wien 1981.

11 Eine Beschreibung der theoretischen Grundlagen bietet, Friedrich Kohl, Die öffentliche Finanzkontrolle aus systemtheoretischer Sicht, in: Das öffentliche Haushaltswesen in Österreich, 1974, S. 57-73.

- Bei Gegenüberstellung von Erträgen und Aufwendungen in der *bilanziellen Messung*, wie sie in der Bestands- und Erfolgsverrechung der Neuen Österreichischen Staatsverrechnung für die gesamte Verwaltung simultan mit der voranschlagswirksamen Verrechnung geführt wird, erfolgt zwar eine periodengerechte Abgrenzung, jedoch folgen aus der Bewertung zu Anschaffungspreisen bei sich verändernden Preisen Verzerrungen der Rechengrößen.
- Bei Gegenüberstellung von Leistungen und Kosten auf der Grundlage aktueller Tageswerte erscheint allein die *kalkulatorische Wirtschaftlichkeitsmessung* aussagefähig.
- In neuerer Sicht ist allerdings Wirtschaftlichkeit als Auswahlgrundsatz für die günstigste mehrerer Möglichkeiten zu verstehen. Wirtschaftlichkeit wird dann aus der *Gegenüberstellung von Ist-Kosten zu Soll-Kosten* ermittelt.

Um die Wirtschaftlichkeit des Werteinsatzes zur Leistungserstellung zuverlässig beurteilen zu können, bedarf es eingehender *Kostenanalysen*. Sie sollen nach modernen Erkenntnissen der Betriebswirtschaftslehre[12] Informationen liefern über:

- die Höhe der Kosten bereits erstellter bzw. für die Zukunft geplanter Leistungen,
- die Struktur der Gesamtkosten,
- die Ursachen der Kostenentstehung, insbesondere die der Abweichung von geplanten Kosten,
- die Reagibilität von Kosten auf bestimmte Entscheidungen,
- die Möglichkeiten der Kostenbeeinflußung.

Die Ergebnisse von Kostenanalysen sollen Kostenentscheidungen sachlich begründen.

III. Das verstärkte Kostenbewußtsein der öffentlichen Verwaltung

Die positiv-rechtlichen Normen lassen in der österreichischen Verwaltung eine unterschiedliche Einstellung zum Kostenphänomen erkennen.

In der allgemeinen Verwaltung gilt nach § 39 Abs. 2 letzter Satz des Allgemeinen Verwaltungsverfahrensgesetzes (AVG) als Grundsatz: »Die Behörde hat sich bei allen ... Verfügungen von Rücksichten auf mögliche Zweckmäßigkeit, Raschheit,

12 Vgl. Edmund Heinen, Kostenanalysen, in: Handwörterbuch der Betriebswirtschaftslehre, 4. Aufl., Stuttgart 1975, Sp. 2290-2303.

Einfachheit und *Kostenersparnis* leiten zu lassen«. Nach § 75 AVG sind *Kosten der Behörden von amtswegen zu tragen.* Grundsätzlich hat – so der führende Kommentar – »der aus öffentlichen Mitteln erhaltene Behördenapparat normalerweise kostenlos tätig zu werden ... und (ist) eine Tragung von Kosten durch die Beteiligten nur insoweit begründet, als ein besonderer Anlaß hierfür vorliegt«.[13]

An dieser Stelle wäre aus betriebswirtschaftlicher Sicht kritisch anzumerken, daß diese grundsätzliche Ausklammerung des Fixkostenblockes des Dienstleistungsbetriebes »Öffentliche Verwaltung«, also der Null-Tarif für dessen Leistungen durchaus geeignet ist, den Verwaltungskunden zu demoralisieren, weil er Leistungen möglicherweise (von der Schwellenangst im Bereich der Hoheitsverwaltung abgesehen) auch ohne Notwendigkeit in Anspruch nimmt. Diese Regel mag aber auch die Produzenten von Verwaltungsleistungen dazu verleiten, nicht Nachgefragtes anzubieten oder Nachgefragtes anzubieten, »koste es, was es wolle«. Eine ausnahmsweise Heranziehung der Beteiligten zu gewissen Gegenleistungen ist vorgesehen für variable Kosten bei Barauslagen, Kommissionsgebühren und Verwaltungsabgaben (§§ 76 bis 78 AVG).

Bei Betrieben und betriebsähnlichen Einrichtungen erfolgt die Leistungserstellung nach dem allgemeinen Wirtschaftlichkeitsgebot und die Leistungsabgabe grundsätzlich entgeltlich. Die Taxen werden unter Beachtung der Kosten nach besonderen Gesetzen festgelegt; die Tarif- und Gebührenfestsetzung bestimmter Betriebe geschieht nach Art. 54 des Bundesverfassungsgesetzes (BVG) unter Mitwirkung des Hauptausschusses des Nationalrates. Soweit Gebühren als Abgaben verstanden werden, weil die Leistungserbringung im Rahmen der Hoheitsverwaltung erfolgt (z.B. im Kommunalbereich bei Wasserwerken oder Friedhofsverwaltung), gilt der in der Rechtsprechung des Verfassungsgerichtshofes (VfGH) entwickelte Äquivalenzgrundsatz; d.h. sie müssen in einem angemessenen Verhältnis zur erbrachten Gegenleistung stehen. Daraus ergibt sich ihre Kalkulationspflicht, wobei kalkulatorische Zusatzkosten (z.B. Abschreibungen vom Wiederbeschaffungswert) keine Anerkennung finden. Soweit außerhalb der sogenannten »Gebührenhaushalte« besondere Vorschriften zur kaufmännischen Betriebsführung verpflichten, ist wohl die Gewinnerzielung legitim. Sie ist dieser wesensimmanent. Zumindest sind die variablen Kosten zu decken, wenn man eine Deckungsbeitragsrechnung als anwendbar erachtet; ein Verzicht auf teilweise Kostendeckung wird mitunter als Subvention verstanden.

Im *Haushaltsrecht des Bundes* wird, seit 1968 zunächst probeweise eingeführt und mit der Novelle zum Verwaltungsentlastungsgesetz (VEG) von 1975 definitiv

13 Egbert Mannlicher und Heimgard Quell, Das Verwaltungsverfahren, 8. Aufl., Wien 1975, S. 426.

gefordert, für die gesamte Verwaltung sowohl eine in der Voranschlagsvergleichsrechnung mündende Einnahmen- und Ausgabenrechnung als auch eine Bestands- und Erfolgsverrechnung geführt, die in Vermögens- und Erfolgsrechnungen abgeschlossen wird. Als dritte Stufe der Verrechnung ist eine Betriebsabrechnung möglich, aber diese ist nicht für die gesamte Verwaltung einheitlich vorgesehen. Kostenstellen und Kostenträger werden in den Eingabebelegen für Zahlungs- und Verrechnungsaufträge zwar ausgewiesen, stellen aber in der Regel »blanks« dar.

Das bisher geltende Haushaltsrecht des Bundes war seit langem als reformbedürftig erkannt worden, weil es inhaltlich aus der vorkonstitutionellen Ära (1863) und formell aus vor -Keynesianischer Zeit (1925) stammte und nur in einzelnen Punkten angepaßt worden ist. In dem *neuen Bundeshaushaltsgesetz* von 1986 haben Kostenvorstellungen folgenden Niederschlag gefunden:

- Es enthält die *Pflicht zur Vorkalkulation für neue rechtsetzende Maßnahmen* (§ 14). Bisher waren entsprechende Berechnungen über die finanziellen Auswirkungen von Regierungsvorlagen ansatzweise vorgesehen. In der praktischen Handhabung zeigten sich jedoch in vielen Fällen Unterschätzungen, so etwa hinsichtlich der Vollziehung der Schulgesetze 1962, der Administration des Zivildienstes und des Unterhaltvorschußgesetzes 1976. Stellungnahmen des Rechnungshofes zu Gesetzesentwürfen wiesen wiederholt auf die mangelhafte Beachtung dieser Kalkulationspflicht hin. Von der ausdrücklichen gesetzlichen Festlegung wird nunmehr eine verbesserte Disziplin erwartet.
- Bei Einzelvorhaben einer bestimmten Größenordnung sind nunmehr *Kosten-Nutzen-Untersuchungen* vorgesehen, welche auch die Folgekosten des betreffenden Vorhabens ersichtlich machen (§ 17 Abs. 4).
- Die Durchführung von Einzelvorhaben oder eines mehrere Einzelvorhaben umfassenden Programms unterliegt des weiteren der *Pflicht zur Nachkalkulation* (§ 47 Abs. 1). Sie stellt fest, ob der angestrebte Erfolg mittel- und zieladäquat erreicht worden ist. (»Evaluierung«).
- Während bisher nur Vergütungen zwischen Stellen der Hoheitsverwaltung und der Betriebsverwaltung vorgesehen waren, sollen nunmehr bei gemeinsam benützten Anlagen die *Kosten anteilsmäßig getragen* werden (§ 49).
- Bundesbetriebe werden zur Führung einer *Betriebsabrechnung* verpflichtet, die zur Feststellung der Kostenstruktur, als Planungshilfe für die Leistungserstellung, zur Ermittlung der Selbstkosten oder zur Kontrolle der Wirtschaftlichkeit zu dienen hat; anderen Verwaltungstellen, insbesondere betriebsähnlichen Einrichtungen kann sie zumindest bei Vorliegen einer der zuvor genannten Zielsetzungen verordnet werden(§ 82).

Fallstudien aus der Prüfungspraxis des Rechnungshofes[14] *in verschiedenen Teilbereichen der öffentlichen Verwaltung* belegen mögliche Fragestellungen und Aussagen.

Fall 1: *Bezirksverwaltung in den Ländern*
Eine verwaltungsökonomische und verwaltungsorganisatorische Untersuchung der Bezirkshauptmannschaften in drei Bundesländern (Burgenland, Steiermark und Tirol) ließ erkennen, inwieweit aufgrund unterschiedlicher personeller und finanzieller Aussstattung (mangels Verfügbarkeit anderen Datenmaterials wurden die Ausgabengrößen des Budgetvollzugs ausgewertet) die Verwaltung dezentral und bürgernah oder zentralistisch gestaltet ist, wieviel Mitarbeiter auf 1000 Einwohner kommen, wie sich die Anzahl der Mitarbeiter insgesamt und nach ihrer Qualifikationsstruktur im Verhältnis zu jener der Bevölkerung verändert hat, wie lange Aktenerledigungen dauern usw. Die nichteinheitliche Organisation erlaubte allerdings keinen Vergleich der Belastungsbilder zwischen einzelnen Ländern. Mit dieser Einschränkung wurden jedoch Kennzahlenbildung, Zeitvergleich und zwischenadministrativer Vergleich als Instrumente der Kostenanalyse angewendet.

Fall 2: *Folgekosten bei Gemeindezentren*
Kleingemeinden haben sich vielfach in Konkurrenz miteinander und ohne überörtliche Abstimmung Gemeindezentren und Hallenbäder geschaffen, deren Fertigstellung wegen erheblicher Überschreitung der Investitionspräliminare bei gleichzeitiger Gefährdung der Pflichtaufgaben sie zuschußbedürftig machte; in vielen Fällen erfolgte sogar eine Betriebseinstellung, weil die mit dem Betrieb verbundenen Folgekosten bei der Investitionsentscheidung überhaupt nicht berücksichtigt worden sind. Mangels unmittelbarer Prüfungszuständigkeit des Rechnungshofes bei Gemeinden unter 20 000 Einwohnern richtete sich die Kritik an die jeweilige Gemeindeaufsicht des Landes.

Fall 3: *Investition und Betrieb von Krankenanstalten*
Auf Ersuchen des Landes erfolgte während des Baues der Frauen- und Kopfklinik Innsbruck eine Überprüfung der Bettenkapazität, die aufgrund vorliegender Erfahrungswerte als überhöht festgestellt wurde. Dem Baustop folgte eine Reduktion des bisher vorgesehenen Blockbaues in seinem Grundriß nach einer Kreuzform, was sowohl billiger kam, als auch mehr natürliches Licht für Laborräume brachte, somit zugleich der Vermenschlichung der Arbeitsplätze diente.

14 Der österreichische Rechnungshof ist – unbeschadet des Vorhandenseins landeseigener Einrichtungen der öffentlichen Finanzkontrolle (Kontrollamt, Landesrechnungshof) – auch zur überörtlichen Gebarungsüberprüfung bei Ländern und Großgemeinden prüfungszuständig; er wirkt funktionell als »Landesrechnungshof«, nämlich als Organ des betreffenden Landtages.

Ähnlich erfolgte nach dem Planungsstadium eine Ersuchensüberprüfung beim Allgemeinen Krankenhaus Linz, die im Ergebnis zu einer Kombination eines Neubaus mit einer Sanierung von erhaltungswürdigen Teilen des Altbaus führte.
Die Kostenrechnung für Krankenanstalten als konstenintensive Dienstleistungsbetriebe war nie als Ziel bestritten, nur der Weg der Erstellung und Einführung im Wege einer privaten Beratergruppe (»ARGE Kostenrechnung«) sowie das Fehlen einer Leistungsstatistik und damit einer Abrundung der Kostenarten- und Kostenstellen- durch eine Kostenträgerrechnung. Auch hier sind zeit- und zwischenbetriebliche Vergleiche, teils grenzüberschreitend (etwa mit Bayern)[15] möglich geworden. Zwischenzeitlich werden Ansätze zu einer leistungsorientierten Zuschußgewährung vom Krankenanstaltenzusammenarbeitsfonds (KRAZAF) als der österreichischen Form einer Gemeinschaftsfinanzierung öffentlicher Aufgaben durch Bund und Länder erprobt.

Fall 4: *Trassenführung im Straßenbau*

Weltweit gilt der Straßenbau als Anwendungsfall für Kosten-Nutzen-Untersuchungen, weil Freizeitgewinn und Unfallverminderung aus verbesserten Verkehrsverbindungen bewertet werden. Kritische Betrachtungen widmete der Rechnungshof der aus jeweils verschiedenen Varianten getroffenen Projektauswahl einiger Trassenführungen bei der Schnellstraße S 6, bei der Autobahn A 10/Umfahrung Villach, der Plabutsch-Längsdurchquerung mit geringer Verkehrsentlastung für Graz sowie der Brigittenauerbrücke in Wien ohne Anschlußstücke an das hochwertige Straßennetz.[16]

Fall 5: *ADV-unterstützte Verwaltungsführung*

Die Automation bedarf seriöser Wirtschaftlichkeitsberechnungen. Ein Großrechenzentrum versuchte diesen Nachweis mit unterbliebenen Personalvermehrungen zu führen. Für die Durchführung der Wohnbauförderung mittels der Rechenanlagen der Landeshypothekenbank wurden in einem Land 824 S je Geschäftsfall berechnet, in einem anderen 100 S. Auch die Entscheidung Miete oder Kauf bedarf einer gewissenhaften Vergleichskalkulation.

Fall 6: *Verpachtung statt Eigenbetrieb*

Der Aufgabe des Betriebes der drei Bundesapotheken, die 1974 einen Reinverlust von 965 000 S erbrachten, folgte ein Prachterlös von 1,3 Mill S im Folgejahr.[17]

15 Vgl. Josef Dézsy und Gottfried Koos, Vergleich der Kostenrechnungsergebnisse Österreich – Bayern 1979/1981, in: Krankenhaus-Umschau 53. Jg., 1984, S. 101-107.

16 Vgl. Tätigkeitsbericht (TB) des Rechnungshofes für das Verwaltungsjahr 1983, Wien 1983, Abs. 63, 64 und 67.

17 Vgl. TB 1975 Abs. 29.4.

Fall 7: *Fremdvergabe der Gebäudereinigung*
Die Vergabe der Gebäudereinigung an Privatfirmen anstatt der Besorgung durch bundeseigenes Personal erbrachte Einsparungen von 20 Mill S jährlich.[18]

Fall 8: *Einbau von Fernwahlsperren*
Der Aufwand für Fernsprechgebühren konnte bei vielen Dienststellen durch Einbau von Fernwahlsperren nennenswert gesenkt werden.

Fall 9: *Einsatz beamteneigener PKW*
Der vermehrte Einsatz von beamteneigenen PKW für Dienstfahrten gegen besondere Entschädigung hat zu einer Intensivierung der Inspektionstätigkeit geführt.[19]

Fall 10: *Werksküchen*
Wenn den Gästen einer Werksküche der Materialeinsatz angerechnet wird, kann der freiwillige Sozialaufwand in tragbaren Grenzen (Fixkostenblock) gehalten werden.

IV. Das verstärkte Gemeinkostenbewußtsein bei Unternehmungen

Während die öffentliche Verwaltung nur bruchstückhaft über Kalkulationsgrundlagen verfügt, ist ein mehr oder weniger ausgebildetes betriebliches Rechnungswesen in allen Unternehmungen mit mindestens hälftiger Beteiligung der öffentlichen Hand oder einer dieser gleichzuhaltenden Beherrschung anzutreffen, wie sie zur Prüfungskundschaft des Rechnungshofes gehören.
Kritikpunkte für den Rechnungshof bieten aus diesem Bereich in Einzelfällen:

- Die Verrechnung von Normalabschreibungen der Finanzbuchhaltung und des halben Abschreibungssatzes bei Weiterverwendung der Anlagen über den buchhalterischen Abschreibungszeitpunkt hinaus;[20]
- die Verrechnung von kalkulatorischen Abschreibungen als vom Beschäftigungsgrad abhängig, was wegen der geringen Werksauslastung zu wirklichkeitsfremden niedrigen Abschreibungsquoten führte;[21]
- die Planung der Kosten einzelner Kostenstellen im Rahmen der flexiblen Budgetierung aufgrund bereinigter Ist-Kosten der Vergangenheit, weil damit Kosten von nichtbestmöglichen Betriebsstrukturen früherer Abrechnungs-

18 Vgl. TB 1975 Abs. 68.8.
19 Vgl. TB 1971 Abs. 3.4.
20 Vgl. TB 1983 Abs. 76.47.
21 Vgl. TB 1983 Abs. 78.73.

zeiträume in die Kostenbudgetierung miteinbezogen und zum Beurteilungsmaßstab für die Wirtschaftlichkeit des neuen Abrechnungszeitraumes gemacht wurden; der Einsatz von Kosteningenieuren zur analytischen Durchleuchtung der einzelnen Kostenstellen wurde empfohlen und darauf aufbauend die Ermittlung echter Vorgabewerte vorgeschlagen.[22]
- das Vorliegen der ADV-unterstützten monatlichen Kostenstellen-Soll-Ist-Vergleiche erst jeweils bis acht Wochen nach Monatsende; empfohlen wurde die zeitgerechte Erstellung zwecks Verwertung als Entscheidungshilfe.[23]

Anwendungsfälle für laufende Kostenanalysen finden sich in verschiedenen Unternehmungsbereichen, so bei Investitionsentscheidungen und in der Absatzwirtschaft. *Umfassende Gemeinkostenanalysen setzen vor allem bei Erreichen der »Wachstumsgrenzen« ein.*

V. Der Ablauf einer Gemeinkosten-Wert-Analyse

Zielsetzung des in Amerika entwickelten Verfahrens der Overhead Value Analysis (OVA) ist, in einem möglichst kurzen Diagnosezeitraum überdimensionierte Gemeinkostenbereiche zu entdecken, sowie die Leistungen dieser Bereiche nach Art, Umfang und »Produktionstechnologie« günstiger zu gestalten, ohne dabei die Funktionstüchtigkeit und das Bestandssicherungspotential der Unternehmung negativ zu beeinflussen. Es sollen in möglichst kurzer Zeit reale Einsparungen und Effizienzsteigerungen erzielt werden. Die OVA soll das Geflecht der unternehmungsinternen Leistungen durchschaubar machen und den Umfang überflüssiger Leistungen aufdecken. Bei der OVA darf, ja muß etwas an Leistung abgebaut werden (Strategie der »Abschaffung«).

Pauschale oder lineare Budgetkürzung sollten vermieden werden, weil diese, unter dem Druck »roter Zahlen« verfügt, in der Regel mindestens soviel Schaden wie Nutzen bringen.

Der Durchführung der OVA dient eine bestimmte *Projektorganisation*, wobei meist eine Beratungsfirma eingesetzt wird. Sie beschränkt sich üblicherweise darauf, die Beteiligten über die Methoden zu informieren, die Mitwirkenden zu schulen und die Ausführungsbestimmungen zur OVA zu liefern.

22 Vgl. TB 1983 Abs. 76.48.
23 Vgl. TB 1983 Abs. 76.49.

Im Falle der Österreichischen Mineralölverwaltung AG (ÖMV) – einem weiteren Beispielsfall aus der Prüfungspraxis des Rechnungshofes[24] – hat man bewußt auf die Hinzuziehung einer Beratungsfirma verzichtet und führt die OVA ausschließlich mit eigenen betriebswirtschaftlich geschulten Kräften durch. Dies bringt Kosteneinsparungen und erhöht die Akzeptanz.

Zur Projektorganisation gehören:

- Der *Lenkungsausschuß*, der in erster Linie ein »politisches Gremium« (verstanden im Hinblick auf die Unternehmungspolitik und deren Zielsetzung) darstellt, ist mit dem bestgeeigneten Vertreter des Hauses zu besetzen, um so die Bedeutung des Projektes widerzuspiegeln. Zugleich verkörpert dieser Ausschuß bei allen Einsparungsvorschlägen die letzte Entscheidungsinstanz. Der Leiter sollte unbedingt aus der obersten Führungsebene kommen. Neben ihm müßten die wichtigsten Organisationseinheiten der oberen Führungsebene vertreten sein.
  Im Falle der ÖMV hat sich der Gesamtvorstand als Lenkungsausschuß zur Verfügung gestellt unter Einbeziehung des Projektleiters, der als sogenannter »Direktor der Kontrolle« Aufgaben der Innenrevision zu besorgen hat.
- *Analyseteams*, bestehend aus zwei bis drei qualifizierten Mitarbeitern der Betriebe und zentralen Bereiche. Sie müssen mit den Abläufen der Unternehmung vertraut sein und über einen ausgezeichneten Kontakt zum Top- und Mittelmanagement sowie zu allen anderen Ebenen von Stab und Linie verfügen. Die Mitglieder der Analyseteams sind Gesprächspartner für die mit der eigentlichen Analyseaufgabe betrauten Linienführungskräfte.
  Bei der ÖMV wurden zehn Analyseteams gebildet.
- Die *Leiter von Untersuchungseinheiten*, die als Hauptakteure anzusehen sind, werden in Anlehnung an die bestehende Organisation ausgewählt (Direktoren, Betriebs- und Abteilungsleiter). Der Leiter der Untersuchungseinheit muß mit dieser derart vertraut sein, daß er sowohl die Kosten der erstellten Leistungen als auch die Abläufe bei ihrer Erstellung genau kennt.
  Die ÖMV hat etwa 140 Leiter von Untersuchungseinheiten (z.B. Materialwesen, Transport, Hausverwaltung, Werkstätten) eingesetzt.
- Bei Bedarf werden *Challenge-Groups* gegründet und zur informellen Konfliktlösung im Rahmen von bereichsübergreifenden Einsparungskonzepten herangezogen.

24 Im Ergebnis verzeichnet der Rechnungshof im TB 1984, Abs. 73.64, daß das Projekt »Kostengestaltung 84« realisiert worden ist. Nähere Anhaltspunkte zur Vorgangsweise in diesem Beispielsfall bieten (theoretisch) Johann Risak, Robert Denk und Werner Wirth, Der betriebswirtschaftliche Blick, Gemeinkostengestaltung, Wien 1983, sowie (praktisch): laufende Veröffentlichungen der Österreichischen Mineralölverwaltung AG (ÖMV-)Werkzeitung, 1984.

- Die Zusammenarbeit mit dem *Betriebsrat* muß von Anfang an gegeben sein, weil nur ein offenes Gesprächsklima eine erfolgreiche Projektabwicklung sichert. In manchen Fällen werden entsprechende Betriebsvereinbarungen geschlossen, die meist ein Versprechen der Unternehmungsführung enthalten, Kündigungen zu unterlassen, und außerdem eine breite Information für den Betriebsrat zur Verfügung zu stellen.

Im *Zeitablauf* gliedert sich eine OVA in drei Abschnitte:

- eine Vorbereitungsphase;
  hier erfolgt die Schulung und Information der Beteiligten sowie die Projektplanung und Projektorganisation;
- die eigentliche Analysephase;
- eine etwa zwei bis drei Jahre dauernde Realisierungsphase;
  Kostenelemente in der Infrastruktur werden bereinigt und erforderliche Anpassungen des Personalbestandes (Versetzungen, Unterbleiben von Nachbesetzungen) durchgeführt.

Die *Analysephase* bezweckt die Ermittlung des Ist-Zustandes der Leistungsstruktur. Hierzu muß jeder Leiter einer Kostenstelle:

- eine Liste seiner Gemeinkosten verursachenden Produkte und Leistungen (Berichte, Belege, Analysen, Kopien, Statistiken, Vermerke, Entscheidungen usw.) erstellen und ihre jeweiligen Empfänger angeben;
- die Leistungen zusammenstellen, die er von anderen Kostenstellen zur Wahrnehmung seiner Aufgaben in Anspruch nimmt;
- für jede von seiner Einheit erbrachte Leistung die Gesamtkosten, einschließlich der von anderen Kostenstellen in Anspruch genommenen Leistung schätzen.

Entsprechende Formulare erleichtern die Durchführung dieser Aufgabe, weil sie die Haupttätigkeiten in abgegrenzte Aufgabenbereiche gliedern.

Anschließend sind *Ideen für ein verbessertes Kosten/Nutzen/Verhältnis zu entwickeln.* Das Analyseteam übergibt dem Leiter der Untersuchungseinheit einen »Ideenbaum« und ersucht ihn, alle Ideen aufzuzeichnen, welche die Kosten seiner Untersuchungseinheit um etwa 30 v.H. senken könnten. Hierbei handelt es sich um eine »Denkhürde« und nicht um den Auftrag, die Kosten um 30 v.H. zu senken. Das Projekt verlangt diskussionswürdige Kostensenkungsideen in der angegebenen Höhe und nicht eine Senkung in dieser Höhe.

In einem ersten Teilschritt werden jene Aktivitäten, die zu keinen Leistungen für andere Bereiche führen, auf ihre Notwendigkeit untersucht.

In den Challenge-Groups folgen Gespräche zwischen »Anbietern« und »Nachfragern« bereichsüberschreitender Leistungen.

Eine *Bewertung der Einsparungsideen* teilt je nach Durchführbarkeit in drei Kategorien (»Ideen-Portfolio«) ein:

A – Durchführbarkeit gut, geringes Risiko, hohe erwartete Einsparung
B – Durchführbarkeit noch unklar, Risiko ungewiß, Einsparungserfolg mittel
C – Durchführbarkeit schlecht, weil hohes Risiko bei geringem Einsparungserfolg.

Diese Bewertung wird mit dem Analyseteam diskutiert und sodann eine *Dokumentation der »anerkannten Verbesserungsmöglichkeiten«* aufgestellt.

Nach einer Erörterung mit der Betriebsleitung und dem örtlichen Betriebsrat erfolgt die Vorlage an den Lenkungsausschuß zur *Entscheidung*.

Wesentlich erscheint die *zügige Durchführung* der Analyse, weil sie nicht zu einer kostspieligen Dauereinrichtung werden soll.

Die ÖMV begann nach rd. sechs Monaten der Vorbereitung die Projektarbeit im März 1984. Die Abwicklung erfaßte, in drei je fünf Wochen dauernden Runden einzelne technische Bereiche und Teile der Zentralverwaltung. Für jeden Leiter einer Untersuchungseinheit war ein Einsatz von 40 bis 60 Arbeitsstunden vorgesehen. Der abschließende Bericht erschien Ende Juni 1984.

Im *Ergebnis* einer OVA sollen

- als unzweckmäßig erkannte Arbeiten wegfallen,
- periodisch durchgeführte Arbeiten seltener (z.B. nur jährlich),
- in geringerer Auflage (z.B. zweifach statt sechsfach) oder
- einfacher (z.B. Ablaufverbesserung) erbracht werden.

Ein Beispiel aus der Landwirtschaft zeigt, welche Einsparungen möglich sind: Bei einer Anzahl von 35 530 Lagernummern ergibt sich bei Vollinventur ein Ist-Bestand von 7 560 500 S. Bei einer Stichproben-Inventur mit einer Auswahlquote von 7,5 v.H. (rd. 2 700 Lagernummern) ergibt sich ein Ist-Bestand von 7 561 400 S, so daß die Differenz lediglich 900 S beträgt. Eine derart geringe Abweichung beeinträchtigt den Nutzen des Inventurergebnisses kaum. Die Kosten können jedoch wesentlich gesenkt werden.[25]

Auf *alternative Verfahren* soll nur am Rande hingewiesen werden, so auf die Wertanalyse,[26] Gemeinkosten-systems-Engineering[27] und das Zero Base Budgeting (ZBB).[28] Die Pluralität der Methoden wird hier keiner differenzierenden Wertung unterzogen.

25 Vgl. Günter Weinrich und Joachim Zoll, Im Overhead-Bereich die Kostenschere ansetzen, Industrielle Organisation 1982, S. 269-272.

26 Vgl. Michaela Moritz, Wer ist Mc Kinsey? Was ist GWA?, in: Der Privatangestellte, Heft 3, 1982, S. 10.

27 Vgl. Bernd Bothe, Kosten-Controlling durch Gemeinkosten-Systems-Engineering (GSE), Managementmethode zur partizipativen Arbeitsvereinfachung und Gemeinkostensenkung, in: Betriebswirtschaftliche Forschung und Praxis, 33. Jg., 1981, S. 1-11.

28 Vgl. A.T. Kearney, Management Consultants, Effizienzsteigerung im Gemeinkostenbereich, Internationaler Vergleich, Düsseldorf, Manuskript, o.J., verteilt anläßlich eines Vortrages vor der Rechnungshofakademie Wien am 28. Juni 1982.

Erforderlich erscheint in jedem Fall eine *partnerschaftliche Zusammenarbeit von Unternehmungsleistung und Belegschaft*. Die Arbeitnehmerseite hat anfänglich Bedenken angemeldet.[29] In jüngerer Zeit gibt es allerdings Berichte aus der BRD, wonach bei gewerkschaftsnahen Unternehmungen (z.B. co op) OVA durchgeführt worden sind.

Über die *erfolgreiche Anwendung des Gemeinkosten-Managements in der öffentlichen Verwaltung* wird aus der Schweiz berichtet, es helfe »in jedem Bereich das Unnötige rigoros zu streichen ... und das Nötige möglichst rationell zu tun«.[30]

VI. Schlußbemerkungen

Als Ergebnis aus Erfahrungen bzw. Erkenntnissen läßt sich folgendes auflisten:

- Ebenso wie es in der Wirtschaft verfehlt wäre, kostendeckende Preise zu verlangen, sondern *auf preisgedeckte Kosten hinzuarbeiten*, stellt sich diese Herausforderung auch für die öffentlichen Haushalte, die sicher nicht einnahmenseitig zu sanieren sind.
- Auch in der Verwaltung hat angesichts der Budgetbeschränkungen im größtmöglichen Ausmaß *Kostendenken* Platz zu greifen, weil nur so *Kostenlenken* und *Kostensenken* möglich ist.
- *Kostenrechnung* darf aber *nicht als Selbstzweck* betrieben werden, weil auch die Führung eines betrieblichen Rechnungswesens selbst wiederum Kosten verursacht. Im Bereich der öffentlichen Verwaltung wird eine Kostenrechnung daher eher anlaßbezogen als Planungshilfe zur Untersuchung neuer Aufgaben und neuer Verfahren sowie als Überwachungshilfe anzuwenden sein.
- Das verfügbare *Instrumentarium* ist in vollem Umfang zu *nutzen*; es sind Kennzahlen zu entwickeln und zu interpretieren sowie Zeit- und zwischenadministrative beziehungsweise zwischenbetriebliche Vergleiche durchzuführen.

29 Vgl. Robert Samsinger, Personalabbau durch Gemeinkostenwertanalyse, ib: Arbeit und Wirtschaft, 5. Jg., 1982, S. 28-30, derselbe, »Verf(l)ixte Kosten«, in: Arbeit und Wirtschaft, 6. Jg., 1983, S. 20-23.

30 Vgl. Fred Voegeli, Einsparungen bei der öffentlichen Verwaltung: in: Neue Zürcher Zeitung, Nr, 168, 24. Juli 1986, S. 21.

- *Kostentransparenz* ist auch herzustellen, wenn die Entscheidung aus politischen Gründen so erfolgt, daß nicht Wirtschaftlichkeit im Sinne der kostengünstigsten Leistungserstellung gegeben ist.
- *Moderne Verfahren* der Kostenanalyse sollten von Zeit zu Zeit angewendet werden, um erstarrte Kostenstrukturen aufzubrechen.
- Vielleicht ist es nicht so sehr »Entbürokratisierung«, sondern sinnvolle Gestaltung der Verwaltung im Sinne einer *Leistungsbürokratie*, welche unter anderem die »Einführung von Erfolgskontrollen unter den Stichworten: Aufgabenkritik, Controlling, geeignetes Rechnungswesen und Leistungsmessung« nicht aus dem Auge verliert.[31]
- Es müßte in der öffentlichen Verwaltung gelingen, von der bisher traditionell vergangenheitsgerichteten öffentlichen Finanzkontrolle zu einem zukunftsgerichteten *»Controlling«*[32] zu gelangen.

31 Vgl. Klaus Lüder, Was kann die Betriebswirtschaftslehre zur Entbürokratisierung öffentlicher Verwaltungen beitragen?, in: Betriebswirtschaftliche Erkenntnisse für Regierung, Verwaltung und öffentliche Unternehmen, Schriften zur öffentlichen Verwaltung und öffentlichen Wirtschaft, hrsg. von Peter Eichhorn und Peter Friedrich, Bd. 85, Baden-Baden 1985, S. 97-104, hier S. 100, vgl. im gleichen Sammelband auch Ludwig Mülhaupt, Ziele und Aussagewerte eines modernen öffentlichen Rechnungswesens, S. 75-95, insb. S. 93: »Soll die externe öffentliche Rechnung auch betriebswirtschaftlichen Erfordernissen genügen, dann wäre ... die Lösung ... in dem ... Vorschlag einer kombinierten Finanz- und Betriebsrechnung zu sehen ...«.

32 Vgl. Albrecht Deyhle, Controlling in der öffentlichen Verwaltung, Seminar am Hernstein-Institut für Führungskräfte in Wien am 8. Oktober 1986.

Vollverbundene, teilverbundene oder unverbundene Haushalts- und Vermögenswirtschaft?

von *Manfred Steiner*

I. Formen der Verbindung von Haushalts- und Vermögensrechnung

Die Haushaltsrechnung stellt den Grundtyp öffentlicher externer Rechnungslegung dar. Sie dient der Feststellung und Deckung des Finanzbedarfs öffentlicher Verwaltungs- und Wirtschaftseinheiten für den jeweiligen Bewilligungszeitraum (meist 1 oder 2 Jahre). Der Haushaltsplan enthält die voraussichtlich zufließenden Einnahmen und die zu leistenden Ausgaben, sowie Haushaltsvorgriffe(Verpflichtungsermächtigungen). Insbesondere bei Betonung der volkswirtschaftlichen Betrachtungsweise wird die Haushaltsrechnung häufig mit dem öffentlichen Rechnungswesen schlechthin gleichgesetzt.[1] Die Bedeutung einer Vermögensrechnung, die z.B. als Bilanz zentrales Element der externen privatwirtschaftlichen Rechnungslegung ist, wird dabei für öffentliche Verwaltungen in den Hintergrund gedrängt. Dies wird insbesondere dadurch gerechtfertigt, daß eine Erfolgsermittlung auf der Basis eines Vermögensvergleichs für öffentliche Verwaltungen keine Aussagekraft besitze. Es ist daher nach wie vor umstritten, ob und wie über das öffentliche Vermögen Rechenschaft zu legen ist.

Grundsätzlich sollte eine Vermögensrechnung alle vermögenswirksamen Vorgänge des jeweiligen öffentlichen Haushalts und deren Deckung beinhalten. Im Hinblick auf den Umfang der Vermögensrechnung kann neben dem vollständigen Verzicht auf eine solche Rechnungsform in eine unvollständige oder auch *Teilvermögensrechnung* und in eine vollständige *Vollvermögensrechnung* unterschieden werden. Teilvermögensrechnungen umfassen meist nur die Geld- und Finanzanlagen und werden deshalb auch als *Geldvermögensrechnungen* bezeichnet. Demgegenüber weisen Vollvermögensrechnungen neben dem Geldvermögen auch das gesamte Sachanlagevermögen und die Schulden aus. Von *Teil-Vollvermögensrechnungen* wird gesprochen, wenn für einige organisatorische

1 Vgl. Peter Eichhorn, Öffentliche Verwaltung, Rechnungswesen der, in: Handwörterbuch des Rechnungswesens, hrsg. von Erich Kosiol, Klaus Chmielewicz und Marcell Schweitzer, 2. Aufl., Stuttgart 1981, Sp. 1223-1236, hier Sp. 1227.

Teileinheiten einer Gebietskörperschaft (z.B. für die kostenrechnenden öffentlichen Betriebe) das Sachanlagevermögen einbezogen, für die übrigen Verwaltungen dagegen nur eine Geldvermögensrechnung durchgeführt wird.
Bezüglich der buchungsmäßigen Verbindung mit der Haushaltsrechnung kann eingeteilt werden in:

- unverbundene Vermögensrechnung,
- teilverbundene Vermögensrechnung und
- vollverbundene Vermögensrechnung.

Beim *Buchungsverbund* basieren Haushalts- und Vermögensrechnung auf einer gemeinsamen Datenbasis, und die unterschiedlichen Rechnungsergebnisse werden durch die Art der Verbuchung parallel ermittelt. Verbundenheit bezieht sich in diesem Sinne somit sowohl auf die Datenerfassung als auch auf die Verbuchung und auf einen automatischen Abstimmechanismus zwischen den einzelnen Rechnungsergebnissen. Ein Beispiel einer Vollverbundrechnung stellt die doppelte kaufmännische Buchführung dar, deren Abschluß gleichzeitig zur Bilanz als Vermögens- und Schuldenrechnung und zur Gewinn- und Verlustrechnung als Erfolgsrechnung mit einheitlichem Erfolgssaldo führt. Demgegenüber ist dies bei der klassischen Verwaltungskameralistik nicht der Fall, worin sicherlich eine der historischen Wurzeln für die nur langsam voranschreitende Entwicklung der Vermögensrechnung im öffentlichen Bereich in der Bundesrepublik zu sehen ist.
Wird gemeinhin von verbundener Vermögensrechnung gesprochen, so bezieht sich dies überwiegend auf einen Buchungsverbund. Daneben gibt es aber auch als schwächere Form der Verbundrechnung den *Erfassungsverbund* mit einheitlicher Informationssammlung aber Auswertung in unterschiedlichen Teilrechnungen. Ein durch die Datenerfassung mit der Haushaltsrechnung verzahnter Vermögensausweis, bei dem keine laufende Aufspaltung der Buchungen in vermögenswirksame und vermögensunwirksame erfolgt, wird auch als *angeschlossene Vermögensrechnung* bezeichnet.[2] Die vermögenswirksamen Vorgänge werden nachträglich beim Jahresabschluß aufgrund einer bereits bei der Erfassung vorgenommenen Kennzeichnung und/oder einer festen Zuordnungsregel ausgesondert. Auch eine auf diese Art angeschlossene Rechnung kann zu einer zwangsläufigen und vollständigen Fortschreibung der Vermögensrechnung führen, und es ist deshalb falsch, sie als »unverbundene Vermögensrechnung« einzuordnen. Sie ist ebenfalls zu den Verbundformen zu rechnen (vgl. Abb. 1).

2 Vgl. Wilhelm Duhmer, Das öffentliche Vermögen in Deutschland und seine Bewirtschaftung, Göttingen 1952, S. 98 ff.

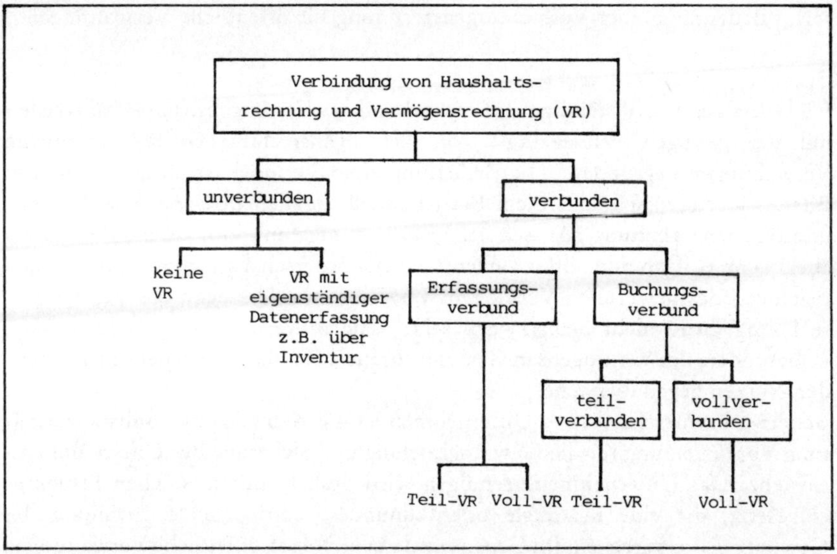

Abb. 1: Arten der Vermögensrechnung nach der Form ihres Verbundes mit der Haushaltsrechnung und ihrem Inhalt (abweichend von der Darstellung wird der Erfassungsverbund häufig auch unter die Kategorie der unverbundenen Vermögensrechnungen eingereiht).

Der Grad der Verbundenheit korrespondiert mit dem Inhalt der Vermögensrechnung. Ein Buchungsvollverbund führt zu einer vollständigen Vermögensrechnung, die sowohl das Geld- als auch das Sachvermögen beinhaltet, während ein Teilverbund meist eine unvollständige Geldvermögensrechnung nach sich zieht.

Der Vorteil eines Verbundes ist darin zu sehen, daß die Rechnungsergebnisse von Haushalts- und Vermögensrechnung ohne zusätzliche Nebenrechnung gleichzeitig ausgewiesen werden und somit Doppelarbeiten entfallen. Durch die Geschlossenheit des Abrechnungssystems werden auch Ungenauigkeiten bei der Ergebnisabstimmung vermieden. Allerdings nimmt mit dem Grad der buchhalterischen Verbundenheit, insbesondere beim Rechnungsstil der Kameralistik, die Komplexität des Systems zu, während sich sein Flexibilitätsgrad verringert.

Plädoyers für unvollständige und unverbundene Vermögensnachweise werden mit der geringen Aussagekraft von Vermögensrechnungen für öffentliche Verwaltungen begründet.[3] Die Bedeutung einer Vermögensrechnung bzw. der Bilanz für erwerbswirtschaftliche Betriebe wird vor allem im Bereich der Kapital- und Substanzerhaltung (Ausschüttungsbemessungsfunktion) gesehen. Da diese aber nicht Aufgabe der öffentlichen Gebietskörperschaften sei, könne auf den Nachweis des bewerteten Vermögens verzichtet werden, denn die Vermögensrechnung dürfe nicht Selbstzweck sein.[4] Zudem verursachte die Bewertung, insbesondere des Vermögens in Gemeingebrauch, Kosten, denen kein ausreichender Nutzen gegenüberstehe.

Bei erwerbswirtschaftlichen Unternehmen ist die Kapital- bzw. Substanzerhaltung Voraussetzung für die Gewinnerzielung und Sicherung der Unternehmensexistenz. Das Unternehmensvermögen wird deshalb nur in solchen Projekten eingesetzt, die eine maximale oder zumindest befriedigende Erfüllung des Gewinnziels versprechen. Im Gegensatz dazu verfolgen öffentliche Verwaltungen üblicherweise kein Gewinn- bzw. Rentabilitätsziel. Sie geben ihre Leistung vielmehr weitgehend unentgeltlich zur Deckung eines Gemeinbedarfs ab. Ihre Aufgabe besteht also darin, öffentliche Leistungen für den Bürger zu erbringen und sich die dafür erforderlichen finanziellen Mittel zu verschaffen. Im Vordergrund steht somit die Lösung des Spannungsverhältnisses zwischen Bedarf und Deckungsmöglichkeiten. Es kommt nicht auf die Werterhaltung, sondern auf die Erhaltung der Funktionsfähigkeit bzw. der Leistungskraft des öffentlichen Vermögens an. Das Ausmaß der Vermögenserhaltung als Ersatzerfolgsgröße für öffentliche Haushalte zu definieren ist nicht sinnvoll, da diese keine sichere Aussage darüber zuläßt, ob das öffentliche Vermögen tatsächlich die Aufgaben der Verwaltung in einem für den Bürger zureichenden Maß erfüllt. Der Substanzerhaltungsgesichtspunkt allein würde somit Vermögensrechnungen für öffentliche Haushalte nicht rechtfertigen und es müssen daher weitere und triftigere Gründe für eine Vermögensrechnung der öffentlichen Verwaltung angeführt werden.

Es ist insbesondere das Verdienst von *Rudolf Johns* und *Ludwig Mülhaupt*, Funktion und Aussagekraft einer vollständigen Vermögensrechnung für öffent-

3 Vgl. Stefan Depiereux, Das neue Haushaltsrecht der Gemeinde, 5. überarb. Aufl., Siegburg 1975, S. 172, Peter Leimich, Die Vermögensrechnung der öffentlichen Hand, Köln u.a. 1968, S. 176 ff und S. 233 ff.

4 Vgl. Stefan Depiereux, a.a.O., S. 172, Peter Leimich, a.a.O., S. 186 f.

liche Verwaltungen aufgezeigt zu haben.[5] Hauptziel und zentraler Aussagegehalt der Vermögensrechnung sind danach primär im finanzwirtschaftlichen Bereich zu suchen. Die Haushaltsrechnung und eine mit ihr verbundene vollständige Vermögensrechnung können unter den gemeinsamen Leitgedanken der *Offenlegung des Deckungsverlaufs* gestellt werden. Die Vermögensrechnung hat danach insbesondere den finanzwirtschaftlichen Deckungsnachweis für das Vermögen zu erbringen. Zur Analyse des Haushaltsgebarens einer Gebietskörperschaft ist es wesentlich zu wissen, ob Investitionen (Vorsorgeausgaben) durch laufende ordentliche Einnahmen (endgültige Deckung), aus Rücklagen (Vorausdeckung) oder durch Kredite (Nachdeckung) finanziert wurden. Nur auf der Basis derartiger Informationen kann die finanzwirtschaftliche Solidität der jeweiligen Verwaltung, insbesondere durch Vergleiche mit gleichartigen Organisationseinheiten, beurteilt werden.

Die von *Rudolf Johns* vorgeschlagene finanzwirtschaftliche Deckungsrechnung ist eine Vollvermögensrechnung, die auf einem buchungsmäßigen Verbund mit der Haushaltsrechnung basiert. Jedem Vermögensteil wird nach dem Prinzip der Einzeldeckung seine jeweilige Finanzierung zugeordnet. Über die gesteigerte Aussagekraft hinaus hat dies den Vorteil, daß ein Reinvermögensausweis, der für Bilanzen öffentlicher Verwaltungen umstritten ist, vermieden wird. Wie Mülhaupt aufzeigte, trägt die Deckungsrechnung in idealer Weise der Eigenart der Haushaltswirtschaft Rechnung und erlaubt es, Haushalts- und Vermögensrechnung unter das einheitliche Oberziel des Nachweises von Mittelherkunft und Mittelverwendung zu stellen.[6]

Dieser finanzwirtschaftlichen Aufgabe gebührt, wie *Ludwig Mülhaupt* stets zu Recht betonte, der Vorrang vor einer wirtschaftspolitischen Ausrichtung des Rechnungswesens öffentlicher Verwaltungen, denn Hauptziel des gesamten öffentlichen Rechnungswesens muß die Rechenschaftslegung gegenüber dem Bürger und Steuerzahler, ggf. vertreten durch Aufsichts- und Prüfungsbehörden, sein.[7]

5 Vgl. z.B. Rudolf Johns, Die Vollrechnung der Gemeinden, in: Zeitschrift für handelswissenschaftliche Forschung (ZfhF), 32. Jg., 1938, S. 145-176 und S. 193-212, derselbe, Die öffentliche Bilanz, in: Wirtschaftslenkung und Betriebswirtschaft, Festschrift für Ernst Walb, Leipzig 1940, S. 165-182, derselbe, Das Problem der öffentlichen Vermögensrechnung und seine Lösung, Würzburg 1943, Ludwig Mülhaupt, Das Problem der gemeindlichen Vermögensrechnung in betriebswirtschaftlicher und finanzwirtschaftlicher Betrachtung, in: ZfhF, 34. Jg., 1940, S. 305-330, derselbe, Probleme der kommunalen Vermögensrechnung, in: Der öffentliche Haushalt, 11. Jg., 1970, S. 117-136, derselbe, Ziele und Aussagewert eines modernen öffentlichen Rechnungswesens, in: Betriebswirtschaftliche Erkenntnisse für Regierung, Verwaltung und öffentliche Unternehmen, hrsg. von Peter Eichhorn, Baden-Baden 1985, S. 75-95, Ludwig Mülhaupt und Jürgen Gornas, Finanzwirtschaftliches und betriebswirtschaftliches Rechnen in Gemeinden, in: Der öffentliche Haushalt, 14. Jg., 1973, S. 15-46.

6 Ludwig Mülhaupt, Ziele und Aussagewert eines modernen öffentlichen Rechnungswesens, a.a.O., S. 87.

7 Ebenda.

Wesentliche Aufgaben einer öffentlichen Vermögensrechnung bzw. Bilanz, die allerdings nur bei Vollständigkeit der Rechnung und Anwendung des Prinzips der Einzeldeckung umfassend erfüllt werden können, sind:

- Darlegung des Investitions- und Finanzierungsgebarens.
  - Aufteilung der Mittel auf Verbrauch oder Zukunftsvorsorge (Investitionen).
  - Verteilung der Finanzierungslast auf Vergangenheit, Gegenwart oder Zukunft.
  - Abschätzung der zukünftigen Zins- und Tilgungsleistungen.
- Erleichterung der Kontrolle, ob die vom Gesetzgeber geschaffenen Regeln für den Haushaltsausgleich eingehalten wurden.
- Ermöglichung von Finanzkraftvergleichen zwischen öffentlichen Haushalten, insbesondere bei Gemeinden und Ländern.
- Gewinnung von Daten für die mehrjährige Finanzplanung, die volkswirtschaftliche Gesamtrechnung und die Wirtschaftspolitik.
- Lieferung von Informationen zur Beurteilung der Wirtschaftlichkeit des Verwaltungshandelns. (Ergänzung von Kostenrechnung und Kosten-Nutzen-Analysen).

Während die reine Deckungsbilanz nur mit finanzwirtschaftlichen Abschreibungen arbeitet, setzt die Erfüllung der zuletzt genannten Aufgabe auch die Berücksichtigung betriebswirtschaftlicher Werteverzehre voraus. Als Kritik an der finanzwirtschaftlichen Deckungsbilanz wird deshalb häufig angeführt, daß sie nur historische Anschaffungs- oder Herstellungskosten und keine für die betriebswirtschaftliche Analyse relevanten aktuellen Werte, insbesondere beim abnutzbaren Anlagevermögen, liefere. Aber auch dies vermag das von Mülhaupt präferierte Modell einer öffentlichen Vermögensrechnung durch Verbindung von finanzwirtschaftlichen und betriebswirtschaftlichen Zielsetzungen zu leisten.[8]

Auf der Aktivseite der Bilanz werden betriebswirtschaftliche Abschreibungen zur Erfassung des Werteverzehrs und auf der Passivseite finanzwirtschaftliche Abschreibungen (der betreffenden Aktiva) bei endgültiger Deckung durch ordentliche Einnahmen durchgeführt. Die Aktiva weisen mithin neben dem Geldvermögen und dem nicht abnutzbaren Sachvermögen die Restbuchwerte des abnutzbaren Sachanlagevermögens aus, während die Passiva die noch nicht endgültig gedeckten Vermögensteile zeigen. Vermögensobjekte, bei denen die Gebrauchsminderungen durch laufende Unterhaltung ausgeglichen werden, können ohne planmäßige betriebswirtschaftliche Abschreibungen verbleiben.

8 Ludwig Mülhaupt, Die Konzeption des baden-württembergischen Innenministeriums zur gemeindlichen Vermögensrechnung, in: Betriebswirtschaftliche Erkenntnisse für Regierung, Verwaltung und öffentliche Unternehmen, hrsg. von Peter Eichhorn, a.a.O., 1985, S. 185-216, hier S. 199 f.

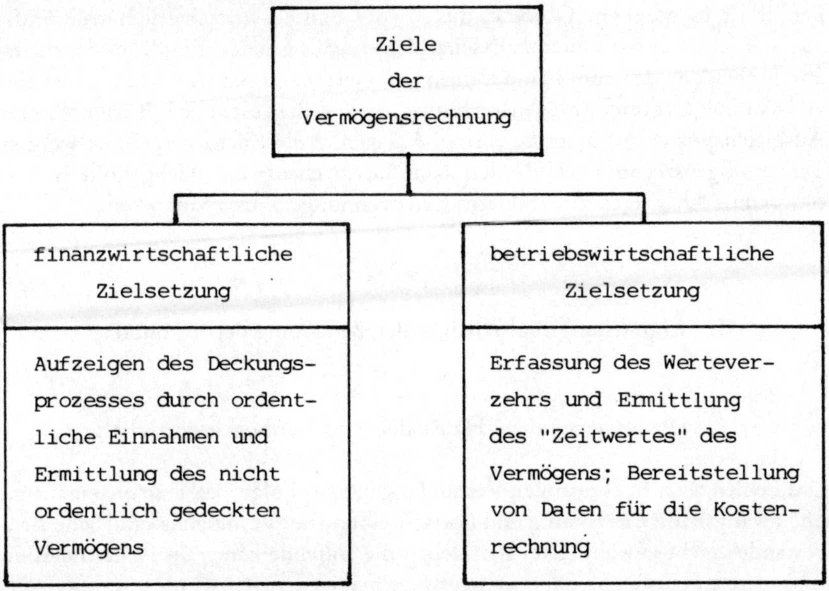

Abb. 2: Finanz- und betriebswirtschaftliche Ziele der Vermögensrechnung

Vermögen — Vermögensrechnung	Deckung
Ausweis des "Zeitwertes" des Vermögens (z.B. Restbuchwerte der Sachanlagen)	Ausweis der finanzwirtschaftlichen Deckung des Vermögens
- betriebswirtschaftliche Abschreibung des Vermögens zur Erfassung des Werteverzehrs	- finanzwirtschaftliche Abschreibungen auf das entsprechende Vermögen zur Erfassung der endgültigen Deckung durch ordentliche Einnahmen

Abb. 3: Vermögensrechnung nach Johns und Mülhaupt, die sowohl finanz- als auch betriebswirtschaftlichen Zielsetzungen genügt.

Ferner ist es möglich, Objekte, die sowohl betriebswirtschaftlich vollständig abgeschrieben als auch finanzwirtschaftlich endgültig gedeckt sind, aus der Bilanz auszuscheiden oder zum Erinnerungswert weiterzuführen. Anzustreben ist eine vollständige Gesamtvermögensrechnung. Soweit dies nicht erfüllt ist, sollte ein Ausgleichsposten für nicht bewertete Anlagen in die Bilanz eingeführt werden. Teilvermögensrechnungen können dann durch schrittweise nachgeholte Bewertung von Sachanlagen zu Vollvermögensrechnungen ausgebaut werden.

III. Darstellung und Analyse der Bedeutung der Verbundart

1. Die unverbundene Haushalts- und Vermögenswirtschaft

Das Fehlen einer buchmäßigen Verbindung hat zur Folge, daß eine systematische und zwangsläufige Erfassung und Fortschreibung des Vermögens- und Schuldenbestandes nicht gewährleistet ist. Neben die laufende kameralistische Buchführung tritt eine in mehr oder weniger regelmäßigen Zeitabständen stattfindende Bestandsaufnahme für die Vermögensrechnung. Erleichtert wird die Inventarisierung durch die Zweiteilung der kameralistischen Rechnung in den Verwaltungs- und den Vermögenshaushalt, wobei im letzteren die vermögens- und schuldenwirksamen Vorgänge der laufenden Haushaltswirtschaft verbucht werden. Die Rechnungslegung über das Vermögen und die Schulden in unverbundener Form ist in zahlreichen Varianten möglich. Nach der erstmaligen Bestandsaufnahme kann eine statistische Fortschreibung in einem besonderen Sachbuch für das Vermögen erfolgen.[9] Da keine systematische Buchungsverbindung zur Haushaltswirtschaft besteht, ist es auch möglich, Statistiken zu führen, in denen der Bestand der Vermögensgegenstände zumindest teilweise nur mengenmäßig, also ohne Wertangabe, nachgewiesen wird. Die unverbundene Vermögensrechnung läßt es auch zu, daß auf den Ansatz bestimmter Vermögensgegenstände ganz verzichtet wird oder daß sie mit anderen Werten in der Vermögensrechnung als in der Haushaltswirtschaft Berücksichtigung finden.

Da keine buchmäßige Verbindung vorliegt, kommt es auch nicht zwangsläufig zur Aufstellung einer Bilanz, die etwa vergleichbar wäre mit einer kaufmännischen. Der Rechnungsabschluß der unverbundenen Vermögensrechnung stellt häufig eine Statistik dar, die die Anfangs- und Endbestände des Vermögens und der

9 Vgl. Klaus v. Wysocki, Kameralistisches Rechnungswesen, Stuttgart 1965, S. 42.

Schulden gegenüberstellt. Der Saldo aus Vermögen und Schulden wird häufig dann auch noch zu Unrecht als Reinvermögen bezeichnet.[10] Es handelt sich jedoch hier nicht um eine Schuld gegenüber Eigenkapitalgebern oder um Haftungskapital, sondern um den rechnerischen Gegenposten zu den Vermögensgegenständen, die bereits durch ordentliche Haushaltsmittel endgültig gedeckt sind.

Der Aufwand für die Bestandsaufnahmen ist bei einer unverbundenen Vermögensrechnung in erheblichem Umfang abhängig von der Art der Datenerfassung. Unter dem Gesichtspunkt der Kostenwirtschaftlichkeit ist es daher ganz wesentlich, daß die Vermögensrechnung zumindest im Erfassungsverbund mit der Haushaltsrechnung geführt wird, wobei die Vermögensrechnung möglichst weitgehend automatisch, z.B. mit Hilfe von EDV, aus den Basisdaten ableitbar sein sollte.

Ein zentrales Problem bei der Erstellung vollständiger Vermögensrechnungen für öffentliche Verwaltungen ist die Bewertung des öffentlichen Vermögens.[11] Insbesondere bei Objekten im Gemeingebrauch wie z.B. Straßen, Plätzen, Brücken, Schulhöfen und Gewässern bewirkt der Einmaligkeitscharakter, daß kein Verkehrswert existiert. Da sie nicht der Erzielung von Gewinnen dienen, sondern einen öffentlichen Bedarf zu decken haben, fehlen für sie auch die Anhaltspunkte zur Ableitung eines Ertragswertes im erwerbswirtschaftlichen Sinn. Bei der unverbundenen Vermögensrechnung besteht die Möglichkeit, auf die Bewertung bestimmter Vermögensgegenstände ganz zu verzichten oder sie mit anderen Werten anzusetzen, als sie sich aus der laufenden kameralistischen Rechnung ergeben würden. Die unverbundene Vermögensrechnung bietet somit den Vorteil einer größeren Flexibilität in bezug auf die einzubeziehenden Objekte und ihre Bewertung im Vergleich zum Buchungsverbund.

Das hohe Maß an Flexibilität beinhaltet aber auch gleichzeitig die Schwächen des Konzepts. Der Vorteil, daß das Gesamtvermögen in verschiedenen Wertkategorien dargestellt werden kann, bewirkt gleichzeitig auch einen Verlust an Aussagekraft, da der externe Adressat einer Vermögensrechnung die Addition von Anschaffungswerten, Verkehrswerten und Restbuchwerten, die den Gesamtvermögenswert ergeben, nicht nachvollziehen kann. Änderungen des Reinvermö-

10 Vgl. Herbert König und Erhard Wobser, Öffentliches Rechnungswesen im Fortschritt der Automation, Berlin, Köln und Frankfurt am Main o.J. (1967), S. 19ff.

11 Zur Bewertungsproblematik bei Verbundrechnungen vgl. Klaus Lüder, Zur Bewertungsproblematik bei finanziellen Verbundrechnungen der öffentlichen Hand, in: Entwicklungsperspektiven des öffentlichen Rechnungswesens, Speyerer Forschungsberichte Nr. 48, Speyer 1986, hrsg. von Klaus Lüder, S. 89-107 und Lothar Streitferdt, Besonderheiten und Probleme der Bewertung im öffentlichen Rechnungswesen unter besonderer Berücksichtigung von Verbundrechnungen, in: Entwicklungsperspektiven des öffentlichen Rechnungswesens, hrsg. von Klaus Lüder, a.a.O., S. 71-88.

gens können dabei auch ausschließlich aus außerhaushaltsmäßigen Vorgängen resultieren, so z.B. wenn sich die Verkehrswerte geändert haben. Dies kann bewirken, daß Einflüsse der Haushaltswirtschaft auf die Vermögenswirtschaft konterkariert werden.[12] Ein Ansatz zu Tages- bzw. Verkehrswerten ist vielfach nicht auf Basis eines intersubjektiv nachprüfbaren einheitlichen Bewertungsmaßstabes möglich und beinhaltet somit eine gewisse Willkürgefahr. Dies ist der Grund dafür, daß in der Literatur einem Ansatz zu Anschaffungs- oder Herstellungskosten, abgeleitet aus der laufenden kameralistischen Buchführung, weitgehend der Vorzug gegeben wird.[13] Eine fehlende buchungsmäßige Verbindung kann dazu beitragen, daß die Wirkungen der Vorgänge der Haushaltswirtschaft auf das Vermögen und umgekehrt die Vorgänge der Vermögenswirtschaft auf die Haushaltswirtschaft nicht in ausreichendem Maße deutlich werden. Ohne einen systematischen Verbund ist nicht gewährleistet, daß es zu einer vollständigen und zwangsläufigen Erfassung und Fortschreibung der Vermögens- und Schuldenbestände kommt. Das Ergebnis der Haushaltsrechnung, in der den Etatziffern des Haushaltsplans die zur Zahlung angeordneten Beträge gegenübergestellt werden, bleibt ohne umfassende Vermögensrechnung ohne große Aussagekraft. Es läßt sich kaum erkennen, ob ein Haushaltsausgleich erst durch Veräußerungserlöse von Vermögensgegenständen ermöglicht wurde oder ob er auf ordentlichen Haushaltseinnahmen basiert.[14]

Erst wenn die Haushaltsrechnung durch eine vollständige und nach festgelegten Bewertungsregeln erstellte Vermögensrechnung ergänzt wird, ist es möglich, zu beurteilen, wie solide ein Haushalt finanziert wurde und mit welchen Belastungen in der Zukunft gerechnet werden muß.[15] Die Erfüllung dieser Aufgaben ergibt sich bei einer unverbundenen Vermögensrechnung nicht so zwangsläufig wie dies bei einer verbundenen der Fall ist. Es müssen bei der unverbundenen Form ergänzende Festlegungen und Regelungen hinzutreten, um zu einer aussagefähigen Vermögensrechnung zu kommen. Eine wesentliche Voraussetzung ist der Erfassungsverbund, den auch die Forderung nach Kostenwirtschaftlichkeit der Rechnungslegung nahelegt.

13 Vgl. Ludwig Mülhaupt, Die öffentliche Vermögensrechnung, a.a.O., S. 123, Otto Helmert und Herbert König, Die Vermögensrechnung des Bundes, Kommentar zur Buchführungs- und Rechnungslegungsverordnung für das Vermögen des Bundes (VBRO), 2. Aufl., Berlin 1963, S. 19.

14 Vgl. Ludwig Mülhaupt, Die öffentliche Vermögensrechnung, a.a.O., S. 106, derselbe, Ziele und Aussagewert eines modernen öffentlichen Rechnungswesens, a.a.O., S. 81.

15 Vgl. Ludwig Mülhaupt, Ziele und Aussagewert eines modernen öffentlichen Rechnungswesens, a.a.O., S. 83.

2. Die teilverbundene Haushalts- und Vermögenswirtschaft

Bei der Teilverbundrechnung wird nur für einen Teilbereich des öffentlichen Vermögens ein Buchungsverbund zwischen Haushalts- und Vermögenswirtschaft hergestellt. Üblicherweise handelt es sich dabei um das sogenannte Geldvermögen, weshalb auch von einer Geldvermögensrechnung gesprochen wird.[16] Das Sachvermögen wird dagegen außerhalb der Rechnung in besonderen Verzeichnissen erfaßt.[17] Auf diese Weise soll das Bewertungsproblem beim Sachvermögen gelöst werden. Der Teilverbund bewirkt, daß zwangsläufig und ohne besondere Nebenrechnung das Geldvermögen und die Schulden erfaßt und fortgeschrieben werden.

Die Buchführung über das Geldvermögen und die Schulden wird in der Teilverbundrechnung in einem speziell dafür eingerichteten Geldvermögenssachbuch, in Form des kameralistischen Sachbuchkontos, durchgeführt. Dabei nimmt die Einnahmeseite die Aktiva und die Ausgabeseite die Passiva der Vermögensrechnung auf. Im Vierspaltensystem werden der Anfangsbestand, die Zu- und Abgänge und der Endbestand eines Postens verbucht. Die buchmäßige Verbindung zwischen Haushalts- und Vermögenswirtschaft beruht auf dem Prinzip der wechselbezüglichen Verrechnung.

Durch die Aktivierung der Tilgungsansprüche gewinnt die Teilverbundrechnung gegenüber der unverbundenen Vermögensrechnung erheblich an Aussagekraft, da dadurch das Ausmaß der Nachdeckungsverpflichtung für das Sachvermögen deutlich wird. Dies erlaubt Rückschlüsse darauf, ob die in Zukunft zu erwartenden Deckungsmittel (Steuern, Gebühren u.a.) für die Tilgungsverpflichtungen ausreichen und wie groß der finanzielle Spielraum sein wird. Der Nachteil dieses Konzepts ist die fehlende Erfassung des Sachvermögens.

3. Die vollverbundene Haushalts- und Vermögenswirtschaft

Der bei der Teilverbundrechnung nur für das Geldvermögen bestehende Buchungsverbund wird bei der Vollvermögensrechnung auf das gesamte Vermögen ausgeweitet. Dies bedeutet, daß neben dem Geldvermögen auch das Sachvermögen einbezogen wird. Wie bei der Teilverbundrechnung wird auch hier

16 Vgl. Werner Buchholz, Verbundrechnung versus Teilrechnung, in: Entwicklungsperspektiven des öffentlichen Rechnungswesens, hrsg. von Klaus Lüder, a.a.O., S. 27-38, hier S. 34, Hans Taxis, Die württembergische Teilverbundrechnung, in: Der öffentliche Haushalt, 11. Jg., 1970, S. 106-107.

17 Vgl. Ludwig Mülhaupt, Neuere Entwicklungen auf dem Gebiet des Gemeinderechnungswesens in Westdeutschland, in: Gemeindewirtschaft und Unternehmenswirtschaft, Festgabe für Rudolf Johns, hrsg. von Ludwig Mülhaupt und Karl Oettle, Göttingen 1965, S. 15-49, hier S. 29.

mit Hilfe der Technik der wechselbezüglichen Verrechnung eine vollständige und richtige Erfassung der Vermögens- und Schuldenänderungen in einem geschlossenen Rechnungswerk gewährleistet. Ein vermögens- oder schuldenwirksamer Vorgang, der sich in der Verwaltungskameralistik im Vermögenshaushalt niederschlägt, führt automatisch zu einer Verbuchung in der Vermögensrechnung.

Bei einer Aufteilung der Bilanz in horizontale Schichten, wie von *Rudolf Johns* und *Ludwig Mülhaupt* vorgeschlagen, kann jeder Vermögensart oder jedem Aufgabenbereich ein Einzeldeckungskonto zugeordnet werden, wodurch sichtbar wird, auf welche Weise das Vermögen finanziert wurde. Der finanzwirtschaftlichen Orientierung der Vermögensrechnung ist grundsätzlich der Vorzug zu geben gegenüber einer rein leistungswirtschaftlichen Ausrichtung. Dadurch, daß eine finanzwirtschaftliche Bilanz den Deckungs- bzw. Verschuldungsgrad des Vermögens transparent macht, lassen sich Aussagen über die zukünftigen Haushaltsbelastungen durch Tilgungs- oder Zinsverpflichtungen und andere Folgekosten machen. Dies erleichtert die Finanzplanung eines öffentlichen Haushalts ganz erheblich, da der künftige Finanzbedarf bzw. der finanzielle Spielraum besser abschätzbar wird. Eine finanzwirtschaftlich orientierte, vollständige Vermögensrechnung macht zudem deutlich, inwieweit die finanziellen Mittel des Haushalts sich auf die Zusammensetzung des Vermögens und damit auf die zukünftige Leistungskraft der öffentlichen Verwaltung ausgewirkt haben.[18] Durch den Vergleich der Bilanzen mehrerer aufeinanderfolgender Jahre wird der Deckungs- und Verschuldungsverlauf des öffentlichen Vermögens erkennbar. Auch der Vergleich mit Bilanzen anderer öffentlicher Verwaltungen kann wertvolle Informationen über das Finanzierungsverhalten liefern.

Bei einer Vollverbundrechnung auf der Basis des Prinzips der Einzeldeckung werden die Rückwirkungen der Haushaltswirtschaft auf Vermögen und Schulden am besten offengelegt. Da wegen des Buchungsverbunds grundsätzlich auch in der Vermögensrechnung mit finanzwirtschaftlichen Größen gerechnet wird, reduziert sich die Bewertungsproblematik. Die Verfolgung des Anschaffungswertprinzips besitzt den Vorzug, daß sich die Anschaffungs- oder Herstellungswerte ohne großen Aufwand auf Basis der Daten der kameralistischen Rechnung ermitteln lassen. Auch das Problem der Erstbewertung von Vermögensgegenständen, deren Anschaffungs- oder Herstellungswerte nicht mehr feststellbar sind, tritt bei einer finanzwirtschaftlichen Bilanz in den Hintergrund, da solche Objekte i.d.R. bereits endgültig gedeckt sein dürften und somit aus der Bilanz ausgeschieden werden können.

Als Nachteil einer rein finanzwirtschaftlich orientierten Vollverbundrechnung ist

18 Vgl. Ludwig Mülhaupt, Die öffentliche Vermögensrechnung, a.a.O., S. 119.

zu sehen, daß sie keine betriebswirtschaftlichen Informationen sowie Angaben über die Erhaltung der Leistungskraft der Verwaltung liefert. Der erste Kritikpunkt wird durch das von *Ludwig Mülhaupt* vorgeschlagene und bereits dargelegte Vermögensrechnungsmodell, das sowohl betriebswirtschaftliche als auch finanzwirtschaftliche Abschreibungen gleichzeitig ermöglicht, entkräftet. Zum zweiten Punkt wurde in der Literatur der Vorschlag gemacht, die Erhaltung der Leistungskraft der Verwaltung durch Ausweis von Erneuerungssoll-Beträgen aufzuzeigen.[19] Fehlende Zuführungen zu den Erneuerungssoll-Beträgen würden zu Erneuerungsresten führen und als Schulden des laufenden Haushaltsjahres gegenüber zukünftigen Haushaltsjahren aufgefaßt werden. Eine erhebliche Erweiterung der öffentlichen Rechnungslegung strebt *Karl Oettle* an, der die Ergebnisse des Rechnungswesens in einem größeren Beurteilungsrahmen darstellen will. Er schlägt eine Ergänzung der finanzwirtschaftlichen Zielerreichungsbilanz um eine Kräfteverteilungsbilanz und eine leistungswirtschaftliche (Kapazitäts-) Deckungsbilanz vor.[20]

Die klassische Form der Vollverbundrechnung stellt die doppelte kaufmännische Buchführung dar. Bei der doppelten kaufmännischen Buchführung werden im Rahmen der öffentlichen Rechnungslegung leistungswirtschaftliche und finanzwirtschaftliche Ziele miteinander verbunden. Wie die Beispiele der Verwaltungsrechnungslegung in der Schweiz und in den österreichischen Bundesländern Tirol und Vorarlberg zeigen, ist auch die kaufmännische Doppik, bei der zwangsläufig eine vollständige Vermögensrechnung erstellt wird, ein geeignetes und zweckmäßiges Buchungssystem für die öffentliche Verwaltung.[21]

IV. Abschließende Beurteilung

Wie insbesondere *Mülhaupt* wiederholt nachgewiesen und aufgezeigt hat, kommt einer vollständigen und möglichst verbundenen Vermögensrechnung für öffent-

19 Vgl. Karl Oettle, Notwendigkeit und Grenzen öffentlicher Vermögensrechnungen, in: Finanz- und Geldpolitik im Umbruch, hrsg. von Heinz Haller und Horst Claus Recktenwald, Mainz 1969, S. 327-353, hier S. 348.

20 Karl Oettle, Gründe für die Verwendungsorientierung der Vermögensdarstellung in öffentlichen Bilanzen, in: Zeitschrift für betriebswirtschaftliche Forschung (ZfbF), 36. Jg., 1984, S. 1005-1013, hier S. 1012 f.

21 Vgl. Hans Peter Wehrli, Öffentliches Rechnungswesen in der Schweiz, in: Entwicklungsperspektiven des öffentlichen Rechnungswesens, hrsg. von Klaus Lüder, a.a.O., S. 39-51, Ernst Buschor, Deckungspolitik und öffentliche Bilanz, in: Der Schweizer Treuhänder, 56. Jg., Heft Nr. 8, 1982, S. 6-17, Herbert König und Erhard Wobser, Öffentliches Rechnungswesen im Fortschritt der Automation, a.a.O., S. 60 ff., Reinbert Schauer, Das System der integrierten Haushaltsverrechnung in Österreich, in: Betriebswirtschaftliche Erkenntnisse für Regierung, Verwaltung und öffentliche Unternehmen, hrsg. von Peter Eichhorn, a.a.O., S. 217-233.

liche Verwaltungen bezüglich der Rechenschaftslegung erhebliche Bedeutung zu. Ähnlich wie für die Diskussion um die Anwendung der Doppik oder der Kameralistik in der öffentlichen Verwaltung gilt auch für die Art der Verbundform, daß es nicht so sehr auf die Verbuchungstechnik sondern auf den Inhalt des Rechenwerks ankommt. Wichtig ist die Führung einer möglichst vollständigen Vermögensrechnung unter Einbeziehung des Sachanlagevermögens mit finanzwirtschaftlichem und betriebswirtschaftlichem Aussagegehalt. Die Art der Verknüpfung zwischen Haushalts- und Vermögensrechnung muß den Anforderungen der Kostenwirtschaftlichkeit genügen und daher Doppelerfassungen vermeiden. Ferner sollte der Grundsatz der Bewertungsstetigkeit und Bewertungseinheitlichkeit eingehalten und das Ergebnis durch Bewertungsmanipulationen der Vermögensrechnung nicht wesentlich veränderbar sein. Diesen Anforderungen kann auch ein Erfassungsverbund, ergänzt um feste Regeln für die Ableitung der Vermögensrechnung aus der Haushaltsrechnung, genügen, wie das Beispiel der gemeindlichen Vermögensrechnung in Baden-Württemberg nach der Gemeindehaushaltsverordnung von 1984 zeigt.[22] Der hier verwendete Erfassungsverbund gestattet es, daß die Vermögensrechnung bezüglich der Quantität und der Qualität ihres Inhalts gleichsam im Baukastenverfahren bedarfsgerecht erweitert werden kann. Insbesondere bei EDV-Einsatz werden auch nahezu alle Verbundvorteile wie Vermeidung von Doppelarbeit, rasche Erstellung des Abschlusses auf vorhandener Datenbasis und hohe Systemtransparenz realisiert.[23]

22 Vgl. hierzu ausführlicher Ludwig Mülhaupt, Die Konzeption des baden-württembergischen Innenministeriums zur gemeindlichen Vermögensrechnung, a.a.O., S. 185-216.

23 Vgl. Werner Buchholz, Verbundrechnung versus Teilrechnung, a.a.O., S. 37.

Das Rechnungswesen der Bundeswehr

von *Manfred Timmermann*

I. Einleitung

Verteidigungsleistungen dienen der Aufrechterhaltung der äußeren Sicherheit der Bundesrepublik Deutschland. Sie sind daher primär nicht auf die Erreichung ökonomischer Wirkungen ausgerichtet. Gleichwohl spielen ökonomische Faktoren eine wichtige Rolle. Bei der Festlegung des jährlichen Haushalts muß bei vorgegebenem Gesamtplafond ein sinnvoller Kompromiß zwischen den einzelnen, miteinander konkurrierenden Aufgaben und ihren Prioritäten gefunden werden. Die gesetzliche Vorgabe einer sparsamen und wirtschaftlichen Mittelverwendung erfordert daher ein funktionierendes Rechnungswesen, das auf die spezifischen Belange der Bundeswehr ausgerichtet ist.

Von einem in der Privatwirtschaft üblichen betrieblichen Rechnungswesen mit den Teilbereichen Kostenrechnung und Finanzrechnung existierte bis 1970 in der Bundeswehr (Bw) nur die der Finanzrechnung der privaten Unternehmen mit Einschränkungen vergleichbare kameralistische Haushaltsrechnung. Infolge ihrer Kapitel- und Titelbezogenheit konnte sie keine Informationen über den innerbetrieblichen Güterverbrauch und den Leistungsprozeß in den Kostenstellen (Verbänden, Dienststellen und Einrichtungen) der Bw sowie über die Zurechnung von Kosten auf Kostenträger (Leistungen der Bw) liefern.

Durch die Gegenüberstellung der Soll-Ansätze des Haushaltsplans und der Ist-Ergebnisse der Haushalts- und Wirtschaftsführung läßt die kameralistische Buchführung zwar erkennen, ob die mittelverwaltenden Dienststellen die ihnen zugewiesenen Haushaltsmittel eingehalten oder überschritten haben. Da sie aber letztlich nur über die reinen Geldbewegungen Aufschluß gibt, erlaubt sie keine Bewertung, ob dem Gebot der Wirtschaftlichkeit und Sparsamkeit (§ 34 BHO) entsprochen worden ist.

Deshalb wurde, analog zur Kostenrechnung der Industrie, eine auf die spezifischen Belange der Bw ausgerichtete Bundeswehr-Kostenrechnung als zweite Komponente des Rechnungswesens entwickelt und eingeführt. Sie soll in erster Linie Bewertungsmaßstäbe für die Planaufstellung, die Planüberwachung und die Kontrolle der Wirtschaftlichkeit liefern.

Parallel hierzu tritt die Bedeutung eines »aktiven Kostenmanagement« immer stärker in den Vordergrund. Ursächlich hierfür sind die mit den langen Entwicklungs- und Beschaffungszeiträumen von Wehrmaterial verbundenen Unwägbarkeiten im Kostenverlauf der einzelnen Phasen. Entstandene Abweichungen von den ersten Planüberlegungen (bezüglich Kosten – Zeit – Leistungsinhalt) können gegebenenfalls zu spezifischen parlamentarischen Kontrollen führen. Deshalb hat der Bundesminister der Verteidigung vielfältige Initiativen eingeleitet, die darauf abzielen, verstärkt Instrumente der Programmsteuerung zur Kosten- und Leistungsoptimierung zu nutzen und einzusetzen. Dies erfordert ein neues Verständnis in der Zusammenarbeit von Amt und Industrie. Diesbezügliche positive Erfahrungen bestätigen die Richtigkeit dieses Ansatzes.

II. Haushaltsrechnung

1. Aufstellung des Haushalts-/Finanzplans

- Die Aufstellung des jährlichen Haushalts- und Finanzplans des Bundes wird mit einem Rundschreiben des Bundesministers der Finanzen eingeleitet. Grundlage hierfür ist die der Bundesregierung zustehende Budgetinitiative, die wie die Kompetenz des Parlaments zur Feststellung des Haushaltsplans verfassungsrechtlich normiert ist (Art. 110 Grundgesetz).
  Der bei der Ausübung der Budgetinitiative federführende Bundesminister der Finanzen übt einen erheblichen Einfluß auf die Aufstellung des Haushaltsplanentwurfs und des Finanzplans aus. In seinem Aufstellungsrundschreiben steckt er den finanzpolitischen Rahmen ab und gibt konkrete Begrenzungen in Teilbereichen vor. Die jährlich fortzuschreibende mittelfristige Finanzplanung des Bundes hat sich als das geeignetere Instrument erwiesen, den Mittelbedarf sachgerecht einzubringen.
- Auf der Grundlage des Aufstellungsrundschreibens des Bundesministers der Finanzen gibt der Bundesminister der Verteidigung jährlich einen Haushaltsaufstellungserlaß für seinen Geschäftsbereich heraus, in dem die anfordernden Stellen (sog. Bedarfsträger) angewiesen werden, ihren Finanzmittelbedarf zu melden und im einzelnen zu begründen. Bedarfsträger der Bundeswehr sind z.B. die Teilstreitkräfte Heer, Luftwaffe und Marine.
  Grundlage für die Bedarfsermittlung ist der jeweils zum Jahresende erarbeitete und vom Minister gebilligte Bundeswehrplan.
- Bei der Erarbeitung der Haushaltsvoranschläge ist eine Reihe von Grundsätzen zu beachten. Verfassungsrechtlich verankert sind die Grundsätze der

Einheit und Vollständigkeit sowie des Ausgleichs des Haushaltsplans (Art. 110 GG).

Weitere gesetzliche Vorgaben sind vor allem

- der Grundsatz der Wirtschaftlichkeit und Sparsamkeit (§ 7 BHO), ein zentrales Gebot, das gleichermaßen für den Haushaltsvollzug gilt,
- das Prinzip der Fälligkeit (§ 11 BHO), nach dem nur kassenwirksame Einnahmen und Ausgaben eingestellt werden dürfen, ein angesichts der Größenordnungen im Bereich der militärischen Beschaffungen eminent wichtiger Grundsatz, dessen Nichtbeachtung den Haushaltsvollzug erheblich erschweren kann,
- das Bruttoprinzip (§ 15 BHO), nach dem ein Saldieren von Einnahmen und Ausgaben verboten ist, und vor allem auch
- der Grundsatz der Einzelveranschlagung (§ 17 BHO), der unter anderem eine nach »Zwecken« getrennte Veranschlagung der Ausgaben gebietet, eine Spezialisation, die der Übersichtlichkeit und Transparenz des Haushaltsplans dient, sachbezogene Haushaltsberatungen ermöglicht, in der Haushaltsbewirtschaftung allerdings zu einer gewissen Unbeweglichkeit führt.

- Der Finanzbedarf der Bundeswehr wird zum Voranschlag des Verteidigungshaushalts für das zu planende Haushaltsjahr und zum Beitrag des Verteidigungsressorts für die Finanzplanung des Bundes zusammengestellt und – nach Abgleich mit der Bundeswehrplanung und nach Billigung durch den Minister – an den Bundesminister der Finanzen übersandt. Gleichzeitig erhält der Bundesrechnungshof (BRH) die Voranschläge zur Kenntnis. Dadurch wird er in die Lage versetzt, die folgenden Haushaltsberatungen von Anfang an zu begleiten und in seiner Eigenschaft als Beauftragter für Wirtschaftlichkeit in der Bundeswehrverwaltung gegebenenfalls rechtzeitig beratend tätig zu werden. Die Anmeldungen des Bundesministeriums der Verteidigung werden mit dem Bundesminister der Finanzen bis auf Ministerebene erörtert, im Regelfall modifiziert und münden in den Regierungsentwurf des Haushaltsplans/Finanzplans.
- Die planerische Detailberatung des Verteidigungshaushalts obliegt vor allem dem Verteidigungsausschuß und dem Haushaltsausschuß des Deutschen Bundestages. Bei der Ausübung seines Budgetrechts kann der Bundestag auch bedingte Bewilligungen in Form sog. »qualifizierter Sperren« (§ 22 Satz 3 BHO) beschließen: Ein Ausgabenansatz wird unter der aufschiebenden Bedingung einer späteren Einwilligung des Parlaments bewilligt; eine als Ausnahmeregelung konzipierte Möglichkeit, die im Ergebnis eine Mitwirkung am Haushaltsvollzug bedeutet.

2. Vollzug des Haushalts

- Auch beim Vollzug des Haushalts ist eine Reihe von gesetzlichen Vorgaben zu beachten. Neben dem bereits erwähnten Grundsatz der Wirtschaftlichkeit und Sparsamkeit (§§ 7, 34 BHO) ist dies vor allem der Grundsatz der sachlichen und zeitlichen Bindung (§ 45 BHO). Die Bindung an Zweckbestimmung und Ansatz der einzelnen Titel des Haushaltsplans ist eine Konsequenz der Einzelveranschlagung (§ 17 BHO), die zeitliche Bindung eine Folge des Jährlichkeitsprinzips (§§ 1, 12 BHO).
  Um trotz dieser Bindungswirkungen eine gewisse Elastizität beim Haushaltsvollzug zu ermöglichen, ist eine Reihe von Ausnahmen zugelassen (siehe Punkt IV. 3. e).
- Für die zentrale Steuerung des Haushaltsvollzugs greift die Haushaltsabteilung des Bundesministers der Verteidigung auf monatliche Informationen von rund 2.500 mittelbewirtschaftenden Dienststellen zurück, die Aussagen zu folgenden Fragen enthalten:
  - Stand der Bewirtschaftung der einzelnen Titel
  - geschätzter Jahresbedarf je Titel
  - Inanspruchnahme von Verpflichtungsermächtigungen

  Als Steuerungsinstrumentarium stehen im wesentlichen zur Verfügung:
  - Steuerung des Mittelabflusses je Titel durch im Laufe des Haushaltsjahres erlassene Vorgaben; z.B. Einsparungserfordernis bis hin zum Ausgabenstop
  - Steuerung der Inanspruchnahme von im Haushaltsgesetz zugelassenen Deckungsmöglichkeiten zwischen verschiedenen Titeln durch die Haushaltsabteilung
  - Beantragung von nachträglichen Umschichtungen innerhalb des Verteidigungshaushalts (Anträge des Bundesministers der Verteidigung sind über den Bundesminister für Finanzen vom Parlament – Haushaltsausschuß – zu bewilligen)
  - Beantragung über- oder außerplanmäßiger Auslagen (Genehmigung durch den Bundesminister für Finanzen) im Falle unabweisbaren und unaufschiebbaren Bedarfs
  - Einbringung eines Nachtragshaushalts durch den Bundesminister für Finanzen, wenn sich der Bundeshaushalt in mehreren Bereichen als undurchführbar erweist (verkürztes Verfahren analog zur jährlichen Haushaltsaufstellung und -beratung)
- Die Hauptprobleme beim Haushaltsvollzug ergeben sich im Materialbereich. Hier ist die Bundeswehr in sehr starkem Maße auf die Kooperation der Wirtschaft angewiesen. Steuerungsmöglichkeiten in diesem Bereich sind

insoweit begrenzt. Daraus resultierende Probleme können an Hand der Auftragsstatistik der Bundeswehr verdeutlicht werden: Von den jährlich zu vergebenden über 1 Million Bundeswehr-Aufträgen an die Industrie werden rund 98 % dezentral, d.h. von nachgeordneten Dienststellen, vor allem von den Standortverwaltungen und der Truppe, vergeben. Demgegenüber entfallen nur je 1 % auf den Bundesminister der Verteidigung und das Bundesamt für Wehrtechnik und Beschaffung (zentrale Vergabe). Wertmäßig betrachtet ergibt sich jedoch ein ganz anderes Bild: Rund 3/4 des Auftragswertes wird zentral abgewickelt (davon Bundesamt für Wehrtechnik und Beschaffung rund 2/3), nur rund 1/4 des Auftragswerts im nachgeordneten Bereich. Insgesamt wird deutlich, daß mit Blick auf den Mittelabfluß eindeutig die zentrale Vergabe dominiert und eine gewisse Risikoverteilung zu Lasten der Großaufträge zu konstatieren ist. Die Folge sind – trotz eines speziellen DV-gestützten Rüstungsplanungsverfahrens – zum Teil erhebliche Planungsunsicherheiten oder Planabweichungen als Folge von Lieferschwierigkeiten, Streiks, Zeitverzögerungen bei internationalen Kooperationsvorhaben und anderes mehr.

III. Die Kostenrechnung der Bundeswehr

1. Aufgaben der Kostenrechnung in der Bundeswehr

a) Kontrolle des Betriebsgebarens

Als Bedarfsdeckungswirtschaft folgt die Bundeswehr nicht marktwirtschaftlichen Gesichtspunkten. Gewinnerzielung und sichere Marktstellung entfallen als Zielsetzung. Kostenrechnung in der Bundeswehr dient deshalb nicht der Preisermittlung (mit geringfügigen Ausnahmen). Sie hat innerbetriebliche Aufgaben des Verbrauchsnachweises und der Kalkulation, um Vergleichsrechnungen, Alternativentscheidungen (z.B. bei Übungen) u.ä. zu unterstützen, ohne die ein wirtschaftlicher Mitteleinsatz nicht möglich ist.
Die Teilbereiche, bei denen eine Leistungsmessung und die Zuordnung der entstandenen Kosten auf interne Leistungsträger (»fiktive« Kostenträger) erfolgen können, setzen entsprechende Kostenrechnungssysteme zur Kontrolle des Betriebsgebarens ein. Diese Voraussetzungen sind z.B. gegeben bei

– Instandsetzungsbetrieben der Bundeswehr

- Ausbildungseinrichtungen (Schulen, Universitäten)
- Krankenhäusern
- Liegenschaften
- sonstigen abgegrenzten Organisationsbereichen (z.B. Rechenzentren der Bundeswehr).

b) Ermittlung von Selbstkosten-Preisen

Die Ermittlung der Selbstkosten erfolgt immer dann, wenn die Bundeswehr Leistungen am Markt anbietet bzw. aus anderen Gründen Abrechnungen vornehmen muß. Gemessen am Gesamtkostenvolumen der Bundeswehr, entfällt ein geringer Kostenanteil auf solche Fälle. Beispiele:

- Hilfeleistungen der Bundeswehr in Katastrophenfällen und auf karitativem Gebiet
- wirtschaftliche Leistungen (Transporte, Ausbildung und Instandsetzung für befreundete Nationen)
- Inanspruchnahme gewerblicher Leistungen, denen gleichartige Leistungen der Bundeswehr gegenüberstehen (z.B. Grundinstandsetzung von Ketten- und Rad-Kraftfahrzeugen)

Die hierfür ermittelten Selbstkostenpreise dienen der Entscheidungsfindung für oder gegen Inanspruchnahme von Bundeswehrleistungen, dem Kostenvergleich zwischen Bundeswehr und Industrie bzw. der Weiterverrechnung erbrachter Leistungen.

c) Unterstützung der Bundeswehrplanung

Der Bereitstellung von Kostendaten für Planungszwecke kommt in der Bundeswehr eine vorrangige Bedeutung zu. Das Kostenrechnungssystem der Bundeswehr wurde primär hierfür entwickelt. Damit wurden die Voraussetzungen zur planerischen Bewertung der quantitativen und qualitativen Ausstattung der Bundeswehr geschaffen.

Im Rahmen der Planung sind folgende Aufgaben vorzunehmen:

- Kostenbewertung aller planungsrelevanten Vorhaben im Vorfeld des Bundeswehrplans
- Kosteninformation als Basis für Leitungsentscheidungen
- Aufstellung von Kostenplänen im Rahmen dieser innerbetrieblich orientierten Bundeswehr-Planung
- Kostenrechnerische Unterstützung von planerischen Überlegungen in allen Bundeswehrbereichen

Für diesbezügliche Kostenberechnungen werden kostenartenbezogene Richtwerte und Standards (aus der sog. »Kostenrichtlinie«) sowie kostenstellenbezogene Normwerte (aus dem Kostenrechnungsverfahren KOSMOS) herangezogen.

2. Verfahrenstechnische Voraussetzungen

a) Kostenartenplan

Nach der klassischen Dreiteilung bestehen auch in der Bundeswehr Abrechnungsverfahren für die
- Kostenartenrechnung,
- Kostenstellenrechnung und
- Kostenträgerrechnung.

Dabei ist die Kostenartenrechnung Grundlage und Voraussetzung für die Kostenstellen- und Kostenträgerrechnung. Sie erfaßt die bei der Erstellung einer Leistung (Produkt oder Dienstleistung) verbrauchten Sachgüter und Arbeitsleistungen und bewertet sie.

Die einzelnen Kostenarten ergeben sich aus ihrer Entstehung, z.B. als Arbeitskosten, Materialkosten, Fremdleistungen.

Analog zum Kostenartenplan bzw. Kontenrahmen der Industrie wurde ein auf die besonderen Verhältnisse der Bundeswehr abgestelltes Kostengliederungsschema entwickelt.

Bei der Festlegung der Anzahl der Kostenarten wurde der Grundsatz der Wirtschaftlichkeit, die besondere Art des Unternehmens, die Unternehmensgröße und das Maß der von der Unternehmensleitung erwarteten Informationen berücksichtigt. Darüber hinaus wurde die Notwendigkeit beachtet, jederzeit eine Querverbindung zur Haushaltsrechnung herstellen zu können. Dies erfolgt mit Hilfe einer sog. Kontenbrücke, in der jedem Haushaltstitel die entsprechenden Kostenarten zugeordnet sind.

Gleichzeitig ist dieses Schema verbindlich für die Darstellung und den Nachweis der Plankosten im Bundeswehrplan.

Die Kosten/Ausgaben der Klassen 2 und 3 entstehen unmittelbar durch den Betrieb der Kostenstellen der Bundeswehr, während die Kosten und Ausgaben der Klassen 1 und 4 durch das »Gesamtunternehmen Bundeswehr« verursacht werden und somit nur eine mittelbare Beziehung zu den einzelnen Kostenstellen haben.

Übersicht der Kosten-/Ausgabenarten

Forschung und Entwicklung Klasse 1	Investitionen Klasse 2	Betriebskosten Klasse 3	Allgemeine Bundeswehraufgaben Klasse 4
10 Wehrtechnische Forschung 11 Forschung außerhalb der Wehrtechnik 12 Entwicklungsvorbereitung 13-16 Wehrtechnische Entwicklung 17 Entwicklung außerhalb der Wehrtechnik	20 Material 200 Wehrmaterial 201 Standortgebundenes Material u. Ausstattungen der Verwaltungsdienststellen 202 Vorräte 21 Infrastruktur 210 Erwerb von Liegenschaften 211/212 Bau und erstmalige Instandsetzung von Gebäuden u. Anlagen 213 Liegenschaftsgerät	30 Personal 300 Allgemeine Personalkosten 301 Personalnebenkosten 31 Material 310 Einzelverbrauchsgüter u. Fremdleistungen zur Erhaltung u. Instandsetzung des Wehrmaterials 311 Einzelverbrauchsgüter u. Fremdleistungen zur Erhaltung u. Instandsetzung des standortgebundenen Materials u.d. Ausstattungen der Verwaltungsdienststellen 312 Verbrauch von POL 313 Verbrauch von Munition 314 Gerätemieten 315 Kalkulatorische Kosten auf Nichtverbrauchsgüter und Vorräte 32 Infrastruktur 320 Kosten der Unterhaltung 321 Kosten d. Bewirtschaftung 322 Mieten, Pachten und sonstige Abgaben 323 Kalkulatorische Kosten auf Gebäude u. Anlagen 33 Allgemeine Betriebskosten	40/41 Allgemeine Bundeswehr-Infrastruktur 42/43 Beiträge an NATO-Institutionen 44/45 Erstattung von Aufwendungen anderer Behörden 46/47 Ausgaben für weitere zentrale Bw-Aufgaben 48 Ausgaben, denen zweckgebundene Einnahmen gegenüberstehen

Abb. 1: Übersicht der Kosten-/Ausgabenarten

b) Kostenstellenplan

Neben den Kostenartenplan tritt der Kostenstellenplan eine weitere wichtige Grundlage der Kostenrechnung.
Die Kostenstelle als Ort der Kostenentstehung dient als Maßeinheit für die Kontrolle der Betriebsgebarens. Sie stellt eine organisatorische Planungseinheit dar.
Üblicherweise werden Kostenstellen nach räumlichen, organisatorischen, funktionellen oder rechentechnischen Gesichtspunkten gebildet.
Einen nach dem Funktionalitätsprinzip gegliederten Kostenstellenplan stellt in der Bundeswehr das Organisatorische Dienststellenverzeichnis dar. Kostenstellen sind z.B. Bataillone, Kompanien, Standortverwaltungen, Kreiswehrersatzämter oder Wehrbereichsverwaltungen. Innerhalb des übergeordneten Gesamtauftrages der Bundeswehr bilden diese organisatorischen Einheiten in sich geschlossene Funktionsbereiche mit fest umrissenen Aufgaben.
Mit Hilfe des Kostenstellenplans ist es möglich, die Kostenstellen der Bundeswehr auf höheren Organisationsebenen (Brigade, Geschwader, Divi-

sion, Korps) zusammenzuführen und damit letztlich das Kostenfeld der gesamten Bundeswehr darzustellen.

Die Gliederung der Kostenstellen entspricht den Anforderungen einer planungsorientierten Kostenrechnung. Eine darüber hinausgehende Aufgliederung in einzelne Funktionsbereiche analog zu privatwirtschaftlichen Unternehmen kann im Einzelfall erforderlich werden, wenn Leistungen der Bundeswehr mit Leistungen der Industrie kostenmäßig verglichen werden müssen.

c) Kostenträger in der Bundeswehr

Kostenträger sind in der betriebswirtschaftlichen Lehre und Praxis erzeugte Leistungen, als Güter und Dienstleistungen. In der Bundeswehr wird deshalb keine Kostenträgerrechnung im klassischen Sinn (zur Preisfindung und Nachkalkulation) durchgeführt. Nichtsdestoweniger erfolgt aber eine innerbetriebliche Leistungsabrechnung, die den Charakter einer Kostenträgerrechnung trägt.

Bei den erbrachten Leistungen sind naturgemäß die Sicherheitsleistungen gegen militärische Bedrohung als die originäre Aufgabe der Bundeswehr an erster Stelle zu nennen. Ein kollektives Bedürfnis (fast) aller Bürger, also eine Nachfrage nach dieser Leistung, kann unterstellt werden. Trotzdem entzieht sich diese Leistung aufgrund ihrer spezifischen Eigenart dem Marktgeschehen, d.h., sie hat keinen Marktwert. Eine Abrechnung gegenüber Dritten findet nicht statt; insoweit besteht keine Notwendigkeit für eine Kostenträgerrechnung.

Dagegen sind Dienstleistungen der Bundeswehr grundsätzlich abzurechnen, z.B.

- Einsatz von Rettungsmitteln (Hubschrauber, Kfz)
- Einsatz bei Naturkatastrophen
- auf karitativem Gebiet (z.B. Mitnahme kranker Personen in Luftfahrzeugen)
- auf wirtschaftlichem Gebiet

Einem privaten Unternehmen noch am ehesten vergleichbare Leistungen erbringt die Bundeswehr beim Einsatz auf wirtschaftlichem Gebiet. Hierzu einige Beispiele:

- Im Marinearsenal der Bundeswehr werden Schiffe anderer Nationen instandgesetzt.
- Die Luftwaffe bildet an ihren Schulen ausländische Piloten aus.
- Die Luftwaffe führt Transportleistungen für andere Nationen Institutionen aus.
- Die Bundeswehr wird in Sonderfällen auf wirtschaftlichem Gebiet tätig, wenn im Interesse der Ausbildung Leistungen für Privatunternehmer durchgeführt

werden, die auf dem Markt nicht angeboten werden (besondere Schwertransporte, Sprengungen etc.).
- Inanspruchnahme von Bundeswehr-Krankenhäusern durch Zivilpersonen.
- Inanspruchnahme von DV-leistungen der Großrechenzentren

In diesen Fällen wird der Preis für die von der Bundeswehr »produzierte« Leistug kalkulatorisch ermittelt, d.h., eine Kostenträgerrechnung durchführt.

Die hier angesprochenen Organisationsbereiche bedienen sich – wie eingangs erwähnt – spezifischer Kostenrechnungsverfahren zur Feststellung ihrer erbrachten Leistungen. Diese »fiktive« Kostenträgerrechnung dient vorrangig dem Bundeswehr-internen Leistungsvergleich (z.B. Vergleich gleichartiger Liegenschaften und deren Kostenverbräuche, Leistungsvergleiche der Instandsetzungs- oder Erprobungskapazitäten). Sie bieten darüber hinaus Entscheidungsgrundlagen für notwendige investive Ausgaben und interne Aufgabenschwerpunkte (z.B. Installation neuer Rechnergenerationen, Poolbildung amtseigener personeller Ressourcen). Last not least finden die hierfür gebildeten leistungsartenbezogenen Standards bei der Durchführung von Nutzen-/Kostenuntersuchungen Anwendung.

3. Das Kostenrechnungssystem der Bundeswehr

a) Istkostenrechnung

Die Istkostenrechnung mit
- Kostenartenrechnung (Ordnung der Kosten nach der Art ihrer Entstehung, Erfassung und Bewertung des Verbrauchs)
- Kostenstellenrechnung (Ermittlung der Kosten gesondert nach funktional oder organisatorisch abgegrenzten Bereichen)
- Kostenträgerrechnung (Ermittlung der Kosten für eine vom Betrieb erbrachte Leistung)

gibt Aufschluß über den effektiven Verbrauch von Gütern und Dienstleistungen für Kostenstellen und Leistungen in einer abgelaufenen Rechnungsperiode.

Die Istkostenrechnung ist unerläßliche Grundlage für die Plankostenrechnung, denn auf ihren Ergebnissen aufbauend werden planerische Bewertungsmaßstäbe für die Kostenarten-, Kostenstellen und Kostenträgerrechnung entwickelt.

b) Plankostenrechnung

Während die Istkostenrechnung Aufschluß über die in einer abgelaufenen Rechnungsperiode angefallenen Kosten geben kann, ist es Aufgabe der Plankostenrechnung, Normwerte für in der Zukunft liegende Zeiträume zu erarbeiten und vorzugeben.

Die im Rahmen der Plankostenrechnung der Bundeswehr zu entwickelnden Normwerte gliedern sich in

- Normwerte für Kostenarten
- Normwerte für Kostenstellen
- Normwerte für Kostenträger

Diese Normwerte ermöglichen es, im Rahmen der Planung von Projekten und Einzelmaßnahmen sowie bei der Bundeswehr-Planung Planmengen und Leistungen zu bewerten.

Den Gesamtzusammenhang verdeutlich folgendes Schaubild:

Als Grundlage für die Plankostenrechnung in der Bundeswehr wird jährlich eine *Kostenrichtlinie* veröffentlicht. Neben Standards und Richtwerten enthält die Kostenrichtlinie allgemein verbindliche Richtlinien für alle Teilbereiche der Kostenrechnung in der Bundeswehr.

Teil A dieser Richtlinie enthält Personalkostenstandards und Richtwerte für die Materialerhaltung in der für die Aufstellung des Bundeswehrplans notwendigen Detaillierung.

Teil B der Kostenrichtlinie enthält tiefer gegliederte und verfeinerte Rechenfaktoren für die Projektplanung, die Detailplanung auf Dienststellenebene und für Operations-Research-Analysen.

Im Teil C der Kostenrichtlinie werden die Grundlagen der Bundeswehrkostenrechnung

- Übersicht der Kosten-/Ausgabenarten
- Querverweis (Kontenbrücke) zum Haushalt (Einzelplan 14 »Verteidigung«)
- Begriffe für die Bundeswehrplanung

veröffentlicht.

c) Kostenstatistik

Aufgabe der Kostenstatistik ist es, die Ergebnisse aus dem Gesamtbereich der Kostenrechnung zu sammeln, zu ordnen, auszuwerten und auf Abruf jederzeit zur Verfügung zu stellen.

In zunehmendem Maße ermöglicht auch in diesem Bereich der Einsatz der DV, die Fülle des Datenmaterials zu speichern, zu verarbeiten und die Zugriffsdauer zu verkürzen. Ein zentral geführter Dateibestand steht allen Bereichen der Bundeswehr als Informationsquelle für die Planung und Führung der Bundeswehr zur Verfügung.

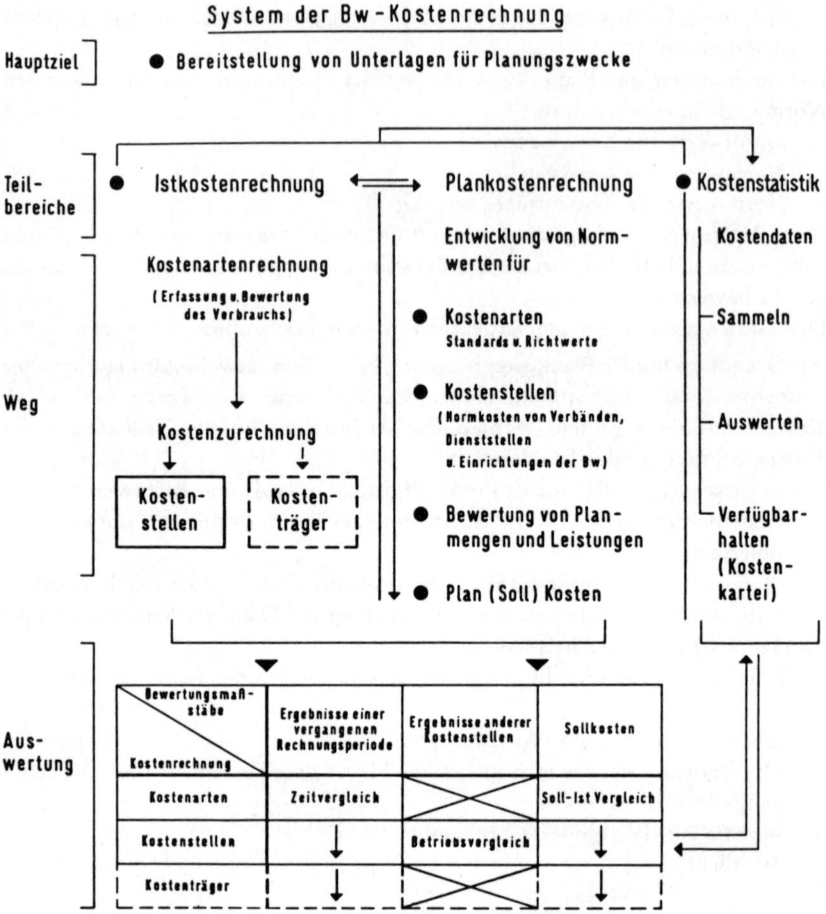

Abb. 2: System der Bw-Kostenrechnung

d) DV-Unterstützung

Zur Erfüllung der Aufgaben der Bundeswehr-Kostenrechnung ist die kontinuierliche Erfassung des Güterverbrauchs nach Kostenarten und die Zurechnung der Kosten auf Funktionsbereiche (Kostenstellen) und gegebenenfalls auf Kostenträger notwendig.

Das bedeutet, daß erhebliche Datenmengen aus allen Betriebsbereichen der Bundeswehr erfaßt und verarbeitet werden müssen. Deren Erfassung, Prüfung, Aufbereitung, Auswertung, Verknüpfung und Speicherung ist eine Grundvoraussetzung für die Durchführung kostenrechnerischer Arbeiten. Dabei ist darauf zu achten, daß durch die Ermittlungen der Betriebsablauf in der Truppe nicht mehr als unbedingt erforderlich gestört wird.
In der Aufbauphase der Bundeswehr-Kostenrechnung war die Informationsversorgung und -verarbeitung im wesentlichen gekennzeichnet durch manuelle Erhebungen und Berechnungen. Dies hatte zwangsläufig zur Folge, daß nicht das gesamte Aufgabenspektrum der Bundeswehrkostenrechnung einbezogen werden konnte. Der Einsatz der Informationstechnik in den Prozeß der Kostenrechnung hinsichtlich Datenerfassung, Datenverarbeitung und Datenauswertung führt zu einer erheblichen Beschleunigung bei der Bereitstellung von Kosteninformationen. Gleichzeitig kann aufgrund der größeren Datenbasis eine qualitative Verbesserung der Kostenaussagen erreicht werden (siehe hierzu folgendes Schaubild):

IV. Kostenschätzung und Life-Cycle-Cost (LCC-)Planungsansatz

1. Die Bedeutung von Lebenswegkostenberechnungen für die Bundeswehrplanung

Zur Milderung und Abfederung von Planungs- und Entscheidungsrisiken in der Bundeswehrplanung wird der Gesichtspunkt einer umfassenden Lebenswegkostenbetrachtung immer mehr zu einer wichtigen Grundlage für Beschaffungsentscheidungen langlebiger (wehrtechnischer) Güter. Dem liegt die Erkenntnis zugrunde, daß Entscheidungen, die nur auf Basis eines selektiven Zeithorizontes getroffen werden, zu gravierenden Fehlinvestitionen führen können. Ohne eine Berechnung der Folgekosten und ihrer Berücksichtigung bei der Entwicklungs- und/oder Beschaffungsentscheidung läuft der öffentliche Auftraggeber ein hohes Risiko, daß diese Lasten seine finanzielle Beweglichkeit in späteren Jahren erheblich reduzieren. Die Folgekosten werden dann im wahrsten Sinne des Wortes »erlitten«. Dem mit Hilfe von Kostenschätzungen auf Basis der Lebenswegkosten entgegenzuwirken, muß deshalb ein gewichtiges wirtschaftliches Anliegen aller öffentlichen Auftraggeber sein, zumal die Nutzungskosten gegenüber den Entwicklungs- und Beschaffungskosten fast immer ein vielfaches ausmachen.

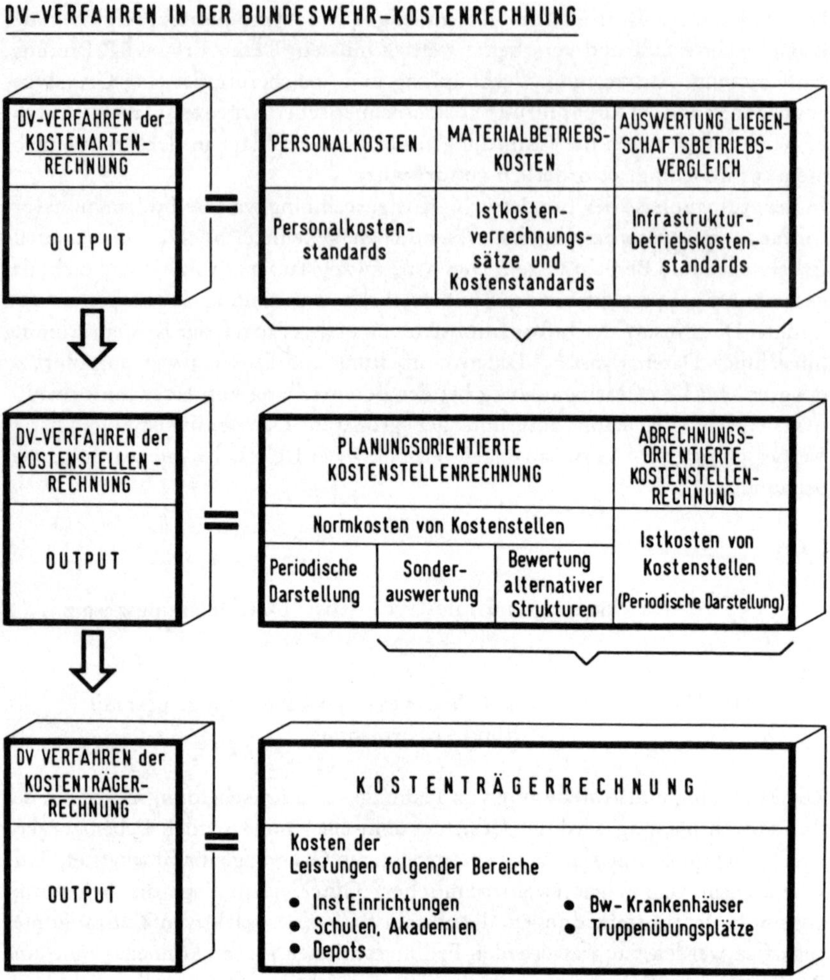

Abb. 3: DV-Verfahren in der Bundeswehr-Kostenrechnung

Erhebungen in den USA, die zwischenzeitlich durch eigene Erfahrungen bestätigt werden, zeigen ein Verhältnis zwischen Entwicklungs-, Beschaffungs- und Nutzungskosten von im Durchschnitt 1:3:6. In folgendem Schaubild wird dieser Zusammenhang dargestellt:

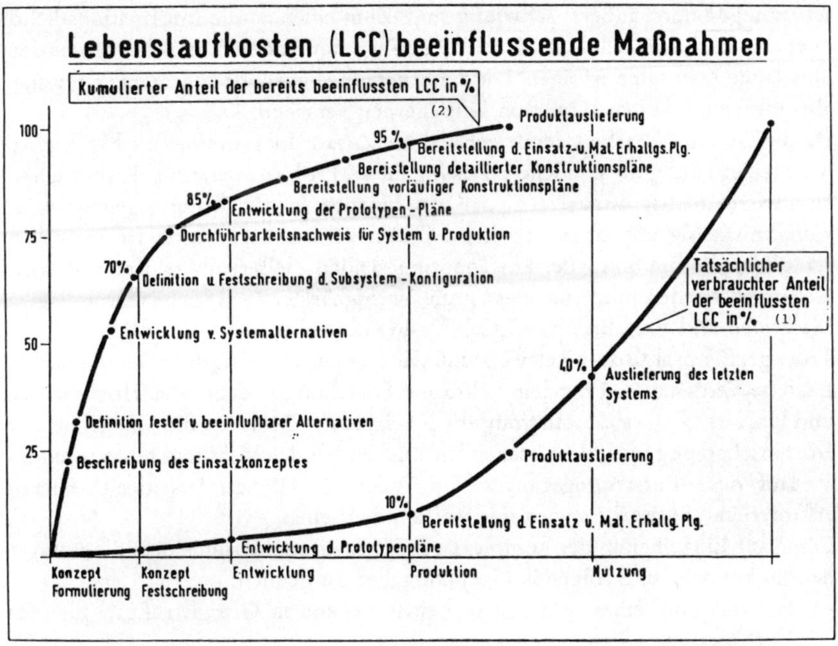

Quelle: B.S. Blanchard-Virginia Polytec-Institute-University Philadelphia, Design and manage to Life-Cycle-Cost, M.-A. Press, New York 1978, S. 15 (hier umgesetzt in BMVG-Terminologie)

Abb. 4: Lebenslaufkosten (LCC) beeinflussende Maßnahmen

Die Kurve 1 zeigt den generellen LCC-Kostenverlauf. Die Kurve 2 verdeutlicht, in welchem Umfang bereits in frühen Phasen Festlegungen der späteren Kostenentwicklung getroffen werden. So sind z.B. bereits 70 % der gesamten Lebenswegkosten nach Abschluß der Konzeptphase in ihrem potentiellen Verlauf »unwiderruflich vorbestimmt« und fixiert.

Will man eine Veränderung des Verlaufs der Gesamtkostenkurve im Sinne der Minimierung der Lebenswegkosten erreichen, sind gegensteuernde Maßnahmen nur wirkungsvoll, wenn sie zu einem frühest möglichen Zeitpunkt erfolgen. Will man beispielsweise zu einem Verhältnis 2:3:4 kommen, also zu einer Reduzierung der LCC, so sind zusätzliche *»antizyklische Investitionen«* in der Konzept- und Definitionsphase notwendig, und zwar zu einem Zeitpunkt, da sichere Kostenschätzungen noch äußerst schwierig sind. Zum einen ist die Informationsdichte über das Vorhaben selbst noch relativ gering, zum anderen muß die Projektion über lange Zeiträume erfolgen. Die der Schätzung zugrunde liegenden Daten sind also mit einem hohen Grad von Unsicherheit versehen.

Da die Durchsetzbarkeit derartiger »früher Zusatz-Investitionen« schwierig ist, wird leider häufig die einfachere Lösung dieses Problems gewählt, Kostenschätzungen so niedrig anzusetzen, daß ein Einstieg in die Planung gelingt bzw. verhältnismäßig unproblematisch ist. Dieser »Einschleicheffekt« ist zwar verständlich, aber im Sinne der kostenoptimierenden Zielsetzung contraproduktiv. Gefordert werden muß statt dessen die Verfügbarkeit verläßlicher Grundlagen, Methoden und Verfahren zur LCC-Kostenschätzung.

Trotz großer praktischer Relevanz und teilweise auch vorhandener methodischer Defizite werden diese Fragen in Lehre und Forschung an deutschen Hochschulen und Universitäten relativ stiefmütterlich behandelt. Ziel ist es, die Mängel bei der Kostenschätzung und die bestehenden Lücken bei der Meldung von Kosten im Verlauf des »Entstehungsganges von Wehrmaterial« zu beseitigen. Hierzu erforderliche Basisarbeit wird mit Vorrang betrieben.

Ohne auf Einzelheiten des komplexen LCC-Instrumentariums detailliert eingehen zu können, sind folgende Hauptaufgaben zu nennen:

- Entwicklung einer generellen Lebenswegkosten-Grundstruktur für alle Vorhaben
- Festlegung der vorhabenspezifischen Kosten- und Erzeugnisstruktur
- Sammlung und Zuordnung historischer Referenzdaten mit einheitlicher Gliederung und system-/kostenträgerbezogener Zuordnung
  (Hierfür ist ein enges Zusammenwirken zwischen Behörde und Industrie unverzichtbar. Insbesondere technische und wirtschaftliche Daten aus der Entwicklung und Fertigung stehen nur der Industrie zur Verfügung; Daten aus der Nutzungsphase dagegen dem Amtsbereich selbst.)
- Einsatz brauchbarer Kostenschätzmodelle
  (In Abhängigkeit von der Verfügbarkeit entsprechender Referenzdaten sind in frühen Phasen parametrische, zu späteren Zeitpunkten analoge oder kalkulatorische Methoden zu bevorzugen.)
- Führen von LCC-Entscheidungsdokumentationen zwecks Vergleichbarkeit von Kostenschätzungen
  (Zusammenstellung aller Informationen zur Höhe, zeitlichen und sachlichen Verteilung der Kosten über alle Phasen; Offenlegung der Rahmenbedingungen, unter denen die Kostenschätzung stattgefunden hat.)

Dieses Aufgabenspektrum macht die Probleme deutlich, die bei der Umsetzung des in der Theorie so überzeugenden Ansatzes noch zu bewältigen sind. Der LCC-Planungsansatz ist somit ein wichtiger Entscheidungsparameter. Er erhöht

die Dialog- und Entscheidungsfähigkeit des öffentlichen Auftraggebers gegenüber der Industrie in Kostenfragen.
Das Ziel einer Optimierung des Mitteleinsatzes unter Lebenswegkostengesichtspunkten stellt stärker als bisher sicher, daß mit Kenntnis der Folgekosten von Entwicklungen und Beschaffungen auch der verbleibende finanzielle Spielraum transparent wird. Nicht Reaktion der Planung auf unvermeidbare Kostenentwicklungen, sondern aktive Einwirkung im Sinne der Bedarfserfüllung ist das Gebot.
Die Verbesserung des LCC-Instrumentariums ist demnach nicht nur im Interesse des öffentlichen Bereiches, sondern gleichermaßen im Interesse der Auftragnehmer, denn differenzierte und realistische Kostenschätzungen bieten

- größere Planungssicherheit und damit eine bessere Basis für die langfristige Planung
- größere Transparenz der Entscheidungen und damit eine bessere Grundlage für die Mittelanforderungen im Rahmen der Haushalts- und Finanzplanung des Bundes
- wichtige Beiträge zur Beeinflussung der individuellen Unternehmensplanungen mit Blick auf eine langfristig aufgabengerechte Ausrichtung
- Entscheidungshilfen für »antizyklische Investitionen« in frühen Phasen zwecks
  - Bewertung alternativer Lösungswege (z.B. Verwerfen von Einstiegsangeboten mit »Rattenschwanzeffekt« zugunsten einer gegebenenfalls höheren Entwicklungsinvestition mit geringeren Folgekosten in der Nutzungsphase)
  - vorgezogene Entwicklung kritischer Komponenten zur Risikominimierung
  - Absicherung späterer Kostenschätzungen
- bessere Beurteilungsfähigkeit von Kostenangaben oder Preisforderungen des Auftragnehmers
- geeignete Grundlagen für Soll-Ist-Vergleiche im Programmvollzug sowie für weitere Maßnahmen im Rahmen eines aktiven Kostenmanagements
- gute Voraussetzungen zur Vereinbarung von Kostenvorgaben und Anreizsystemen

2. Projektbegleitende Kostenkontrolle

a) Öffentliche Kosten- und Preisprüfung

Die Fragen der Vorkalkulation wehrtechnischer Güter und Leistungen für die einzelnen Phasen sind durch die Verordnung PR 30/53 über die Preise bei

öffentlichen Aufträgen und die zugehörigen Leitsätze geregelt. Sie bedürfen von Zeit zu Zeit einer gewissen Modifizierung.
Die Preisprüfung für Selbstkostenpreise auf vorkalkulatorischer Basis werden in eigener Bundeswehr-Zuständigkeit durchgeführt, wogegen die Marktpreise und Selbstkostenerstattungspreise durch die zuständigen Dienststellen der Länder auf ihre Zulässigkeit und Angemessenheit geprüft werden.

b) Kostenkontrolle

Kostenkontrolle ist Teil der Projektkontrolle. Sie bedeutet die Fähigkeit,

- auf der Grundlage eindeutig bestimmter qualitativer Leistungsdefinitionen eines Vorhabens und exakter Zeitpläne detaillierte Kostenvorhaben zu entwickeln,
- bei der Vorhabenrealisierung einen ständigen Soll-Ist-Vergleich zu den zeitlichen, leistungsbezogenen und den in Wechselwirkung hierzu stehenden kostenbezogenen Vorgaben zu ziehen und
- im Falle von Fehlentwicklungen mit dem Ziel nachzusteuern, wieder eine Annäherung von Soll und Ist zu erreichen.

Diese Kostenkontrolle wird projektorientiert fortlaufend während der einzelnen Phasen durchgeführt.
Durch die Besonderheiten von Rüstungsvorhaben gegenüber zivilen Investitionen ist diese äußerst schwierige Aufgabe bisher nirgendwo zur vollen Zufriedenheit gelöst. Die Schwierigkeiten beginnen mit der Formulierung des bedrohungsgerechten Bedarfs und der daraus abzuleitenen Definition der Leistung, setzen sich fort mit durchweg langen Entwicklungszeiten, in denen unterschiedlichste Faktoren auf das Vorhaben einwirken (neue Erkenntnisse über die Bedrohung, technologische Innovationen, wirtschaftliche Verhältnisse usw.), werden verstärkt durch komplizierte und langwierige Entscheidungsprozesse, vor allem auch bei internationalen Vorhaben und zusätzlich ausgelöst durch projektexterne Einflüsse (z.B. Auslastungsprobleme, Beschäftigung usw.).
Es wäre unrealistisch anzunehmen, unter diesen Bedingungen sei eine perfekte Kostenkontrolle möglich. Vielmehr kommt es darauf an, bei jedem Vorhaben durch ein Bündel von Maßnahmen ein möglichst günstiges Verhältnis von gewünschter Leistung und Kosten herzustellen sowie in der langen Realisierungsphase Kostensteigerungen entgegenzuwirken.

c) Projektkontrolle

Die Kontrolle der militärischen Programme sind von besonderer Bedeutung. Gerade diese Kosten stehen im Mittelpunkt des öffentlichen und des parlamentarischen Interesses. Welchen Störgrad mangelhafte Kostenschätzungen auf den Projektvollzug haben, stellen die vielen Anfragen aus dem parlamentarischen Raum unter Beweis. Projektkontrolle soll primär sicherstellen, daß Planvorgaben und Vollzug sich decken, und zwar unter dem Zeit-, dem Leistungs- und dem Kostenaspekt. Kontrolle setzt somit

- exakte Zeitpläne,
- eindeutig bestimmte qualitative Leistungsdefinitionen und daraus resultierend
- detaillierte Kostenvorgaben

voraus. Die Festlegung der Instrumente zur Überwachung der Projektdurchführung im Soll-Ist-Vergleich sollten im Zusammenwirken von Industrie und Amtsseite erfolgen. Konkret geht es um angemessene Meldeverfahren der Industrie zu den zeitlichen, leistungsbezogenen (qualitativen) und kostenbezogenen (quantitativen) Vorgaben.

Problempunkt ist dabei die Leistungskontrolle (Zeit und Kosten sind leichter meßbar, dazu liegen auch entsprechende Daten vor). Sie erfordert eine Bewertung des jeweiligen Stands der Arbeit zum Kontrollzeitpunkt, die insbesondere in Phasen bis zur Fertigung äußerst schwierig ist. Leistungskontrolle kann natürlich am besten vor Ort und projektbegleitend erfolgen, auch um die Medewege so kurz wie möglich zu gestalten.

Entsprechende Managementhilfsmittel sind DV-gestützt zur Verfügung zu stellen bzw. ihre Erprobung zu bewerten. Hilfsmittel auf der Amtsseite ist ein Projektsteuerungs- und Informations-Standardverfahren (PROSIS), mit dem einheitliche Planungs- und Steuerungsprozesse erarbeitet werden, die – logisch verknüpft und beschrieben – ein überschaubares, vorhabenbezogenes Berichtsverfahren ermöglichen. Mit einem ebenfalls einheitlichen Netzplanverfahren, nämlich dem Projekt-Planungs- und Steuerungs-System (PPS) ist die Verfolgung der Kostenplanung und Projektsteuerung möglich. Das betriebliche Rechnungswesen zur Kostenkontrolle wird durch einen Arbeits-, Zeit und Finanzplan (AZF-Plan) kompatibel zur vorhabenbezogenen Haushaltsmittelanforderung genutzt.

Amtsseitige Projektkontrolle muß zu einer wirksamen Programmsteuerung führen, die auch ein Nachsteuern ermöglicht. Diese Aufgabe erfordert gebündeltes militärisches, technisches und wirtschaftliches Wissen, das von Projekt zu Projekt individuell sichergestellt werden muß.

3. Kostenmanagement in der Bundeswehr

a) Ziele und Aufgabeninhalte

Sparsame und wirtschaftliche Verwendung von Haushaltsmitteln ist Gesetzesgebot. Es verlangt volle Ausschöpfung aller Möglichkeiten der Kostenbegrenzung auch bei der Entwicklung, Beschaffung und Nutzung von Wehrmaterial. Dieses ist nur durch ständiges, begleitendes, initiatives »Kostenmanagement« von der ersten Lösungsidee bei Forschungs- und Technologiearbeiten bis zur Aussonderung erreichbar. Im gesamten Lebensweg von Wehrmaterial ist dazu jede Einzelentscheidung konsequent daran auszurichten, daß die günstigste Nutzen-Kosten-Relation erreicht wird. Leistungsanforderung und einzusetzende Mittel sind auf den zur Aufgabenerfüllung unbedingt notwendigen Umfang zu beschränken.

Nach umfassender Analyse der Kosensteigerungen militärischer Programme wurden Verfahrensvorschläge erstellt, die darauf gerichtet sind, Kostensteigerungsursachen zu mindern. Diese als *»Leitsätze für das Kostenmanagement«* zusammengefaßten Anweisungen und grundsätzlichen Vorgaben konkretisieren die Aufgaben zur Planung, Steuerung und Kontrolle von Kosten durch den jeweiligen Vorhabenverantwortlichen. Alle Beteiligten sind dafür verantwortlich, in ihrem jeweiligen Fachgebiet alle Möglichkeiten zur Kostenminderung und -begrenzung konsequent auszuschöpfen und hierfür erforderliche Maßnahmen zu initiieren. Hierzu werden im folgenden einige Aspekte näher beleuchtet.

Kostenmanagement erfordert sorgfältige amtseigene Untersuchungen über die Kosten für benötigte Leistungen als Grundlage für die Bundeswehrplanung sowie die Finanz- und Haushaltsplanung, als wirtschaftliches Kostenkontrollinstrument im Lebensweg von Wehrmaterial und für die Beurteilung industrieller Kostenangaben. Ist eine amtseigene *Kostenschätzung* nicht möglich, sind vorhabenunabhängige Gesellschaften der Wirtschaft hinzuzuziehen; deren Kostenschätzungen sind amtsintern zu bewerten.

Durch frühzeitige *Nutzen-/Kostenuntersuchungen* ist sicherzustellen, daß Vorhaben bereits von Beginn an, d.h. schon bei der ersten Lösungsidee, auch unter Kostengesichtspunkten bewertet werden, und zwar über den gesamten Lebensweg eines Vorhabens. Schätzung und Bewertung der Lebenswegkosten sind in einem iterativen Prozeß kontinuierlich fortzuschreiben und zu detaillieren, um Abweichungen von der Kostenplanung frühzeitig feststellen und eine ständige Kontrolle über deren Entwicklung ausüben zu können. Durch Soll-Ist-Vergleich zwischen Kostenvorgabe und tatsächlichen Kostenverlauf ist sicherzustellen, daß frühzeitig Informationen über Abweichungen von Ist- und Plankosten vorliegen.

b) Amtliche Kostenschätzungen

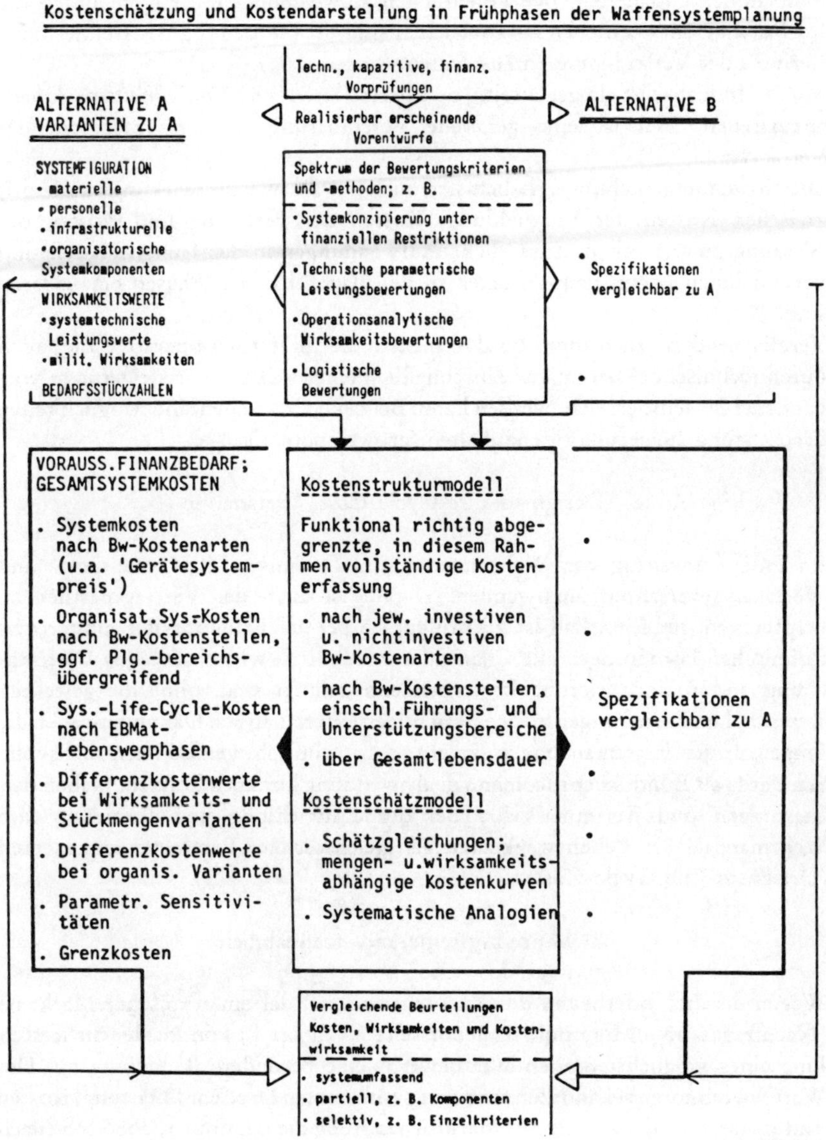

Abb. 5: Kostenschätzung und Kostendarstellung in Frühphasen der Waffensystemplanung

Bei sich abzeichnenden Kostenüberschreitungen sind rechtzeitig gegensteuernde Maßnahmen einzuleiten. Bei wesentlichen Abweichungen, die nicht durch die Vorhabenverantwortlichen auszugleichen sind, ist die Leitung des Bundesministeriums der Verteidigung einzuschalten.
Mit der Industrie ist ein gegenseitig nutzbares *Daten- und Kostenmeldeverfahren* anzustreben. Ziel ist eine generelle Vereinbarung für ein entsprechendes Verfahren.
Die Kostenuntersuchungen haben sich auch auf die Wechselwirkung (trade off) zwischen Kosten der Entwicklung, Kosten der Fertigung und Kosten der Nutzung zu erstrecken. Zusätzliche Aufwendungen in den frühen Phasen sind vorzunehmen, wenn damit Kosten in den nachfolgenden Phasen einzusparen sind.
Vergleichend ist zu prüfen, ob das angestrebte militärisch-operative Ziel auch durch technische Alternativen einschließlich einer »Kampfwertsteigerung« vorhandener Systeme erreicht werden kann. Bei neuen Vorhaben sind Möglichkeiten der Leistungssteigerung offenzuhalten (growth potential).

c) Design-to-Life-Cycle-Cost/Wertanalyse

Im Entstehungsgang von Wehrmaterial sind Design-to-Life-Cycle-Cost- und Wertanalyseverfahren anzuwenden. Darauf ist auch der Vertragspartner zu verpflichten. Im Einzelfall ist zu prüfen, ob bei der Erfüllung der militärisch-technischen Forderungen alle Chancen zur technisch-wirtschaftlichen Vereinfachung und Rationalisierung kostensenkend genutzt sind, ohne die gestellten wesentlichen Forderungen zu beeinträchtigen (Wertanalyse). Das umfaßt auch die Frage, ob der Einsatzauftrag es zuläßt, daß technisch weniger anspruchsvolle Standards als Bundeswehrnormen zur Anwendung kommen können. Neben den Leistungen und Terminen sind bei der Entwicklung und Fertigung von Wehrmaterial die Lebenswegkosten als gleichwertiger Parameter einzusetzen (Design-to-Life-Cycle-Cost).

d) Anreizsysteme und -maßnahmen

Wegen der Besonderheiten des Rüstungsmarktes, der ein atypischer Markt ist (Nachfrageseite – Monopol; Angebotsseite – Oligopol), kommt der Sicherstellung eines möglichst breiten Wettbewerbs eine besondere Bedeutung zu. Der Wettbewerb sorgt bekanntlich für einen permanenten Druck auf Leistung, Kosten und Preise, weil der Zwang zur Marktbehauptung die kontinuierliche Suche nach Leistungssteigerung und Kostensenkung unumgänglich macht. Anreize zur Förderung kostenoptimierter Angebote verlören an Bedeutung, wenn der

Anbieter die Gewißheit hätte, daß er in allen Phasen wehrtechnischer Entwicklung und Beschaffung den Zuschlag erhielte. Das Bemühen, wirtschaftlichster Bieter zu bleiben, würde erlahmen. Gleichzeitig würde der Anreiz zur Innovationsbereitschaft gebremst.
Die Rahmenbedingungen für Vertragsgestaltungen sind deshalb von rationalisierungs- und innovationshemmenden Elementen zu befreien und im Bezug auf Preis- und Kostenregelungen stärker auf Anreize für eine zeit- und leistungsgerechte Auftragserfüllung auszurichten: Bei Leistungen zu Selbstkostenricht- und Selbstkostenerstattungspreisen sind *Kostenobergrenzen* festzulegen. Im Rahmen gesicherter und verläßlicher Kostenobergrenzen sind Anreizgewinne in der Art zu vereinbaren, daß Kostenunterschreitungen zu einem erheblichen Anteil beim Auftragnehmer verbleiben (Bonus). Für den Fall, daß Kostenüberschreitungen unvermeidbar werden, ist durch eine Vertragsklausel die Option offen zu halten, daß ein Aufstockungsvertrag entweder keinen oder einen gegenüber dem Grundvertrag reduzierten Gewinn vorsieht bzw. der Gewinnbetrag (-satz) des Grundvertrages rückwirkend vermindert werden kann (Malus).

e) Haushaltstechnische Flexibilisierung

Ein aktives Kostenmanagement bedarf zu seiner Effektivität ergänzender Erleichterungen bei Aufstellung und insbesondere bei Durchführung des Haushalts. Nur bei ausreichender Flexibilität kann bei immer möglichen Abweichungen von angenommenen Kostenentwicklungen rechtzeitig und sachgerecht reagiert werden.
Der Bundeswehr steht hier ein breitgefächertes Instrumentarium zur Verfügung. Zunächst sind die jährliche Übertragbarkeit von Ausgaberesten – allerdings nur gegen Ausgleich aus dem Verteidigungshaushalt – und die in Einzelfällen bestehende titelübergreifende Deckungsfähigkeit zu nennen. Eine wesentliche Erleichterung bringt auch die Möglichkeit, Kostensteigerungen mit Kosteneinsparungen bei allen Vorhaben kompensieren zu können, die in einem Titel veranschlagt sind. Dies gilt für die Entwicklung wie für die Beschaffung von Wehrmaterial. Ideal wären kapitelübergreifende Deckungsvermerke bei Großvorhaben. Dies konnte jedoch noch nicht erreicht werden.
Der Gesetzgeber hat aber mit dem Haushaltsgesetz die Möglichkeit eröffnet, daß der Bundesminister der Finanzen mit Einwilligung des Haushaltsausschusses des Deutschen Bundestages innerhalb des Verteidigungshaushaltes wirtschaftlich zweckmäßigen Umschichtungen in bestimmten Fällen zustimmen kann. Dies kann im Ergebnis zu einer kapitel- und projektübergreifenden Deckungsfähigkeit führen.

Weitere haushaltsmäßige Erleichterungen werden angestrebt. Ein wichtiges Nahziel ist der Verzicht auf Verpflichtungsermächtigungen für künftige Haushaltsjahre bei bestimmten Titeln, aus denen übliche und für den Betrieb der Streitkräfte unabweisbare Aufwendungen bestritten werden.

Quellenhinweis: Für die Artikel wurden interne Veröffentlichungen des Bundesministers der Verteidigung verwendet. Zum Teil IV wird außerdem verwiesen auf Manfred Timmermann und Karl-Heinz Koop, »Käufer und Einkaufspolitik auf Investitionsgütermärkten I – Beschaffungsstrategien und Leistungen«, in: Technischer Vertrieb, wehrtechnischer TV-Lehrbrief IK 031, hrsg. von Wulff Plinke, Projektgruppe Technischer Vertrieb, Freie Universität Berlin, Berlin 1985.

Zweites Kapitel

Perspektiven

Betriebswirtschaftliche Kennzahlen und Indikatoren zur Verbesserung der Wirtschaftlichkeit des staatlichen Verwaltungshandelns

von *Günther E. Braun*

I. Problemstellung und Zielsetzung des Beitrages

Hinweise darauf, daß die öffentliche Verwaltung unwirtschaftlich arbeitet, kehren immer wieder. Auf der Palette der Äußerungen findet sich von nüchtern ausgesprochenen Vermutungen bis zu ideologisch gefärbten Vorwürfen fast alles. Im Gegenzug wird in entsprechender Weise das wirtschaftliche Verhalten der öffentlichen Verwaltung im Rahmen ihrer vorgegebenen Aufgaben betont. Eine sehr differenzierte Position bringt z.B. *Günter Püttner* zum Ausdruck: »Unter den gegebenen Bedingungen arbeitet die deutsche Verwaltung, wenn man ein pauschales Urteil wagen will, nicht ausgesprochen unwirtschaftlich, sondern im ganzen durchaus mit einem anzuerkennenden Maß an Wirtschaftlichkeit (in dem politisch vorgegebenen Rahmen). Ebenso sicher ist aber, daß sowohl bei den politischen Grundentscheidungen (Haushaltsplan) als auch beim Verwaltungsvollzug die Möglichkeit zur Verbesserung der Wirtschaftlichkeit keineswegs ausgeschöpft ist.«[1]

Eine Überprüfung dieser Aussagen ist allerdings prima facie nicht oder kaum möglich, da häufig unklar ist, was die Betreffenden unter »Wirtschaftlichkeit« verstehen.[2] Eine Klärung der Wirtschaftlichkeit soll deshalb unter betriebswirtschaftlichem Aspekt erfolgen (Abschnitt II), der Beitrag der Kennzahlen und Indikatoren zur Verbesserung der Wirtschaftlichkeit skizziert (Abschnitt III) und der Einfluß der situativen Faktoren der staatlichen Verwaltung verdeutlicht werden (Anschnitt IV). Zwei Vorschläge zur vermehrten Beachtung des Wirtschaftlichkeitsprinzips runden das Bild ab (Abschnitt V). Dabei zeigt sich insgesamt, daß ein *weiter* Begriff der Wirtschaftlichkeit dem *Erfahrungsobjekt*

1 Günter Püttner, Verwaltungslehre, München 1982, S. 243.

2 Vgl. in gleicher Weise zur »Wirtschaftlichkeit im Krankenhaus« Manfred-Jürgen Matschke, Wirtschaftlichkeit im Krankenhaus, in: Die Ortskrankenkasse, 1981, S. 776-788.

»staatliche Verwaltung« oder allgemein »öffentliche Verwaltung« am ehesten gerecht zu werden verspricht.

II. Betriebswirtschaftslehre und Wirtschaftlichkeit

Weitgehend akzeptiert scheinen innerhalb der betriebswirtschaftlichen Erörterung der öffentlichen Verwaltung (der »öffentlichen Betriebswirtschaftslehre«) folgende drei Grundpositionen zu sein, so daß sie den weiteren Ausführungen als Essentialien diskussionslos zugrunde gelegt werden können:

- Das im Haushaltsgrundsätzegesetz und den Haushaltsordnungen erwähnte Prinzip der Wirtschaftlichkeit läßt sich als das Verhältnis aus angestrebtem Zweck und dafür eingesetzten Mitteln definieren. Es schließt das Minimal- und Maximalprinzip der Wirtschaftlichkeit ein.
  Diese Aussagen lassen sich z.B. aus den vorläufigen Verwaltungsvorschriften zur Bundeshaushaltsordnung erkennen.[3] Daraus ist auch ersichtlich, daß der Verordnungsgeber – betriebswirtschaftlich zutreffend – die Sparsamkeit als Spezialfall der Wirtschaftlichkeit ansieht, nämlich als Streben nach minimalem Mitteleinsatz bei gegebenem Zweck. Die Sparsamkeit entspricht also dem Minimalprinzip der Wirtschaftlichkeit.
- Das Wirtschaftlichkeitsprinzip ist ein »rein formales Prinzip«[4] bzw. eine »Leerformel«,[5] da es sich mit allen möglichen Zwecken oder Zielen verbinden läßt.
- Um »Wirtschaftlichkeit« inhaltlich definieren, planen, steuern und kontrollieren zu können, muß man sich »über die Ziele seines Wollens im klaren«[6] sein.

Je nachdem welche Ziele des Verwaltungshandelns man zugrunde legt, lassen sich unterschiedliche Aussagen über die Wirtschaftlichkeit ableiten. So *kann* z.B. die Einführung eines zentralen Schreibdienstes in den obersten Bundesbehörden wirtschaftlich sein, wenn man damit die Erhöhung der reinen Anschlagleistung

3 Vgl. vorläufige Verwaltungsvorschriften zur Bundeshaushaltsordnung § 7, Bundeshaushaltsrecht, Kommentar, Stand März 1983, hrsg. von Erwin A. Piduch, Band II, Stuttgart u.a. 1983.

4 Vgl. Heinich Reinermann, Wirtschaftlichkeitsanalysen, in: Handbuch der Verwaltung, hrsg. von Ulrich Becker und Werner Thieme, Heft 4, 6, Köln u.a. 1974, S. 7.

5 Vgl. Karl Oettle, Über den Charakter öffentlich-wirtschaftlicher Zielsetzungen, in: Zeitschrift für betriebswirtschaftliche Forschung, 18. Jg., 1966, S. 241-253, hier S. 246.

6 Peter Eichhorn, Verwaltungshandeln und Verwaltungskosten, Möglichkeiten zur Verbesserung der Wirtschaftlichkeit in der Verwaltung, Schriften zur öffentlichen Verwaltung und öffentlichen Wirtschaft, hrsg. von Peter Eichhorn und Peter Friedrich, Bd. 34, Baden-Baden 1979, S. 12.

einer Schreibkraft auf einer Schreibmaschine im Auge hat. Berücksichtigt man aber als weiteres Ziel die Durchlaufzeit des Schriftgutes, die gerade bei Ministerien mit starker Außenorientierung wichtig erscheint, so *kann* sich die zentrale Schreibdienstorganisation als unwirtschaftlich erweisen. Denn die Anschlagzahl kann nicht darüber Auskunft geben, ob ein Schreibauftrag (dessen Ergebnis an einen bestimmten Spitzenverband geht) im konkreten Fall jeweils rechtzeitig erstellt werden kann. Tatsächlich kommen *Arnold Picot* und *Ralf Reichwald* unter Beachtung z.B. der Durchlaufzeit zur Bevorzugung eines anders organisierten Schreibdienstes, des sogenannten dualen Schreibdienstes, der Strukturkomponenten zentraler und dezentraler Schreiborganisation mischt.[7]

Orientiert man sich daran, möglichst *alle* Ziele des Verwaltungshandelns zu erfassen und der Beurteilung der Wirtschaftlichkeit einer Handlung zugrunde zu legen, resultiert ein *weiter Wirtschaftlichkeitsbegriff*. Dieser wird z.B. pointiert von *Heinrich Reinermann* vertreten.[8] Auch die konzeptionellen Überlegungen von *Herbert König* zur Effizienz öffentlichen Handelns gehören in den Kontext eines weiten Wirtschaftlichkeitsbegriffes.[9] Es handelt sich um eine *Mehrebenenbetrachtung der Wirtschaftlichkeit.* Um im Beispiel der Beurteilung der Schreibdienstorganisation zu bleiben: Ziele der ersten Ebene beziehen sich auf die Schreibdienstorganisation am Arbeitsplatz, Ziele der zweiten Ebene umschließen Ziele des Schreibdienstumfeldes usw. Abbildung 1 zeigt den Mehrebenencharakter der Wirtschaftslichkeitsanalyse der Schreibdienstorganisation.

In der erwähnten Untersuchung legen *Arnold Picot* und *Ralf Reichwald* ein Vier-Ebenen-Modell zugrunde, wobei in anderen Fällen mehr oder weniger Ebenen relevant erscheinen mögen. Das vom Verfasser favorisierte Mehrebenenmodell der Wirtschaftlichkeit ist durch einige Vorteile gekennzeichnet:

– Erstellung einer *umfassenden* Wirtschaftlichkeitsanalyse durch Berücksichtigung mehrerer Analyseebenen. Obgleich es auf den Zweck (das dahinterstehende Problem) der Wirtschaftlichkeitsanalyse ankommt, ist diejenige Wirtschaftlichkeitsanalyse zu bevorzugen, die mehrere Ebenen umfaßt. In der *Picot-Reichwald*-Studie zeigt die vier Ebenen umfassende Wirtschaftlichkeitsanalyse ein System differenzierter Einzelergebnisse. Die Beurteilung der Wirtschaftlichkeit kann von Ebene zu Ebene unterschiedlich ausfallen. Was z.B. auf der Ebene eines einzelnen Referats unwirtschaftlich sein kann, erweist sich u.U. aus der Sicht einer mehrere Referate umschließenden Abteilung als

7 Vgl. Arnold Picot und Ralf Reichwald, Untersuchung zur Wirtschaftlichkeit der Schreibdienste in Obersten Bundesbehörden – Abschlußbericht, München und Hannover 1979.

8 Heinrich Reinermann, a.a.O., S. 7 ff.

9 Vgl. Herbert König, Effizienz öffentlichen Handelns neu überdacht, in: Wirtschaftsdienst, 59. Jg., 1979, S. 250-254.

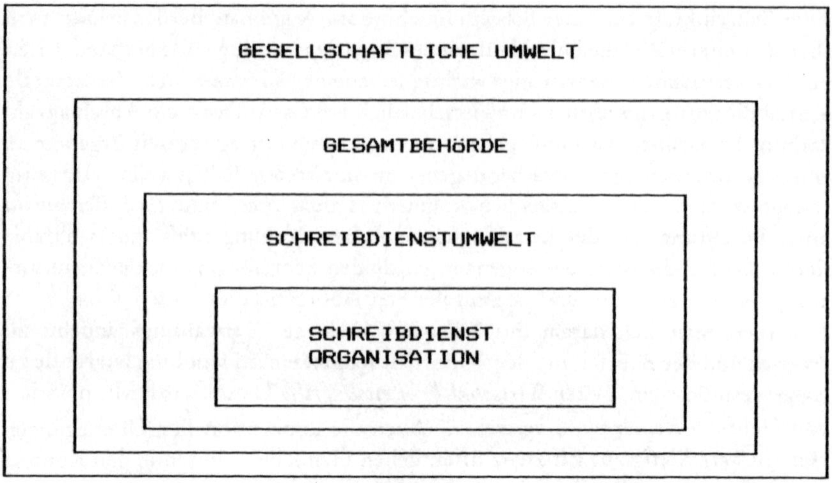

Abb. 1: Mehrebenenansatz der Wirtschaftlichkeit nach Picot-Reichwald
Quelle: Arnold Picot und Ralf Reichwald, a.a.O., S. 5

wirtschaftlich. Oder: Unwirtschaftlichkeit auf Verwaltungsebene kann gleichzeitig mit Wirtschaftlichkeit auf der gesellschaftlichen Ebene verbunden sein. Der Mehrebenenansatz bietet die Möglichkeit, derartige trade-offs zwischen Ebenen (bzw. Zielen) aufzudecken.

– Verwendung quantitativer und qualitativer, monetärer und nicht-monetärer Ziele zur Erfassung der Wirtschaftlichkeit jeder Ebene.
  Mit dem Mehrebenenmodell wird der Blick frei für solche Ziele, deren Realisierung sich nicht direkt im herkömmlichen betriebswirtschaftlichen Rechnungswesen interner und externer Art niederschlägt, gleichwohl aber für die »Erfolgsmessung« in der Praxis der öffentlichen Verwaltung bedeutsam ist. Die Konzepte einer »umfassenden Rechnungslegung« nach *Peter Eichhorn*[10] und der Mehrebenenbetrachtung der Wirtschaftlichkeit erweisen sich insofern als kongruent.

Im Bemühen, möglichst alle Ziele des Verwaltungshandelns zu erfassen, zeigt sich eine Orientierung am *Erfahrungsobjekt* der öffentlichen Verwaltung. Eine einseitige (ökonomistische) Ausrichtung an ausschließlich monetären Zielen wird vermieden.

Innerhalb des Mehrebenenmodells wird die Zuordnung der Prädikate »betriebswirtschaftlich« zur Analyse der Ebenen 1 – 3 und »gesellschaftlich«, »gesamt-

10 Vgl. Peter Eichhorn, Gesellschaftsbezogene Unternehmensrechnung und betriebswirtschaftliche Sozialindikatoren, in: Zeitschrift für betriebswirtschaftliche Forschung, 28. Jg., 1976, S. 159-169.

wirtschaftlich«, »volkswirtschaftlich« zur Analyse der Ebene 4 zweitrangig. Wichtig allein erscheint die Erfassung aller Ziele. Wenngleich die Trennung in eine betriebswirtschaftliche, volkswirtschaftliche und gesellschaftliche Wirtschaftlichkeit bisweilen (wissenschaftssystematisch) sinnvoll sein mag, so erzwingt die praktische Wirtschaftlichkeitsanalyse realer Probleme oft die Berücksichtigung aller Ebenen »in einer Hand«. Beispiele dafür sind in der mehrfach erwähnten *Picot-Reichwald*-Studie zur Wirtschaftlichkeitsanalyse von Schreibdienstorganisationen in obersten Bundesbehörden und in den Untersuchungen von *Peter Eichhorn* und *Heinrich Siedentopf* zu Effizienzeffekten der Gebietsreform zu sehen.[11]

Konzeptionelle Überlegungen zur Wirtschaftlichkeit sind von Fragen der (konkreten) Messung der Wirtschaftlichkeit zu trennen. Letztere werden im weiteren behandelt.

III. Einsatz von Kennzahlen und Indikatoren zur Verbesserung der Wirtschaftlichkeit

Die Ziele des Verwaltungshandelns selbst legen fest, ob die *Messung* der Wirtschaftlichkeit im Rahmen von Planung, Steuerung und Kontrolle der Wirtschaftlichkeit *direkt* oder *indirekt* erfolgen kann. Wer das Ziel der Verbesserung der Arbeitsproduktivität verfolgt, kann unmittelbar die Maßgröße Ausbringungsmenge/Arbeitszeit zur Messung der Wirtschaftlichkeit verwenden. Allgemein gilt, daß quantitativ formulierte, insbesondere in Geldgrößen ausgedrückte Ziele, direkt als *Kennzahlen* dargestellt werden können.[12] Qualitative Ziele wie Erhöhung der Arbeitszufriedenheit sind erst zu operationalisieren und über die Einführung von (Sozial-)*Indikatoren* meßbar zu machen.[13] Beispielsweise ist die Höhe des Krankenstandes in einem Referat u.U. als Indikator für die Arbeitszufriedenheit der Mitarbeiter geeignet.

Die Verwendung von Kennzahlen und Indikatoren *ohne Bezug zu Zielen* ist abzulehnen, obgleich sie grundsätzlich durchführbar erscheint. Denn »Kennzahlen und Indikatoren ohne Ziele sind blind«. Man weiß nicht, warum diese oder jene Kennzahl Verwendung findet bzw. weggelassen wird. Mit der Erstellung von

11 Peter Eichhorn und Heinrich Siedentopf unter Mitarbeit von Bernd Adamaschek und Albrecht Graf von Ingelheim, Effizienzeffekte der Verwaltungsreform, Baden-Baden 1976.

12 Zu Kennzahlen vgl. Peter Eichhorn, Gesellschaftsbezogene Unternehmensrechnung, a.a.O., Claus Meyer, Kennzahlen und Kennzahlensysteme, Stuttgart 1976.

13 Zu Indikatoren vgl. Renate Mayntz, Kurt Holm und Peter Hübner, Einführung in die Methoden der empirischen Soziologie, 5. Aufl., Wiesbaden 1978.

»Kennzahlen-Friedhöfen« jedenfalls ist dem Gebot der Verbesserung der Wirtschaftlichkeit nicht beizukommen.

Mit dem Einsatz von Kennzahlen und Indikatoren sind *Auswahlentscheidungen* verbunden, die gelegentlich unter dem Stichwort *»Maßgrößenproblematik«* behandelt werden.[14] Für *praktische* Wirtschaftlichkeitsanalysen besteht das Problem in der Auswahl von Kennzahlen (*welche* Ziele bzw. Kennzahlen sind als repräsentativ zu verwenden?) und der Festlegung von Indikatoren (*welche* Indikatoren sind eine geeignete Operationalisierung qualitativer Ziele?). Diese Auswahlentscheidungen sind selbstverständlich *wertend* und in der praktischen Wirtschaftlichkeitsanalyse unerläßlich. Allerdings sollte sie nicht der Wissenschaftler *als* Wissenschaftler, sondern höchstens der Wissenschaftler *als* Berater abgeben. (Die Auswahlentscheidung erfordert in keiner Weise die Abkehr von einer empirisch-realistischen Konzeption der öffentlichen Betriebswirtschaftslehre.)[15]

Die mit Hilfe von Kennzahlen ausgedrückten Tatbestände sind quantitativer Natur, während bei Indikatoren auch qualitative Überlegungen eine Rolle spielen. Kennzahlen erfordern demnach ein kardinales Messen im Rahmen der Verhältnis- und Intervallskala, Indikatoren ein ordinales, u.U. nur ein nominales Messen. Der Zielinhalt »Arbeitszufriedenheit« kann z.B. über eine bloße Ja-Nein-Entscheidung bzw. durch die Angabe einer Rangordnung gemessen werden. Die Messung von Indikatoren auf einer Nominal- oder Ordinalskala steht der Ableitung von Wirtschaftlichkeitsaussagen nicht entgegen, ggf. sind allerdings nur Tendenzaussagen zu gewinnen.

Kennzahlen und Indikatoren können in einen *mengenmäßigen* (bzw. technisch-naturalen)[16] Ansatz, einen *wertmäßigen* und einen *gemischten* Ansatz integriert werden.[17] Auf sämtlichen Ebenen der Wirtschaftlichkeitsbetrachtung sind *Kosten* dominierende Kennzahlen.[18] Dabei sind allerdings Kosten von Ausgaben abzugrenzen und ggf. um kalkulatorische Kosten zu erweitern. Nach einem Vorschlag von *Dietrich Budäus* ist bei den kalkulatorischen Kosten der gesamte, durch eine Verwaltungshandlung induzierte Faktorverzehr zu berücksichtigen, der nicht bei

14 Vgl. Arnold Picot, Ralf Reichwald und Peter Behrboom, Das Vier-Ebenen-Modell der Wirtschaftlichkeitsbeurteilung, in: Arbeitsschutz Humanisierung des Arbeitslebens/Wirtschaftlichkeit, hrsg. von der Bundesanstalt für Arbeitsschutz, Dortmund 1985, S. 171-177.

15 Zu Perspektiven einer empirisch-realistischen Konzeption vgl. Günther E. Braun, Stand und Entwicklungsperspektiven der öffentlichen Betriebswirtschaftslehre, in: Betriebswirtschaftliche Forschung und Praxis, 38. Jg., 1986, S. 181-198, hier S. 193 ff.

16 Vgl. Karl Oettle, Gründe für die Verwendungsorientierung der Vermögensdarstellung in öffentlichen Bilanzen, in: Zeitschrift für betriebswirtschaftliche Forschung, 36. Jg., 1984, S. 1005-1013.

17 Vgl. Peter Eichhorn, Wirtschaftlichkeitsrechnung für private und öffentliche Investitionen (Teil 1), in: Wirtschaftswissenschaftliches Studium, 3. Jg., 1974, S. 319-324, hier S. 322.

18 Vgl. z.B. Peter Eichhorn, Kostendenken im öffentlichen Dienst, in: Öffentlicher Dienst, Festschrift für Carl Hermann Ule, hrsg. von Klaus König u.a., Köln u.a. 1977, S. 33-51.

der betreffenden Verwaltungseinheit zu Ausgaben führt.[19] Die Ziele der Verwaltungseinheit bestimmen die relevanten kalkulatorischen Kostenansätze. So könnten z.B. Minderungen der Arbeitszufriedenheit in Abteilungen durch Einführung neuer Technologien, Zerstörungen der natürlichen Umwelt durch Umsetzung von Forschungsergebnissen der Großforschungseinrichtungen ihren Niederschlag in kalkulatorischen Kosten finden. Allerdings gilt auch hier, »... daß man die Quantifizierung und Monetarisierung des Verwaltungshandelns anstreben sollte, jedoch in den Fällen zu verzichten hat, wo man den tatsächlichen Verhältnissen mit einer mengen- oder wertmäßigen Beurteilung Gewalt antut«.[20])

Bislang werden kalkulatorische Kosten eher im Rahmen von Gebührenkalkulationen verwendet, als der Planung, Steuerung und Kontrolle der Wirtschaftlichkeit des Verwaltungshandelns zugrunde gelegt.

Unabhängig davon kommt dem externen und internen Rechnungswesen der Verwaltung als »Fundgrube« zur Bildung von Kennzahlen eine große Bedeutung zu. Im Gegensatz zum externen Rechnungswesen ist das interne Rechnungswesen der einzelnen öffentlichen Verwaltungen aber nur bescheiden entwickelt. »Insgesamt hat man den Wert interner Leistungs- und Finanzrechnungen für Planung, Steuerung und Kontrolle, und das heißt als Entscheidungshilfe und zur Verbesserung der Wirtschaftlichkeit des Verwaltungshandelns, noch nicht hinreichend erkannt«)[21] (vgl. Abb. 2).

	Sphären	
Rechnungswesen	Leistungssphäre	Finanzsphäre
internes Rechnungswesen	Bestandsverzeichnis interne Verrechnung Kostenrechnung Investitionsrechnung Nutzen-Kosten-Untersuchung Personalbedarfsprognose Verwaltungsstatistik	Liquiditätsplanung Betriebsmittelrechnung Kassenrechnung Schuldendienstrechnung Steuerschätzung

Abb. 2: Gliederung des internen Rechnungswesens

Quelle: Peter Eichhorn, Öffentliche Verwaltung, a.a.O., Sp. 1232

19 Vgl. Diedrich Budäus, Betriebswirtschaftliche Instrumente zur Entlastung kommunaler Haushalte, Schriften zur öffentlichen Verwaltung und öffentlichen Wirtschaft, hrsg. von Peter Eichhorn und Peter Friedrich, Band 65, Baden-Baden 1982, S. 148-151.

20 Peter Eichhorn, Verwaltungshandeln, a.a.O., S. 17.

21 Peter Eichhorn, Öffentliche Verwaltung, Rechnungswesen der, in: Handwörterbuch des Rechnungswesens, 2. Aufl., hrsg. von Erich Kosiol, Klaus Chmielewicz und Marcell Schweitzer, Stuttgart 1981, Sp. 1223-1236, hier Sp. 1230.

Kennzahlen- und Indikatorenwerte ermöglichen *Vergleiche* in und zwischen einzelnen öffentlichen Verwaltungen.[22] Zeitvergleiche, Soll-Ist-Vergleiche, Verfahrensvergleiche sowie Vergleiche von Verwaltungen mit gleicher und ungleicher Ziel- und Aufgabenstellung sind denkbar. Die bloße Veröffentlichung der Kennzahlen- und Indikatorenwerte kann für sich genommen schon wertvoll sein und dazu beitragen, die relative Position der öffentlichen Verwaltung zu erkennen. Daraus können Anstöße zur Verbesserung der Wirtschaftlichkeit entstehen.
Bei der Beurteilung der Wirtschaftlichkeit sowie der Kennzahlen und Indikatoren wird nicht selten von der *realen Situation* der öffentlichen Verwaltung abstrahiert. Kennzahlen und Indikatoren aus privaten Unternehmen sind jedoch nicht so ohne weiteres in öffentlichen Verwaltungen zu verwenden. In Abhängigkeit von situativen Faktoren können ganz unterschiedliche Kennzahlen und Indikatoren wichtig werden. So üben z.B. Ziele bzw. Aufgaben der öffentlichen Verwaltung, deren organisatorische Besonderheiten sowie organisations-, haushalts- und dienstrechtliche Rahmenbedingungen einen häufig unterschätzten Einfluß auf die Eignung von Kennzahlen und Indikatoren zur Messung der Wirtschaftlichkeit aus. Die jeweils vorliegenden besonderen Bedingungen der öffentlichen Verwaltungen sind deshalb gesondert zu betrachten.

IV. Einfluß situativer Faktoren auf den Einsatz von Kennzahlenindikatoren

Seit dem Siegeszug des situativen Ansatzes in der (betriebswirtschaftlichen) Organisationstheorie darf nicht mehr ungestraft die Forderung nach *allgemeingültigen* organisatorischen Prinzipien erhoben werden. Der Geltungsbereich organisatorischer Prinzipien orientiert sich vielmehr an den zugrunde liegenden Randbedingungen und ist insofern immer *eingeschränkt*. In methodisch ähnlicher Weise ist der situative Ansatz auch in der öffentlichen Betriebswirtschaftslehre fruchtbar zu machen.[23] Für den vorliegenden Beitrag bedeutet das die Beachtung der in der staatlichen Verwaltung geltenden Randbedingungen für einen möglichen Einsatz von Kennzahlen und Indikatoren zur Steuerung der Wirtschaftlichkeit.

22 Vgl. Peter Eichhorn, Leistungssteigerung in der öffentlichen Verwaltung, Melle 1984, S. 101-105; Günther E. Braun, Vergleiche, betriebswirtschaftliche, in: Mangement Enzyklopädie, 2. Aufl., Landsberg am Lech, S. 529-534; Rolf Kroker, Der Verwaltungsvergleich des Instruments zur Effizienzsteigerung der öffentlichen Verwaltung, Düsseldorf 1981.

23 Vgl. Günther E. Braun, Ziele, Planungsphilosophie und Planungskultur in öffentlicher Verwaltung und privatem Betrieb. Vergleich zwischen öffentlicher Verwaltung und privatem Betrieb sowie eine Analyse der Einsatzbedingungen betriebswirtschaftlicher Planungsmethoden in der öffentlichen Verwaltung, Habilitationsschrift, Technische Hochschule Darmstadt, Darmstadt 1984.

Die öffentliche Verwaltung zu definieren, ist außerordentlich schwierig. *Albert von Mutius* kommt deshalb 1985 zu folgendem Ergebnis: »Alle diese Versuche vermögen nicht restlos zu befriedigen, weil die Definitionen teils viel zu abstrakt erscheinen, teils eher Umschreibungen typischer Sachverhalte darstellen, ... Daher kommen alle Begriffsbestimmungen, ... nicht an einer eingehenden *verwaltungswissenschaftlichen* Analyse der Verwaltungsaufgaben, der Verwaltungsorganisation, der Handlungsformen, Entscheidungsverfahren und Kontrollen in der öffentlichen Verwaltung vorbei. In diesem Sinne läßt sich öffentliche Verwaltung nicht definieren, sondern nur aufgrund empirischer Untersuchungen umschreiben«.[24]

Demgegenüber ist die Abgrenzung der *staatlichen* von der *kommunalen* Verwaltung ohne weiteres möglich. Die staatliche Verwaltung erstreckt sich nur auf die Gebietskörperschaften »Bund« und »Länder« als mögliche Verwaltungsträger. Auch die Trennung von staatlichen *Verwaltungen* und staatlichen *Unternehmen* wird für durchführbar gehalten. Staatliche Verwaltungen sind bruttoetatisiert, staatliche Unternehmen dagegen nettoetatisiert.

Entsprechend dem systemtheoretischen Bezugsrahmen sind Besonderheiten der staatlichen Verwaltung im *Input-*, *Throughput-* und *Output-Bereich* der »Produktion« staatlicher Verwaltungsleistungen aufzuzeigen (vgl. Abb. 3 a-c).

24 Vgl. Albert von Mutius, Einführung in die Verwaltungslehre, in: Handwörterbuch für die öffentliche Verwaltung, Bd. 1, Grundlagen, hrsg. von Albert von Mutius, S. 711-757, hier S. 728 f.

Merkmal	Besonderheiten im staatlichen Verwaltungshandeln	Bedeutung für den Einsatz von Kennzahlen und Indikatoren
Produktionsfaktoren	Eigenes System der Produktionsfaktoren mit besonderer Berücksichtigung der monetären und externen Faktoren[25]	Spezielle Kennzahlen und Indikatoren zur Abbildung von mengen- und wertorientierten Merkmalen der Produktionsfaktoren
	Monetäre Faktoren beziehen sich z.B. auf die vom Staat erzielten Abgaben	z.B. Kennzahlen des Steueraufkommens, der Steuerschätzung, der Kostendekkungsgrade usw.
	Externe Faktoren beziehen sich z.B. auf die unentgeltliche Mitwirkung von Bürgern bei der Erstellung von Einkommenssteuerbescheiden	z.B. Kennzahlen über zeitliche und monetäre Beanspruchung der Bürger zur Erstellung von Leistungen staatlicher Verwaltungseinheiten
Öffentliches Dienstrecht	Öffentliches Dienstrecht als Rahmenbedingung für Beamte, Angestellte und Arbeiter unter besonderer Berücksichtigung der »hergebrachten Grundsätze des Berufsbeamtentums« sowie der zu großen Teilen dem öffentlichen Recht entlehnten Rechte und Pflichten der Angestellten	Spezielle Kennzahlen und Indikatoren, welche die praktische Anwendung des öffentlichen Dienstrechtes aufzeigen
		z.B. Kennzahlen und Indikatoren der Laufbahnen und Laufbahngruppen und der dem Alimentationsprinzip verpflichteten Besoldung und Versorgung
		z.B. Indikatoren der politischen und funktionalen Neutralität von Beamten und Angestellten
		z.B. Kennzahlen und Indikatoren zur Beschreibung von Anreizen der öffentlichen Verwaltung sowie der Motivstrukturen der öffentlichen Bediensteten

Abb. 3a: Input-Bereich des staatlichen Verwaltungshandelns

25 Vgl. Peter Eichhorn, Verwaltungshandeln, a.a.O., S. 25 ff.

Merkmal	Besonderheiten im staatlichen Verwaltungshandeln	Bedeutung für den Einsatz von Kennzahlen und Indikatoren
Bundeshaushaltsordnung/Landeshaushaltsordnungen	Haushaltsordnungen des Bundes und der Länder mit besonderer Berücksichtigung der u.U. einschränkenden Haushaltsgrundsätze	Spezielle Kennzahlen und Indikatoren, welche die praktische Anwendung des Haushaltsrechtes aufzeigen z.B. Kennzahlen und Indikatoren, um die zeitliche Strukturierung des Beschaffungsverhaltens entsprechend dem Haushaltsgrundsatz der zeitlichen Spezialisierung der Titel zu verdeutlichen
Kassenwesen/Rechnungswesen	Für den Geltungsbereich des Bundes: Teil IV der Bundeshaushaltsordnung sowie die Reichskassenordnung, Amtskassenordnung, Reichsrechnungslegungsordnung, Buchführungs- und Rechnungslegungsordnung für das Vermögen des Bundes[26] Für den Geltungsbereich der Länder: Teil IV der Landeshaushaltsordnungen und der hierzu erlassenen (vorläufigen) Verwaltungsordnungen	z.B. spezielle Kennzahlen zum Zahlungsverkehr, zu Einzahlungen und Auszahlungen, zu den einzelnen Büchern, zu Abschlüssen, zu Kassenprüfungen
Organisation	Berücksichtigung des Aufbaus der staatlichen Verwaltung: unmittelbare Staatsverwaltung des Bundes und der Länder:	

26 Vgl. Rüdiger Bendel, Kassen- und Rechnungswesen, in: Handbuch für die öffentliche Verwaltung, Bd. 1, Grundlagen, hrsg. von Albert von Mutius, S. 583-628, hier S. 583 f., S. 603 f.

Merkmal	Besonderheiten im staatlichen Verwaltungshandeln	Bedeutung für den Einsatz von Kennzahlen und Indikatoren
	– (Ministerial-)Verwaltung ohne Verwaltungsunterbau (Oberste Behörden der Zentralstufe) – Ministerialverwaltung mit eigenem Verwaltungsunterbau (Behörden der Zentral-, Mittel- und Unterstufe) – sogenannte nicht-ministerielle Organisationseinheiten der Zentralstufe wie Oberbehörden, nicht rechtsfähige Anstalten, Stiftungen und Zentralstellen[27]	Bei Verwaltungen mit eigenem Unterbau (z.B. allgemeine Landesverwaltung der Mittel- und Unterstufe, der Sonderverwaltungen mit Unterbau wie der Finanzverwaltung und der Bundeswehrverwaltung) ist ein interadministrativer (zwischenbehördlicher) Vergleich von Kennzahlen und Indikatoren, die sich auf die gesamten Behörden beziehen, möglich. Bei Verwaltungen, die nur auf der Zentralstufe operieren, ist ein solcher Vergleich nicht durchführbar.
Programmierung	Berücksichtigung der festgelegten Verfahrensrichtlinien zur Aufgabenerfüllung mit den zwei Klassen der Konditional- und Finalprogrammierung[28]	Bei Konditionalprogrammen sind Kennzahlen und Indikatoren besonders geeignet, Kriterien wie Exaktheit, Schnelligkeit, Kostengünstigkeit zu überprüfen. Bei Finalprogrammen sind vor allem Indikatoren geeignet, Kriterien wie Flexibilität, Kreativität, Problemlösungstauglichkeit zu überprüfen. Bei beiden Programmierungsarten erstrecken sich Kennzahlen und Indikatoren sowohl auf Planung, Steuerung und Kontrolle des Prozesses als auch des Ergebnisses.

Abb. 3b: Binnenbereich des staatlichen Verwaltungshandelns

Merkmal	Besonderheiten im staatlichen Verwaltungshandeln	Bedeutung für den Einsatz von Kennzahlen und Indikatoren
Arten von Verwaltungsleistungen[29]	Berücksichtigung von – Sachleistungen, – Geldleistungen, – Dienstleistungen a) körperlich konsumierbare Dienstleistungen wie Transport, Energie, b) informationelle Dienstleistungen – Erstellung von Verwaltungsakten, – Erstellung zweckorientierten Wissens (z.B. bei Forschungsleistungen, Referentenentwürfen) c) sonstige	Dominanz der informationellen Dienstleistungen im staatlichen Verwaltungsbereich mit der Schwierigkeit, dafür geeignete, d.h. operationale Kennzahlen und Indikatoren zu finden.
Adressat der Verwaltungsleistung	Leistungen für den – Eigenbedarf (Referentenentwurf, Verwaltungsvorschrift, Dienstanweisung, Amtshilfe) – Fremdbedarf (Rechtsverordnung, Verwaltungsakt, Auskunft, Beratung)	Spezielle Kennzahlen und Indikatoren zur Planung, Steuerung und Kontrolle der beiden Leistungskategorien mit der Schwierigkeit, dafür geeignete, d.h. operationale Kennzahlen und Indikatoren zu finden.

27 Vgl. Bernd Becker, Zentrale nichtministerielle Organisationseinheiten in der unmittelbaren Bundesverwaltung, in: Verwaltungsarchiv, 1978, S. 149-202.

28 Zu weiteren Unterteilungen der Programmierungsarten Bernd Becker, Entscheidungen in der öffentlichen Verwaltung, in: Öffentliche Verwaltung in der Bundesrepublik Deutschland, hrsg. von Klaus König u.a., Baden-Baden 1981, S. 279-295.

29 Vgl. Günther E. Braun, Stand, a.a.O., S. 187 ff.

Bezug zu Politik-bereichen (policy-Aspekt)	Berücksichtigung von Verwaltungsleistungen i.e.S., d.h. von solchen Leistungen, um derentwillen die Verwaltungseinheit gegründet wurde. Leistungen i.e.S. sind geeignet, Ziele *unmittelbar* übergeordneter Politikbereiche zu erfüllen	Beispiel: Arzneimittelprüfung des Bundesgesundheitsamtes (BGA) zur Erfüllung von Zielen des zugeordneten Fachministeriums; Indikatoren können zeigen, ob dem Ziel »Erhöhung der Arzneimittelsicherheit« entsprochen wird.

Merkmal	Besonderheiten im staatlichen Verwaltungshandeln	Bedeutung für den Einsatz von Kennzahlen und Indikatoren
	Verwaltungsleistungen i.w.S., die geeignet sind, Ziele weiterer Politikbereiche zu erfüllen	Beispiel: Beschäftigungspolitik des BGA, um in Berlin regionalpolitische Ziele zu befriedigen. Kennzahlen können möglicherweise aufgetretene Wachstumseffekte aufzeigen.
Bezug zu Politiker und zur Verwal-tungs-spitze (politics-Aspekt)	Besondere Berücksichtigung des Umstandes, daß Politiker sich der Verwaltung und der von ihr »erzeugten« Verwaltungsleistungen bedienen möchten, um die nächsten Wahlen zu gewinnen	Wer den Einsatz von Kennzahlen und Indikatoren vermehren möchte, muß als »Effizienzpartisan« (Lindblom) nach Unterstützung im Spiel der (politischen) Kräfte suchen.

Abb. 3c: Output-Bereich des staatlichen Verwaltungshandelns

Aus den Besonderheiten lassen sich Konsequenzen für den Einsatz von Kennzahlen und Indikatoren in der staatlichen Verwaltung ableiten:

- Kennzahlen und Indikatoren für private Unternehmungen sind aufzugeben, zu verändern oder durch neue Kennzahlen und Indikatoren zu ergänzen, die nur für die staatliche Verwaltung Gültigkeit besitzen.
- Es sind unter den Politikern und (Spitzen-)Beamten solche Verbündete zu suchen, die durch einen Einsatz von Kennzahlen und Indikatoren »gewinnen« und deren eigene Ziele damit befriedigt werden können.

In einem größeren *Beispiel* soll ein der Verwaltung angepaßter Einsatz von Kennzahlen und Indikatoren möglichst konkret demonstriert werden. Es werde angenommen, die betrachtete Verwaltungseinheit gebe bindende Entscheidungen (Verwaltungsakte) nach außen ab. Die Erstellung eines solchen Verwaltungsaktes sei konditional programmiert. Darüber hinaus erbringe die Verwaltung im Auftrag des Trägers Forschungsleistungen, deren Ergebnisse dem Träger und anderen Teilen der Verwaltung als Vorleistungen zu deren Aufgabenerfüllung zur Verfügung stehen. Beide Leistungsarten erbringt z.B. das Bundesgesundheitsamt in Berlin. Arzneimittelprüfungen führen zu Zulassungsbescheiden in der Form von Verwaltungsakten, und Forschungsleistungen werden in den einzelnen Forschungsinstituten des BGA realisiert.

Bei beiden Leistungsarten ist neben der *quantitativen* auch die *qualitative Komponente* wichtig. Verwaltungsakte müssen aus Gründen der Rechtssicherheit rechtmäßig und sachlich richtig ergehen. Die Forschungen sollen kein Selbstzweck sein, sondern nützliche Erkenntnisse bringen.

Die Leistungen werden quantitativ durch die Kennzahl »ergangene und in Bearbeitung befindliche Verwaltungsakte eines Jahres« und »abgeschlossene und begonnene Forschungsaufträge eines Jahres« dokumentiert. Für die Qualität der Verwaltungsakte (zumindest bei belastenden Verwaltungsakten) läßt sich als Indikator die Zahl der aufgehobenen oder durch Verwaltungsgerichtsurteile korrigierten Verwaltungsakte verwenden. Die Qualität der Verwaltungsakte ergibt sich damit als Prozentanteil der bestandskräftigen Verwaltungsakte an der Menge aller Verwaltungsakte.

Für die Qualität der Forschungsleistungen ist die Bedeutung des Forschungsauftrages und das Ergebnis selbst zu betrachten. Als Maßstab zur Ermittlung der *Bedeutung eines Forschungsauftrages* bieten sich die dafür aufgewendeten Forschungsgelder an. Diese Kennzahl bevorzugt jedoch sachmittelintensive technische Forschungen, die nur mit großem Aufwand betrieben werden können und begünstigt ggf. verschwenderische Mittelverwendung, weil damit »teuere« Forschung mit »guter« Forschung gleichgesetzt wird. Besser sollte eine ordinalskalierte Kennzahl für den Rang des Auftrags auf einer verbindlich definierten Skala von 1 – 9 durch den Auftraggeber festgelegt werden. Das für die Beurteilung

der Qualität ebenso wichtige *Ergebnis der Forschung* läßt sich ebenfalls nur schwer metrisch messen. Deshalb erscheint hier nur eine Klassifikation in »befriedigendes Ergebnis« und »unbefriedigendes Ergebnis« angemessen. Für die rechnerische Erfassung wird der Kategorie »befriedigend« der Wert 1 und der Kategorie »unbefriedigend« der Wert 0 zugeordnet. Die ordinale Kennzahl »Qualität des Auftrags« ergibt sich dann als Produkt aus:
»Rang des Auftrags« x »Ergebnis des Auftrags«.
Zur Sicherung der *Kostenwirtschaftlichkeit* lassen sich die Kennzahlen »durchschnittliche Kosten pro Verwaltungsakt« und »durchschnittliche Kosten pro Forschungsauftrag« bilden. Die *mengenmäßige Wirtschaftlichkeit* läßt sich durch die *Arbeitsproduktivität*, d.h. durch die Kennzahlen »Zahl der Forschungsaufträge/Personaleinsatz in Stunden« beschreiben. Dabei kann es für Vergleichszwecke sinnvoll sein, die jeweilige Zahl der Verwaltungsakte bzw. Forschungsaufträge mit der Qualitätskennzahl zu multiplizieren.
Die Kennzahlen der Arbeitsproduktivität sind vor allem im Vergleich mit auf arbeitswissenschaftlichem Weg ermittelten Vorgabewerten aufschlußreich. Ein solcher Vergleich gibt bei Überschreitung der Vorgabewerte Anhaltspunkte für mögliche Personaleinsparungen.
Ein weiterer Aspekt der mengenmäßigen Wirtschaftlichkeit ergibt sich, wenn man die »Durchlaufzeit« eines Verwaltungsaktes bzw. Forschungsauftrages als Zeitspanne zwischen Antrags- bzw. Auftragseingang und dem Zeitpunkt des Erlasses bzw. der Beendigung der Forschung feststellt. Lange Durchlaufzeiten belasten Bürger und Verwaltung. Die Forderung einer möglichst bürgerfreundlichen Verwaltung zwingt dazu, kurze Durchlaufzeiten anzustreben.
Selbstverständlich ist mit den beispielhaft angedeuteten Kennzahlen und Indikatoren der Weg zu einer weiteren Konkretisierung erst eröffnet. Insbesondere bedürfen die Indikatoren zur Qualitätsmessung einer problemangepaßten Formulierung.
Zwei konkrete Vorschläge, die in den Kontext der *Implementation* des Kennzahlen- und Indikatoreneinsatzes gehören, werden abschließend präsentiert.

V. Zwei Vorschläge zur vermehrten Beachtung des Wirtschaftlichkeitsprinzips

Es könnte sich als günstig erweisen, auf der »Schiene des Rechts« zu fahren, um zu einer vermehrten Berücksichtigung des Wirtschaftlichkeitsprinzips zu gelangen.

Zwei Anknüpfungspunkte sind möglicherweise ergiebig: Bestellung eines bereits 1979 von *Peter Eichhorn* vorgeschlagenen *»Beauftragten für Wirtschaftlichkeit«* in jeder größeren Dienststelle.[30] Daneben ist die individuelle *Leistungsbeurteilung* um den Aspekt »Wirtschaftlichkeit« zu ergänzen, wie es sich bereits heute teilweise beobachten läßt. Beide Maßnahmen können zur Schaffung einer für das Wirtschaftlichkeitsprinzip adäquaten *»Verwaltungskultur«* beitragen.
Das 1979 in die Diskussion eingebrachte »Wirtschaftlichkeitsgrundsätzegesetz« erwähnt besonders die Einsetzung eines »Beauftragten für Wirtschaftlichkeit«. »In Anlehnung an das Vorbild des Beauftragten für den Haushalt in §9 Bundeshaushaltsordnung könnte in größeren Dienststellen jeweils ein Beauftragter für Wirtschaftlichkeit bestellt werden«.[31] Eine Verankerung des Beauftragten im Topmanagement einer Dienststelle würde seine Bedeutung offensichtlich machen. Möglicherweise reicht die Einführung eines neuen Absatzes in §7 der Bundeshaushaltsordnung aus, der die »Bestallung« eines Beauftragten für Wirtschaftlichkeit vorsieht. Weitere Regelungen wären dann nicht notwendig. Die Ausfüllung des in Abschnitt II skizzierten Mehrebenenmodells der Wirtschaftlichkeit erfolgte dann ausschließlich durch den Beauftragten selbst. Ein anderes Regelungsmodell sieht *Peter Eichhorn* vor, der das Organ des Beauftragten der Wirtschaftlichkeit als zentralen Bestandteil eines »Wirtschaftlichkeitsgrundsätzegesetz« festlegt.
Eine Orientierung des einzelnen Beamten im öffentlichen Dienst an den »Wirtschaftlichkeitsgrundsätzen« ist sicherlich nur dann zu erreichen, wenn man entsprechende *Anreize* zur Befolgung setzt. Ein wirksamer Anreiz könnte in den nach Bundeslaufbahnverordnung §40 mindestens alle 5 Jahre oder bei Bedarf durchzuführenden *»dienstlichen Beurteilungen«* liegen. Wird eine Beurteilung auch unter dem Gesichtspunkt der Wirtschaftlichkeit durchgeführt, richtet sich der Beurteilte eher daran aus als im gegenteiligen Fall. 1969 weist die Studienkommission für die Reform des öffentlichen Dienstrechtes in allgemeiner Weise auf eine Berücksichtigung der Wirtschaftlichkeit bei Beurteilungen hin.[32] Ein konkretes Beurteilungsverfahren aus dem Jahre 1981, das aus dem Bundesministerium des Innern stammt, erwähnt explizit den Beurteilungsaspekt der Wirtschaftlichkeit.[33] Trotzdem findet sich durchgängig und in systematischer Weise keine Beurteilung der Wirtschaftlichkeit in den einschlägigen Verwaltungsvorschriften zur dienstlichen Beurteilung der Beamten (und Richter). Allerdings

30 Vgl. Peter Eichhorn, Verwaltungshandeln, a.a.O., S. 87 ff.
31 Vgl. Peter Eichhorn, Verwaltungshandeln, a.a.O., S. 89.
32 Vgl. Arbeitskreis zur Bewertung von Eignung und Leistung, Bericht zur Einführung von Systemen zur Leistungsbewertung und zur Verwendungsbeurteilung im öffentlichen Dienst, Baden-Baden 1973, S. 278.
33 Vgl. Eduard Gaugler u.a., Erprobung neuer Beurteilungsverfahren, Baden-Baden 1981.

ist auch auf Indikatoren der Wirtschaftlichkeit zu achten wie Termingerechtigkeit, Arbeitstempo, Arbeitsmenge, Arbeitsweise. Vereinzelt finden sich entsprechende Begriffe wie »wirtschaftlich«, »planvoll-ökonomisch«, »ökonomisch-rationell« in den einschlägigen Verwaltungsvorschriften des Bundesministeriums des Innern, von Niedersachsen, Hamburg und den gemeinsamen Richtlinien aller Ministerien und des Rechnungshofes aus Baden-Württemberg. Auch Beamte im Bereich des Bundesministeriums der Verteidigung unterliegen dem Hinweis auf eine »rationelle Arbeitsweise«.[34]

Trotzdem ist eine weitere Diskussion unerläßlich, um zu einer vermehrten Planung, Steuerung und Kontrolle der Wirtschaftlichkeit mit Hilfe von Kennzahlen und Indikatoren zu gelangen.

34 Vgl. Helmut Schnellenbach, Die dienstliche Beurteilung der Beamten und Richter. Ein Handbuch. Heidelberg 1986.

Grundzüge des Fund Accounting

von *Helmut Brede* und *Ulrich Trogele*

I. Einleitung

Nach Jahrzehnten des Stillstands ist die Entwicklung auf dem Gebiet des Rechnungswesens öffentlicher Verwaltungen wieder in Bewegung geraten. Wohin die Reise geht, läßt sich kaum ausmachen. Sicher ist nur, daß ihre Richtung auch von ausländischen Erfahrungen bestimmt wird. Auf den folgenden Seiten soll die Aufmerksamkeit auf Spezifika des amerikanischen Rechnungswesens der öffentlichen Verwaltung gelenkt werden. Dabei konzentrieren wir uns auf jene Ausrichtung des Systems, die die Bezeichnung Fund Accounting trägt.[1] Naturgemäß können nur wenige Merkmale beleuchtet werden; für einen vollständigen Überblick fehlt der Platz. Wir müssen auch weitgehend darauf verzichten, Bezüge zum kameralistischen Rechnungswesen[2] herzustellen; allerdings kann man davon ausgehen, daß ein kundiger Leser die Gemeinsamkeiten und Abweichungen selbst erkennt.

Im folgenden Teil II soll zunächst ein Überblick über das Konzept des Fund Accounting gegeben werden. Danach werden in Teil III die Verbuchung ausgewählter Geschäftsvorfälle und der Jahresabschluß beschrieben, und in Teil IV werden wir den Ansatz zu würdigen versuchen.

II. Das Konzept des Fund Accounting

Fund Accounting wird aus deutscher Sicht leicht als fremdartig empfunden, doch verliert sich dieses Gefühl schnell, sobald man sich bewußt wird, daß Fund

1 Auf andere Ausrichtungen wird kurz in Abschnitt II eingegangen.

2 »Kameralistisches Rechnungswesen« wird in diesem Beitrag als Verwaltungskameralistik verstanden. Siehe dazu Ludwig Mülhaupt, Kameralistik, in: Handwörterbuch der Betriebswirtschaft, 4., völlig neu gestaltete Aufl., hrsg. von Erwin Grochla und Waldemar Wittmann, 2. Bd., Stuttgart 1975, Sp. 2059-2077, hier Sp. 2064-2068, Klaus v. Wysocki, Kameralistisches Rechnungswesen, Stuttgart 1965.

Accounting und unser kameralistisches Rechnungswesen[3] denselben Wurzeln entstammen. Im Grunde genommen sind für alle Anforderungen[4] nur unterschiedliche formale Lösungen gefunden worden.

- Das beherrschende Merkmal des Fund Accounting ist die Verwendung von T-Konten und doppelter Buchführung.
- Das zweite Merkmal hat dem Konzept den Namen gegeben: Mit Hilfe geschlossener Buchführungssysteme werden die Mittelzuweisungen und -verwendungen selbständig abrechnender Verwaltungseinheiten (hier als »Fonds« oder »funds« bezeichnet)[5] abgebildet.

  Eine gewisse Ähnlichkeit mit einem Fonds haben auch die mit Verfügungsrechten ausgestatteten haushaltsführenden Stellen des kameralistischen Rechungswesens. Deshalb liegt nicht hier die entscheidende Abweichung zwischen Fund Accounting und kameralistischem Rechnungswesen, sondern in der Geschlossenheit des partikulären Buchführungssystems.
- Fund Accounting ist nur *eine* Erscheinungsweise der amerikanischen Verwaltungsbuchführung. Genauso wie im Apfel eine Frucht, ein Nahrungsmittel, ein Wirtschaftsgut und das Sinnbild weiblicher Verführung gesehen werden kann, tritt uns auch das Rechnungswesen der amerikanischen Verwaltung in mehrerlei Gestalt entgegen. »The same system must be capable of providing data on several accounting bases: fund, budgetary, accrual, cost, and cash disbursement.«[6] Die meisten dieser Ausrichtungen brauchen nicht erläutert zu werden. Lediglich das »Accrual«-Konzept bedarf einer Erklä-

3 Auch soweit Vergleiche anzustellen sind, beziehen wir uns auf die Verwaltungs- und nicht auf die Betriebskameralistik, obwohl Fund Accounting einige bemerkenswerte Ähnlichkeiten mit der Betriebskameralistik aufweist. Aber die deutsche Verwaltung zieht nun einmal die Verwaltungs- der Betriebskameralistik vor.

4 Vgl. zu den Anforderungen an das kameralistische Rechnungswesen z.B. Ludwig Mülhaupt, Kameralistik, a.a.O., und Klaus v. Wysocki, Kameralistiches Rechnungswesen, a.a.O., S. 18-20, zu den Aufgaben des Fund Accounting siehe z.B. U.S. General Accounting Office (Hrsg.), Accounting, Principles and Standards For Federal Agencies, Washington (D.C.) 1978, besonders Kapitel 3.

5 Die offizielle Definition kennzeichnet »fund« als »an independent fiscal and accounting entity with a selfbalancing set of accounts«, National Council on Governmental Accounting (Hrsg.), Governmental Accounting and Financial Reporting Principles, Statement 1, Chicago 1979, S. 2, zitiert in: Leon E. Hay, Accounting for Governmental and Nonprofit Entities, 6. Aufl., Homewood, Ill. 1980, S. 5. In diesem Sinne bedeutet »fund« eine Organisationseinheit, eine haushaltsführende Stelle. So auch Estes. Vgl. Ralph Estes, Dictionary of Accounting, Cambridge, Mass. 1981, S. 55. Tierney hingegen schreibt: »In federal accounting, the term fund is viewed being synonymous with a Congressional appropriation of money or legal budget authority to incur obligations and expenditures and make disbursements on behalf of the federal Government.« Cornelius E. Tierney, Handbook of Federal Accounting Practices, Reading, Mass., Menlo Park, Calif., London, Amsterdam, Don Mills, Ontario, Sydney 1982, S. 102. Wir gehen hier von der ersten Definition aus, weil das von der Vertretungskörperschaft verliehene Verfügungsrecht (»appropriation«) besser als Attribut und nicht als Wesen des Fonds (»fund«) verstanden wird.

6 Cornelius E. Tierney, Handbook of Federal Accounting Practices, a.a.O., S. 101.

rung. Damit ist ein Prinzip zur »Abgrenzung der Zeit nach« *(Ulrich Leffson*[7]) gemeint. Es verlangt, Einnahmen zu verbuchen, wenn sie erzielt werden, Ausgaben, wenn sie veranlaßt werden, »without regard to the timing of related cash receipts and expenditures.«[8]

– Für die Bundesstaaten und die Gemeinden wird die Einrichtung folgender Fonds empfohlen:[9]

Verwaltungsfonds (»Governmental Funds«)

- Allgemeiner Fonds (»General Fund«). Er umfaßt alle nicht zweckgebundenen Ressourcen und dient den allgemeinen Leistungen der öffentlichen Verwaltung.
- Fonds für zweckgebundene Steuern (»Special Revenue Funds«) oder Spezialfonds (»Special Funds«)
- Fonds für Abgaben in Form von Beiträgen (»Special Assessment Funds«)
- Projektfonds (»Capital Projects Funds«). Ein solcher Fonds wird eingerichtet, um das einem bestimmten Projekt gewidmete Kapital zu verwalten.
- Schuldendienstfonds (»Debt Service Funds«). Über die Konten dieser Fonds werden die Zahlungen für Darlehnszinsen und -tilgung abgewikkelt.

Betriebsfonds (»Proprietary Funds«)

- Unternehmensfonds (»Enterprise Funds«). Diese für öffentliche Unternehmen vorgesehenen Fonds verweisen auf Sondervermögen, wie es auch das deutsche Verwaltungsrecht kennt.
- Fonds für Annexbetriebe (»Internal Service Funds«). Offensichtlich sind in den Vereinigten Staaten auch die der Eigenversorgung der öffentlichen Verwaltungen dienenden Annexbetriebe ausgegliedert und stellen Sondervermögen ihrer Träger dar.

Treuhandfonds (»Fiduciary Funds«). Sie dienen der Verwaltung von Treuhandvermögen.

– Einer Empfehlung des National Concil on Governmental Accounting (NCGA) entsprechend, werden im allgemeinen neben den fondsbezogenen Konten zwei weitere geschlossene Kontengruppen eingerichtet:[10]

7 Vgl. Ulrich Leffson, Die Grundsätze ordnungsmäßiger Buchführung, 6. durchgesehene und geringfügig verbesserte Aufl., Düsseldorf 1982, S. 171.
8 Ralph Estes, Dictionary of Accounting, a.a.O., S. 4 f.
9 Vgl. Leon E. Hay, Accounting for Governmental and Nonprofit Entities, a.a.O., S. 5 f.
10 Vgl. ebenda, S. 7.

- die Gruppe des allgemeinen Sachanlagevermögens (»General Fixed Assets Group«) und
- die Gruppe der allgemeinen langfristigen Verbindlichkeiten (»General Long-Term Debt Group«)

Die dort zu verbuchenden Gegenstände betreffen mehrere Fonds zugleich oder das Gemeinwesen insgesamt.

- Gegenüber den auf bundestaatlicher und kommunaler Ebene eingerichteten Fonds und Konten weist das auf der Bundesebene existierende Rechnungswesen nur geringfügige formale (zumeist terminologische) und sachliche Unterschiede auf. Wir klammern das Rechnungswesen der US-Bundesverwaltung aus.
- Wie beim kameralistischen Rechnungswesen, bildet die Gesamtheit der Konten eines Kontenkreises ein Sachbuch (»ledger«). Als zweites Rechenwerk wird ein Journal geführt. Das dritte Rechenwerk bildet die »trial balance«. Sie entspricht der Zusammenstellung der Salden in einer Probebilanz, wie wir sie von der kaufmännischen Buchführung her kennen. Es erscheint erlaubt, die »trial balance« trotz ihres engeren Aussagegehaltes als »Probebilanz« zu bezeichnen.

III. Ausgewählte Geschäftsvorfälle und der Jahresabschluß für den Allgemeinen Fonds

In diesem Abschnitt sollen einige Buchungen und ein Jahresabschluß vorgeführt werden; denn nichts vermag Struktur und Funktion eines Buchführungssystems besser zu erhellen als ein praktisches Beispiel.[11] Dabei beziehen wir uns allein auf den Allgemeinen Fonds.

11 Das folgende Beispiel stammt von Edward S. Lynn, Joan W. Thompson, Introduction to Fund Accounting, Reston, Virg. 1974, S. 63 ff.

Geschäftsvorfälle

1)	Veranschlagte Einnahmen	110.000
	Ausgabenermächtigung	108.000
2)	Auszahlungsanordnung, einen Haushaltsrest betreffend	9.500
3)	Steuerhebeliste,	110.000
	davon gelten 5 % als zweifelhafte Forderungen	5.500
4)	Eingang von Außenständen, bar,	105.300
	davon: fällige Steuerforderungen	90.000
	rückständige Steuerforderungen	10.000
	Zinsen und Versäumnisgebühren für Steuern	300
	sonstige Forderungen	5.000
5)	Fällige Steuerforderungen – davon gelten 5.500 als zweifelhafte Forderungen – gehen nicht ein, verwandeln sich also in rückständige Steuerforderungen	20.000
6)	Direkte Abschreibung auf rückständige Steuerforderungen, die nunmehr als endgültig verloren gelten	2.000
	Verzicht auf Forderungen über Zinsen und Versäumnisgebühren für Steuern	20
7)	Materialbestellung	20.000
8)	Es gehen Steuern, Zinsen und Versäumnisgebühren ein, die in früheren Jahren direkt abgeschrieben wurden	235
9)	Löhne werden zur Auszahlung angewiesen und sofort ausgezahlt	20.000
	Abstattung einer im Vorjahr ergangenen Auszahlungsanordnung	15.500
10)	Das in Geschäftsvorfall 7 genannte Material trifft ein. Die Rechnung beläuft sich auf	21.000
	Die Rechnung wird zur Auszahlung angewiesen	
11)	Bestellung eines Anlagengegenstandes. Die geschätzten Anschaffungskosten betragen	3.000
12)	Löhne werden zur Auszahlung angewiesen und sofort ausgezahlt	25.000
13)	Der in Geschäftsvorfall 11 genannte Anlagengegenstand trifft ein. Die Anschaffungskosten betragen	3.000
14)	Die Tilgung einer Anleihe wird fällig	10.000
15)	Die Tilgungszahlung (siehe Geschäftsvorfall 14) wird angeordnet und geleistet	10.000
16)	Kreditzinsen werden zur Auszahlung angewiesen und sofort ausgezahlt	5.000
17)	Säumigen Steuerzahlern werden Zinsen und Versäumnisgebühren auferlegt,	600
	davon gelten 5 % als zweifelhafte Forderungen	30
18)	Materialbestellung	19.000

Journal-Eintragungen

Geschäftsvorfall	Kto. Nr.	Kontenbezeichnung	Soll	Haben
1)	13	Veranschlagte Einnahmen ("Estimated Revenues")	110.000	
	15	Ausgabenermächtigungen ("Appropriations")		108.000
	12	Fondskapital ("Fund Balance")		2.000
		<u>Anmerkung:</u> Die Konten "Veranschlagte Einnahmen" ("Estimated Revenues") und "Ausgabenermächtigungen" ("Appropriations") weisen antizipierte Einnahmen und Ausgaben auf. Sie entsprechen formal antizipativen Rechnungsabgrenzungsposten.		
2)	19	Ausgaben zu Lasten der Rückstellungen aus dem Vorjahr ("Expenditures Chargeable to Reserve for Encumbrances - Prior Year")	9.500	
	10	Auszahlungsanordnungen("Vouchers Payable")		9.500
		<u>Anmerkung:</u> Für die Haushalts-Ausgabenreste der Vorperiode wurde eine Rückstellung gebildet. Der Haushaltsmittel-Übertragung ging eine Auftragsvergabe voraus. Buchungen im Ausgaben-Soll des kameralistischen Rechnungswesens schlagen sich hier im Haben des Kontos Auszahlungsanordnungen ("Vouchers Payable") nieder. Abstattungen erscheinen dementsprechend auf der Sollseite.		
3)	2	Fällige Steuerforderungen ("Taxes Receivable - Current")	110.000	
	3	Wertberichtigungen auf fällige Steuerforderungen ("Estimated Uncollectible Taxes - Current")		5.500
	14	Einnahmen ("Revenues")		104.500
		<u>Anmerkung:</u> Für fällige und rückständige Steuerforderungen (vergleichbar mit den Zahlen der Soll-Spalte und der Spalte "Reste aus der Vorperiode" des Steuer-Einnahmenkontos) existieren eigene Konten: "Taxes Receivable - Current" und "Taxes Receivable - Delinquent".		
4)	1	Kassenbestand[12] ("Cash")	105.300	
	2	Fällige Steuerforderungen ("Taxes Receivable - Current")		90.000
	4	Rückständige Steuerforderungen ("Taxes Receivable - Delinquent")		10.000
	6	Forderungen über Zinsen und Versäumnisgebühren für Steuern ("Interest and Penalties Receivable on Taxes")		300
	8	Sonstige Forderungen ("Accounts Receivable")		5.000

12 Auf Bundesebene tritt an die Stelle des Kassenkontos das zum Umlaufvermögen zählende Konto »Fund Balance with the Treasury«. Vgl. United States General Accounting Office (Hrsg.), Illustrative Accounting Procedures For Federal Agencies, II. Teil, o.O. 1969, Cornelius E. Tierney, Handbook of Federal Accounting Practices, a.a.O., S. 330.

5)	4	Rückständige Steuerforderungen ("Taxes Receivable - Delinquent")	20.000	
	2	Fällige Steuerforderungen ("Taxes Receivable - Current")		20.000
	3	Wertberichtigungen auf fällige Steuerforderungen ("Estimated Uncollectible Taxes - Current")	5.500	
	5	Wertberichtigungen auf rückständige Steuerforderungen ("Estimated Uncollectible Taxes - Delinquent")		5.500
6)	5	Wertberichtigungen auf rückständige Steuerforderungen ("Estimated Uncollectible Taxes - Delinquent")	2.000	
	4	Rückständige Steuerforderungen ("Taxes Receivable - Delinquent")		2.000
	7	Wertberichtigungen auf Forderungen über Zinsen und Versäumnisgebühren für Steuern ("Estimated Uncollectible Interest and Penalties")	20	
	6	Forderungen über Zinsen und Versäumnisgebühren für Steuern ("Interest and Penalties Receivable on Taxes")		20
7)	17	Noch nicht ausgabenwirksame Verfügungen ("Encumbrances")	20.000	
	18	Rückstellungen ("Reserve for Encumbrances")		20.000
		<u>Anmerkung:</u> Die aus einem Auftrag resultierende Minderung verfügbarer Haushaltsmittel und das Obligo werden auf eigenen Konten erfaßt: "Encumbrances" und "Reserve for Encumbrances". Das erste Konto dient der Antizipation im Sinne des Accrual-Prinzips.		
8)	1	Kassenbestand ("Cash")	235	
	14	Einnahmen ("Revenues")		235
		<u>Anmerkung:</u> Das Konto "Revenues" erfüllt hier dieselbe Funktion wie das Konto "Außerordentlicher Ertrag" im Rahmen der Doppik.		
9)	10	Auszahlungsanordnungen ("Vouchers Payable")	35.500	
	1	Kassenbestand ("Cash")		35.500
	16	Ausgaben ("Expenditures")	20.000	
	10	Auszahlungsanordnungen ("Vouchers Payable")		20.000
		<u>Anmerkung:</u> Das Ausgabenkonto ("Expenditures") kann als eine Art Erfolgskonto interpretiert werden. Es bildet zusammen mit dem Konto "Noch nicht ausgabenwirksame Verfügungen" ("Encumbrances") das Pendant zum Einnahmenkonto ("Revenues"). Zur Haushaltsüberwachung sind Ausgabenkonto und das Konto "Noch nicht ausgabenwirksame Verfügungen" dem Konto "Ausgabenermächtigung" gegenüberzustellen.		

10)	16	Ausgaben ("Expenditures")	21.000	
	10	Auszahlungsanordnungen ("Vouchers Payable")		21.000
	18	Rückstellungen ("Reserve for Encumbrances")	20.000	
	17	Noch nicht ausgabenwirksame Verfügungen ("Encumbrances")		20.000
11)	17	Noch nicht ausgabenwirksame Verfügungen ("Encumbrances")	3.000	
	18	Rückstellungen ("Reserve for Encumbrances")		3.000
12)	16	Ausgaben ("Expenditures")	25.000	
	10	Auszahlungsanordnungen ("Vouchers Payable")		25.000
	10	Auszahlungsanordnungen ("Vouchers Payable")	25.000	
	1	Kassenbestand ("Cash")		25.000
13)	16	Ausgaben ("Expenditures")	3.000	
	10	Auszahlungsanordnungen ("Vouchers Payable")		3.000
	18	Rückstellungen ("Reserve for Encumbrances")	3.000	
	17	Noch nicht ausgabenwirksame Verfügungen ("Encumbrances")		3.000
		<u>Anmerkung:</u> Es sei noch einmal darauf hingewiesen, daß hier nur die Konten eines Fonds erscheinen. Dementsprechend fehlen Konten, die dem Vermögensbuch im kameralistischen Rechnungswesen entsprechen.		
14)	16	Ausgaben ("Expenditures")	10.000	
	11	Verbindlichkeiten aus fällig gewordener Anleihetilgung ("Matured Bonds Payable")		10.000
15)	11	Verbindlichkeiten aus fällig gewordener Anleihetilgung ("Matured Bonds Payable")	10.000	
	10	Auszahlungsanordnungen ("Vouchers Payable")		10.000
	10	Auszahlungsanordnungen ("Vouchers Payable")	10.000	
	1	Kassenbestand ("Cash")		10.000
16)	16	Ausgaben ("Expenditures")	5.000	
	10	Auszahlungsanordnungen ("Vouchers Payable")		5.000
	10	Auszahlungsanordnungen ("Vouchers Payable")	5.000	
	1	Kassenbestand ("Cash")		5.000
17)	6	Forderungen über Zinsen und Versäumnisgebühren für Steuern ("Interest and Penalties Receivable on Taxes")	600	
	7	Wertberichtigungen auf Forderungen über Zinsen und Versäumnisgebühren für Steuern ("Estimated Uncollectible Interest and Penalties")		30
	14	Einnahmen ("Revenues")		570
18)	17	Noch nicht ausgabenwirksame Verfügungen ("Encumbrances")	19.000	
	18	Rückstellungen ("Reserve for Encumbrances")		19.000

Welche Beziehungen zwischen den einzelnen Buchungen bestehen, wird erst richtig klar, wenn man sich das dazugehörende Kontenbild vor Augen führt. Deshalb sollen auch die zu den Journal-Eintragungen gehörenden Buchungen auf T-Konten wiedergegeben werden.[13] Dazu muß das Zahlenbeispiel noch um eine Eröffnungs-Probebilanz erweitert werden. Aus Gründen der Platzersparnis verzichten wir auf die Wiedergabe. Wir berücksichtigen ihre Zahlen gleich in Form von Eröffnungsbuchungen auf den T-Konten. Die Schluß-Probebilanz wird so gestaltet, wie es der amerikanischen Praxis entspricht.

Für die Abschlußbuchungen – sie werden als Geschäftsvorfall 19 gekennzeichnet – gelten folgende Bedingungen:

- Von den Konten Nr. 13, »Veranschlagte Einnahmen« (»Estimated Revenues«), und Nr. 14, »Einnahmen« (»Revenues«), wird der niedrigere Saldo zum Konto mit dem höheren Saldo geführt. Der gemeinsame Saldo wird dem Konto Nr. 12, »Fondskapital« (»Fund Balance«), belastet oder gutgeschrieben; er stellt die Mehr- bzw. Mindereinnahmen dar.
- Die Konten Nr. 16, »Ausgaben« (»Expenditures«), und Nr. 17, »Noch nicht ausgabenwirksame Verfügungen« (»Encumbrances«), werden über das Konto Nr. 15, »Ausgabenermächtigungen« (»Appropriations«), abgeschlossen. Der Saldo des zuletzt genannten Kontos wird auf dem Konto Nr. 12, »Fondskapital« (»Fund Balance«), gegengebucht; er verkörpert die Mehr- oder Minderausgaben unter Berücksichtigung von Verfügungen, die sich noch nicht in Ausgaben umgesetzt haben.
- Das Konto Nr. 19, »Ausgaben zu Lasten der Rückstellungen aus dem Vorjahr« (»Expenditures Chargeable to Reserve for Encumbrances – Prior Year«), wird über das Konto Nr. 20, »Rückstellungen aus dem Vorjahr« (»Reserve für Encumbrances – Prior Year«), abgeschlossen. Der Saldo des letzteren Kontos wird auf dem Konto Nr. 12, »Fondskapital« (Fund Balance«), gegengebucht; er stellt periodenfremden Erfolg dar.
- Abschluß aller übrigen Konten und Ausweis der Salden in der Schluß-Probebilanz.

Kto. Nr. 1 Kassenbestand ("Cash")

Eröffnungsbuchung	15.000	9) 10	35.500
4) 2, 4, 6, 8	105.300	12) 10	25.000
8) 14	235	15) 10	10.000
		16) 10	5.000
		19d) Saldo	45.035
	120.535		120.535

13 Die »Text-Eintragungen« auf den Konten beschränken sich hier im allgemeinen auf die Nummer des Geschäftsvorfalls und die Nummer(n) des Gegenkontos bzw. der Gegenkonten.

Kto. Nr. 2 Fällige Steuerforderungen ("Taxes Receivable - Current")

3) 3,14	110.000	4) 1	90.000
		5) 4	20.000
	110.000		110.000

Kto. Nr. 3 Wertberichtigungen auf fällige Steuerforderungen ("Estimated Uncollectible Taxes - Current")

5) 5	5.500	3) 2	5.500
	5.500		5.500

Kto. Nr. 4 Rückständige Steuerforderungen ("Taxes Receivable - Delinquent")

Eröffnungsbuchung	20.000	4) 1	10.000
5) 2	20.000	6) 5	2.000
		19d) Saldo	28.000
	40.000		40.000

Kto. Nr. 5 Wertberichtigungen auf rückständige Steuerforderungen ("Estimated Uncollectible Taxes - Delinquent")

6) 4	2.000	Eröffnungsbuchung	3.000
19d) Saldo	6.500	5) 3	5.500
	8.500		8.500

Kto. Nr. 6 Forderungen über Zinsen und Versäumnisgebühren für Steuern ("Interest and Penalties Receivable on Taxes")

Eröffnungsbuchung	1.000	4) 1	300
17) 7, 14	600	6) 7	20
		19d) Saldo	1.280
	1.600		1.600

Kto. Nr. 7 Wertberichtigungen auf Forderungen über Zinsen und Versäumnisgebühren für Steuern ("Estimated Uncollectible Interest and Penalties")

6) 6	20	Eröffnungsbuchung	75
19d)	85	17) 6	30
	105		105

Kto. Nr. 8 Sonstige Forderungen ("Accounts Receivable")

Eröffnungsbuchung	10.000	4) 1	5.000
		19d) Saldo	5.000
	10.000		10.000

Kto. Nr. 9 Wertberichtigungen auf sonstige Forderungen ("Estimated Uncollectible Accounts Receivable")

19d) Saldo	1.000	Eröffnungsbuchung	1.000
	-----		-----
	1.000		1.000

Kto. Nr. 10 Auszahlungsanordnungen ("Vouchers Payable")

9) 1	35.500	Eröffnungsbuchung	20.500
12) 1	25.000	2) 19	9.500
15) 1	10.000	9) 16	20.000
16) 1	5.000	10) 16	21.000
19d) Saldo	38.500	12) 16	25.000
		13) 16	3.000
		15) 11	10.000
		16) 16	5.000
	-------		-------
	114.000		114.000

Kto. Nr. 11 Verbindlichkeiten aus fällig gewordener Anleihetilgung ("Matured Bonds Payable")

15) 10	10.000	14) 16	10.000
	------		------
	10.000		10.000

Kto. Nr. 12 Fondskapital ("Fund Balance")

19a) 13	4.695	Eröffnungsbuchung	11.425
19d) Saldo	14.230	1) 13	2.000
		19b) 15	5.000
		19c) 20	500
	------		------
	18.925		18.925

Kto. Nr. 13 Veranschlagte Einnahmen ("Estimated Revenues")

1) 12,15	110.000	19a) 14	105.305
		19a) Saldo, 12	4.695
	-------		-------
	110.000		110.000

Kto. Nr. 14 Einnahmen ("Revenues")

19a) Saldo, 12	105.305	3) 2	104.500
		8) 1	235
		17) 6	570
	-------		-------
	105.305		105.305

Kto. Nr. 15 Ausgabenermächtigungen ("Appropriations")

19b) 16	84.000	1) 13	108.000
19b) 17	19.000		
19b) Saldo, 12	5.000		
	-------		-------
	108.000		108.000

Kto. Nr. 16 Ausgaben ("Expenditures")

9) 10	20.000	19b) Saldo, 15	84.000
10) 10	21.000		
12) 10	25.000		
13) 10	3.000		
14) 11	10.000		
16) 10	5.000		
	------		------
	84.000		84.000

Kto. Nr. 17 Noch nicht ausgabenwirksame Verfügungen ("Encumbrances")

7) 18	20.000	10) 18	20.000
11) 18	3.000	13) 18	3.000
18) 18	19.000	19b) Saldo, 15	19.000
	------		------
	42.000		42.000

Kto. Nr. 18 Rückstellungen ("Reserve for Encumbrances")

10) 17	20.000	7) 17	20.000
13) 17	3.000	11) 17	3.000
19d) Saldo	19.000	18) 17	19.000
	------		------
	42.000		42.000

Kto. Nr. 19 Ausgaben zu Lasten der Rückstellungen aus dem Vorjahr ("Expenditures Chargeable to Reserve for Encumbrances - Prior Year")

2) 10	9.500	19c) Saldo, 20	9.500
	-----		-----
	9.500		9.500

Kto. Nr. 20 Rückstellungen aus dem Vorjahr ("Reserve for Encumbrances - Prior Year")

19c) 19	9.500	Eröffnungsbuchung	10.000
19c) Saldo, 12	500		
	------		------
	10.000		10.000

(Schluß-)Probebilanz zum 31.12.

Kto.-Nr.		Soll	Haben
1	Kassenbestand (»Cash«)	45.035	
4	Rückständige Steuerforderungen (»Taxes Receivable – Delinquent«)	28.000	
5	Wertberichtigungen auf rückständige Steuerforderungen (»Estimated Uncollectible Taxes – Delinquent«)		6.500
6	Forderungen über Zinsen und Versäumnisgebühren für Steuern (»Intrest and Penalties Receivable on Taxes«)	1.280	
7	Wertberichtigungen auf Forderungen über Zinsen und Versäumnisgebühren für Steuern (»Estimated Uncollectible Interest and Penalties«)		85
8	Sonstige Forderungen (»Accounts Receivable«)	5.000	
9	Wertberichtigungen auf sonstige Forderungen (»Estimated Uncollectible Accounts Receivable«)		1.000
10	Auszahlungsanordnungen (»Vouchers Payable«)		38.500
12	Fondskapital (»Fund Balance«)		14.230
18	Rückstellungen (»Reserve for Encumbrances«)[14]		19.000
		79.315	79.315

IV. Würdigung

Die Schilderung des Sachbuchs eines Fonds läßt erkennen, daß sich mit Fund Accounting im wesentlichen dieselben Rechnungszwecke[15] erfüllen lassen wie mit einem Rechnungswesen im Stil der Verwaltungskameralistik:

– *»Abstimmung zwischen Haushaltsplanung und Haushaltsausführung«:*[16] Die Zahlen des Haushaltsplans schlagen sich beim Allgemeinen Fonds auf den

14 Dieses Konto wird zu Beginn des nächsten Jahres als »Rückstellungen aus dem Vorjahr« (»Reserve for Encumbrances – Prior Year«) eröffnet.

15 Siehe die in Fußnote 4 genannten Quellen.

16 Klaus v. Wysocki, Kameralistisches Rechnungswesen, a.a.O., S. 18.

Konten Nr. 13, »Veranschlagte Einnahmen« (»Estimated Revenues«), und Nr. 15, »Ausgabenermächtigung« (»Appropriations«), nieder. Der Haushaltsvollzug zeigt sich zusammengefaßt in den Zahlen der Konten Nr. 14, »Einnahmen« (»Revenues«), 16, »Ausgaben« (»Expenditures«), und 17, »Noch nicht ausgabenwirksame Verfügungen« (»Encumbrances«). Die Gegenüberstellung der Salden der einander entsprechenden Konten, wie sie in den Abschlußbuchungen 19a) und 19 b) vorgenommen wurde, kann somit als »Haushaltsrechnung« im Sinne des kameralistischen Jahresabschlusses interpretiert werden. Auch beim Fund Accounting werden also Überschuß oder Fehlbetrag sichtbar.

- *»Abstimmung zwischen Zahlungsanordnung und Zahlungsausführung«:*[17] Für diesen Zweck ist ein eigenes Konto, das Konto Nr. 10, »Auszahlungsanordnungen« (»Vouchers Payable«), eingerichtet. Allerdings bezieht es sich nur auf die Ausgabenseite.
- *»Erfassung der Zahlungsmittelbestände und ihrer Veränderungen«:*[18] Auch dieser Zweck wird mit Fund Accounting erfüllt, wie ein Blick auf das Konto Nr. 1, »Kassenbestand« (»Cash«), beweist.

Auf einen weiteren, im Zusammenhang mit der Verwaltungskameralistik genannten Zweck, die »Ergebnisfeststellung«,[19] braucht nicht eingegangen zu werden. Dieser Zweck ist von einem Haushaltssachbuch allein nicht zu erfüllen, weder in der Verwaltungskameralistik noch im Fund Accounting, vorausgesetzt, der Erfolg wird nicht – allzu eng – im Fehlbetrag oder Überschuß, sondern im Beitrag zum Deckungs- bzw. Entschuldungsprozeß des Vermögens[20] gesehen.
Doch von weiteren Aufgaben muß noch die Rede sein, von Aufgaben, die zwar nicht das Haushaltssachbuch der Verwaltungskameralistik, wohl aber die kaufmännische Buchführung kennt.
Aus den Probebilanzen ist ersichtlich, daß mit Fund Accounting ohne weiteres Bestände an Vermögen und Schulden nachgewiesen und fortgeschrieben werden können. Daß in unserem Beispiel nur wenige Vermögens- und Schuldentitel auftreten, hängt mit den Gegebenheiten des zugrunde liegenden Fonds zusammen und widerlegt unsere Behauptung nicht. Demnach wäre Fund Accounting auch für eine die Haushalts- und die Vermögensrechnung integrierende Vollverbundrechnung[21] geeignet.
Der antizipierende Ausweis möglicher Ausgaben kommt beim Fund Accounting in der Bildung von Rückstellungen zum Ausdruck. Zwar kennt auch das

17 Ebenda, S. 19.
18 Ebenda, S. 19.
19 Ebenda, S. 20.
20 Vgl. Ludwig Mülhaupt, Kameralistik, a.a.O., Sp. 2068.
21 Vgl. ebenda.

kameralistische Rechnungswesen die Antizipation möglicher Ausgaben. Aber die kameralistische Verfahrensweise schlägt sich allenfalls in der Haushaltsüberwachungsliste nieder und führt keineswegs automatisch zu einer entsprechenden Übertragung von Haushaltsmitteln in das nächste Haushaltsjahr. Mit der Möglichkeit der Rückstellungsbildung hat Fund Accounting einen weiteren Vorteil gegenüber der Verwaltungskameralistik aufzuweisen.

Im vorliegenden Zahlenbeispiel sind mehrfach Vermögensgegenstände (Forderungen) indirekt abgeschrieben worden. Indirekte Abschreibungen gestatten der vornehmlich an Zahlungen interessierten öffentlichen Verwaltung, Vermögensgegenstände sowohl mit den Anschaffungskosten auszuweisen als auch davon abweichend zu bewerten. Auch darin ist ein Vorteil des Fund Accounting gegenüber der Kameralistik zu sehen.

Gleichwohl ziehen wir die Verwaltungskameralistik Fund Accounting vor. Der Grund liegt in der unseres Erachtens leichteren Erklär- und Handhabbarkeit des verwaltungskameralistischen Rechnungsstiles. Wer Fund Accounting verstehen und praktizieren will, muß sich immer den Charakter eines Kontos vergegenwärtigen. Das macht die Materie kompliziert. Der kameralistische Buchhalter braucht hingegen nur aufzupassen, daß er nicht Einnahmen und Ausgaben bzw. Soll und Ist verwechselt; dies erleichtert Verständlichkeit und praktische Arbeit sehr. Nur für jemanden, der bislang im kaufmännischen Rechnungswesen heimisch war und nun auf ein Rechnungswesen der öffentlichen Verwaltung »umsteigen« muß, trifft unser Argument nicht zu. Für ihn ist Fund Accounting einfacher; es gestattet ihm, sich weiterhin in den gewohnten Bahnen der Doppik zu bewegen.

Ob es allerdings gerechtfertigt wäre, sich angesichts dieses Ergebnisses im deutschen Schreibtisch-Sessel zurückzulehnen und nicht mehr weiter über Fund Accounting nachzudenken, dürfte zu bezweifeln sein. Manches Element scheint übernehmbar zu sein; doch dazu bedürfte es noch weiterer Untersuchungen.

Grundzüge einer zweckadäquaten Vermögensrechnung

von *Werner Buchholz*

I. Zwecke und Ziele einer öffentlichen Vermögensrechnung

Im weitesten Sinne begriffen, schließen Vermögensrechnungen alle zielgerichteten Verfahren ein, bei denen auf der Grundlage vermögenswirtschaftlicher Abbildungsgegenstände rechnerische Verfahren zum Einsatz gelangen. Der Entwicklung eines solchen Rechnungssystems muß eine Analyse der Rechnungszwecke und Rechnungsziele vorangehen.
Rechnungszwecke, als sinnverkörpernde Wissenswünsche an die Vermögensrechnung verstanden, beinhalten die Bereitstellung von entscheidungs- und kontrollrelevanten Informationen für die Vermögensbewirtschaftung.[1] Im Gegensatz zum privaten Rechnungswesen, das in ein umfassendes System von Rechnungszwecken gekleidet ist, greift die Theorie und Praxis des öffentlichen Rechnungswesens eine solche Diskussion nur ansatzweise auf. Besonders deutlich wird dies bei den Vermögensrechnungen: Mit den Vermögenszielen gleichgesetzt,[2] auf einige besondere Funktionen beschränkt,[3] oder vor allem auf den Dokumentationszweck abhebend[4] lassen die vorhandenen Ansätze eine systematische Zweckbestimmung vermissen. Dies hat die Konsequenz, daß der Vermögensrechnung innerhalb des öffentlichen Rechnungswesens eine nur nachgeordnete, auf die Rechnungslegung beschränkte Rolle zugewiesen wird.[5]
An den Erkenntnissen der Kameral- und älteren Finanzwissenschaft gemessen, bedeutet diese Einstufung einen spürbaren Rückschritt, der für die öffentliche Finanzwirtschaft nicht ohne Folgen geblieben ist. So wurde z.B. die Folgelasten-

1 Vgl. z.B. Gerhard Seicht, Bilanztheorien, allgemein, in: Handwörterbuch des Rechnungswesens, hrsg. von Erich Kosiol, Klaus Chmielewicz und Marcell Schweitzer, 2. Aufl., Stuttgart 1981, Sp. 258-270, hier Sp. 263 ff.

2 Vgl. § 1 VBRO, wonach die Vermögensrechnung den Bestand des Vermögens und der Schulden am Beginn und am Ende einer Periode sowie die Änderungen aufzeigen soll.

3 So weist z.B. Jürgen Gornas, Grundzüge einer Verwaltungskostenrechnung, Die Kostenrechnung als Insrument zur Planung und Kontrolle der Wirtschaftlichkeit in der öffentlichen Verwaltung, Schriften zur öffentlichen Verwaltung und öffentlichen Wirtschaft, hrsg. von Peter Eichhorn und Peter Friedrich, Band 13, Baden-Baden 1976, S. 108, der betriebswirtschaftlichen Vermögensrechnung als Zweck die Ermittlung der kalkulatorischen Kostenarten zu.

4 Siehe hierzu § 1 VBRO, bei dem keine Rechnungszwecke aufgeführt werden, und durch den die Vermögensrechnung zur reinen Aufstellung von Beständen und Bewegungen degeneriert.

5 Vgl. Jürgen Gornas, a.a.O., S. 108.

problematik erst spät aufgegriffen, Investitionsrechnungen und Alternativenbetrachtungen nur zögernd in rechtlichen Normen festgeschrieben oder die Rücklagenwirtschaft durch die Schuldenwirtschaft zurückgedrängt.
In Anlehnung an das private Rechnungswesen lassen sich die folgenden übergeordneten Rechnungszwecke nennen,[6] die für die Vermögenswirtschaft öffentlicher Verwaltungen zu konkretisieren sind. Durch die Abbildung der vermögenswirtschaftlichen Prozesse sollen Informationen zur

- Planung und Realiation sowie zur
- Kontrolle

der Vermögensbewirtschaftung bereitgestellt werden. Die Abbildung der vermögenswirtschaftlichen Prozesse bezieht sich auf die Ermittlung realisierter oder die Prognose zukünftiger Abläufe. Diese umfassen beispielsweise die Zu- und Abgänge an öffentlichem Vermögen, die mit dem öffentlichen Vermögen verbundenen Verflechtungen mit den anderen Bereichen der öffentlichen Haushaltswirtschaft oder die Einflüsse auf das Leistungspotential öffentlicher Verwaltungen.
Ergänzend zum Rechnungszweck beschreiben die *Rechnungsziele* die mit der Vermögensrechnung in quantifizierbarer Sprache abzubildenden Ergebnisse der Vermögenswirtschaft.[7] Die Rechnungsgegenstände der Vermögensrechnung sind abhängig von den Bewirtschaftungszielen, den zielspezifischen Facetten des Vermögensbestandes, der Vermögensbewegungen und der Erfolgskategorien. Als Beispiele für Erfolgsgrößen stehen der finanzwirtschaftliche Erfolg (häufig auch als finanzwirtschaftlicher Deckungserfolg[8] bezeichnet) oder der an den Leistungszielen orientierte leistungswirtschaftliche Erfolg. Gleiches gilt für den Vermögensbestand, der einerseits als Rein- oder Gesamtvermögen[9] und andererseits über verschiedene Rechnungskategorien (z.B. finanzwirtschaftliches, kalkulatorisches oder soziales Vermögen) ausgewiesen werden kann.

II. Vermögensrechnung und öffentliches Rechnungswesen

Die Vermögensrechnung ist über vielfältige Information mit den anderen Elementen des öffentlichen Rechnungswesens verflochten. Demnach muß sich die

6 Vgl. hierzu Marcell Schweitzer, Günter O. Hettich und Hans-Ullrich Küpper, Systeme der Kostenrechnung, München 1975, S. 58.
7 Vgl. Dieter Schneider, Geschichte betriebswirtschaftlicher Theorie, Allgemeine Betriebswirtschaftslehre für das Hauptstudium, München und Wien 1981, S. 407 f.
8 Vgl. z.B. Ludwig Mülhaupt, Der Deckungsprozeß in der Gemeindefinanzwirtschaft und seine rechnerische Darstellung, in: Finanzarchiv, Neue Folge, Band 9, 1941, S. 403-443, hier S. 405 ff.
9 Eine solche Aufstellung möglicher Rechnungsziele nimmt Gerhard Seicht, Bilanztheorien, Würzburg und Wien 1982, S. 68 ff., vor.

Konzeption einer öffentlichen Vermögensrechnung an der Ausgestaltung dieser Rechnungselemente orientieren.

Das öffentliche Rechnungswesen beinhaltet in seinem umfassenden Sinne ein Rechnungssystem, das aus drei Rechnungskreisen besteht, die nebeneinander monetäre und nicht-monetäre Bewegungs- und Bestandsgrößen ex-post und ex-ante abbilden, verarbeiten und nachweisen.

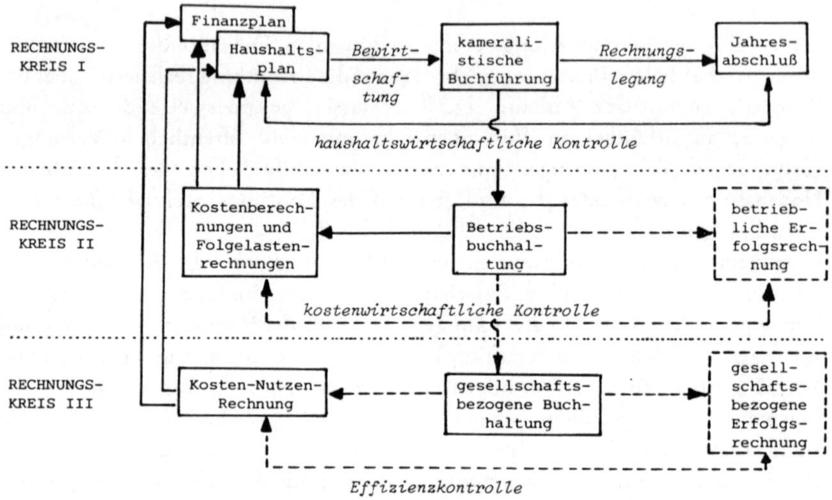

Abb. 1: Rechnungskreise des öffentlichen Rechnungswesens

Sowohl der Rechnungskreis II als auch der Rechnungskreis III sind durch das Fehlen verschiedener Rechnungselemente gegenwärtig noch nicht vollständig geschlossen. Im Gegensatz hierzu umfaßt der Rechnungskreis I alle Elemente der finanzwirtschaftlichen Planung, Ausführung (sog. Bewirtschaftung) und Kontrolle.

Der *finanzwirtschaftliche Rechnungskreis* (Rechnungskreis I) beinhaltet die Teile des öffentlichen Rechnungswesens, denen Haushaltseinnahmen und -ausgaben bzw. Einzahlungs- und Auszahlungsströme zugrundeliegen. In diesem Rechnungskreis sind alle Entscheidungsrechnungen, genauer alle betriebs-, oder einzelwirtschaftlichen Finanzplanungsrechnungen angesiedelt, die das kurz- und langfristige finanzwirtschaftliche Gleichgewicht (d.h. den finanziellen Ausgleich) zum Rechnungsgegenstand haben, dieses Gleichgewicht zu beeinflussen suchen sowie durch den Planungs- wie auch Wirkungszeitraum über mehrere Perioden hinwegreichen.

Der *kosten- und güterwirtschaftliche Rechnungskreis* (Rechnungskreis II) basiert auf realen Verwaltungskosten- und Verwaltungsleistungsströmen. Grundlage ist die Betriebsbuchhaltung, welche die periodisierten Betriebsausgaben aus der kameralistischen Buchführung (Rechnungskreis I) als pagatorische Kosten übernimmt und ergänzend dazu die kalkulatorischen Kosten erfaßt.

Ansätze für den *gesellschaftsbezogenen Rechnungskreis* (Rechnungskreis III) finden sich gegenwärtig in der Kosten-Nutzen-Analyse. Derartige Rechnungen sind z.B. nach VV Nr. 9.1 zu Art. 7 BayLHO für Maßnahmen von erheblicher finanzieller Bedeutung vor und nach Abschluß (sog. *Ergebnisprüfung oder Erfolgskontrolle*) anzustellen; sie sollen die Entscheidungsfindung durch die Einbeziehung von gesellschaftlichen Nutzen und Kosten erleichtern. An den Verwaltungsleistungen anknüpfend verbindet sich mit dem gesellschaftsbezogenen Rechnungskreis die Bereitstellung von Informationen zur Steuerung der Leistungssphäre der öffentlichen Verwaltungen.

Innerhalb dieses Rechnungssystems umfaßt die Vermögensrechnung alle Rechnungen, die das öffentliche Vermögen zum Abbildungs- und Entscheidungsgegenstand haben. Entsprechend der Charakteristika vermögenswirtschaftlicher Entscheidungen dominieren die finanz- und leistungswirtschaftlichen Kategorien:

- Durch den Potentialcharakter des Vermögens und den mehrperiodischen Planungshorizont (z.B. bei Gebäuden über 50 Jahre) vermögenswirtschaftlicher Entscheidungen sind neben leistungswirtschaftlichen in erster Linie finanzwirtschaftliche Rechnungskategorien von Relevanz. Grundlagen der Vermögensrechnung bilden demnach Leistungs- und Zahlungsströme.
- Die Einbettung der vermögenswirtschaftlichen Prozesse in das System der Haushalts- und Finanzplanung zwingt zu einer Angleichung der Rechnungskategorien. Unerläßlich ist deshalb die leistungsbezogene Fundierung der Planungsrechnungen. Die Vermischung von finanzwirtschaftlichen Größen und Verwaltungskosten würde, wie dies bereits heute im kommunalen Haushaltsplan geschieht, den Informationsgehalt verringern und unterschiedliche Rechnungszwecke in die finanzwirtschaftliche Rechnung einbringen. Die dort vorhandene Substanzerhaltungskonzepte wären auch durch zusätzliche Deckungsgrundsätze zu verwirklichen.[10]
- Kostenrechnungen, d.h. die Rechnungskategorie II, bleiben auf kurzfristige Entscheidungen beschränkt, bei denen zeitliche Elemente vernachlässigt

10 Vgl. dazu die gegenwärtigen Ansätze des kommunalen Haushaltsrechts, die auf einem doppelten Minimum basieren.

werden können. Nach *Hans-Ulrich Küpper*[11] sind dies solche Entscheidungen, die in Zukunft keine Ausgabenänderungen bewirken und einen Diskont- bzw. Zinseffekt von 0 aufweisen.

- Gemäß der dualen Zielsetzung öffentlicher Vermögenswirtschaft sind bei allen Entscheidungen öffentlicher Verwaltungen neben den finanzwirtschaftlichen Wirkungen die leistungswirtschaftlichen Effekte zu berücksichtigen.

Die finanzwirtschaftliche Formalzielsetzung öffentlicher Haushalte unterstreicht die Bedeutung dieser Rechnungskategorie. Das Streben nach einem langfristigen, die intertemporale Verteilungsgerechtigkeit beachtenden Ausgleich der eingehenden und ausgehenden Finanzströme erfordert von Planungs- (auch im Sinne von Wirtschaftlichkeits-)rechnungen einen Rückgriff auf Zahlungsgrößen. Bezogen auf den haushaltsrechtlichen Begriff der Kostenberechnungen wird die vielerorts herrschende Verwirrung deutlich: an einem scheinbar »wirtschaftlichkeitsstiftenden« Begriff wie den wertmäßigen Kosten angelehnt, können diese Rechnungen die Rechnungszwecke des Gesetzgebers nur unzureichend erfüllen. Die Übergänge zwischen Kosten- und Investitionsrechnungen sind deutlich zu kennzeichnen. Hierbei gilt es auch, die Trennung zwischen Finanztheorie und einzelwirtschaftlicher Betrachtungsweise aufzuheben. Entwicklungen der Kameral- und Staatsrechnungswissenschaften zeigen, daß diese Trennung für beide nicht immer fruchtbar war.

III. Die finanzwirtschaftliche Vermögensrechnung

Mit der finanzwirtschaftlichen Vermögensrechnung verbinden sich alle Rechnungen, die auf den Einnahmen- und Ausgabenströmen des öffentlichen Vermögens sowie den hierdurch geschaffenen finanzwirtschaftlichen Bestandsgrößen (Schulden, Geldanlagen) aufbauen. Wie bei den privaten Haushalten und Unternehmen, sind die finanzwirtschaftlichen Ziele öffentlicher Betriebe immer als Ausgleichsziele formuliert. Einflüsse auf diesen Abstimmungsprozeß üben die Vorstellungen über die Form und die intertemporalen Wirkungen aus (im Sinne einer intertemporalen Lastverteilung) des Ausgleichs von Einnahmen und Ausgaben aus. Hierbei weisen die Ausgleichsziele eine lang- und kurzfristige Ausprägung auf:

11 Vgl. Hans-Ulrich Küpper, Investitionstheoretische Fundierung der Kostenrechnung, in: Zeitschrift für betriebswirtschaftliche Forschung, 37. Jg., 1985, S. 26-26, hier S. 45.

- *Langfristig* oder in der *Totalperiode* betrachtet, müssen alle finanzwirtschaftlichen Vorgänge endgültig abgewickelt, d.h. alle Ausgaben aus eigenen (endgültigen) Mitteln finanziert sein. An Rechnungsgrößen ausgerichtet, fordert das langfristige Ausgleichsziel die Übereinstimmung der Verbrauchsausgaben (das sind die endgültigen Ausgaben (z.B. Personalausgaben und Sachausgaben) und die über eine Periode hinausreichenden Vorratsausgaben (d.h. Investitionen)) und die endgültigen Deckungsmittel (das sind die endgültigen Einnahmen (insbesondere Steuer- und Gebühreneinnahmen) und die speziell für die Deckung der Vorratsausgaben eingehenden endgültigen Mittel (z.B. Investitionszuweisungen)).
- *Kurzfristig* und auf einzelne Perioden bezogen ist es möglich, den Ausgleich der Zahlungsausgänge und der Zahlungseingänge auch durch Schuldenaufnahmen (d.h. nichtendgültige Deckungsmittel) herbeizuführen; gleichzeitig bedeutet dies, daß die Periode Ausgleichsausgaben für früher getätigte Schuldenaufnahmen vornehmen muß. In einer kurzfristigen Betrachtung sind Schuldeinnahmen primär für solche Ausgaben zu tätigen, die über eine Periode hinausreichen (d.h. für die Vorratsausgaben). Damit weitet sich das kurzfristige Ausgleichsziel auf alle Barvorgänge, d.h. auf alle Barausgaben und alle Bareinnahmen einschließlich der Schuldenaufnahmen und Tilgungsvorgänge aus. Nichtendgültige Finanzvorgänge gründen auf einzel- und gesamtwirtschaftlichen Ursachen. Aus einzelwirtschaftlicher Sicht zeichnen die Unteilbarkeit der Leistungspotentiale sowie haushaltswirtschaftliche und kassenwirtschaftliche Gesichtspunkte für das Auftreten von über eine Rechnungsperiode hinausreichende Finanzvorgängen verantwortlich; dagegen sind die mit Stabiliserungs- und Lastenverschiebungsfunktionen versehenen überperiodigen Finanzvorgänge *gesamtwirtschaftlicher Natur.*[12]

Die kurzfristige und die langfristige Betrachtung wirken insofern aufeinander ein, als nichtendgültige und endgültige Finanzvorgänge im Zeitablauf unter Beachtung der einzel- und gesamtwirtschaftlichen Elemente aufeinander abzustimmen sind. Ausgang dieser Betrachtung ist die intertemporale Verteilungsgerechtigkeit bzw. Lastverteilung. Finanzwirtschaftlich können einzelwirtschaftliche Verschuldungsgrenzen den Abstimmungsprozeß steuern. Eine weitere Fassung, die auch leistungswirtschaftliche Elemente einbezieht, ist darauf gerichtet, die mit der Verschuldung verbundenen Tilgungszahlungen an die Nutzung der Vermögensbestände anzupassen. Geht man hier von einer Tilgungsfinanzierung durch endgültige Einnahmen aus, finanziert eine Periode die von ihr genutzten

12 Siehe Otto Gandenberger, Theorie der öffentlichen Verschuldung, in: Handbuch der Finanzwissenschaft, hrsg. von Fritz Neumark unter Mitwirkung von Norbert Andel und Heinz Haller, 3. Aufl., Tübingen 1981, S. 3-56, hier S. 48 f.

Vermögensteile. Als »pay-as-you-use«-Prinzip bezeichnet, führt diese Verteilungsregel und daraus abgeleitet der einzelwirtschaftliche Deckungsgrundsatz zu einer nutzungsgerechten Ausgaben- (d.h. Zins- und Tilgungs-)belastung der einzelnen Perioden.[13] Abweichungen von diesem Prinzip sind mit Lastverschiebungen in die Zukunft oder Umverteilungen zu Lasten der Gegenwart verbunden. Wird im Rahmen der »intergeneration equity« der zukünftige Eignungswert[14] kreditfinanzierter Vermögensteile mit betrachtet, erweitert sich die Verteilungsregel: Die intertemporale Verteilungsgerechtigkeit ist dann nicht nur vor der gleichmäßigen Verteilung der finanzwirtschaftlichen Lasten beeinflußt, sondern auch vom Nutzen bzw. der leitungswirtschaftlichen Elastizität der Vermögensteile.[15] Diese hängen nicht zuletzt vom Bedarfszyklus und den gegenseitigen Einwirkungen der Vermögensteile ab.
Der Nachweis der Zielerreichung kann mit vergangenheitsorientierten und zukunftsbezogenen Auswertungsrechnungen erfolgen. Den vergangenheitsorientierten Nachrechnungen kommt die Aufgabe zu, diese auf der Grundlage der haushaltwirtschaftlichen Abläufe festzustellen; Rechnungsziele sind hier die Beiträge der Rechnungsperiode zur Erlangung des kurz- und langfristigen finanzwirtschaftlichen Ausgleichs (*sog. finanzwirtschaftliches Erfolgsziel*). Darüber hinaus kann sie die in die Zukunft reichenden Bestandsgrößen ermitteln und so Aussagen über zukünftige Belastungen treffen.
Der Aufbau des finanzwirtschaftlichen Rechnungsmodells der Vermögensrechnung folgt dem Modulkonzept, das in Abhängigkeit vom gewünschten Ausbaugrad eine Erweiterung um die verschiedensten finanzwirtschaftlichen Elemente zuläßt. Ausgang bildet die finanzwirtschaftliche Erfolgsrechnung, welche die Trennung zwischen vermögenswirksamen und vermögensunwirksamen Größen vornimmt. Als weitere Module sind die finanzwirtschaftliche Vermögensbestandsrechnung, die finanzwirtschaftliche Deckungsrechnung und ein erweiterungsfähiges Kennzahlensystem angegliedert (siehe Abb. 2).

Die *finanzwirtschaftliche Erfolgsrechnung* erfaßt sämtliche finanz- bzw. kassenwirksamen Vorgänge (sog. *Bar- und Liquiditätsrechnung*) und übernimmt die (haushaltsjährige) Periodisierung der Finanzströme sowie die Separierung der vermögenswirksamen Vorgänge (sog. *Vermögensbewegungsrechnung*). Rechnerische Gegenstände der finanzwirtschaftlichen Erfolgsrechnung sind die kassenwirksamen Barvorgänge, d.h. die Bareinnahmen und die Barausgaben. Diese

13 Vgl. hierzu Heinz Haller, Zur Problematik der Kreditfinanzierung öffentlicher Ausgaben, in: Finanzarchiv, N.F., Band 19, 1958/59, S. 72 ff., und Otto Gandenberger, a.a.O., S. 33.

14 Vgl. z.B. Herbert Timm, Zeitliche Lastenverschiebung durch Staatsverschuldung oder Privatverschuldung?, in: Finanzarchiv, N.F., Band 42, 1984, S. 71-83, hier S. 83.

15 Vgl. Wolfgang Männel, Produktionsanlagen, Eignung von, in: Handwörterbuch der Produktionswirtschaft, hrsg. von Werner Kern, Stuttgart 1979, Sp. 1465-1481, hier Sp. 1470.

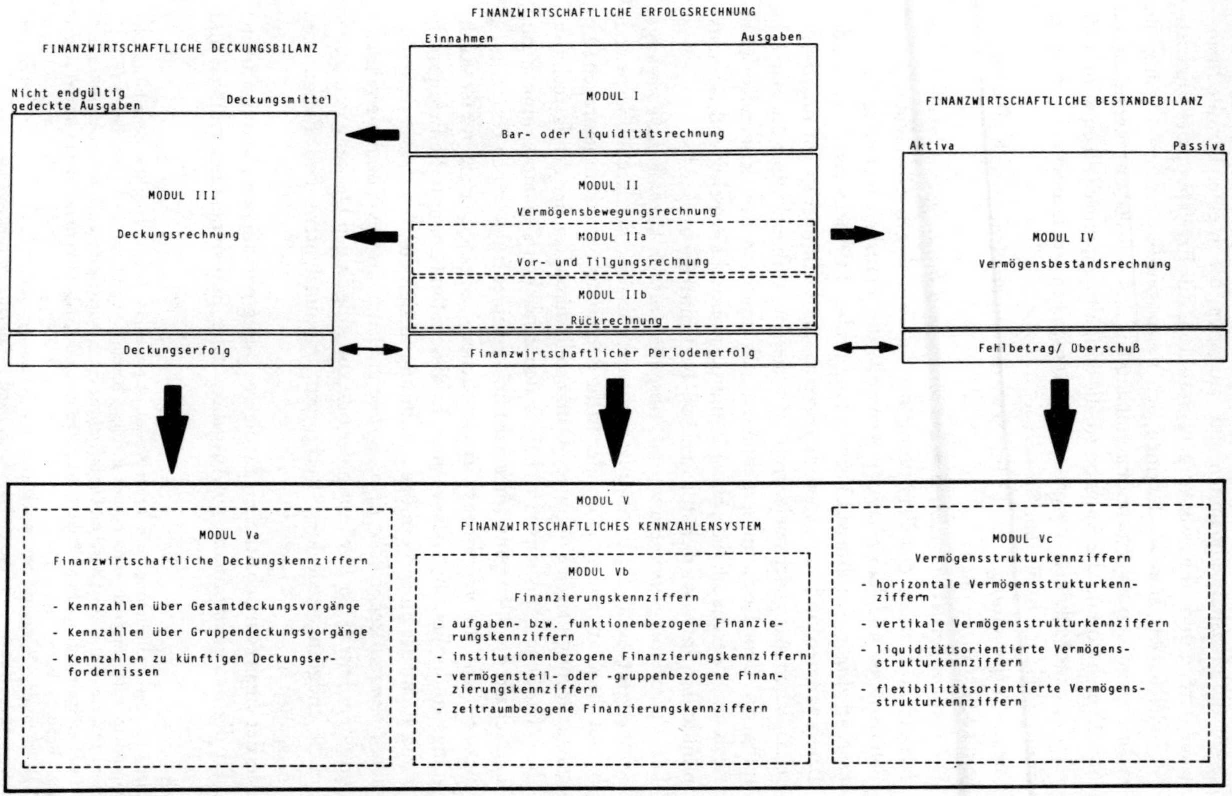

Abb. 2: Der Aufbau des finanzwirtschaftlichen Rechnungsmodells

umfassen alle Haushaltseinnahmen und -ausgaben, die in einer Periode finanzwirksam werden und zu Kassenvorgängen führen. Zur Erreichung des langfristigen Ausgleichsziels sind im Rahmen der Vermögensbewegungsrechnung die Verrechnungsgrößen (Verrechnungseinnahmen und -ausgaben) kenntlich zu machen. Diesen kommt die Aufgabe zu, die endgültigen, innerhalb einer Periode vollständig abgewickelten Vorgänge von denjenigen zu trennen, die mehrere Rechnungsperioden berühren.[16]

Mit dieser Ausgestaltung kann die finanzwirtschaftliche Erfolgsrechnung folgende Aufgaben wahrnehmen:

- Die *Gegenüberstellung aller Bareinnahmen und Barausgaben innerhalb der Barrechnung* dient der Ermittlung des kassenmäßigen Überschusses und Fehlbetrages und kann bei der Kontrolle der Haushaltsrechnung und des kassenmäßigen Abschlusses Verwendung finden. Hierbei weist der Saldo der Bareinnahmen und -ausgaben die Erreichung der kurzfristigen finanzwirtschaftlichen Ausgleichsziele nach. Mit diesem Aufbau knüpft die Barrechnung an den Rechnungsergebnissen des traditionellen kameralistischen Rechnungswesens an, das primär liquiditätspolitische Aspekte und Gesichtspunkte der finanzwirtschaftlichen Soll-Ist-Kontrolle betont.[17]
- Die *Verrechnungseinnahmen und -ausgaben in der Vermögensbewegungsrechnung* erfassen die Rechnungselemente, die über die Rechnungsperiode hinaus- bzw. aus anderen Perioden in die Rechnungsperiode hineinragen (d.h. alle nicht endgültigen Vorgänge). Damit stellt dieser Teil der Erfolgsrechnung die öffentliche Haushaltswirtschaft in den zeitlichen Gesamtzusammenhang und schafft den Übergang von einer kurz- zu einer langfristigen Betrachtung. Bezogen auf die vermögenswirtschaftlichen Vorgänge erfaßt dieser Rechnungsteil die Vermögensbewegung. In diesem Sinne nimmt die Erfolgsrechnung Elemente einer Vermögensrechnung in sich auf.[18]
- Die *finanzwirtschaftliche Erfolgsgröße* als Ergebnis des Zusammenwirkens gibt den Beitrag der Rechnungsperiode zur endgültigen Deckung von bisher nicht endgültig gedeckten Realgütern, Nominalgütern und Endgültigen Ausgaben an.

Die in der finanzwirtschaftlichen Erfolgsrechnung enthaltenen Zahlungsströme saldiert die *Bewegungsbilanz* zu Ausgaben- oder Einnahmenüberschüssen und

16 Siehe zu dieser Gliederung auch Erich Kosiol, Pagatorische Bilanz, Die Bewegungsbilanz als Grundlage einer integrativ verbundenen Erfolgs-, Bestands- und Finanzrechnung, Berlin 1976.

17 Siehe zu dieser Kritik Ernst Buschor, Die öffentliche Finanzwirtschaft zwischen Automatismen und Mittelverknappung, Staat und Politik, hrsg. von Richard Reich, in Verbindung mit Marcel Bridel u.a., Band 28, Bern 1983, S. 121 ff.

18 Vgl. auch das Vorgehen bei Konferenz der Kantonalen Finanzdirektoren, Handbuch des Rechnungswesens der öffentlichen Haushalte, Band I, Ausgabe 1981, Bern 1981.

ermittelt anhand der Endbestände der Vorperiode die neuen Bestände an noch nicht endgültig gedeckten Ausgaben und der Deckungsmittel. Damit vermag die finanzwirtschaftliche Deckungsbilanz zwei Aussagen zu treffen:

- Erstens kann sie den Bestand und die Struktur der noch nicht-endgültig gedeckten Ausgaben ermitteln;
- zweitens errechnet sie den Beitrag einer Periode zur endgültigen Deckung dieser Ausgaben über den finanzwirtschaftlichen Periodenerfolg.

Die finanzwirtschaftlichen Ausgabenbestände stellen Informationen über die in der Vergangenheit getätigten Vorratsausgaben bereit, die eine Deckung durch endgültige Einnahmen erfordern. Hierbei ist den mit nichtendgültigen Einnahmen (d.h. Schuldenneinnahmen oder Vermögensveräußerungen) gedeckten endgültigen Ausgaben (oder Aufwandsausgaben) besondere Beachtung zu schenken: In diesen Fällen wurden in den vergangenen Perioden vermögensunwirksame Ausgaben zu Lasten zukünftiger endgültiger Deckungsmittel geleistet – der zeitliche Unterschied zwischen der Leistungsabgabe und der Finanzierung bringt eine ungleichmäßige, weil nichtäquivalente Belastung im Zeitablauf mit sich. Durch diesen Ausweis eignet sich die finanzwirtschaftliche Deckungsbilanz dazu, aus der finanzpolitischen Stabilisierungsfunktion des Haushalts resultierende »Verstöße« gegen gleichgewichtige Finanzierungsgrundsätze aufzuzeigen.

Während die finanzwirtschaftliche Deckungsbilanz allein den Umfang der zukünftigen Lasten wiedergeben kann, läßt sich deren Struktur anhand einer finanzwirtschaftlichen Beständebilanz ermitteln, die, ausgehend vom Geldvermögen, die Tilgungserfordernisse ausbringt.

Als nominale Beständebilanz erfaßt diese alle Positionen der finanzwirtschaftlichen Erfolgsrechnung (d.h. die Voreinnahmen und die Vorausgaben), die künftig mit Einnahmen oder Ausgaben verbunden sind.[19] Damit weist diese Form der finanzwirtschaftlichen Beständebilanz den Charakter einer überjährigen Geldvermögensrechnung auf, die gleichzeitig Informationen über die künftig ablaufenden Ausgleichsvorgänge (d.h. die Ausgleichseinnahmen und -ausgaben) verfügbar macht. Werden die Positionen nach dem Zeitpunkt der Fälligkeit oder der Bindungsdauer gegliedert, sind hierdurch zusätzliche Informationen für Prognoserechnungen zu gewinnen.[20]

19 Siehe die Geldvermögensrechnung von Hans Taxis, Die württembergische Teilverbundrechnung, in: Der öffentliche Haushalt, 11. Jg., Heft 2/3, 1970, S. 106-107.

20 Vgl. hierzu die Gliederung der Kapitaldispositionsrechnung von Walther le Coutre, Grundzüge der Bilanzkunde, Eine totale Bilanzlehre, Teil 1, 4. Aufl., Wolfenbüttel 1949, der die Bilanzpositionen nach Funktionen, Aufgaben, Arten, Rechtsbeziehungen und individuellen Ansprüchen gliedert.

IV. Die leistungswirtschaftliche Vermögensrechnung

Leistungswirtschaftliche Auswertungsrechnungen sind solche Kalküle, die bei der Verarbeitung der Informationen aus der Verwaltungsgrundrechnung den Leistungszielen öffentlichen Vermögens gehorchen. Die Leistungsziele weisen zwei Ausprägungen auf:

– Als leistungswirtschaftliche *Ausgleichsziele* richten sie sich auf die Ergebnisse der Vermögensbewirtschaftung aus, d.h. auf die Erfüllung der kurz- und langfristigen öffentlichen Bedarfsdeckungs- und -lenkungsziele. Im Umfang und der Richtung der Bedarfsdeckung spiegeln sich die Vorstellungen über die Gewichte einzelner Zielbereiche wider.[21] Grundlage des Ausgleichs bilden die von den Leistungsabnehmern (für externe Verwaltungsleistungen) und den Verwaltungen (für interne Verwaltungsleistungen) formulierten *Bedarfsprofile* sowie die *Leistungsprofile* des öffentlichen Vermögens. Der Erfolg öffentlichen Handelns läßt sich demnach an der Annäherung der gewichteten Profile messen. Wie bei den finanzwirtschaftlichen Ausgleichszielen, sind zahlreiche Verflechtungen zwischen der lang- und kurzfristigen Zielerreichung vorhanden.
– Das leitungswirtschaftliche *Prozeßziel* ergänzt das Ausgleichsziel: In den Vordergrund treten Fragen nach der *Wirksamkeit bzw. Einsatz-Ergebnis-Relation* der Bereitstellungs- und Nutzungsprozesse. Letztlich unterstreicht dieser Begriffsteil das Element der Wirtschaftlichkeit der Vermögensbewirtschaftung.

Im Gegensatz zur finanzwirtschaftlichen Auswertungsrechnung ist der auf die Verwaltungsleistungen gerichtete Part des öffentlichen Rechnungswesens vergleichsweise gering entwickelt. Der Rechnungszweck derartiger Rechnungssysteme richtet sich auf den Nachweis der Bedarfsdeckung (zwangs- und freiwillige Bedarfe) bzw. die vorhandenen Potentiale. Hierbei kann nicht davon ausgegangen werden, daß alle gegenwärtig oder zukünftig auftretenden Bedarfe gedeckt werden können; vielmehr sind angesichts knapper finanzieller Ressourcen (dieses wurde durch das kurz- und langfristige finanzwirtschaftliche Ausgleichsziel konstatiert) primär solche Bedarfe zu befriedigen, die abhängig von den Verwaltungszielen den größten Beitrag zum leistungsbezogenen und finanziellen Verwaltungserfolg liefern.

Die *lang- und kurzfristigen* Ausgleichsziele haben folgende Ausprägung. Die *langfristige* Betrachtung stellt auf den Ausgleich der Bedarfs- und Leistungsprofile

21 Siehe hierzu auch Oliver Dubber und Peter Franz, Über den Nutzen und Wert der Nutzwertanalyse in der öffentlichen Verwaltung, Speyerer Arbeitshefte, hrsg. von der Hochschule für Verwaltungswissenschaften Speyer, Nr. 56, 1984, S. 11 ff.

ab. Die Ausgleichsziele gelten als erreicht, wenn die Bedarfs- (im Sinne von *Soll-*) und die Leistungs-(im Sinne von *Ist-*)profile(n) bestmöglich übereinstimmen. Unterschiede zwischen beiden werden im Grad der Soll-Ist-Abweichungen offenbar. Dieses als *Eignungswert des öffentlichen Vermögens* bezeichnete Verhältnis gibt ebenso Auskunft über das Bedarfsdeckungspotential, wie über die künftig erforderlichen vermögenswirtschaftlichen Maßnahmen. Das Verhältnis der einzelnen Verwaltungsziele bzw. Zielbereiche zum Gesamterfolg wird durch Zielgewichte zum Ausdruck gebracht, d.h. durch Zielpräferenzen. Demnach ist das langfristige Ausgleichsziel erreicht, wenn diese Erfolgsgröße gegen 0 tendiert, d.h. minimiert wird.

Die langfristige Erreichung der Ausgleichsziele hängt neben den Investitions- und Instandhaltungsaktivitäten vom Umfang und der Richtung zahlreicher primärer und sekundärer Einflüsse ab. *Primäre Einflüsse* bedingen direkte Verschiebungen der Bedarfs- und Leistungsprofile sowie der Zielgewichte. Die Ursachen sind zeitbedingt (z.B. Verringerung bzw. Steigerung und Verschiebung des Leistungspotentials in Abhängigkeit von der Nutzungsdauer), oder sie lassen sich durch den Wandel der Leistungsbedingungen sowie durch Präferenz- und Bedarfsverschiebungen erklären. Dagegen resultieren *sekundäre Einflüsse* aus endogenen Ursachen: Verwaltungsleistungen und Bedarf wirken im Zeitablauf aufeinander ein und verursachen einen nachhaltigen Wandel.

Gegenüber dem kurzfristigen Ausgleich erhält die bei der Gestaltung des Leistungsprofils zu beachtende Budgetrestriktion einen dynamischen Charakter: Die mit Hilfe des öffentlichen Vermögens erstellten Verwaltungsleistungen verändern nicht nur das Leistungsprofil, sondern beeinflussen auch die ökonomischen Bedingungen und damit die Einnahmenbasis. Insofern besitzt das Leistungsprofil langfristig nicht nur eine *Leistungsfunktion,* sondern auch eine *Einnahmenerzielungsfunktion.*

Im Gegensatz zur langfristigen Betrachtung, bei der die Leistungs- und Finanzierungsziele analog zur Verflechtung des verwaltungsbetrieblichen Leistungs- und Finanzbereichs ineinander übergehen, erfolgt in einer kurzfristigen Analyse eine rechnerische Trennung beider Bereiche. Die kurzfristige Betrachtung ist durch Disproportionen zwischen den endgültigen Finanzbestandteilen charakterisiert, die den Einsatz nichtendgültiger Finanzmittel notwendig machen und gleichzeitig die Erreichung der langfristigen Finanzierungsziele gefährden. Temporär ist in diesem Fall eine Dominanz der Leistungsziele über die Finanzierungsziele festzustellen. Umgekehrt ist es im Zuge einer Haushaltskonsolidierung bei einem hohen Stand an nichtendgültigen Finanzierungsmitteln erforderlich, zum langfristigen finanzwirtschaftlichen Ausgleich eine Dominanz der Finanzierungsziele festzuschreiben. Beide Formen des kurzfristigen Auseinanderfallens von Leistungs- und Finanzierungszielen taugen dazu, im Hinblick auf die langfristigen Zielsetzungen den angestrebten Ausgleich herzustellen. In diesen gegenseitigen Verflechtungen erwecken sie aber den Eindruck einer fortwährenden Konkurrenz der Zielbereiche. Soll aus diesen Abstimmungsproblemen keine andauernde Gefährdung der Haushaltswirtschaft erwachsen, muß dies eine temporäre Erscheinung bleiben.

Ausgehend von den Bedingungen der kurzfristigen Betrachtung und der daraus resultierenden Ungleichgewichte und der Partialbetrachtung bedarf das kurzfristige Gestaltungsproblem einer von der langfristigen Betrachtung abweichenden Untersuchung: Die vorgegebenen Budgetansätze für Vorrats- und endgütlige Ausgaben der Planperiode sind so mit Investitionen (einschließlich Folgeausgaben) auszufüllen, daß sich bei Hinzunahme der Leistungsmerkmale der vermögenswirtschaftlichen Maßnahmen die konstanten Leistungs- und Bedarfsprofile bestmöglich annähern. Zweckadäquate Rechnungskategorien sind neben den realen Leistungspotentialen die Einnahmen und Ausgaben als Ausdruck der Finanzierungsziele. Der kurzfristige Rechnungszeitraum (d.h. die Totalperiode einer Maßnahme beschränkt sich auf eine Rechnungspriode) sowie die mit einem »unmittelbaren Ausgabenverbund«[22] gekoppelte Vorhaltefunktion geben den Ausschlag für die Einbeziehung finanzwirtschaftlicher Rechnungskategorien. Die benötigten und realisierten Leistungspotentiale bringen die Erfordernisse der Leistungssphäre und die Präferenzen für einzelne Ziel- (d.h. auch Leistungs-) bereiche in das Zielkriterium ein.

Für den Aufbau der leistungswirtschaftlichen Rechnung wird ein nichtmonetärer Ansatz gewählt. Verschiedene Gründe sprechen für ein solches Vorgehen: Einmal entspricht die Ermittlung von realen Leistungspotentialen den planerischen Erfordernissen in der Leistungssphäre; weiterhin sind vorhandene monetäre Konzepte einer sozialen Vollrechnung im theoretischen Ansatz steckengeblieben. Ähnliches müßte für eine leistungswirtschaftliche Vermögensrechnung gelten, die an den gesamten gesellschaftlichen Einnahmen und Ausgaben anknüpft und den Kapitalwert aller Vermögensgegenstände ermittelt.

Diese Erfolgsgröße würde zwar den Zielkriterien langfristiger Vermögenswirtschaft gehorchen, als absolute Größe besitzt dieser Wert wenig Aussagekraft und wäre ungeeignet für die leistungswirtschaftliche Erfolgskontrolle. Die hier getroffenen Einwände zeigen Parallelen zu den vermögensorientierten Bilanztheorien. Als Ausdruck des Zerschlagungs- oder Fortführungsvermögens kann das pagatorische »Bilanzvermögen« zwar Informationen über die finanzwirtschaftlichen Aspekte des Vermögens liefern, für eine Abbildung des Leistungsvermögens greift dieses Vorgehen zu kurz.

22 Vgl. Dieter Schneider, Investition und Finanzierung, Lehrbuch der Investitions-, Finanzierungs- und Ungewißheitstheorie, 5. Aufl., Wiesbaden 1980, S. 645 ff.

Bewirtschaftungsziele / Vermögensteil	Zeilbereich 1			Zielbereich 2	
	Unterziel 1	Unterziel 2	Unterziel 3	Unterziel 1	Unterziel 2
Grundstücke, grundstücksgleiche Rechte, Bauten					
- Grundstücke ohne Bauten					
- Grundstücke mit Bauten					
- Bauten auf fremden Grundstücken					
- Anlagen im Bau					
Bewegliche Sachen					
- Büroeinrichtungen					
- Fahrzeuge					
- Ausrüstungen					
- Laboreinrichtungen					
- Verkehrseinrichtungen					
- Einrichtungen in landwirtschaftlichen Betrieben					
- Kunstgegenstände					
Finanzanlagen					
Forderungen					
Geldanlagen					

Leistungspotential $\sum_{h=1}^{H}$	LE_{11}	LE_{12}	LE_{13}	LE_{21}	LE_{22}
benötigtes Leistungspotential	BE_{11}	BE_{12}	BE_{13}	BE_{21}	BE_{22}
= ungewichteter Eignungswert	EW_{11}	EW_{12}	EW_{13}	EW_{21}	EW_{22}
* Zielgewichte	g_{11}	g_{12}	g_{13}	g_{21}	g_{22}
= gewichteter Eignungswert	gEW_{11}	gEW_{12}	gEW_{13}	gEW_{21}	gEW_{22}

$$\sum_{i=1}^{k} \sum_{j=1}^{l} \text{Eignungswert} = GEW$$

Abb. 3: Die leistungswirtschaftliche Vermögensrechnung

Leistungswirtschaftliche Auswertungsrechnungen sind in Abhängigkeit von den betrachteten Vermögensgegenständen (einzelne Vermögensteile oder Vermögenskombinationen) und den zugrundegelegten Leistungszielen (eindimensional oder mehrdimensional) verschiedenartig ausgeformt: die inhaltliche Ausgestaltung reicht von der einfachen eindimensionalen Rechnung für einen Vermögensgegenstand bis zur mehrdimensionalen Ausgleichsrechnung des Gesamtvermögens aller öffentlicher Verwaltungen.

Im letzten Fall erhält die leistungswirtschaftliche Ausgleichsrechnung die Gestalt einer Nutzwertrechnung. An die Stelle von Wirksamkeitsziffern treten die Eignungswerte, gemessen als Anteile der realisierten an den benötigten Leistungspotentialen; multipliziert mit den Zielgewichten ist der Gesamteignungswert mit dem Gesamtnutzwert identisch. Ein Vergleich dieses Wertes mit dem der Vorperiode zeigt, in welchem Umfang es gelungen ist, den sich ändernden Bedarfsprofilen und Zielgewichten sowie den aus dem Vorjahr übernommenen Nachholbedarfen durch Betriebswirtschaftungsmaßnahmen gerecht zu werden. Die mit dieser Rechnung ermittelte Erfolgsgröße kann ihre Aussagekraft nur im Vergleich zu Vorjahresziffern oder geplanten Werten entfalten. Isoliert betrachtet ist sie ein gewichteter Wert, der zwar die unterschiedlichen Dimensionen der vermögenswirtschaftlichen Rechnung vergleichbar gestaltet, selbst aber ohne Inhalt bleibt. Insofern gleicht dieses Ergebnis einem monetären, das für geldferne Abbildungsgegenstände (z.B. das Leistungspotential von Naturschutzgebieten) ebenso einer weiteren Interpretation bedarf. Eine zusätzliche Möglichkeit zur Analyse bietet die Gegenüberstellung der Ergebnisse der leistungswirtschaftlichen und der finanzwirtschaftlichen Rechnung.

Controlling in der Kommunalverwaltung
Konzeptionen, Grundlagen und praktische Entwicklungstendenzen

von *Dietrich Budäus*

I. Controlling-Konzepte und Controlling-Arten

1. Zur Heterogenität der Begriffe und des inhaltlichen Verständnisses von »Controlling«

Die Analyse der wissenschaftlichen Diskussion des Controlling zeigt, daß dieses betriebswirtschaftliche Fachgebiet – obwohl umfassend für den Unternehmensbereich diskutiert – nach wie vor einen geringen Systematisierungs- und Präzisionsgrad aufweist.[1] Von daher ist der Analyse der Anwendbarkeit und

1 Vgl. hierzu z.B. den Überblick bei Andreas Schmidt, Das Controlling als Instrument zur Koordination der Unternehmensführung, Eine Analyse der Koordinationsfunktion des Controlling unter entscheidungsorientierten Gesichtspunkten, Frankfurt, Bern und New York 1986, S. 6 ff., Thomas Reichmann, Controlling mit Kennzahlen, Grundlagen einer systemgestützten Controlling-Konzeption, München 1985, S. 1 ff., Elmar Meyer (Hrsg.), Controlling-Konzepte, Perspektiven für die 90er Jahre, Wiesbaden 1986, Peter Horváth, Controlling, 2. Aufl., München 1985.
Allgemeine Überlegungen zur Anwendung des Controlling in der öffentlichen Verwaltung finden sich bei Herbert König, Von der Finanzkontrolle zum Controlling in der öffentlichen Verwaltung, in: Veröffentlichungen zu Organisation und Planung, Beiträge zur Controlling-Praxis, hrsg. von Hans-Christian Pfohl und Günther E. Braun, Fachbereich Wirtschaftswissenschaften, Universität Essen 1982, S. 77 ff., Jürgen Weber, Ausgewählte Aspekten des Controlling in öffentlichen Institutionen, in: Zeitschrift für öffentliche und gemeinwirtschaftliche Unternehmen, Band 6, 1983, S. 438-461, hier S. 438 ff., Rolf Eschenbach, Chancen für Controlling im öffentlichen Bereich, in: Strategische Unternehmensführung und Controlling, hrsg. von Rolf Eschenbach, Wien 1982, S. 61-87, hier S. 61 ff., Dietrich Budäus, Controlling in der öffentlichen Verwaltung – Ein konzeptioneller Ansatz effizienten Verwaltungshandelns, in: Information und Wirtschaftlichkeit, hrsg. von Wolfgang Ballwieser und Karl-Heinz Berger, Wiesbaden 1985, S. 569-596, hier S. 569 ff., Dietrich Budäus und Walter A. Oechsler, Die Steuerung von Verwaltungseinheiten, in: Betriebswirtschaftliche Organisationstheorie und öffentliche Verwaltung, Einige neuere Erkenntnisse und Entwicklungen der Organisationstheorie mit besonderer Berücksichtigung ihrer Bedeutung für Verwaltungsorganisationen, hrsg. von Klaus Lüder, Speyerer Forschungsberichte Nr. 46, Speyer 1985, S. 165-202, hier S. 165 ff., Heinrich Reinermann, Controlling in mittleren und kleineren Kommunalverwaltungen, in: Die Betriebswirtschaft, 44. Jg., 1984, S. 85-97, hier S. 85 ff.
Die Kennzeichnung und Analyse praktischer Controlling-Konzepte findet sich z.B. bei Dietrich Budäus, Elmar Gerum und Gebhard Zimmermann (Hrsg.), Controlling-Konzepte aus der Sicht der Praxis, Diskussionsschriften zur Führung privater und öffentlicher Organisationen, Nr. 4, Hamburg 1987.

Leistungsfähigkeit des Controlling in Kommunalverwaltungen eine Systematisierung unterschiedlicher Controlling-Konzepte voranzustellen.
Versucht man die Vielzahl von Controlling-Beiträgen nach dem schwerpunktmäßigen Bezugsfeld zu systematisieren, so lassen sich grob drei Gruppen bilden. Hierbei handelt es sich um

- am Rechnungswesen,
- an einzelnen Sachfunktionen und
- am Führungsprozeß

orientierte Ansätze.[2]
Die Zuordnung einzelner Beiträge zu diesen drei Gruppen ist nicht immer eindeutig, da die Abgrenzungsmerkmale bei dieser Gruppenbildung sich nicht ausschließen, sondern eher komplementären Charakter haben. Nicht zuletzt resultiert dieser Sachverhalt daraus, daß die angegebene Reihenfolge der Ansätze tendenziell auch den Entwicklungsprozeß der Controlling-Diskussion widerspiegelt.

a) Rechnungswesenorientierte Ansätze

Die rechnungswesenorientierten Ansätze sehen im Rechnungswesen das Bezugsfeld für das Controlling. Dem Controlling kommt eine gestaltende und auswertende Funktion für die Bilanzrechnung, die Finanzierung und die Kosten-/Leistungsrechnung zu. Der Ausbau der einzelnen Subsysteme des Rechnungswesens wird als die entscheidende Aufgabe des Controlling angesehen.
Im Rahmen der rechnungswesenorientierten Ansätze des Controlling erfolgt in der Regel eine weitere Spezifizierung für einzelne Teilbereiche. Diese schlägt sich in Begriffen wie[3]

- Kosten-Controlling,
- Produktions-Controlling,
- Logistik-Controlling,
- Personal-Controlling,

nieder.

2 Eine etwas andere Systematisierung findet sich bei Andreas Schmidt, Das Controlling als Instrument zur Koordination der Unternehmensführung, a.a.O., S. 6 ff. Schmidt unterscheidet zwischen rechnungswesenorientierten Ansätzen, informationssystemorientierten Ansätzen und führungssystemorientierten Ansätzen des Controlling.

3 Vgl. hierzu beispielsweise die Struktur und Systematisierung des Controlling bei Thomas Reichmann, Controlling mit Kennzahlen, a.a.O., S. 77 ff.

b) Auf Sachfunktionen bezogene Ansätze

Von den auf das Rechnungswesen ausgerichteten Controlling-Ansätzen in der Anfangsdiskussion um das Controlling lassen sich jene Ansätze abgrenzen, die einzelne Sachfunktionen und deren Ausgestaltung in den Mittelpunkt der Betrachtung stellen. Beispiele hierfür sind[4]

- Beschaffungs-Controlling
- Produktions-Controlling
- Logistik-Controlling
- Personal-Controlling
- Absatz-Controlling

Es geht hierbei um eine effiziente Steuerung einzelner organisatorischer Teilbereiche. Bei diesen Ansätzen tritt bereits eine Verknüpfung von Führungsprozeß und Rechnungswesen, vor allem im Sinne der Verknüpfung von Planung und Kontrolle, in den Vordergrund.

c) Führungsprozeßorientierte Ansätze

Bei der dritten Gruppe von Beiträgen handelt es sich um jene Ansätze, die das Controlling als Instrument und/oder integralen Bestandteil der Führung auffassen. Diese Beiträge diskutieren das Controlling im Zusammenhang mit der Führungsproblematik.[5] Controlling wird normativ als Ansatz zur Verbesserung der Unternehmenssteuerung angesehen.

Diese allgemeine Charakterisierung der Funktion des Controlling ist nun aber weder operabel noch grenzt sie das Controlling von anderen Funktionen wie etwa Planung und Kontrolle, hinreichend ab. Sie verweist lediglich darauf, daß der Managementprozeß als Bezugsfeld zur inhaltlichen Erfassung und Abgrenzung des Controlling anzusehen ist.

Eine weitergehende Kennzeichnung ergibt sich aus der Analyse der Ursachen für den wachsenden Bedarf an Controlling-Konzepten. Diese Ursachen sind offensichtlich in einer ständig zunehmenden Komplexität des Managementprozesses zu sehen. Um diese Komplexität zu handhaben und zu reduzieren, ist es erforderlich, auch bei der Wahrnehmung von Managementfunktionen einen hohen Grad an Arbeitsteilung und Spezialisierung zu praktizieren. Arbeitsteilung und Ausdifferenzierung erfordern zugleich eine Koordination und Integration

4 Hierzu als Beispiel ebenfalls wieder Thomas Reichmann, Controlling mit Kennzahlen, a.a.O., S. 233 ff., Erich Potthoff und Karl Drescher, Controlling in der Personalwirtschaft, Berlin und New York 1986.

5 Vgl. hierzu die bei Andreas Schmidt, Das Controlling als Instrument zur Koordination der Unternehmensführung, a.a.O., S. 12 ff. ausgewertete und diskutierte Literatur.

der Teilfunktionen. Diese Teilfunktionen des Managementprozesses setzen sich zusammen aus den Führungsfunktionen Planung, Organisation und Leitung, Personal sowie Kontrolle. Die Koordination und Integration der Führungsfunktionen vollzieht sich durch das Controlling. Controlling ist somit als funktionsübergreifende Metafunktion des Managementprozesses zu begreifen.

Dabei ist Controlling grundsätzlich nicht neu. Seine Funktionen werden von jeher sowohl in privaten Unternehmen als auch in öffentlichen Verwaltungen mehr oder minder ausgeprägt wahrgenommen. Neu ist allerdings, daß mit zunehmender Komplexität der Steuerung von Organisationen und deren Bewältigung durch einen hohen Grad an Arbeitsteilung im Managementprozeß die damit zunehmende Integrations- und Koordinationsnotwendigkeit stärker in den Vordergrund treten. Sie sollen durch das Controlling systematisch, konzeptionell und institutionell Berücksichtigung finden.

Controlling bedeutet Steuerung über Informationen. Durch Bereitstellung, Verdichtung und Koordination von Informationen wird kontinuierlich der Managementprozeß in seinen Teilelementen und als Gesamtheit gesteuert. Damit wird das Controlling selbst Teil dieses Prozesses. Diese inhaltliche Abgrenzung des Controlling liegt den folgenden Überlegungen zugrunde.

2. Operatives und strategisches Controlling

Zu unterscheiden ist zwischen operativem und strategischem Controlling. Diese beiden Controlling-Arten unterscheiden sich voneinander durch die Verschiedenartigkeit von ungleichgewichtigen Situationen.

Das operative Controlling bezieht sich auf eine Verbesserung der Systemsteuerung durch eine Verbesserung der Planung. Mit der Planung sollen mögliche zukünftige Handlungsalternativen antizipiert und rational durchdrungen werden. Auf der Grundlage von Prognosedaten werden Pläne erstellt, aus denen sich in sukzessiven Konkretisierungsschritten Ziele und Handlungsalternativen als Sollgrößen ergeben. Dem operativen Controlling obliegt es, diesen Planungs- und Realisationsprozeß kontinuierlich zu begleiten, festzustellen und – sofern erforderlich – zu korrigieren. Informationen über Störgrößen auf die ursprünglichen Plandaten werden an die Planung zurückgekoppelt.[6] Grundlage dabei ist ein Regelkreis, der interne und externe Störgrößen erfaßt und Anpassungsmaßnahmen im Rahmen der Zielplanung und Maßnahmenplanung initiiert. Dem

6 Von daher liegt der Schwerpunkt des operativen Controlling auch in der Verbesserung des Informationssystems und der unmittelbaren Anbindung an die Kontrolle.

Controlling obliegt es, die notwendigen Informationen zu liefern, um gleichgewichtige Situationen zwischen Soll- und Istzustand herzustellen.
Demgegenüber geht es beim strategischen Controlling weniger um die Erfassung von Störgrößen im Rahmen von Planungs- und Realisationsprozessen, sondern vielmehr um die Erfassung und Analyse der systemrelevanten Umweltentwicklungen und damit verbunden um die Ermittlung wesentlicher Prämissen strategischer Handlungsalternativen.[7] Von daher ist das strategische Controlling schwerpunktmäßig auch auf die Erfassung und Analyse der Prämissen der strategischen Planung ausgerichtet.[8]

II. Verbesserung von Verwaltungshandeln durch Controlling

1. Idealtypische Steuerungsarten in der Kommunalverwaltung

a) Konditionale Steuerung

Eine Verbesserung von Verwaltungshandeln mit Hilfe des Controlling ist nur dort möglich, wo von der Verwaltung Führungsfunktionen wahrgenommen werden, d.h., es muß ein Mindestmaß an Handlungsspielräumen im operativen oder strategischen Bereich vorliegen. Es muß somit zunächst untersucht werden, wie Verwaltungshandlungen gesteuert werden und wo im Rahmen dieses Steuerungsprozesses Spielräume für ein Verwaltungsmanagement gegeben sind. Erst anhand dieser Spielräume lassen sich Schlußfolgerungen für die Zweckmäßigkeit sowie für die inhaltliche und instrumentelle Ausgestaltung eines Controlling-Konzeptes für die Kommunalverwaltung ziehen.
Für die Steuerung von Verwaltungshandeln kommt den rechtlichen Normierungen als formale Steuerungselemente die entscheidende Bedeutung zu. Der rechtliche Rahmen in Form von Gesetzen und Verordnungen legt generell den

7 Vgl. hierzu die Beiträge von Klaus Steinle, Zukunftsgerichtetes Controlling – Strategische Früherkennung und Geschäftsfeldplanung als Instrumente, in: Der Betriebswirt, 27. Jg., Heft 2, 1986, S. 6-13, und die dort angegebene Literatur, Georg Schreyögg und Horst Steinmann, Strategische Kontrolle, in: Zeitschrift für betriebswirtschaftliche Forschung, 37. Jg., Heft 5, 1985, S. 391-410.

8 Daneben ist das strategische Controllig auf die Erfassung und Korrektur von Meilensteinen und einzelner Strategien gerichtet.

Handlungsspielraum für ein Verwaltungsmanagement fest.[9] Entsprechend kann zwischen einer konditionalen, finalen und organisatorischen Steuerung des Verwaltungshandelns unterschieden werden.[10]

Die konditionale Steuerung besteht darin, daß durch eine Rechtsvorschrift im vorhinein das Verwaltungshandeln als Reaktion auf einen spezifizierten Umwelttatbestand festgelegt ist. Eine Information wird von der Umwelt an die Verwaltung herangetragen und löst eine bestimmte Maßnahme oder Maßnahmenfolge aus. Im idealtypischen Fall sind weder Ziele noch die zu ergreifenden Maßnahmen und der damit verbundene Ressourceneinsatz Gegenstand von Handlungsspielräumen der Verwaltung.

Konditionale Steuerung bedeutet eine möglichst detaillierte Regelung der Einzelentscheidungen durch ein immer perfekter werdendes Netz von Rechtsvorschriften. Sie entspricht dem Ideal der Maschine, die in einem genau vorausberechneten Lauf stets identische Erzeugnisse garantiert[11] und damit einen hohen Grad an Umweltstabilität voraussetzt. Der klassische Bereich der konditionalen Steuerung liegt in der Ordnungsverwaltung, aber auch in der Leistungsverwaltung gewinnt die konditionale Steuerung erheblich an Bedeutung.

Die Beschränkung der Steuerung von Verwaltungen auf die konditionale Steuerung setzt voraus, daß alle möglichen Umweltzustände im vorhinein erfaßbar und in Rechtsnormen abbildbar sind. Damit verbunden wäre eine weitgehende Abkopplung der durch den politischen Bereich vorgegebenen und sich in den Rechtsnormen niederschlagenden Einzelziele. Für dynamische Umweltsegmente und eine zunehmende Breite öffentlicher Aufgabenwahrnehmung ist diese Steuerungsart nicht geeignet.

b) Finale Steuerung

Die finale Steuerung zeichnet sich im Vergleich zur konditionalen Steuerung durch eine andere Funktionalität des Verwaltungshandelns aus. Es geht darum, Mittel und Maßnahmen so zu planen, daß ein vorgegebener, in der Regel sehr vager Zweck möglichst gut erreicht wird. Planung bedeutet dabei nicht nur Mittel-

9 Vgl. hierzu im einzelnen Dietrich Budäus, Controlling in der öffentlichen Verwaltung – Ein konzeptioneller Ansatz effizienten Verwaltungshandelns, a.a.O., S. 569 ff., und die dort angegebene Literatur.

10 Ebenda, S. 573 ff., sowie Dietrich Budäus und Walter A. Oechsler, Die Steuerung von Verwaltungseinheiten, a.a.O., S. 175 ff.

11 Vgl. hierzu anschaulich Hermann Lange, Aufgabenkritik und Entbürokratisierung – Berechtigte Hoffnung oder Selbsttäuschung?, in: die öffentliche Verwaltung, 38. Jg., 1985, S. 169-178, hier S. 169 ff.

und Maßnahmenplanung, sondern auch eine aus der Zwecksetzung abgeleitete Planung konkreter Handlungsziele.
Finale Steuerung über Planung verursacht Kosten für die Abstimmung von Plangrößen und Umweltsituationen. Diese Kosten resultieren aus einer notwendigen kontinuierlichen Korrektur der Planung einerseits sowie aus der Anpassung von Umweltgrößen an Plangrößen andererseits, etwa in Form der Verbindlichkeit der Planung oder Sanktionierung von Abweichungen. Mit wachsender Planbarkeit der Umwelt sinken derartige Planungskosten. Entsprechend steigen die Kosten bei abnehmender Planbarkeit. Im Extremfall, dem Fall der mangelnden Planbarkeit von Umweltsegmenten, sind die Kosten der finalen Steuerung unendlich. Der in diesem Fall vorliegende Widerspruch zwischen interner Planung und mangelnder Planbarkeit der Umwelt ist auch über eine Verbesserung des Planungsinstrumentariums sowie der Planungsorganisation nicht auflösbar.
Die Schwierigkeiten und Grenzen der finalen Steuerung ergeben sich aus den nur unzulänglich zu berücksichtigenden Interdependenzen der einzelnen Teilbereiche. Praktisch agiert jede Verwaltungseinheit in einer selektiven Problemwahrnehmung als Sachwalter spezifischer Interessen. Die dabei auftretenden Folgewirkungen der Einzelaktivitäten für die übrigen Teilbereiche finden keine oder nur unzulängliche Berücksichtigung.[12]

c) Organisatorische Steuerung

Im Gegensatz zur konditionalen und finalen Steuerung, handelt es sich bei der organisatorischen Steuerung (auch als reflexive Steuerung bezeichnet) um eine indirekte Einwirkung auf das Verwaltungshandeln. Lediglich die organisatorischen und prozeduralen Voraussetzungen und Rahmenbedingungen für die Wahrnehmung eines als notwendig angesehenen öffentlichen Aufgabenfeldes werden festgelegt. Sowohl die Konkretisierung der Zwecksetzung als auch die Mittelfixierung entziehen sich dem unmittelbaren Verwaltungszugriff.
Die organisatorische Steuerung von Verwaltungshandeln zielt darauf ab, das Maß an notwendiger Koordination zu minimieren. Es werden öffentliche Aufgaben so abgegrenzt und zusammengefaßt, daß unabhängig voneinander wahrnehmbare Aufgabenkomplexe entstehen. Die mit der Aufgabenwahrnehmung betrauten Organisationseinheiten erhalten, je nach Aufgabenfeld, einen unterschiedlichen Grad an Handlungsautonomie. Diese Form der Steuerung ist verbunden mit dem organisatorischen Problem der Dezentralisierung; sie findet praktischen Nieder-

12 Die Erfahrungen mit der mangelnden Leistungsfähigkeit von flächendeckenden Planungsverfahren und -techniken in den 70er Jahren haben die Grenzen der finalen Steuerung hinreichend deutlich gemacht.

schlag insbesondere bei der Schaffung öffentlicher Unternehmen in unterschiedlichen Rechtsformen.[13]

Das Problem der organisatorischen Steuerung liegt in der Tendenz einer vollständigen Verselbständigung und Loslösung der organisatorischen Subsysteme von der öffentlichen Verwaltung und damit möglicherweise auch von der öffentlichen Aufgabenwahrnehmung.

Die skizzierten Zusammenhänge zwischen Umweltstruktur und idealtypischer Steuerungsart von Verwaltungshandeln sind in der folgenden Abbildung noch einmal dargelegt.

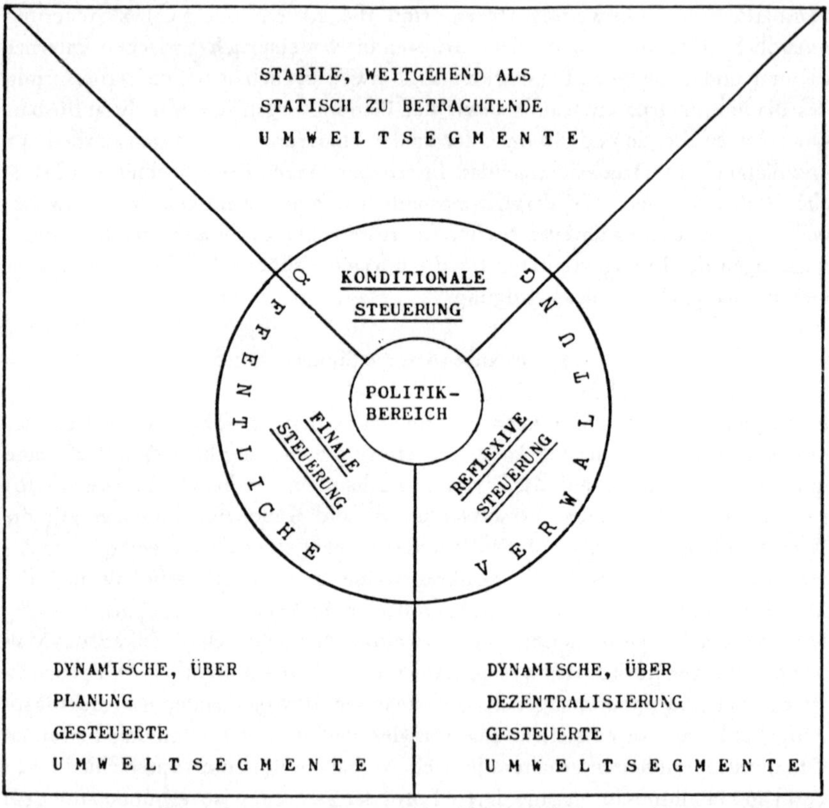

Abb. 1: Grundlegende Steuerungsarten in Abhängigkeit von der Umweltstruktur

13 Ebenfalls seinen Niederschlag findet diese Steuerungsart in der Diskussion um Verantwortungszentren in der öffentlichen Verwaltung, vgl. hierzu z.B. Günther E. Braun, Verantwortungszentren in der öffentlichen Verwaltung, in: Betriebswirtschaftliche Organisationstheorie und öffentliche Verwaltung, a.a.O., S. 105-231, hier S. 205 ff.

2. Zusammenhang zwischen Steuerungsart und Controlling

Die Leistungsfähigkeit und die Wirkung einzelner Controlling-Instrumente in der öffentlichen Verwaltung müssen im Zusammenhang mit der jeweils zugrundegelegten Steuerungsart gesehen werden. Bei konditionaler Steuerung ist der Gestaltungsspielraum der Verwaltung vergleichsweise gering. Der Handlungs- und Steuerungsspielraum liegt weitgehend bei der Realisation der durchzuführenden Maßnahmen, d.h. auf der Ressourcenebene. Unter diesem Gesichtspunkt muß Controlling bei konditionaler Steuerung in erster Linie als Kosten-Controlling begriffen werden. Es soll der Verwaltungsführung jene Informationen liefern, die einer Kostensteuerung im Sinne einer Kostenminimierung dienen. Erforderlich hierfür ist ein Informationssystem, das eine systematische Erarbeitung von Soll-Werten, den Vergleich von Soll- und Ist-Kosten und im Falle von Abweichungen deren Ursachen in Form einer Abweichungsanalyse aufzuzeigen ermöglicht. Theoretisch bedeutet dies etwa, eine flexible Plankostenrechnung als Informationsbasis für das Controlling einzuführen.
Allerdings kann es unter pragmatischen Gesichtspunkten zur Zeit weniger darum gehen, ein ausgeklügeltes Plankostenrechnungssystem im Sinne einer Grenzplankostenrechnung einzuführen. Jedoch ohne eine grundlegende Umstrukturierung und Erweiterung des öffentlichen Rechnungswesens und entsprechender flankierender Maßnahmen wird die Einführung eines Verwaltungs-Controlling im konditionalen Steuerungsbereich weitgehend wirkungslos und funktionslos bleiben. Das Rechnungswesen öffentlicher Verwaltungen ist aufgrund der strukturellen Prinzipien der Kontrolle und Bewilligung von Ressourcen nach wie vor von dem Bestreben beherrscht, den Ressourceneinsatz zu dokumentieren, zu legitimieren und zukünftige Ressourcenzuflüsse sicherzustellen, nicht aber Kosten zu minimieren. Selbst dort, wo formal eine Kostenrechnung vorgeschrieben ist, wird diese in das bisherige System der Verhaltensweisen und der Verhaltenslegitimation integriert.[14] Auch ein Kosten-Controlling unterliegt grundsätzlich dieser Gefahr.
Um einer derartigen contraproduktiven Praktizierung von Controlling und Kostenrechnung entgegenzuwirken, bedarf es ergebnisorientierter Begründungszwänge für den Ressourceneinsatz. Nicht die ausgeklügelte Verfeinerung zur Erfassung der Inputgrößen stellt das aktuelle Problem dar, sondern die

14 Dies scheint überall dort der Fall zu sein, wo kostendeckende Gebührenpolitiken vorgeschrieben sind, zugleich aber für die einzelne Verwaltungseinheit Handlungsspielräume bei der Abgrenzung und Bewertung von zu berücksichtigenden Kosten gegeben sind, etwa hinsichtlich der Wahl des Abschreibungswertes (Anschaffungswert bzw. Wiederbeschaffungswert) oder bei der Festlegung des Zinssatzes für die Ermittlung kalkulatorischer Zinsen.

Verknüpfung von Input- und Outputgrößen und damit verbunden eine Änderung der Denk- und Handlungsstrukturen in der öffentlichen Verwaltung.

In diesem Zusammenhang ist darauf hinzuweisen, daß sich auch bei konditionaler Steuerung das Controlling keineswegs auf ein Kosten-Controlling beschränken kann. Erforderlich sind Informationen über die Quantität und die Qualität des Outputs. Die Einführung des Verwaltungs-Controlling muß somit nicht nur von der Einführung einer Kostenrechnung begleitet sein, sondern auch von der Institutionalisierung eines auf die Leistungserfassung ausgerichteten Informationssystems. Es muß die Überprüfung und damit die Möglichkeit der Einhaltung eines zumindest befriedigenden Qualitäts- und Quantitätsstandards gewährleistet sein.

Bezogen auf die konditionale Steuerung läßt sich insgesamt festhalten, daß der Schwerpunkt des Controlling auf der Entwicklung und inhaltlichen Ausgestaltung einer Kosten-/Leistungsrechnung für Verwaltungseinheiten liegen muß. Dabei kann es nicht um ein bis ins kleinste Detail ausgefeiltes System gehen. Vielmehr müssen derartige Systeme darauf abzielen, Grundlagen für zwischenzeitliche und zwischenbetriebliche Vergleiche zu schaffen. Eine weitere Zielsetzung muß darin bestehen, die zuständigen Entscheidungsträger in ergebnisorientierte Begründungszwänge für getroffene Ressourcenentscheidungen zu bringen.

Bei der finalen Steuerung scheint das Feld für ein Verwaltungs-Controlling wesentlich weiter gesteckt zu sein als im Falle der konditionalen Steuerung. Seine Funktion besteht in der Erhöhung der Flexibilität der Planung sowie in der Erhöhung der Planungskomplexität als Reaktion auf steigende Umweltkomplexität. Durch die Bereitstellung zusätzlicher Informationsbeschaffungs-, Informationsverarbeitungs- und Prognosekapazität wird eine lineare Erweiterung der bereits vorhandenen Steuerungskapazität erzielt.[15] Effizient können dabei allerdings nur solche Aufgabenfelder gesteuert werden, bei denen vorliegende Ineffizienzen aus einer mangelnden oder unzureichenden Informationsausstattung der zuständigen Stellen resultieren. Nicht dagegen kann das Controlling die sich aus strukturellen Koordinations- und Integrationsproblemen ergebenden Schwierigkeiten allein bewältigen. Dort, wo ein weites Feld an Gestaltungs- und Steuerungspotential für das Verwaltungsmanagement vorzuliegen scheint, herrscht faktisch eine Art anarchische Organisation mit insgesamt nicht mehr überschaubaren, bürokratisch und soziokratisch verflochtenen organisationsinternen Abläufen.[16] So sind schon die der finalen Steuerung zugrundeliegenden

15 Controlling obliegt hierbei in erster Linie die systematische und informationsmäßige Verknüpfung der Führungsfunktionen Planung und Kontrolle.

16 Vgl. hierzu auch Peter Horváth, Controlling in der »organisierten Anarchie«, Zur Gestaltung von Budgetsystemen, in: Zeitschrift für Betriebswirtschaft, 52. Jg., 1982, S. 250-260, hier S. 250 ff.

Ziele in der Regel sehr vage und nicht operabel vorgegeben. Öffentliche Zielformulierungen zeichnen sich häufig gerade dadurch aus, daß eine Vielzahl konfliktärer Interessen hierunter subsumierbar ist. Das Verwaltungsmanagement hat damit nicht nur die Ziele zu operationalisieren, sondern auch in hohem Maße Interessenkonflikte zu lösen. Verwaltungsmanagement bei finaler Steuerung und somit auch Controlling ist zwangsläufig zu einem wesentlichen Teil Konfliktmanagement.

Verwaltungen müssen im Rahmen der finalen Steuerung politische Konflikte lösen, ohne hierfür über ein entsprechendes Instrumentarium und entsprechende Kompetenz zu verfügen. Unterschiedliche, von außen an die Verwaltung herangetragene Interessen werden zunehmend durch den Rückzug auf bürokratische Abläufe abgewehrt und/oder als rechtlich nicht durchsetzbar zurückgewiesen. Durch lange Wege und ein heterogenes Spektrum an Fachzuständigkeiten wird einer Personifizierung oder organisatorischen Spezifizierung von Entscheidungen und Ergebnissen – und damit einer Sanktionsmöglichkeit – weitgehend vorgebeugt. Gleichzeitig muß die Verwaltung jedoch ein Mindestmaß an Harmonie und Absicherung mit den politischen Entscheidungsträgern beachten. Diese strukturellen Handlungsbedingungen führen in der Regel dazu, daß die ursprünglich formulierten Zwecksetzungen in den konkreten Handlungen kaum mehr wiederzuerkennen sind, wobei jeder der an diesem Prozeß Beteiligten aus seiner selektiven Wahrnehmung heraus durchaus sinnvoll und rational gehandelt haben kann.

Beachtet man diese realen Bedingungen, so kann der Einsatz des Controlling nur dann eine Änderung mit sich bringen, wenn dem Controlling bei der Operationalisierung der Ziele eine Art Schnittstelle zwischen politischem Willen und verwaltungsmäßiger Umsetzung zugestanden wird. Durch das Controlling wäre zu gewährleisten, daß nur solche Zielsetzungen vom politischen Bereich vorgegeben – und verantwortet werden –, die auch in konkreten Handlungsalternativen eine Realisationschance haben.

Das erforderliche Controlling-Instrumentarium hierfür ist ein System der Ziel- und Aufgabenplanung einschließlich einer systematischen Aufgabenkritik.[17] Hiermit unmittelbar im Zusammenhang stehend bedarf es eines ergebnisorientierten Rechnungswesens, wie es in der Abbildung 2 in seiner Grundstruktur aufgezeigt ist. Aufgabe dieses ergebnisorientierten Rechnungswesens muß es sein, ein leistungsmäßiges und finanzielles Abbild des Verwaltungshandelns zu geben.

17 In Anbetracht des Scheiterns einer umfassenden und systematischen Aufgabenplanung zugunsten einer erneuten Konzentration auf die inputorientierte Haushaltsplanung scheint die Aufgabenkritik einer der wenigen Ansätze zu sein, outputorientierte Elemente in dem Budgetierungsprozeß zu berücksichtigen. Allerdings fehlt es bisher an einer organisatorischen und verfahrensmäßigen Institutionalisierung einer derartigen Aufgabenkritik.

Maßnahmen und Finanzierung / Zielsystem	Spezifische Maßnahmen ($M_1 \dots M_m$)	Maßnahmewirkungen		Finanzbedarf		Deckung des Finanzbedarfs		
						interne Finanzmittel		externe Finanzmittel
		Soll	Ist	Soll	Ist	Entg. f. Programmleistungen	interne Subventionierung	
Ziel 1	M_1							
Ziel 2	.							
.	.							
Ziel i	.							
.	.							
Ziel n	M_m							

Abb. 2: Einordnung der Handlungsfelder des Controlling in ein ergebnisorientiertes Rechnungswesen öffentlicher Verwaltungen

Zugleich soll dem empirisch beobachtbaren Sachverhalt entgegengewirkt werden, daß aufgrund der Verfügbarkeit von Mitteln relativ beliebig Zwecke definiert werden. So liefert die Praxis genügend Beispiele dafür, daß etwa jener Verwaltungsleiter, Bürgermeister oder auch Parteipolitiker als besonders erfolgreich angesehen wird, der in der Lage ist, zusätzliche Mittel zu erschließen. Welche Zwecke mit diesen Mitteln verfolgt werden, besitzt nachrangige Bedeutung; in jeder Situation gibt es hinreichend Zwecke, mit denen sich ein Mitteleinsatz als sinnvoll begründen läßt. Vernachlässigt wird dabei allerdings die Konkurrenz unterschiedlicher Zwecke um die verfügbaren Mittel und damit das Problem einer sinnvollen Prioritätenbildung sowie die Einbeziehung der Folgekosten jeweils realisierter Maßnahmen.

Der Schwerpunkt des Controlling bei der organisatorischen Steuerung liegt in der Koordination. Controlling hat hier die Funktion, dezentralisierte Einheiten in einen Gesamtzusammenhang zu integrieren, d.h. die durch Planung nicht geleistete oder nicht leistbare Koordination zu gewährleisten. Der Prozeß der Zielplanung und der Operationalisierung der Ziele in den organisatorisch verselbständigten Subeinheiten ist als wechselseitiger Informations- und Entscheidungsprozeß zu gestalten. Dies beinhaltet sowohl konkrete Informationen

über die Erwartungen und Präferenzen der Entscheidungsträger im politisch-administrativen System als auch Informationen über Ziele und Maßnahmen der einzelnen Subeinheiten in den Zielbildungs- und Entscheidungsprozeß einzubeziehen. Voraussetzung hierfür ist eine Vorgabe von Prioritäten und Präferenzen durch das politisch-administrative System, während von den organisatorischen Aufgabenträgern Informationen über Leistungspotential, Erreichbarkeit der Zielvorstellungen und vor allem der Finanzierbarkeit bereitzustellen sind.
Controlling ist bei der organisatorischen Steuerung somit zugleich eine Nahtstelle zwischen dem politisch-administrativen System und den dezentralisierten Aufgabenträgern. Es soll gewährleisten, daß die Subeinheiten in Form von Verantwortungszentren, Betriebseinheiten oder öffentlichen Unternehmen auf der Grundlage einer wechselseitigen Abstimmung zwischen Träger und Subeinheit einem öffentlichen Zweck dienen. Auch hier bedarf es eines über das im privatwirtschaftlichen Unternehmensbereich praktizierte Rechnungswesen hinausgehenden Informationssystems.

III. Entwicklungstendenzen des Controlling in der kommunalen Verwaltungspraxis

1. »Insel-Lösungen« zum Abbau von Informationsdefiziten

In der kommunalen Verwaltungspraxis wird die Diskussion um das Controlling weniger durch Globalkonzepte als vielmehr durch pragmatische Partiallösungen geprägt.
So spricht sich beispielsweise der Arbeitskreis »Controlling in der öffentlichen Verwaltung« der Schmalenbach-Gesellschaft/Deutsche Gesellschaft für Betriebswirtschaft e.V. dafür aus, schwerpunktmäßig das Informationssystem auszubauen. Offensichtlich fehlt es an Kennzahlen, die als verdichtete Informationen Entscheidungen sowohl der Verwaltung als auch der Stadt-/Gemeindeparlamente verbessern könnten. Ein besonderer Bedarf besteht an Kennziffern über die Kapazitätsauslastung von Personal und Gebäuden sowie hinsichtlich der Folgekosten von Investitionsobjekten.
Weitere Schwerpunkte des Controlling werden im Ausbau der Kosten- und Leistungsrechnung gesehen sowie in einer systematischen Aufgabenkritik im Rahmen der Haushaltsplanung.

Der Versuch, Controlling rein pragmatisch für einzelne recht unterschiedliche Probleme in der kommunalen Praxis nutzbar zu machen, ist unverkennbar. Offensichtlich bestimmen dabei die Bemühungen um die Konsolidierung der kommunalen Haushalte die inhaltliche Ausgestaltung des Controlling. Konsequenterweise wird dieses sehr stark auf das Rechnungswesen hin interpretiert und partiell zur Anwendung gebracht.

2. Organisatorische Institutionalisierung innerhalb der kommunalen Verwaltung

Für die Wahrnehmung der Controlling-Funktionen kommt organisatorisch nur eine Einheit in Frage, die Querschnittsfunktionen wahrnimmt. Dies könnten auf den ersten Blick sein:

- Hauptamt
- Rechnungsprüfungsamt
- Kämmerei

Das Rechnungsprüfungsamt scheidet allerdings als Träger eines Verwaltungs-Controlling aus, da es nicht der Verwaltungsleitung unterstellt ist, sondern dem Gemeinderat. Hinzu kommt, daß das Rechnungsprüfungsamt nach dem Gesetz festgelegte Prüfungsfunktionen hat, die weitgehend vergangenheitsbezogen sind.

Die Anbindung des Controlling an die Kämmerei scheint insofern problematisch, da Controlling in diesem Falle weitgehend auf das Haushaltswesen konzentriert würde. Es bestünde die Gefahr, daß das Controlling eine reine Stabstätigkeit für den Kämmerer einnimmt. Nicht die Verbesserung der Verwaltungsführung würde bei dieser organisatorischen Institutionalisierung im Mittelpunkt stehen, sondern nach wie vor ein rein inputorientiertes Rechnungs- und Haushaltswesen.

Somit ergibt sich praktisch nur die organisatorische Ansiedlung im Hauptamt. Verfügt die Verwaltung über einen Dezernenten für die allgemeine Verwaltung, so sollte dieser mit dem Controlling betraut werden. Andernfalls erscheint es zweckmäßig, daß der Leiter des Hauptamtes in Personalunion diese Aufgabe übernimmt. Eine niedrigere organisatorische Anbindung der Controlling-Funktion empfiehlt sich unter Durchsetzungsgesichtspunkten nicht.

Ein kaufmännisches Rechnungswesen für die öffentliche Verwaltung? – Plädoyer für das Überdenken der Zweckmäßigkeit des staatlichen Rechnungswesens in der Bundesrepublik Deutschland

von *Klaus Lüder*

I. Das Problem

Eine Grundsatzdiskussion über konzeptionelle Aspekte des öffentlichen Rechnungswesens und seine Weiterentwicklung findet in der Bundesrepublik Deutschland derzeit nicht statt. Diese Aussage gilt sowohl für die Verwaltungspraxis als auch für die Wissenschaft. Entweder wird die (Um-)Gestaltung des öffentlichen Rechnungswesens gar nicht als Problem empfunden oder empfundene Probleme werden als eher unwichtig, uninteressant und nicht diskussionsbedürftig eingeschätzt. Der vorliegende Beitrag will eine notwendige Diskussion mit der Formulierung und Erörterung zweier Behauptungen zum Stand und zur künftigen Entwicklung des staatlichen finanziellen Rechnungswesens provozieren.

– *Behauptung 1:* Das staatliche Rechnungswesen in der Bundesrepublik Deutschland ist obsolet.
  Die Behauptung wird beschränkt auf den »Kernbereich« der staatlichen Aktivitäten, der mit dem Geltungsbereich des Haushaltsplans gleichgesetzt wird.[1] Ausgeklammert bleibt das Rechnungswesen derjenigen Teile der staatlichen Verwaltung, für die »ein Wirtschaften nach Einnahmen und Ausgaben des Haushaltsplans nicht zweckmäßig ist«, also vor allem die Bundes-/Landesbetriebe (§ 26 Abs. 1 Satz 1 BHO/LHO), und die deshalb »nach den Regeln der kaufmännischen Buchführung zu buchen« (§ 74 Abs. 1 BHO/LHO) und eine Bilanz und eine Gewinn- und Verlustrechnung aufzustellen (§ 87 BHO/LHO) haben.
– *Behauptung 2:* Das staatliche Rechnungswesen in der Bundesrepublik Deutschland sollte in Richtung eines kaufmännischen Rechnungswesens weiterentwickelt werden.

1 Zur Abgrenzung zwischen Kernbereich und peripherem Verwaltungsbereich vgl. Klaus Lüder und Willi Küpper, Möglichkeiten und Probleme der Organisationsentwicklung öffentlicher Verwaltungen, in: Die Betriebswirtschaft, 39. Jg., 1979, S. 247-259, hier S. 249.

Unter einem kaufmännischen Rechnungswesen wird in diesem Zusammenhang eine finanzielle Verbundrechnung, bestehend aus Erfolgsrechnung (Gewinn- + Verlust-Rechnung), Vermögensrechnung (Bilanz) und Finanzrechnung, verstanden, also eine integrierte Finanz-, Erfolgs- und Vermögensrechnung im Sinne von *Klaus Chmielewicz*.[2] Die Behauptung impliziert nicht, daß der anzustrebende Sollzustand des staatlichen Rechnungswesens zwingend mit dem kaufmännischen Rechnungssystem identisch sein muß, wohl aber, daß mindestens Elemente des kaufmännischen in das staatliche Rechnungswesen übernommen werden sollen. Spezifische Unterschiede zwischen einem erwerbswirtschaftlichen Unternehmen und der öffentlichen Verwaltung machen u.U. Abweichungen vom kaufmännischen Rechnungswesen erforderlich.

II. Das staatliche Rechnungswesen in der Bundesrepublik Deutschland vor dem Hintergrund neuerer konzeptioneller Entwicklungen im Ausland

1. Das derzeitige staatliche Rechnungswesen in der Bundesrepublik Deutschland läßt sich kennzeichnen als Verwaltungskameralistik, das ist »eine rein finanzwirtschaftliche Rechnung«,[3] deren primärer Zweck in der Haushaltskontrolle und in der Kassenkontrolle (Anordnungskontrolle) besteht.[4] Neben dieser Einzahlungs- und Auszahlungsrechnung gibt es zwar noch eine Vermögensrechnung, die aber bezüglich des Sachvermögens beim Bund seit 1956/1979[5] lediglich noch eine »Naturalrechnung« ist (ähnlich ist die Situation auch in den Bundesländern). Der Stand des staatlichen Rechnungswesens erinnert damit stark an den von Ernst Walb so bezeichneten »alten Kameralstil« (18. Jahrhundert).[6]
Die Haushaltsrechnung des Bundes liefert folgende Informationen (siehe dazu auch Anlage 1):

2 Vgl. dazu z.B. Klaus Chmielewicz, Betriebliche Finanzwirtschaft I, Berlin und New York 1976, S. 84 ff.
3 Ludwig Mülhaupt, Kameralistik, in: Handwörterbuch der Betriebswirtschaft, hrsg. von Erwin Grochla und Waldemar Wittmann, 4. völlig neu gestaltete Aufl., Stuttgart 1975, Sp. 2059-2077, hier Sp. 2064.
4 Vgl. Ludwig Mülhaupt, a.a.O., Sp. 2068.
5 Seit 1956 wird das bewegliche Sachvermögen und seit 1979 das unwegliche Sachvermögen nur noch mengenmäßig in Bestandsverzeichnissen erfaßt, vgl. Erwin A. Piduch, Bundeshaushaltsrecht, Kommentar, Stuttgart u.a. ab 1969, Kommentierung zu § 86 BHO, RN 2.
6 Vgl. Ernst Walb, Die Erfolgsrechnung privater und öffentlicher Betriebe, Berlin und Wien 1926, S. 210 ff.

- Haushaltssoll und Kassen-Ist titelweise mit Abweichungen (§ 81 BHO).
- Kassenmäßiges Jahresergebnis (§ 82 Nr. 1.c BHO), das ist der Zahlungssaldo. Der Zahlungssaldo ist seit Jahren (genau: seit 1968) gleich Null, weil aufgrund eines Haushaltsvermerks bis zum endgültigen Abschluß der Bücher Krediteinnahmen aus dem Rechnungsjahr in das Folgejahr und aus dem Folgejahr in das Rechnungsjahr umgebucht werden können.[7]
- Kassenmäßiges Gesamtergebnis (§ 82 Nr. 1e BHO). Es umfaßt das kassenmäßige Jahresergebnis sowie noch nicht abgewickelte Zahlungssalden aus Vorperioden (kumulierte Jahresergebnisse). Wenn das kassenmäßige Jahresergebnis stets gleich Null ist, muß auch das kassenmäßige Gesamtergebnis gleich Null sein.
- Finanzierungsrechnung mit Finanzierungssaldo (§ 82 Nr. 2 BHO), die im wesentlichen den Umfang der Nettokreditaufnahme und die Änderung der Rücklagen offenlegt.
- Rechnungsmäßiges Jahresergebnis (§ 83 Nr. 2.d BHO), das ist das kassenmäßige Gesamtergebnis zuzüglich der in Folgejahren noch abzuwickelnden Haushaltsreste.

Darüber hinaus erfolgt eine Zusammenstellung des Bestandes und der Änderung des geldwerten Vermögens und der Kreditschulden.

2. Die Haushaltsreform der 60er Jahre hat auch einige, allerdings keine grundlegenden Änderungen für das staatliche Rechnungswesen gebracht. Im wesentlichen sind zu nennen:

- Die Abschaffung des außerordentlichenHaushalts mit dem dafür geltenden Prinzip der Einzeldeckung zugunsten des Einheitshaushalts mit dem Gesamtdeckungsprinzip. Der auch denkbare Weg des Ausbaus des a.o. Haushalts zu einem echten Investitionshaushalt (Haushalt der Investitionen und langfristigen Finanzierungen) wurde nicht beschritten.
- Die in § 73 Abs. 2 BHO als Postulat formulierte, aber nie realisierte Integration der Vermögensrechnung in die Haushaltsrechnung (Finanzrechnung).
- Der Ausbau des Instituts der Verpflichtungsermächtigung[8] ohne deren Einbeziehung in das Rechnungswesen. Die Inanspruchnahme der Verpflichtungsermächtigungen wird außerhalb des Rechnungssystems in den Haushaltsüberwachungslisten erfaßt. Der auch denkbare Weg, in Anspruch

7 Vgl. Erwin A. Piduch, a.a.O., Kommentierung zu § 25 BHO, RN 5.
8 Vgl. Winfried Roth, Das Informationssystem für den Haushalts- und Finanzplanungsprozeß sowie für den Haushaltsvollzug in der Bundesrepublik Deutschland, Manuskript, Bonn 1980, S. 57 f.

2 Kassenmäßiger Abschluß einschließlich Finanzierungsrechnung (§ 82 BHO) und Haushaltsabschluß (§ 83 BHO) für das Haushaltsjahr 1984

2.1 Kassenmäßiger Abschluß einschließlich Finanzierungsrechnung

2.1.1 Kassenmäßiges Jahres- und Gesamtergebnis

a) Summe der Ist-Einnahmen			252.167.835.555,30 DM
b) Summe der Ist-Ausgaben			252.167.835.555,30 DM
c) Kassenmäßiges Jahresergebnis – Unterschied aus Buchst. a) und Buchst. b) –			–
d) Haushaltsmäßig noch nicht abgewickelte kassenmäßige Jahresergebnisse früherer Jahre			–
e) Kassenmäßiges Gesamtergebnis – Summe Buchst. c) und d) –			–

2.1.2 Finanzierungsrechnung

a) Summe der Ist-Einnahmen			252.167.835.555,30 DM
davon ab			
– Einnahmen aus Krediten vom Kreditmarkt (Kap. 32 01 Tit. 325 11 und 325 13)			
Krediteinnahmen	73.062.865.986,93 DM		
Tilgungen	44.758.152.082,90 DM		
Nettokreditaufnahme		28.304.713.904,03 DM	
– Entnahmen aus Rücklagen		–	
– Einnahmen aus kassenmäßigen Überschüssen		–	
– Münzeinnahmen		319.482.745,60 DM	28.624.196.649,63 DM
Summe			223.543.638.905,67 DM
b) Summe der Ist-Ausgaben			252.167.835.555,30 DM
– Ausgaben zur Schuldentilgung am Kreditmarkt		–*)	
– Zuführungen an Rücklagen		–	
– Ausgaben zur Deckung eines kassenmäßigen Fehlbetrages		–	
c) Finanzierungssaldo (Finanzierungsdefizit)			28.624.196.649,63 DM

*) siehe vorstehend unter a) »Einnahmen aus Krediten vom Kreditmarkt«

nachrichtlich: Zum Ausgleich des kassenmäßigen Jahresergebnisses 1984 sind 4.901.533.774,38 DM von Kap. 32 01 Tit. 325 11/Haushaltsjahr 1984 nach Kap. 32 01 Tit. 325 11/Haushaltsjahr 1985 umgebucht worden.

2.2 Haushaltsabschluß

2.2.1 a) Kassenmäßiges Jahresergebnis .... –

b) Kassenmäßiges Gesamtergebnis .... –

2.2.2 a) Aus dem Vorjahr übertragene Haushaltsreste

Einnahmereste	–
./. Ausgabereste	3.904.303.371,95 DM
	–3.904.303.371,95 DM

b) In das folgende Haushaltsjahr zu übertragende Haushaltsreste			
Einnahmereste	–		
./. Ausgabereste	3.673.425.541,29 DM		
	−3.673.425.541,29 DM		−3.673.425.541,29 DM
c) Unterschied aus Buchst. a) und b)*)		+230.877.830,66 DM	
d) Rechnungsmäßiges Jahresergebnis		+230.877.830,66 DM	
e) Rechnungsmäßiges Gesamtergebnis			−3.673.425.541,29 DM

*) + = Verminderung / − = Erhöhung } des Restbestandes

genommene Verpflichtungsermächtigungen und konsequenterweise dann auch Verbindlichkeiten aus Lieferungen und Leistungen im Rechnungssystem selbst zu erfassen, wurde nicht beschritten.

– Mit der Haushaltsreform nahm der Bund auch eine Neuordnung des Kassenwesens in Angriff, deren Ziel es nicht nur ist, die Anzahl der Bundeskassen drastisch zu reduzieren, sondern auch die Informationen über den Haushaltsvollzug zu verbessern. Dies soll erreicht werden durch zentrale Führung der Haushaltsüberwachungslisten bei den Kassen, so daß auch während des Haushaltsjahres Informationen über Zahlungen, über erfolgte Zahlungsanordnungen und über durch Verpflichtung gebundene Beträge gewonnen werden können. Diese mit der Automation des Kassenwesens einhergehenden Änderungen sind jedoch nach mehr als eineinhalb Jahrzehnten noch immer nur teilweise realisiert.

Zusammenfassend läßt sich die These vertreten, daß die das Rechnungswesen betreffenden Regelungen der Haushaltsreform der 60er Jahre entweder (noch) nicht realisiert wurden oder daß sie unter dem Gesichtspunkt von Transparenz und Aussagefähigkeit des Rechnungswesens weit hinter den Möglichkeiten zurückblieben, ja daß sie vielleicht sogar ein Schritt in die falsche Richtung waren.[9]

3. Im Ausland sind in der jüngeren Vergangenheit verschiedentlich Initiativen zur Reform desöffentlichen Rechnungswesens ergriffen und mindestens zum Teil auch realisiert worden.

– Für die Schweizer Kantonalverwaltung wurde das sogenannte Neue Rechnungsmodell entwickelt, das »... auf einer den besonderen Bedürfnissen der

9 Vgl. Ludwig Mülhaupt, Ziele und Aussagewert eines modernen öffentlichen Rechnungswesens, in: Betriebswirtschaftliche Erkenntnisse für Regierung, Verwaltung und öffentliche Unternehmen, 25 Jahre Öffentliche Betriebswirtschaftslehre an der Universität Mannheim, hrsg. von Peter Eichhorn, Schriften zur öffentlichen Verwaltung und öffentlichen Wirtschaft, hrsg. von Peter Eichhorn und Peter Friedrich, Band 85, Baden-Baden 1985, S. 75 ff., hier insbes. S. 90 ff., Ludwig Mülhaupt und Peter Eichhorn, In falscher Richtung – Das künftige Haushaltsrecht ist zu einseitig wirtschaftspolitisch orientiert, in: Der Volkswirt, 23. Jg., 1969, Heft 14, S. 48-49, hier S. 49.

öffentlichen Haushalte angepaßten kaufmännischen Buchführung«[10] aufbaut und das inzwischen in den Kantonen eingeführt ist oder sich in Einführung befindet. Es handelt sich dabei um eine Verbundrechnung bestehend aus Erfolgsrechnung (laufende Rechnung), Bilanz (Bestandsrechnung) und Finanzrechnung (Investitionsrechnung).[11]

- Der Rechnungsabschluß des östereichischen Bundes »... hat gemäß Verwaltungsentlastungsgesetz von 1975 (und dem 1986 verabschiedeten Bundeshaushaltsgesetz, BGBl 1986, Nr. 213, K.L.) die Voranschlagsvergleichsrechnung (Finanzrechnung, K.L.), die Vermögens- und Schuldenrechnung (Bilanz, K.L.) sowie die Erfolgsrechnung zu umfassen«.[12] Zu diesem Zweck wurde ein integriertes Rechnungssystem auf der Basis der sogenannten Mehrphasenbuchführung implementiert, die weitgehend doppische Elemente enthält.[13]
- Besonders intensiv wird das Problem der künftigen Entwicklung des öffentlichen Rechnungswesens derzeit in den USA und in Kanada analysiert und diskutiert. Das findet seinen Ausdruck
  - in den Bemühungen des 1984 gegründeten Governmental Accounting Standards Board (GASB) in den USA und der Formulierung von Rechnungswesen-Standards für den einzelstaatlichen und kommunalen Bereich;
  - in den Bemühungen des 1981 ins Leben gerufenen Public Sector Accounting and Auditing Standards Committee (PSAAC) des Canadian Institute of Chartered Accountants (CICA) um Formulierung von Rechnungswesen-Standards für den staatlichen und kommunalen Bereich, sowie
  - in der 1986 gemeinsam vom US Comptroller General und vom Auditor General of Canada vorgelegten »Federal Government Reporting Study«.[14]

Im Rahmen der angeführten Aktivitäten wird u.a. versucht, finanzielles Rechnungswesen und finanzielle Rechnungslegung durch Anwendung von

10 Ernst Buschor, Haushaltsführung und Finanzplanung, Zürich 1984, S. 9.

11 Zu Einzelheiten siehe Konferenz der Kantonalen Finanzdirektoren (Hrsg.), Handbuch des Rechnungswesens der öffentlichen Haushalte, 2 Bde., Bern 1981, sowie den Beitrag von Ernst Buschor, Die Schweizer Haushaltsreform der Kantone und Gemeinden, S. 29-47, in diesem Band.

12 Reinbert Schauer, Das System der integrierten Haushaltsverrechnung in Österreich, in: Peter Eichhorn (Hrsg.), a.a.O., S. 217-233, hier S. 223 f.

13 Vgl. dazu Friedrich Kohl, Ein neues Buchführungssystem in der öffentlichen Verwaltung, in: Journal für Betriebswirtschaft, 25. Jg., 1975, S. 217-226, (sowie den Beitrag von Reinbert Schauer in diesem Band).

14 U.S. General Accounting Office, Office of the Auditor General of Canada, Federal Government Reporting Study, Detailed Report (GAO/AFMS-86-30B), Washington, Ottawa 1986.

Prinzipien des kaufmännischen Rechnungswesens zu verbessern. So enthält beispielsweise die Federal Government Reporting Study einen Vorschlag für eine finanzielle Verbundrechnung der U.S.-Bundesverwaltung bestehend aus Statement of Operations (Erfolgsrechnung), Statement of Financial Position (Bilanz) und Statement of Changes in Financial Position (Finanzrechnung).[15]

III. Pro und Contra kaufmännisches Rechnungsesen für den Staat

1. Die Angleichung des zahlungsorientierten öffentlichen Rechnungssystems an das kaufmännische Rechnungssystem oder gar dessen Substitution durch eine kaufmännische Rechnung ist jedoch in Wissenschaft und Praxis nicht unumstritten. Dies gilt auch für diejenigen Länder, in denen derartige Angleichungsbestrebungen im Gange oder bereits realisiert sind. Die Befürworter argumentieren:

- Die klassische kameralistische Finanzrechnung dient vor allem der Kontrolle des Haushaltsvollzugs; dies ist zwar eine wesentliche, aber nicht die einzige Zwecksetzung des öffentlichen Rechnungswesens. Insbesondere fehlen Informationen über die finanzielle Gesamtsituation einer Gebietskörperschaft, über die Erhaltung der finanziellen Ressourcen sowie über die Kosten für erbrachte Leistungen und organisatorische Teilbereiche und damit über die Wirtschaftlichkeit des Verwaltungshandelns.
- Die klassische kameralistische Finanzrechnung führt zu einem mangelnden Kostenbewußtsein der Verwaltungsangehörigen, was wiederum unwirtschaftliches Verhalten zur Folge hat.
- Die klassische kameralistische Finanzrechnung, ergänzt durch die gegenwärtig praktizierte Form der Vermögensrechnung, ermöglicht keinen Einblick in die finanzielle Gesamtsituation einer Gebietskörperschaft, und sie legt auch nicht die tatsächliche Höhe der Verschuldung offen.
- Es gibt keine das Rechnungswesen betreffenden, grundlegenden Unterschiede zwischen privatrechtlichen Unternehmen und öffentlichen Verwaltungen, die die prinzipielle Anwendung privatwirtschaftlicher Rechnungswesenkonzepte im öffentlichen Bereich ausschließen würden. »Except for ... few differences, financial accounting concepts are said to be essentially the same for both business and nonbusiness organizations. In both, there is the need to separate operating transactions from capital transactions. In

15 Vgl. U.S. General Accounting Office, Office of the Auditor General of Canada, a.a.O., Chapter 2: Illustrative Annual Financial Report of the United States Government.

Tabelle 2: Konzeption eines Jahresabschlusses für die U.S.-Bundesverwaltung gemäß der Federal Government Reporting Study

United States Government Consolidated Statement of Operations for the Years Ended September 30, 1984 and 1983

	1984	1983 (billions)	Net change
Expenses by function (note 2)			
National defense	$ 194	$ 173	$ 21
Social security and medicare			
Social security (note 4)	187	202	(15)
Medicare	80	76	4
Interest	129	108	21
Income security			
Employee pension and retirement plans (note 5)	104	98	6
Veterans compensation (note 6)	13	37	(24)
Social insurance	14	16	(2)
Other	88	87	1
Health	28	26	2
International affairs	26	24	2
General government	26	18	8
Education, training, employment, and social services	25	23	2
Transportation	25	20	5
Agriculture	17	17	0
Natural resources and environment	15	14	1
General purpose fiscal assistance	13	13	0
Veterans benefits and services	12	9	3
Energy	12	11	1
Community and regional development	8	5	3
General science, space, and technology	8	7	1
Administration of justice	5	5	0
Commerce and housing credit	2	5	(3)
Total expenses	1,031	994	37

Revenues by source			
Levied under the government's sovereign power			
Individual income taxes	296	289	7
Corporate income taxes	62	39	23
Social insurance taxes and contributions	242	209	33
Excise taxes	37	35	2
Estate and gift taxes	6	6	–
Customs duties	11	9	2
Other	17	22	(5)
	671	609	62
Earned through government business-type operations			
Sale of goods and services	34	37	(3)
Interest	45	51	(6)
Other	81	64	17
	160	152	8
Total revenues	831	761	70
Excess of expenses over revenues before revaluation of gold to market	200	233	(33)
Unrealized loss (gain) on revaluation of gold to market (note 9)	15	(1)	16
Excess of expenses over revenues	$ 215	$ 232	$ (17)

The accompanying are an integral part of this statement.

United States Government Consolidated Statement of Financial Position as of September 30, 1984 and 1983

	1984	1983 (billions)	Net change
Liabilities			
Borrowing from the public (note 7)	$ 1,299	$ 1,130	$ 169
Social security (note 4)	1,912	1,778	134
Employee pension and retirement plans (note 5)	1,037	975	62
Disability plans, federal employees and veterans (note 6)	233	234	(1)
Accounts payable	162	144	18
Other liabilities	90	85	5
Liabilities for guarantee and insurance programms (note 8)	3	2	1
Total liabilities	4,736	4,348	388
Financial assets			
Cash and monetary reserves (note 9)	152	174	(22)
Accounts and taxes receivable (note 10)	62	57	5
Loans and advances (note 11)	239	229	10
Deferred charges and other assets	100	86	14
Total financial assets	553	546	7
Excess of liabilities over financial assets to be financed through future taxes and other sources	4,183	3,802	381
Physical assets			
Land, building and equipment (at cost less accumulated depreciation) (note 12)	312	288	24
Inventories (note 13)	151	143	8
Total physical assets	463	431	32
Excess of Liabilities over Total Assets (note 14)	$ 3,720	$ 3,371	$ 349

The accompanying notes are an integral part of this statement.

Die Differenz zwischen dem im Statement of Operations ausgewiesenen Verlust von 215 Mrd. $ und der Änderung des negativen Eigenkapitals in Höhe von 349 Mrd. $ ist bedingt durch Erhöhung der Rückstellung für Social Security um 134 Mrd. $. Die Veränderung dieser Rückstellung ist im Statement of Operations nicht berücksichtigt.

United States Government Consolidated Statement of Changes in Financial Position for the Years Ended September 30, 1984 and 1983

	1984	1983
	(billions)	
Financial resources		
Cash applied to:		
Operating expenses	$ 1,031	$ 994
Deduct items not requiring cash in current period:		
Depreciation	(38)	(23)
Increase in employee pension, retirement, and disability plan liabilities	(61)	(80)
Increase in other liabilities	(24)	(30)
Total cash applied to operating expenses	908	861
Purchase of fixed assets	100	70
Increase in inventories	8	19
Increase in receivables	29	36
Unrealized loss (gain) on revaluation of gold	15	(1)
Total	1,060	985
Financial resources provided		
Cash provided by:		
Operating revenues	831	761
Total cash provided by operating revenues	831	761
Borrowings from the public (net) (Borrowings were $ 634 billion for 1984 ($ 595 billion in 1983) and repayments were $ 465 billion for 1984 ($ 383 billion in 1983))	169	212
Sale of fixed assets	38	22
Total	1,038	995
Increase (decrease) in cash and monetary reserves	$ (22)	$ 10

The accompanying notes are an integral part of this statement.

both, the concept of capital maintenance is important«.[16] Aus der Gültigkeit des Kapitalerhaltungsprinzips auch für den öffentlichen Bereich folgt u.a. die Notwendigkeit einer Erfolgsrechnung.

- Es bedarf einer Integration von Finanz-, Erfolgs- und Vermögensrechnung. »Die Integration der Systeme ist ganz entscheidend: Alles, was an Ausgaben verrechnet wird, muß auch in der Vermögensrechnung und in der Kostenrechnung ... auftauchen. Die Systeme kontrollieren sich gegenseitig«.[17] Eine solche Kontrolle leistet nur eine doppisch geführte Verbundrechnung.

Daneben gibt es einige pragmatische Hilfsargumente wie z.B.:

- Es gibt wesentlich mehr Leute (außerhalb der Verwaltung), die einen kaufmännischen Jahresabschluß interpretieren können als solche, die einen kameralistischen Jahresabschluß interpretieren können.
- Bei der Automatisierung eines öffentlichen Rechnungssystems nach kaufmännischem Muster kann auf DV-Standard-Software zurückgegriffen werden, die für Unternehmen entwickelt wurde.
  Demgegenüber ist die für die Automatisierung eines kameralistischen Rechnungssystems erforderliche DV-Software speziell zu entwickeln, was aufwendiger ist und mehr Zeit erfordert.

Die Gegner einer finanziellen Verbundrechnung nach kaufmännischem Muster führen demgegenüber an:

- Öffentliche Verwaltungen und privatwirtschaftliche Unternehmen weisen so grundlegende Unterschiede auf, daß es auch grundlegend unterschiedliche Rechnungssystem-Konzepte geben muß. »Man kommt einfach um die Tatsache nicht herum, daß es bei den öffentlichen Haushaltswirtschaften um andere Dinge geht als bei den privaten Haushaltswirtschaften und daher hat man (anläßlich der Haushaltsreform, K.L.) meines Erachtens zu Recht an der Kameralistik festgehalten«.[18]
- Die die Finanzrechnung ergänzenden Bestandteile einer finanziellen Verbundrechnung, also die Erfolgsrechnung und die Vermögensrechnung, liefern keine aussagefähigen, schlimmstenfalls sogar irreführende Informationen. Dies gilt vor allem für den Erfolg, der im öffentlichen Bereich kein

16 Robert N. Anthony, Financial Accounting in Nonbusiness Organizations, Stamford, Conn. 1978, S. 173, Spezifische Probleme des öffentlichen Rechnungswesens sieht er in der Sachvermögensbewertung, in der Abgrenzung der ›accounting entity‹ und im Ansatz von Zuwendungen unterschiedlichster Art.

17 Wolfram Engels, Reform der Staatswirtschaft – eine Problemübersicht, in: Schlankheitskur für den Staat, hrsg. von Hubertus Zuber, Stuttgart 1979, S. 35-70, hier S. 55 f. Die Erwähnung der »Kostenrechnung« scheint im zitierten Zusammenhang allerdings fehl am Platze, gemeint ist wohl eher die »Erfolgsrechnung«.

18 Winfried Roth, a.a.O., S. 65.

Leistungsmaßstab sein kann und für große Teile des Sachvermögens der öffentlichen Verwaltung, »die keinen Reichtum darstellen, sondern eine Last«.[19]

- Einer finanziellen Verbundrechnung stehen auch die nicht lösbaren Bewertungsprobleme im Rahmen einer wertmäßigen Vermögensrechnung entgegen. Welchen Wert soll man z.B. Denkmälern, Musealbesitz, Parks oder auch militärischem Gerät beilegen? »Eine Vermögensrechnung ist ... solange witzlos, solange man kein überzeugendes Bewertungsverfahren für das öffentliche Vermögen anzubieten hat«.[20]
- Die Abweichungen zwischen dem Ergebnis der Finanzrechnung und dem Ergebnis der Erfolgsrechnung sind nicht so erheblich, daß dies zwei »parallele« Rechenwerke rechtfertigen würde. »Außerdem würden vermutlich die ... sich ergebenden Abweichungen mehr zum Mißverständnis als zur Information beitragen«.[21]

2. Eine Analyse der oben angeführten Argumente auf Voraussetzungen, Plausibilität und empirische Evidenz erlaubt folgende Aussagen:

- Es ist unbestritten, daß sich das öffentliche Rechnungswesen ebenso wie jedes andere Rechnungswesen auch, an den Informationszwecken auszurichten hat. Für die Verfechter einer kameralistisch orientierten Finanzrechnung ist die finanzielle Kontrolle des Haushaltsvollzugs einziger oder wenigstens primärer Zweck. Andere Zwecke kann dieser Ansicht nach ein periodisches finanzielles Rechnungswesen nicht erfüllen. Demgegenüber vertreten die Verfechter einer kaufmännisch orientierten finanziellen Rechnung die Ansicht, daß das öffentliche Rechnungswesen *auch* detaillierte und angemessen strukturierte Informationen anzubieten hat über
  - die finanzielle Lage einer Gebietskörperschaft unter Einbeziehung des Vermögens und seiner Finanzierung,
  - die Bewirtschaftung der zur Verfügung stehenden Ressourcen und
  - die Kosten für erbrachte Leistungen.

  Es bedeutet dies die Dokumentation des finanziellen Zustandes eines Gemeinwesens, der Ursachen für sein Zustandekommen und die Dokumentation von Informationen, die auf die Wirtschaftlichkeit des Verwaltungshan-

19 Karl Oettle, Gründe für die Verwendungsorientierung der Vermögensdarstellung in öffentlichen Bilanzen, in: Zeitschrift für betriebswirtschaftliche Forschung, 36. Jg., 1984, S. 1005-1013, hier S. 1006. Im gleichen Sinne auch Robert K. Mautz, Financial Reporting: Should Government Emulate Business? in: Journal of Accountancy, August 1981, S. 53-60, hier S. 53 ff.

20 Winfried Roth, a.a.O., S. 65.

21 Alfred Finz, Sinn oder Unsinn einer Bundesbilanz, in: Das öffentliche Haushaltswesen in Österreich, 22. Jg., 1981, S. 273-278, hier S. 276.

delns schließen lassen. Der Auditor General of Canada hat dies knapp aber treffend als Prinzip »Substance over Legal Form« bezeichnet.[22]

Bei aller Skepsis, die man gegenüber empirischen Informationsbedarfsuntersuchungen wegen der damit verbundenen methodischen Probleme zu Recht haben kann, ist doch nicht zu übersehen, daß neuere Untersuchungen dieser Art die Position der Verfechter eines stärker kaufmännisch orientierten öffentlichen Rechnungswesens stützen.[23]

- Es ist unbestritten, daß Rechnungssysteme verwaltungsintern auch verhaltenssteuernd wirken. Von einem die Kosten für Leistungen und organisatorische Teilbereiche dokumentierenden Rechnungswesen ist deshalb eher eine Förderung des »Kostendenkens« und damit der Wirtschaftlichkeit zu erwarten, als von einem finanzwirtschaftlichen Rechnungswesen.
- Es ist unbestritten, daß der Saldo der Erfolgsrechnung im öffentlichen Bereich kein Maßstab für die Leistung sein kann. Das allein macht aber die Erfolgsrechnung noch nicht wertlos. Erstens kann man durchaus der Meinung sein, daß auch für öffentliche Organisationen das Gebot der Kapitalerhaltung gilt: »Maintenance of capital is the most important single piece of information about nonbusiness operations«.[24] Der Saldo der Erfolgsrechnung weist dann aus, inwieweit das in einem Rechnungsjahr gelungen ist. Zweitens gibt die Erfolgsrechung Auskunft über den Ressourcenverbrauch in einem Rechnungsjahr, und sie liefert damit Basisinformationen für Wirtschaftlichkeitsbetrachtungen. Und drittens schließlich kann man der Erfolgsrechnung das Selbstfinanzierungspotential (cash-flow = Erfolg + Abschreibungen) entnehmen.
- Es ist unbestritten, daß es bei der Erstellung einer wertmäßigen Vermögensrechnung Ansatz- und Bewertungsprobleme gibt. Sie unterscheiden sich jedoch nicht prinzipiell, sondern nur graduell von den Bewertungsproblemen in einem privatwirtschaftlichen Unternehmen. Ebenso wenig wie man in der Unternehmenspraxis den Ertragswert der Vermögensgegenstände feststellen kann (Prognose- und Zurechnungsproblem), kann man im öffentlichen Bereich den Barwert des Nettonutzens der Vermögensgegenstände ermitteln. In beiden Fällen muß man sich mit plausiblen, ermittelbaren und möglichst auch intersubjektiv nachprüfbaren Werten begnügen. Das bedeutet natürlich

22 Kenneth M. Dye, Is it possible to audit the national debt? Address to the International Financial Management Conference, Manuskript, Washington D.C., 1984, S. 19 f.

23 Siehe dazu insbesondere U.S. General Accounting Office, Office of the Auditor General of Canada, a.a.O.; David B. Jones u.a., The needs of users of governmental financial reports, GASB Research Report, Stamford, Conn., 1985.

24 Robert N. Anthony, Making sense of nonbusiness accounting, in: Harvard Business Review, 58. Jg., 1980, Heft 3, S. 83-93, hier: S. 87.

nicht, daß für öffentliche Vermögensrechnungen dieselben Bewertungsgrundsätze und -vorschriften gelten müssen wie für privatwirtschaftliche. Spezifische Überlegungen sind beispielsweise anzustellen in bezug auf die Bewertung des Sachanlagevermögens allgemein und die Bemessung von Abschreibungen speziell, in bezug auf die Bilanzierung geleisteter und erhaltener Investitionsbeiträge und in bezug auf die Bilanzierung von Verpflichtungen aus langfristigen Verträgen.
Insgesamt liefert die wertmäßige Vermögensrechnung u.a. Informationen über
– Materialbestände,
– Lieferverbindlichkeiten und ungewisse Verbindlichkeiten aus Altersversorgungszusagen,
– Forderungen aus Leistungen und Steuerforderungen
– den Wert des vorhandenen Sachvermögens als Basis für die Ermittlung der Kosten der Vermögensnutzung.

Diese für die Beurteilung der finanziellen Lage einer Gebietskörperschaft wesentlichen Informationen liefert ein kameralistisch orientiertes Rechnungswesen nicht.

– Wie schon *Ernst Walb* gezeigt hat, erfordert die Erstellung einer finanziellen Verbundrechnung nicht zwingend den doppischen Rechnungsstil. Gleichwohl besitzt die Doppik gegenüber der Kameralisitk einige Vorteile, und zwar
  – eine höhere Transparenz, eine bessere Verständlichkeit und Überprüfbarkeit (demgegenüber ist die Betriebskameralistik mit ihren vielen, aus rein formalen Gründen notwendigen fiktiven Buchungen fast eine »Geheimwissenschaft«: »In der Kameralistik ... muß man gewissermaßen um die Ecke denken«),[25]
  – einen vermutlich geringeren Buchungsaufwand (die Betriebskameralistik erfordert bis zu fünf Buchungen je Geschäftsvorfall),
  – einen systemimmanenten Zwang zur Vollständigkeit.
– Gegen eine »Reparatur« der existierenden Verwaltungskameralistik und für ihren Ersatz durch die Doppik spricht aber auch die Hoffnung, daß dadurch die Dominanz des Gelddenkens gegenüber dem Kostendenken beim Verwaltungspersonal abgebaut werden kann.

25 Ernst Walb, a.a.O., S. 306.

IV. Schlußfolgerungen

Wägt man die oben angeführten Argumente gegeneinander ab und versucht eine möglichst unvoreingenommene Würdigung, dann scheint die Position der Verfechter einer Beibehaltung des gegenwärtig in der Bundesrepublik Deutschland praktizierten staatlichen Rechnungswesens schwach zu sein:

- Zwar spielt die Gewinnerzielung im staatlichen Bereich keine Rolle – daraus folgt jedoch nicht zwingend, daß Informationen über die Kapitalerhaltung bzw. über die Vorbelastung künftiger Perioden mit Defiziten aus der Wahrnehmung der laufenden Aufgaben einer Gebietskörperschaft und damit eine Erfolgsrechnung überflüssig sind.
- Zwar ist die Bewertung des Sachvermögens im Rahmen einer finanziellen Verbundrechnung problematisch – daraus folgt jedoch nicht zwingend, daß eine monetäre Vemögensrechnung (Vollvermögensrechnung) nicht durchführbar oder nicht aussagefähig ist. Eine monetäre Vermögensrechnung besitzt bei aller Bewertungsproblematik gegenüber einer Mengenrechnung den Vorteil, daß sie Informationen über das Gesamtvermögen liefert, daß sie einen Einblick in die Verwendung finanzieller Ressourcen in der Vergangenheit erlaubt, daß sie Anhaltspunkte zum durchschnittlichen Alter des Sachvermögens und damit zur potentiellen finanziellen Belastung künftiger Rechnungsperioden liefern kann und daß nur sie schließlich eine nicht verzerrte Abschätzung der finanziellen Position im Sinne einer Gegenüberstellung von eingesetzten finanziellen Ressourcen und der damit geschaffenen (Vermögens-)Werte erlaubt.
- Zwar ist die Kontrolle des Budgets eine wesentliche Zwecksetzung des öffentlichen Rechungswesens – daraus folgt jedoch nicht zwingend die Überlegenheit der kameralistischen Finanzrechnung. Die Kontrolle des Budgets kann auch dadurch gewährleistet werden, daß man entweder die Finanzrechnung im Rahmen einer finanziellen Verbundrechnung entsprechend den Anforderungen des Budgets strukturiert oder aber, daß man zwei unterschiedlich strukturierte Finanzrechnungen nebeneinander führt.

Als Fazit kann festgehalten werden, daß es gute Argumente für eine Entwicklung des staatlichen Rechnungswesens weg von der kameralistischen Finanzrechnung in Richtung auf ein kaufmännisches Rechnungswesen gibt, was freilich nicht bedeuten muß, daß das kaufmännische Rechnungssystem lediglich kopiert werden soll. Ungelöst sind in diesem Zusammenhang u.a. die folgenden Probleme:

- Wie weit soll im öffentlichen Rechnungswesen die Unterscheidung zwischen Auszahlung/Ausgaben/Aufwand/Kosten und Einzahlungen/Einnahmen/

Ertrag/Leistung und damit die Annäherung an das kaufmännische Rechnungswesen getrieben werden?

- Wie ist der Bereich abzugrenzen, den das Rechnungswesen einer Gebietskörperschaft erfassen soll? Sind z.B. verselbständigte Verwaltungsträger und staatliche Unternehmen einzubeziehen (Definition der »accounting entity«)? Welche technischen Probleme resultieren daraus?
- Wie soll das Sachvermögen bewertet werden? Welche Teile des abnutzbaren Sachvermögens sollen wie abgeschrieben werden?
- Wie sollen Verpflichtungen zur Altersversorgung erfaßt und bewertet werden?
- Wie sollen gesetzliche Verpflichtungen zu Sozialleistungen und andere Transferzahlungen berücksichtigt werden?

Diese und andere Probleme des öffentlichen Rechnungswesens sollten aber mindestens analysiert und über ihre konzeptionellen und praktischen Lösungsmöglichkeiten sollte diskutiert werden.

Controlling in der Öffentlichen Verwaltung
Anwendungsperspektiven und -probleme dargestellt am Beispiel der Bundeswehr

von *Walter A. Oechsler*

I. Controlling als Steuerungs- und Überwachungskonzept

Controlling wird in der Privatwirtschaft schon seit Jahren praktiziert und auch in letzter Zeit verstärkt in der betriebswirtschaftlichen Literatur diskutiert.[1] Ausgangspunkt ist deshalb die Erläuterung von Konzeption und Technik des Controlling in der privatwirtschaftlichen Praxis. Daran schließt sich die Darstellung der gegenwärtigen Praxis der Verwaltungssteuerung und -kontrolle an, um beurteilen zu können, inwieweit in der öffentlichen Verwaltung eine »Steuerungs- und Überwachungslücke« besteht. Am Beispiel der Bundeswehr, bei der die Controlling Diskussion weit fortgeschritten ist, werden schließlich Möglichkeiten und Grenzen der Übertragung des Controlling auf die öffentliche Verwaltung aufgezeigt.

1. Konzeption und Technik des Controlling in der Privatwirtschaft

»Controlling ist – funktional gesehen – ein Subsystem der Führung, das Planung und Kontrolle sowie Informationsversorgung systembildend und systemkoppelnd koordiniert und auf diese Weise die Adaption und Koordination des Gesamtsystems unterstützt.«[2] Dieser Zusammenhang wird durch die folgende Abbildung verdeutlicht.[3]

Konzeptionell zielt Controlling entsprechend dieser Definition auf systembildende und systemkoppelnde Maßnahmen ab, was nichts anderes bedeutet, als daß
- durch Controlling einerseits strategische Überlegungen gefördert werden sollen, die *systembildend* zu organisatorischen Änderungsprozessen führen,

1 Vgl. Dietger Hahn, Planungs- und Kontrollsysteme, Wiesbaden 1979, 2. Aufl., 1985, Peter Horváth, Controlling, München 1979, 2. Aufl. 1986; Beat Baumgartner, Die Controlling-Konzeption, Bern/Stuttgart 1980, Andreas Schmidt, Das Controlling als Instrument zur Koordination der Unternehmensführung, Frankfurt a.M., Bern und New York 1986.
2 Peter Horváth, a.a.O., S. 154.
3 Peter Horváth, a.a.O., S. 153.

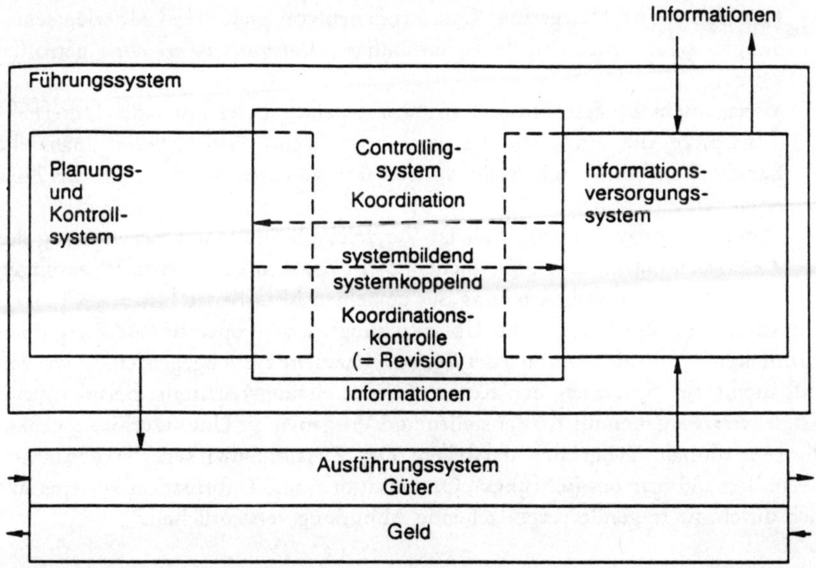

Abb. 1: Controlling als funktionales Subsystem der Führung

wie z.B. die Tendenz zur Divisionalisierung bei Großunternehmen zeigt;

- und andererseits Techniken der Koordination eingesetzt werden, die *systemkoppelnd* zu einer einheitlichen Zielorientierung des Gesamtunternehmens führen und über Steuerungsinformationen eine Kontrolle der Zielerreichung zulassen.
- Basis dafür ist ein umfassendes Informationssystem auf der Grundlage des Rechnungswesens.

Hierin schlägt sich zum einen eine strategische Orientierung nieder und zum anderen die *Einbeziehung von Steuerungsinformationen aus dem Rechnungswesen in Modelle der Organisation und Führung.*

Controlling als Steuerungs- und Überwachungskonzept ist dadurch gekennzeichnet, daß Daten aus dem Rechnungswesen als Informationsgrundlage für den Führungsprozeß dienen und auch die Unternehmensorganisation derart mit dem Aufbau des internen Rechnungswesen abgestimmt ist, daß sich dezentrale Steuerungsbereiche (z.B. Kostenstellen) ergeben. Auf dieser Grundlage werden zusätzlich *Management-Techniken* zur Personalführung eingesetzt, wie z.B.

- Management by Objectives: Im Rahmen dieser Management-Technik wird über *Ziele* geführt, wobei die Entwicklung eines Zielsystems für das gesamte Unternehmen und dessen Teilbereiche erforderlich ist.

- Management by Delegation: Zum Erreichen von Zielen sind Mittelentscheidungen erforderlich, die in eigenständigen *Delegationsbereichen* getroffen werden.
- Management by Exception: Für *Ausnahmefälle* behält sich die Unternehmensspitze die Entscheidung vor, etwa wenn vorgegebene finanzielle Bandbreiten bei Mittelentscheidungen überschritten werden, um die Ziele erreichen zu können.
- Management by Control: Soll-Ist-Vergleiche lassen eine Überwachung der Zielerreichung zu und ermöglichen Zielrevisionen oder Mittelanpassungen sowie die Leistungsbeurteilung der einzelnen Mitarbeiter.[4]

Um gerade für Steuerungs- und Überwachungszwecke operationale Zielgrößen zu erhalten, wird auf *Techniken des Rechnungswesens* zurückgegriffen. So werden aufbauend auf Systemen der Kosten- und Leistungsrechnung beispielsweise Kostenwertvorgaben für Kostenstellen und Vorgaben für Umsatzerlöse gegeben, die operationale Zielgrößen darstellen. Das Zusammenwirken der genannten Techniken in Form des Führungs-, Organisations- und Informationssystems läßt sich durch die folgende vereinfachende Abbildung verdeutlichen.[5]

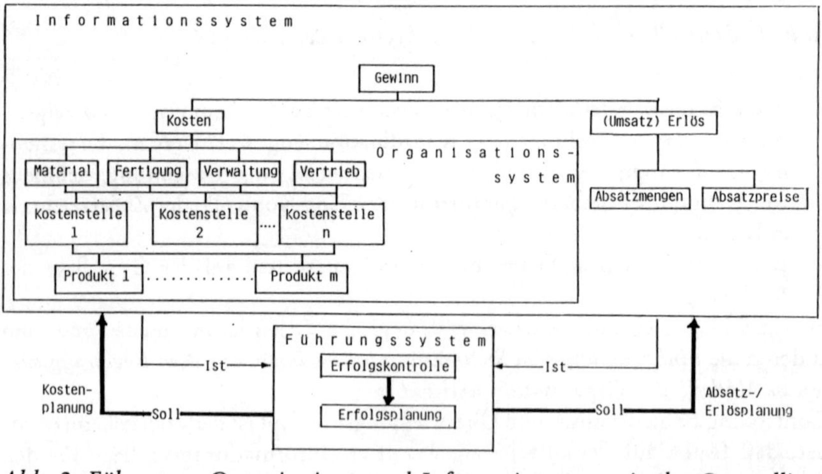

Abb. 2: Führungs-, Organisations- und Informationssystem in der Controlling-Konzeption

4 Vgl. Walter A. Oechsler, Ergebnisse führungstheoretischer Ansätze und Anwendungsmöglichkeiten von Führungsmodellen, in: Eduard Gabele, Hermann Liebel und Walter A. Oechsler, Führungsgrundsätze und Führungsmodelle, 2. Aufl., Bamberg 1984, S. 35-66, hier S. 50 ff.

5 Vgl. Walter A. Oechsler, Personalführung durch tätigkeitsbezogene Personalbeurteilung, in: Hermann Liebel und Walter A. Oechsler, Personalbeurteilung, Neue Wege der Verhaltens- und Leistungsbewertung, Bamberg (erscheint März 1987).

Über Controlling werden damit Daten aus dem Rechnungswesen für Führungszwecke in Form der Steuerung und Überwachung von Effektivität und Effizienz des Unternehmens und seiner Teilbereiche verwertet.

2. Verwaltungssteuerung und -kontrolle

Verwaltungssteuerung weist grundlegende Unterschiede zu dem dargestellten Controlling-Konzept in der Privatwirtschaft auf. Während im Vordergrund des privatwirtschaftlichen Steuerungs- und Überwachungskonzepts das finanzielle Ergebnis steht, bedeutet Verwaltungssteuerung vorrangig die einheitliche, an Recht und Gesetz gebundene Erfüllung öffentlicher Zwecksetzungen,[6] wobei sowohl bei der Hoheits- als auch bei der Leistungsverwaltung das finanzielle Ergebnis zwar ebenfalls wichtig, aber nicht unmittelbar Ziel der Steuerung ist. Die *Steuerungskapazität* des politisch-administrativen Systems ist allerdings sowohl durch die Gewaltenteilung als auch durch die Mehrstufigkeit des Verwaltungsaufbaus eingeschränkt.

Die *Mehrstufigkeit* des Verwaltungsvollzugs führt auch zu einer Reihe von *Kontrollinstanzen*, die nur zum Teil aufeinander abgestimmt sind. Controlling-Elemente sind damit inselartig auf viele Stellen verteilt. So hat innerhalb des politisch-administrativen Systems das *Parlament* die Kontrolle über die inhaltliche Ausgestaltung der Politik (Sachzielerreichung), der *Rechtsprechung* obliegt die rechtliche bzw. Normenkontrolle und die externe Finanzkontrolle wird über die *Rechnungshöfe* wahrgenommen.[7] Der externen Finanzkontrolle vorgelagert ist die *interne Rechnungskontrolle*, bei der durch die Vorprüfstellen in den einzelnen Verwaltungen prinzipiell derselbe Kontrollzweck verfolgt wird, wie durch die Rechnungshöfe, nämlich die ordnungsgemäße Mittelverausgabung zu überwachen.[8]

Über die klassische Finanzkontrolle hinaus wird zwar noch die *Wirtschaftlichkeit*, allerdings kaum die *Wirksamkeit* des Verwaltungshandelns kontrolliert, was anhand der folgenden Systematik der Erfolgskontrolle der öffentlichen Verwaltung verdeutlicht wird.[9]

6 Vgl. dazu Walter A. Oechsler, Zweckbestimmung und Ressourceneinsatz öffentlicher Betriebe, Baden-Baden 1982.

7 Vgl. Karl Wittrock, Kontrolle durch Rechnungshöfe, in: Klaus König, Hans-Joachim von Oertzen und Frido Wagener, Öffentliche Verwaltung in der Bundesrepublik Deutschland, Baden-Baden 1981, S. 383-395, hier S. 383 ff.

8 Vgl. Hans-Ulrich Derlien, Zur systemtheoretischen Fassung des Kontrollproblems in der öffentlichen Verwaltung, in: Harry Hauptmann und Karl-Ernst Schenk (Hrsg.), Anwendung der Systemtheorie und Kybernetik in Wirtschaft und Verwaltung, Berlin 1980, S. 195-224, hier S. 205 ff.

9 Herbert König, Von der Finanzkontrolle zum Controlling in der öffentlichen Verwaltung, Verwaltungspraxis, 6, 1983, S. 21-24, hier S. 21 ff.

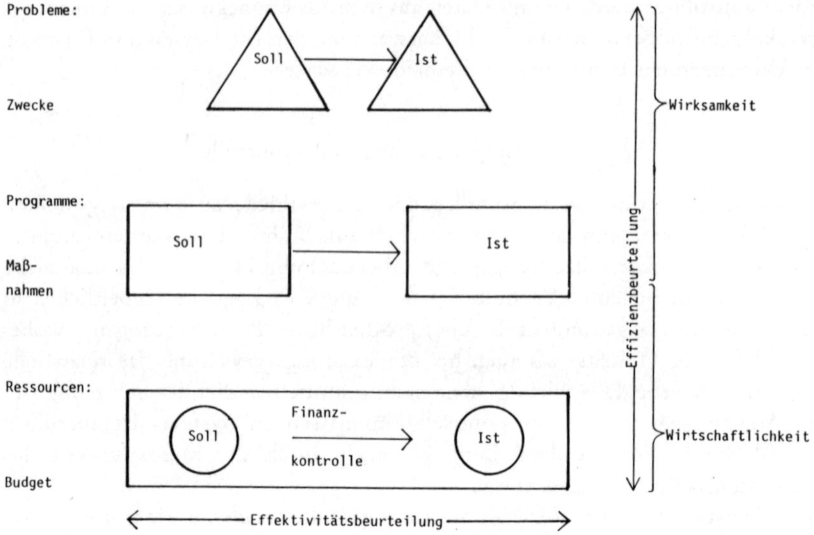

Abb. 3: Erfolgskontrolle der öffentlichen Verwaltung

Im Rahmen der Finanzkontrolle durch die Rechnungshöfe findet über die Prüfung der vorschriftsmäßigen Haushaltsaufstellung und der Einhaltung des Haushaltsplans zum einen eine Effektivitätsbeurteilung auf der budgetären Ebene statt. Zum anderen wird darüber hinaus eine Effizienzbeurteilung in Form der Wirtschaftlichkeitskontrolle durchgeführt, in deren Vordergrund die Maßnahmenwahl und Sparsamkeit bei der Mittelverausgabung steht.

Eine gewisse *Kontrollücke* ergibt sich allerdings mit Blick auf die Wirksamkeitskontrolle, ob nämlich mit den ergriffenen Maßnahmen die öffentlichen Zwecke tatsächlich erreicht wurden bzw. ob mit den eingesetzten Programmen die gesellschaftlichen Probleme beseitigt wurden. Sowohl diese Kontrollücke gibt Anlaß zu prüfen, ob Controlling hier Abhilfe schaffen könnte als auch die Ausgestaltung des Kontrollzyklus über die Rechnungshöfe. Die Rechnungshöfe legen zwar immer Zeit, Art und Umfang der Prüfung fest; sie erstatten allerdings nur jährlich Bericht an das jeweilige Parlament. Wenn auch festgestellt wurde, daß über die Beanstandungen und Empfehlungen der Rechnungshöfe eine präventive Wirkung auf das aktuelle Haushaltsgebaren ausgeht,[10] so wird damit keine ständige Überwachung erreicht, die vor Überraschungssituationen schützen könnte.

10 Vgl. Karl Wittrock, a.a.O., S. 392 f.

Die Kontrollsystematik in der öffentlichen Verwaltung weist diese beiden Überwachungsdefizite auf: hinsichtlich der Wirksamkeitsbeurteilung die mangelnde Kontrolle der Sachzielerreichung und hinsichtlich der Organisation des Überwachungsprozesses den jährlichen Kontrollrythmus, der nicht vor Überraschungssituationen schützen kann. Daß dies in der Praxis zu Problemen führt, läßt sich an einem Fallbeispiel verdeutlichen.

II. Die Controlling-Diskussion in der Bundeswehrverwaltung

Ausgangspunkt der Controlling Diskussion in der Bundeswehrverwaltung war ein immer noch aktuelles Problem, nämlich das Rüstungsprogramm MRCA-Tornado, das gerade im *Verteidigungsministerium* wegen des Fehlens einer wirksamen Programmsteuerung und -kontrolle eine Auseinandersetzung um die *Einführung des Controlling* aufkommen ließ. Die Vorschläge von Unternehmungsberatern zur Ausgestaltung einer Controller-Organisation im Verteidigungsministerium bilden dann den Anknüpfungspunkt, um grundsätzliche Möglichkeiten und Hindernisse des Controlling vor allem für die staatliche Verwaltung herauszuarbeiten.

1. Steuerungs- und Überwachungsdefizite bei Rüstungsprojekten

Der MRCA-Tornado als neues Mehrzweck-Kampfflugzeug hat eine sehr wechselhafte Entstehungsgeschichte hinter sich, die hier nur kurz angerissen werden kann.
Steuerungsdefizite lassen sich schon in der Definitionsphase erkennen, die aufgrund nationaler Interessendurchsetzung bei einem multinational angelegten Programm, z.B. hinsichtlich der Herstellung des Triebwerks, Einflüsse zu verzeichnen hatte, die ein von den ursprünglichen Forderungen der Luftwaffe völlig verschiedenes Endprodukt zur Folge hatten.[11]
Im folgenden sollen sowohl die hier auf der Hand liegenden *sachzielorientierten* Abweichungen interessieren, als auch die in den letzten beiden Zeilen zum Ausdruck kommenden *ökonomischen Auswirkungen* wie Gerätestückpreis und

11 Vgl. Alfred Mechtersheimer, MRCA-Tornado-Rüstung und Politik in der Bundesrepublik, Bad Honnef, 1977, S. 100.

Kriterium	Forderung der Lw an das NKF 1967/68	Leistungen des MRCA
Aufgabenpriorität	CAS und AS	ID/strike
Tauglichkeit für atomaren Einsatz	gering	ausgeprägt
Aktionsradius AS-Mission CAS-Mission ID/S-Mission	 370 km 370 km 600 km	 370–750 km (lo-lo-lo) 800–1250 km (hi-lo-hi)
Manövrierfähigkeit	sehr gut	mäßig
Startstrecke Landestrecke	460 m 300 m	500 m 450 m
Startbahn	Sportflugplätze	gehärtete Startbahnen
Höchststartgewicht	10–15 t	24,5 t[a]
Höchstnutzlast	2–4 t	6,5 t
Besatzung	1 Mann	2 Mann
Bewaffnung	4 Kanonen 20 mm insg. 1200 Schuß	2 Kanonen 27 mm 360 (250) Schuß
Stückzahl	600– 800 (BRD) 1200–1400 (insg.)	322 (210 Lw - 112 Marine) 807 (insg.)
Einführungsjahr	1975	1981
Gerätestückpreis	ca. 8–10 Mio DM	32,21 Mio DM (31. 12. 75)
Entwicklungskosten	1,5–2 Mrd DM	8 Mrd DM (3,6 Mrd DM dt)

Erläuterung: MRCA = Multi Role Combat Aircraft
ID = Interdiction (Abriegelung aus der Luft)
CAS = Close Air Support (Luft-Nahunterstützung)
NKF = Neues Kampf-Flugzeug

Abb. 4: Das geforderte Kampfflugzeug und die Leistungen des MRCA im Vergleich:

Entwicklungskosten sowie deren Kontrolle während des Entwicklungs- und Fertigungsprozesses.

Der Starfighter-Nachfolger sollte nicht viel mehr kosten, als der Starfighter selbst. Das waren etwa DM 10 Mio. Dieser einzige Orientierungswert für das »Neue Kampfflugzeug« wurde entgegen der Tatsache festgelegt, daß sich in der Industrie

der Preis etwa nach 10 Jahren verdoppelt. Die Preisvorgabe sollte die finanzielle Belastung begrenzen und zu einem relativ einfachen Flugzeug führen.
So legte die Arbeitsgemeinschaft NKF (Neues Kampfflugzeug) 1967 eine Studie vor, in der bei nur 300 Maschinen ein Stückpreis von DM 8,9 Mio veranschlagt wurde. Die tatsächliche Preisentwicklung verlief jedoch ganz anders.[12]

	31.12.1973	31.12.1974	31.12.1975
Entwicklung (dt. Ant.)	2.995	3.456	3.639
Produktionsvorlauf (dt. Ant.)	891	943	1.043
Fly-away-Preis	20,15	23,50	26,40
Geräte-Stückpreis	24,76	29,20	32,21
Geräte-Systempreis	40,90	43,81	48,31
Beschaffungskosten 322 Flugz.	13.170	14.107	15.556

Quelle: WD 12. April 1976, S. 2 f.

Abb. 5: Preisentwicklung von 1973 bis 1975 (in Mill. DM)

Die Prüfung der Rechnungslegung durch den *Bundesrechnungshof* ist beim MRCA-Tornado stark eingeschränkt, da es sich um ein NATO-Programm handelt, für das das Internationale Rechnungsprüfungsamt der NATO zuständig ist.
Davon abgesehen offenbart dieser Prozeß allerdings gravierende Steuerungs- und Überwachungsdefizite, die aus organisatorischer Sicht wohl auch auf die mangelnde personelle Kontinuität vor allem der Systembeauftragten für den MRCA zurückzuführen sein dürfte.

2. Das Controlling Konzept für die Bundeswehr

Das Beispiel MRCA-Tornado und insgesamt Steuerungs- und Kontrolldefizite im Rüstungsbereich waren Anlaß, durch eine Unternehmensberatung diesen Bereich und die mögliche Einführung des Controlling analysieren zu lassen.
Die Unternehmensberatung kam zu folgenden Ergebnissen:[13]

12 Vgl. Alfred Mechtersheimer, a.a.O.

13 Vgl. Richard Ball, Planung und Kontrolle in der Bundeswehr, Möglichkeiten und Grenzen des Controlling, in: Jürgen Blum und Peter Horváth (Hrsg.), Planung und Kontrolle in der öffentlichen Verwaltung und in öffentlichen Unternehmen, Stuttgart 1983, Forschungsbericht Teil II, S. 157-191, hier S. 184.

- Es waren Mängel in der heutigen Planung und Steuerung, vor allem hinsichtlich der Programmplanung und -überwachung und eines umfassenden System-Management festzustellen.
- Durch die Einführung des Controlling könnten sowohl Entscheidungsqualitäten als auch die Wirtschaftlichkeit verbessert werden.

Dafür war eine *Änderung des Planungssystems* erforderlich, das von der Festlegung der Grundzüge der Verteidigungspolitik durch den Bundeskanzler und Minister über die strategische Planung durch den Generalinspekteur zur Durchführungsplanung in den Teilstreitkräften bis zur haushaltsmäßigen Plandurchführung und -überwachung reicht.

Die Controller-Organisation sieht ein zentrales Controlling auf der Leitungsebene, und dezentrales Bereichs-Controlling auf der Abteilungs- sowie auf der nachgeordneten Ämterebene vor.

Die Einbindung des Controlling in die Führungsorganisation, nämlich die Leitung des Ministeriums, kann über drei organisatorische Alternativen erfolgen:

- Die Installation eines Staatssekretärs »Finanzen« neben den bisherigen Instanzen unter Einbeziehung der Budgetfunktion gemeinsam mit der des Controlling.
- Ein eigenständiges, starkes Controlling auf der Ebene der Staatssekretäre und des Generalinspekteurs.
- Und schließlich die Übertragung der Controller-Funktion an den Generalinspekteur neben seiner Kompetenz für den Führungsstab der Streitkräfte.[14]

Mit Blick auf die Controller-Organisation in der privaten Wirtschaft wird keine dieser Versionen befriedigen, wenngleich die *Präferenz* wohl auf dem zweiten Modell liegen könnte.

Die Einbeziehung des Controlling in die Finanzfunktion würde zwar die Verbindung zum Budget stärken, dafür aber Rüstung und militärische Forderungen nicht einbinden. Umgekehrt würde das dritte Modell eine Dominanz der Streitkräfteplanung ergeben und die Einwirkung auf Haushalt und Finanzen vernachlässigen. Deshalb wurde diese Variante schon von der Unternehmungsberatungsgesellschaft ausgeschlossen.

Aber auch ein selbständiges Controlling, wie im Modell 2, könnte zur isolierten und getrennten Vorgehensweise von Staatssekretär und Generalinspekteur führen; auf jeden Fall wäre bei dieser »Matrix-Lösung« die Abstimmung von Sach- und Formalzielen schwierig.

Befriedigend wäre demnach nur eine Anbindung an den Minister selbst, etwa in Form einer Stabsstelle für »politische Programmsteuerung« unmittelbar im

14 Vgl. Herbert König, a.a.O., S. 22 f.

Namen des Ministers und in dessen Entscheidungskompetenz,[15] d.h. daß es hinsichtlich der Controller-Funktion eher auf eine *Durchsetzung* demokratisch-legitimierter Programme ankommt, als auf eine Abstimung zwischen Controller und Verwaltungsinstanzen, wie sie im privatwirtschaftlichen Beispiel im Vordergrund steht.
Schließlich wäre auch noch eine »kleine« Lösung in Form des Projekt-Controlling denkbar, daß nämlich nur für bestimmte abgegrenzte Projekte eine Steuerungs- und Überwachungsinstanz eingesetzt wird. Diese Lösung stößt aber auch auf Koordinationsprobleme, wenn man bedenkt, daß im Verteidigungsbereich jährlich über hundert Projekte durchgeführt werden.

III. Übertragbarkeit des Controlling auf öffentliche Verwaltungen

Das geschilderte Fallbeispiel dürfte einerseits zweifellos die Notwendigkeit einer *verbesserten Verwaltungsführung* durch Controlling verdeutlichen, wirft aber andererseits gerade hinsichtlich der Frage nach der organisatorischen Einbindung des Controlling verwaltungsspezifische Probleme auf.
Controlling setzt voraus,[16]

- daß Zwecke des öffentlichen Verwaltungshandelns definiert und in einer konsistenten Zweck-Mittel-Hierarchie operationalisiert werden,
- daß eine Controller-Organisation eingerichtet wird, die von der Verwaltungsspitze über den gesamten Verwaltungsaufbau reicht und in einem Gegenstromverfahren die Operationalisierung von Verwaltungszwecken in Zielsysteme und die monetäre (budgetmäßige) Seite des Mitteleinsatzes unterstützt und überwacht,
- daß ein Informationssystem eingerichtet wird, das neben qualitativen, sachzielbezogenen Informationen über Zwecke und Mittel des Verwaltungshandelns Daten aus dem Rechnungswesen umfaßt, die wirtschaftlichkeitsbezogene, formalzielorientierte Steuerungs- und Kontrollinformationen enthalten.

Diese Voraussetzungen sind bei der Bundeswehr zu einem Großteil erfüllt. So verfügt die Bundeswehr nicht nur über ein Planungssystem zur Umsetzung strategischer Ziele in Ziel-Mittel-Relationen,[17] sondern auch über ein Kosten-

15 Vgl. Herbert König, a.a.O., S. 23.
16 Vgl. Jürgen Weber, Ausgewählte Aspekte des Controlling im öffentlichen Sektor, in: Zeitschrift für öffentliche und gemeinwirtschaftliche Unternehmen, Bd. 6, 1983, S. 438-461, hier S. 461.
17 Richard Ball, a.a.O., S. 157 ff.

rechnungssystem, das nach privatwirtschaftlichem Vorbild eingerichtet wurde.[18]

Während im dargestellten Fallbeispiel vor allem die organisatorische Problematik zum Scheitern der Einführung eines Controlling-Konzepts führte, fehlen in der öffentlichen Verwaltung im allgemeinen auch die beiden weiteren Voraussetzungen, so daß es um die Übertragbarkeit des Controlling noch schlechter gestellt ist. Dabei ist nicht davon auszugehen, daß für jede öffentliche Verwaltung die Einführung des kaufmännischen Rechnungswesens mit Blick auf die Erfüllung der vielfältigen Aufgabenstellung vorteilhaft ist.[19] Davon abgesehen wirft eine Übertragung des Controlling-Konzepts eine Reihe von Problemen auf, die eine umfassende Verwaltungsreform erforderlich machen würden.

Die Festlegung von Zwecken öffentlichen Verwaltungshandelns steht nur verfassungsmäßig legitimierten Organen zu. Verwaltungsvollzug durch die Exekutive ist an diese gesetzlichen und rechtlichen Vorgaben gebunden und hat nur relativ geringe Ermessensspielräume. Controlling hätte sachzielbezogen damit überwiegend *Durchsetzungsfunktion*.[20]

Auf dieser konzeptionellen Grundlage ließen sich *Steuerungsinformationen* über materielle Verwaltungsleistungen durch ein indikatorbezogenes Zielsystem für die Verwaltungseinheiten operationalisieren. Diesem Vorgehen sollten formalzielorientierte Steuerungsinformationen aus dem Rechnungswesen entsprechen, etwa in Form von Kostenwertvorgaben für Maßnahmen innerhalb einzelner Programme, um analog der Zielsetzung der Kosten- und Leistungsrechnung die beiden Seiten des Wertverzehrs und der Wertentstehung steuern und kontrollieren zu können. In dieser Hinsicht muß allerdings festgestellt werden, daß das derzeit in öffentlichen Verwaltungen praktizierte Rechnungswesen für Zwecke des Controlling nicht ausreicht.[21] Das Rechnungswesen öffentlicher Verwaltungen dient überwiegend dem Nachweis der Einhaltung des Haushaltsplans und der Ordnungmäßigkeit der Kassenführung, sowie der Feststellung des finanzwirtschaftlichen Ergebnisses, wobei von den bestehenden Haushaltsgrundsätzen auf die Mittelbewirtschaftungspraxis eher negative Einflüse auf die Erfüllung von Verwaltungszielen ausgehen.[22]

18 Vgl. dazu Nikolaus Steinebach, Verwaltungsbetriebslehre, Regensburg 1980, S. 216 ff.

19 Vgl. auch Peter Eichhorn, Öffentliche Verwaltung, Rechnungswesen der, in: Erich Kosiol, Klaus Chmielewicz und Marcell Schweitzer (Hrsg.), Handwörterbuch des Rechnungswesens, 2. Aufl., Stuttgart 1981, ferner Ludwig Mülhaupt (Hrsg.), Gemeindewirtschaft und Unternehmenswirtschaft, Göttingen 1965.

20 Vgl. Dietrich Budäus, Controlling als Ansatz zur Operationalisierung der Instrumentalfunktion öffentlicher Unternehmen, in: Zeitschrift für öffentliche und gemeinwirtschaftliche Unternehmen, Bd. 7, 1984, S. 143-162.

21 Vgl. Jürgen Weber, a.a.O., S. 443 ff.

22 Vgl. Klaus Lüder und Dietrich Budäus, Effizienzorientierte Haushaltsplanung und Mittelbewirtschaftung, Göttingen 1976.

Während die Erfüllung der beiden auf die Sach- und Formalzielebene bezogenen Voraussetzungen des Controlling keine unüberwindlichen Hindernisse darstellen dürfte, bereitet die Ausgestaltung der Controller-Organisation erhebliche Schwierigkeiten, wie im Fallbeispiel deutlich wurde.
Ein wirksames Controlling müßte an der Verwaltungsspitze angesiedelt sein und den gesamten äußeren Verwaltungsaufbau integrierend umspannen, um z.B. vernetzend über Ober-, Mittel und Unterbehörden auf Bundes- und Landesebene und in die kommunale Verwaltung wirken zu können.
Ein dem Ressortprinzip entsprechendes dezentrales Controlling würde eine Nische einnehmen, aus der zwar eine größere Steuerungskapazität der Exekutive resultiert, aus der aber auch Einflußnahmen auf Zielkonzeptionen möglich sind, die zu Umdefinitionen von Verwaltungsleistungen führen können, die der verfassungsmäßig legitimierten Zwecksetzung nicht mehr entsprechen. Dies könnte sich aus einem bottom-up Prozeß egeben, wäre aber nicht legitimierbar.
Diese Befürchtung ist damit begründet, daß sich aufgrund der Informationszentralisation bei der Controller-Organisation eine »neue Gewalt« neben der Exekutive herausbildet, für die selbst keine geeignete Kontrollinstanz vorhanden ist. Zudem ist nicht auszuschließen, daß die duale Zielkonzeption, die Sach- und Formalziel umfaßt, in Richtung einer Formalzieldominanz abgeändert wird, wenn Steuerungsinformationen aus dem Rechnungswesen Vorrang vor qualitativen Aspekten der Sachzielerfüllung erhalten, was schon wegen der zunehmenden Verknappung öffentlicher Mittel zu befürchten ist.
Ob derartige Tendenzen eintreten, ist wiederum davon abhängig, ob sich die Controller-Organisation in der Bürokratie selbst zu einem bürokratischen Ritual entwickelt und nicht zu einem vernünftigen Dialog zwischen Linieninstanz und zugeordnetem Controller führt.
Die Führungsfunktion des Controlling in der Privatwirtschaft besteht nämlich darin, Entscheidungs(Linien-)instanzen permanent in die Begründungspflicht zu nehmen, um qualitativ gut begründete Entscheidungen zu erlangen und über die Überwachung vor Überraschungssituationen zu schützen. Mittel hierfür ist der Dialog zwischen Entscheidungsinstanz und Controller, der auf eine argumentative Abwägung von Entscheidungsgrundlagen angelegt ist.
Personelle Voraussetzung für eine dafür erforderliche Dialogfähigkeit sind Controller, deren Denkweise nicht ausschließlich von Kategorien des Budgets und Rechnungswesens geprägt ist, sondern die auch Verständnis für die Aufgabenstellung der jeweiligen Entscheidungsinstanz in der Verwaltung haben. Hierfür wäre es erforderlich, Stellen im Controlling-Bereich nur mit solchem Personal zu besetzen, das zuvor die Tätigkeit der entsprechenden Linienposition ausgeführt hat, um auf diese Weise die fachliche Kompetenz der Controller für die

Sachzielproblematik zu schaffen und Controlling nicht zu reinem Kostendenken degenerieren zu lassen.
Die aus dem Controlling-Konzept resultierenden Anforderungen an organisatorische und personelle Flexibilität würden auf ähnliche Probleme des herrschenden Dienstrechts stoßen, wie sie auch hinsichtlich der Einführung von Management by Objectives festgestellt wurden.[23] An der Sachzielerreichung orientierter, flexibler Personaleinsatz würde funktions- und nicht amtsabhängige Stellenbewirtschaftung und Besoldung erforderlich machen, die sich zusätzlich leistungsabhängig entsprechend der Zielerfüllung ausrichten müßte. Das derzeitige öffentliche Dienstrecht bietet dafür jedoch kaum Möglichkeiten. Ein System der Verwaltungsführung, das keine Verankerung in personalwirtschaftlichen Instrumentarien findet, dürfte aber derzeit wirkungslos bleiben.
Ferner würde die gesteigerte informationale Grundlage des Rechnungswesens nicht nur einen erhöhten Verwaltungsaufwand mit sich bringen, sondern auch einen differenzierten Einblick in die Kostenstruktur von Verwaltungsleistungen. Dies verbessert zwar die Entscheidungsgrundlagen für die Gebührenpolitik, leistet aber wohl auch der Tendenz Vorschub, die Kosten von Verwaltungsleistungen an die Klienten zu überwälzen.
Schließlich würde Controlling den Weg ebnen zur Wirtschaftlichkeits- und Wirksamkeitskontrolle über die klassische Finanzkontrolle hinaus und damit eine bislang in der öffentlichen Verwaltung vorhandene Kontrollücke schließen, die durch die parlamentarische Kontrolle kaum überbrückt werden kann.
Damit stellt sich die Frage nach den Realisationsmöglichkeiten in einer Abwägung, ob man bereit ist, für eine erhöhte Steuerungskapazität und wirksame Wirtschaftlichkeits- und Wirksamkeitskontrolle öffentlichen Verwaltungshandelns weitgehende Änderungen im Bereich der Funktional-, Dienstrechts- und Verfahrensreform durchzuführen.
Zusammenfassend läßt sich daraus festhalten, daß Controlling nach privatwirtschaftlichem Vorbild gegenwärtig in der öffentlichen Verwaltung nicht realisierbar ist. Die Rechtsgrundlagen der öffentlichen Verwaltung lassen eine Beschränkung der Controller-Funktion auf die Formalzielebene geboten erscheinen, wogegen die Sachzielbestimmung ausschließlich demokratisch legitimierten Entscheidungsinstanzen vorbehalten bleibt. Controlling wird damit auf Durchsetzungskontrolle und Überwachungsaufgaben beschränkt, was zwar den Vorteil der permanenten Kontrolle gegenüber der punktuellen Kontrolle durch die Rechnungshöfe hätte, was aber im Rahmen der gegenwärtigen Organisationsstruktur und Personalwirtschaft auf Grenzen der Realisierung stößt.

23 Vgl. Heinrich Reinermann und Gerhard Reichmann, Verwaltung und Führungskonzepte, Berlin 1978.

Möglichkeiten und Grenzen der Übertragung des kaufmännischen Rechnungswesens auf öffentliche Verwaltungen

von *Karl Oettle*

I. Aktualität des Themas

Effektivität und Effizienz der öffentlichen Verwaltung werden gegenwärtig oft mit derjenigen kaufmännischer Unternehmungen verglichen, wobei ihr zumeist kein gutes Zeugnis ausgestellt wird.[1] Aus den für die öffentliche Verwaltung negativen Vergleichsergebnissen werden insbesondere zweierlei Forderungen abgeleitet: Erstens sollen ihrem Einfluß möglichst viele der öffentlichen Unternehmen entzogen werden, sei es, daß sie gänzlich oder teilweise privatisiert werden, sei es, daß sie zwar in öffentlichem Eigentum verbleiben, aber eine kaufmännische Selbständigkeit erhalten, die weit über die bisherige hinausgeht.[2] Zweitens sollen Methoden des betriebswirtschaftlichen Denkens und Handelns dort in hohem Maß an die Stelle von Verwaltungsdenken und -handeln treten, wo eine Voll-, Teil- oder Quasiprivatisierung nicht erwogen wird, wo es sich also um den Kern der bisherigen öffentlichen Tätigkeit handelt, der (noch) für unabdingbar öffentlich gehalten wird.[3]
Zu den Vorschlägen, die eine Verbesserung des Denkens und Handelns in der öffentlichen Verwaltung selbst betreffen, gehören auch jene, die eine weitgehende Übernahme betriebswirtschaftlicher Rechnungsverfahren wollen. Sie sind oft so formuliert, daß sie das kameralistische Denken und Rechnen als eine wesentliche

1 Als Beispiele seien genannt: Wolfram Fischer, Staat und Beamtentum. Zur Entwicklungsgeschichte und Gegenwartsproblematik des modernen Staates, in: Verwaltete Bürger – Gesellschaft in Fesseln, hrsg. von Heiner Geißler, Frankfurt am Main u.a. 1978, S. 14-27, Dietrich Dickertmann, Zur Abkehr vom globalisierenden ökonomischen Denken und zur Notwendigkeit der Bestandsaufnahme einzelner Wissenschaften, dargestellt am Beispiel der Finanzwissenschaft, in: Bürokratisierung und Entbürokratisierung, hrsg. von Gerhard W. Wittkämper, Schriften des Wissenschaftlichen Instituts Öffentlicher Dienst e.V., Bonn, Band 1, Regensburg 1982, S. 24-36.

2 Siehe hierzu: Achim von Loesch, Privatisierung öffentlicher Unternehmen – Ein Überblick über die Argumente, Schriftenreihe der Gesellschaft für öffentliche Wirtschaft und Gemeinwirtschaft, Heft 23, Baden-Baden 1983.

3 Siehe hierzu etwa: Frido Wagener (Hrsg.), Verselbständigung von Verwaltungsträgern, Schriften der Deutschen Sektion des Internationalen Instituts für Verwaltungswissenschaften, Band 1, Bonn 1976.

Ursache kritisierter Zustände in der öffentlichen Verwaltung nennen,[4] obgleich die kameralistische Rechnung durchaus eine einzelwirtschaftliche und mithin eine betriebswirtschaftliche Rechnung darstellt.[5] Sachkundig gesprochen, ist nicht gemeint, eine nicht-betriebswirtschaftliche (nämlich die kameralistische) Rechnung durch eine betriebswirtschaftliche, sondern das haushaltswirtschaftliche Rechnen durch ein effektiveres zu ersetzen, dessen Vorbild das kaufmännische Rechnen ist. Welche Möglichkeiten und Grenzen in dieser Hinsicht bestehen, soll im Folgenden dargelegt werden.

II. Rechnungsrelevante Eigenschaften öffentlicher Verwaltungsbetriebe

Sollen, wie das Thema es will, Möglichkeiten und Grenzen der Übertragung des kaufmännischen Rechnungswesens auf öffentliche Verwaltungen erkundet werden, so erscheint es unerläßlich, zuvor auf den betriebswirtschaftlichen Charakter dieser Gebilde einzugehen. Er bestimmt die Rechnungsziele und den Rechnungsstoff, die das gewählte Rechnungssystem zu bewältigen hat. Aus ihm ergeben sich, anders ausgedrückt, die Anforderungen an das systematische Rechnungswesen, die mit dessen Eignung zu vergleichen sind. Man kann auch sagen: Die betrieblichen Rechnungsfragen ergeben sich aus den betrieblichen Sachfragen.[6] Vermutlich dürfte sich nicht jede betriebliche Sachfrage rechnerisch oder gar innerhalb eines Rechnungssystems überhaupt oder vollständig beantworten

4 Als Beispiele der Kritik seien genannt: Horst Recktenwald, Ursachen für Unwirtschaftlichkeit im Staatsbereich, Elemente einer Theorie des ökonomischen Staats«versagens«, in: Reform öffentlicher Leistungen, hrsg. von Horst Hanusch, Baden-Baden 1978, S. 15-24, hier S. 20 f., Heinz Schelle, Wissenschaft von den Nachfolgekosten, Leserbrief in: Süddeutsche Zeitung, Nr. 226 vom 1. Oktober 1985, S. 22, über die Anwendung eines dem kaufmännischen nachgebildeten Rechnungswesens im Ausland berichtet Jürgen Gornas, Öffentliche Rechnungssysteme im europäischen Ausland, in: Entwicklungsperspektiven des öffentlichen Rechnungswesens, hrsg. von Klaus Lüder, Speyerer Forschungsberichte 48, Speyer 1986, S. 53-70, für eine solche Praxis sprechen sich aus: Hans Peter Wehrli, Öffentliches Rechnungswesen in der Schweiz, in: ebenda, S. 39-53, Konferenz der kantonalen Finanzdirektoren (Hrsg.), Handbuch des Rechnungswesens der öffentlichen Haushalte, Band 1, Bern 1981, S. 83 ff. und S. 132, Cäcilia Klostermann, Kommunales Haushalts- und Rechnungswesen, Eine vergleichende Analyse der Haushaltsreformen in der Bundesrepublik Deutschland und in der Schweiz, Diss. Zürich, 1985, S. 31 ff. und 286 ff.

5 Vgl. Ludwig Mülhaupt, Kameralistische oder kaufmännische Buchführung für Gemeinden?, in: Local Finance, Vol. 2, 1973, Nr. 1, S. 3-15, Ludwig Mülhaupt und Jürgen Gornas, Betriebswirtschaftliche Grundsätze in der Kameralistik, in: Kommunal-Kassen-Zeitschrift, 24. Jg., 1973, S. 104-110 und S. 121-128, dieselben, Finanzwirtschaftliches und betriebswirtschaftliches Rechnen in Gemeinden, in: Der öffentliche Haushalt, 14. Jg., o.J., S. 15-46.

6 Hierüber: Erich Schäfer, Über einige Grundfragen der Betriebswirtschaftslehre, in: Zeitschrift für Betriebswirtschaft, 20. Jg, 1950, S. 553-563, hier S. 561 f.

lassen. Umgekehrt kann ein Rechnungssystem auf eine Sachfrage hin zu Antworten fähig sein, die sich bei einem bestimmten Betriebstyp, beispielsweise bei dem der kaufmännischen Erwerbsunternehmung oder dem der öffentlichen Verwaltung, gar nicht stellt.

Für die betriebswirtschaftliche Charakterisierung öffentlicher Verwaltungen[7] seien diese als ein Betriebstyp umschrieben, dessen Profil sich aus der Zuordnung zu den Unterscheidungen von fünf Betriebsgliederungen ergibt. Daß die vorgenommene Auswahl an Betriebsgliederungen rechnungsrelevante Eigenschaften der betrachteten Gebilde trifft, soll nicht vorab in abstrakter Weise begründet werden, es soll sich vielmehr später beim Herausarbeiten der besagten Möglichkeiten und Grenzen der Übertragung des kaufmännischen Rechnungswesens auf öffentliche Verwaltungen bewähren.

(1) Mit *Walter Mahlberg*[8] wird von einem weiten Betriebsbegriff ausgegangen, der unter anderem außer den privaten Haushaltungen auch die öffentlichen Verwaltungen einschließt. Würde ein engerer Betriebsbegriff gewählt, so gehörten die öffentlichen Verwaltungen gar nicht zu den Gegenständen der Betriebswirtschaftslehre, die sich sowohl des kaufmännischen als auch des haushaltswirtschaftlichen Rechnungswesens annimmt. Ein engerer Betriebsbegriff, der zumindest die privaten Haushaltungen ausschlösse, würde des weiteren die Rede von Konsumtivbetrieben verbieten. Die Unterscheidung von Produktiv- und Konsumtivbetrieben spielt jedoch für die betriebswirtschaftliche Charakterisierung öffentlicher Verwaltungen eine entscheidende Rolle. In der Betriebswirtschaftslehre wird nämlich, etwa von *Erich Schäfer*[9] die Anschauung vertreten, bei öffentlichen Haushalten (und damit auch bei öffentlichen Verwaltungen) handle es sich wie bei privaten um Konsumtivbetriebe. Dieser Zuordnung wird hier nicht gefolgt. Öffentliche (wie auch frei-gemeinnützige) Hauhalte seien zu den Produktivbetrieben gerechnet, weil sie mit den Unternehmungen der verschiedensten Zwecksetzungen gemeinsam haben, daß sie nicht wie die privaten Haushalte, die deshalb als ursprüngliche Betriebe verstanden werden können, um ihrer selbst willen existieren. Öffentliche Haushaltungen sind wie Unternehmungen vielmehr allein dazu bestimmt, Leistungen für Dritte zu erzeugen und lassen sich insofern als (arbeitsteilig aus den privaten Haushalten) abgeleitete Betriebe[10]

7 Ein kurzer Überblick über die Bemühungen der Begriffsfassung bei Peter Eichhorn, Öffentliche Verwaltung, in: Verwaltungslexikon, hrsg. von Peter Eichhorn u.a., Baden-Baden 1985, S.673-676.

8 Vgl. Walter Mahlberg, Der Betriebsbegriff und das System der Betriebswirtschaftslehre, in: Grundriß der Betriebswirtschaftslehre, Band 2: Die Betriebsverwaltung, hrsg. von Walter Mahlberg, Eugen Schmalenbach, Fritz Schmidt und Ernst Walb, S. 1-67, hier S. 6 f.

9 Vgl. Erich Schäfer, Die Unternehmung – Einführung in die Betriebswirtschaftslehre, 10. durchgesehene Aufl., Wiesbaden 1980, S. 8 ff., insb. S. 11 f.

10 Über ursprüngliche und abgeleitete Betriebe: Heinrich Nicklisch, Die Betriebswirtschaft, 7. Aufl. der Wirtschaftlichen Betriebslehre, Stuttgart 1932, S. 175 ff.

bezeichnen. Sie sind Instrumente für ganz bestimmte Zwecke, welche Voraussetzung ihrer sinnvollen Existenz sind.

(2) Eine zweite für das Thema wesentlich erscheinende Betriebsgliederung ist die von erwerbswirtschaftlichen und bedarfswirtschaftlichen sowie (hier nicht interessierenden) beschränkt-erwerbswirtschaftlichen Betrieben. Produktivbetriebe sind in der Regel Erwerbsinstrumente für die bei ihnen Beschäftigten.[11] Erwerbsunternehmungen sind darüber hinaus auch Erwerbsinstrumente ihrer Eigentümer.[12] Um Erwerbszwecke zu erfüllen, werden Darbietungsaufgaben, insbesondere Leistungsaufgaben, verfolgt. Dies ist jedoch nur Mittel zum Zweck. Leistungsaufgaben wahrzunehmen, dient dem Verdienstzweck,[13] und sie werden, wenn für opportun gehalten und als für den Betrieb bewältigungsfähig angesehen, verkürzt, erweitert oder durch andere ersetzt. Bei bedarfswirtschaftlichen Betrieben verhält es sich umgekehrt. Die vom Eigentümer vorgegebenen Darbietungsaufgaben (Bedarfsdeckungsaufgaben) stellen den Zweck dar, um derentwillen der Betrieb geschaffen und fortgeführt wird.[14] Öffentliche Verwaltungen sind unbestritten bedarfswirtschaftliche Betriebe, so sie überhaupt zu den Betrieben gerechnet werden.

(3) Produktivbetriebe erzeugen im allgemeinen für Dritte Sach- und (oder) Dienstleistungen. Eine weitere Art ihrer Leistungen kann als Gewährleistungen bezeichnet werden. Sie bestehen darin, daß etwa in einem Betrieb, in einem Wirtschaftszweig oder in einem Gemeinwesen bestimmte Zustände wie Betriebsklima, Berücksichtigung von Brancheninteressen in der öffentlichen Wirtschaftspolitik oder Rechtssicherheit herbeigeführt, erhalten und zielgemäß verändert werden. Gewährleistungen sind teils innerbetriebliche Leistungen, teils werden sie für Dritte erzeugt, so insbesondere von Interessenverbänden und von Gemeinwesen. Im Gegensatz zu Sach- und Dienstleistungen gibt es für Gewährleistungen keine individuellen Empfänger, sie kommen vielmehr einer kleineren oder größeren Allgemeinheit ungeteilt zugute. Bestimmte Zustände, so vor allem Versorgungszustände, können durch Angebote von Sach- oder Dienstleistungen beeinflußt werden. Von dieser mittelbaren Gewährleistung sei die unmittelbare unterschieden, die sich nicht auf die Abgabe von Sach- oder

11 Ausnahmen sind frei-gemeinnützige Betriebe, die (auch) auf der Opferbereitschaft von Mitarbeitern gründen wie zum Beispiel Diakonissenstationen.

12 Die zu den Erwerbsunternehmungen gehörenden Erwerbsgenossenschaften bilden den Grenzfall, in dem Eigentümer und Mitarbeiter (gänzlich) zusammenfallen.

13 Hierüber in »klassischer« Weise: Wilhelm Rieger, Einführung in die Privatwirtschaftslehre, 2. Aufl., Erlangen 1959, S. 44 ff.

14 Zur Unterscheidung erwerbswirtschaftlicher und bedarfswirtschaftlicher Betriebe: Theo Thiemeyer, Wirtschaftslehre öffentlicher Betriebe, Reinbek bei Hamburg 1975, S. 30 ff., Thiemeyer schließt allerdings Verwaltungen bei seinen Betrachtungen aus, weil er sich auf unternehmensweise wirtschaftende Betriebe konzentriert.

Dienstleistungen stützt, sondern etwa in politischer Einflußnahme auf die Regierung oder im Regieren selbst besteht.[15] Im engeren Sinn sind öffentliche Verwaltungen Gewährleistungsbetriebe, und zwar Regierungsbetriebe. Im weiteren Sinn spricht man auch dann von öffentlichen Verwaltungen, wenn öffentliche Sach- oder Dienstleistungen nicht von Unternehmen, sondern von Teilhaushalten erzeugt und abgegeben werden.[16]

(4) Je nachdem, ob sich ein Betrieb auf Dauer finanziell völlig oder weitgehend selbst tragen oder ob er erheblichenteils alimentiert werden soll, läßt er sich den entgelt- oder den beitragsorientierten Betrieben zurechnen. Erwerbswirtschaftliche Betriebe gehören bestimmungsgemäß zu den ersteren, bedarfswirtschaftliche können unter die eine oder die andere Kategorie fallen. So sie unmittelbare Gewährleistungen erzeugen, sind sie stets beitragsorientiert, können doch diese Leistungen nicht individuell und damit auch nicht gegen spezielle Leistungsentgelte abgegeben werden. Produzieren bedarfswirtschaftliche Betriebe Sach- oder Dienstleistungen, so ist es prinzipiell möglich, spezielle Leistungsentgelte zu nehmen. Ob und in welchem Maße von dieser Möglichkeit Gebrauch gemacht wird, ist angebotspolitisch zu entscheiden. Davon, wie diese Entscheidung ausfällt, hängt die Zuordnung zu den entgelt- oder zu den beitragsorientierten Betrieben ab.

(5) Produktivbetriebe können unternehmungsweise oder haushaltswirtschaftlich geführt werden. Die unternehmungsweise Führung soll es der Betriebsleitung gestatten, auf Verursachungszusammenhänge zwischen Aufwand und Ertrag Einfluß zu nehmen, welche Entgeltlichkeit der Leistungsabgabe voraussetzen. Derartige Verursachungszusammenhänge bestehen bei erwerbswirtschaftlichen und bei entgeltorientierten bedarfswirtschaftlichen Betrieben. Die ersteren sind geborene Unternehmungen, da es ihre Bestimmung ist, Gefälle zwischen Erträgen und Aufwendungen auszunützen, zu erhalten und nötigenfalls herbeizuführen. Entgeltorientierte bedarfswirtschaftliche Betriebe sind demgegenüber Instrumente zur Erfüllung von Versorgungsaufgaben; sie weisen jedoch den Verursachungszusammenhang zwischen Aufwand und Ertrag auf und können demgemäß unternehmungsweise geführt werden. Teilweise sind sie dessenungeachtet auf Grund organisatorischer Entscheidung Glieder des Eigentümerhaushalts. Sie sind also je nachdem gekorene Unternehmen oder Teilhaushalte. Beitragsorientierte

15 Näheres hierüber: Karl Oettle, Einzelleistungs- und Gewährleistungsbetriebe, Sonderdruck der Kommunalen Gemeinschaftsstelle für Verwaltungsvereinfachung (KGSt) 1974.

16 Neuerdings werden solche (Teil-)Haushalte, etwa Krankenhäuser und Theater, für allokations-, distributions- und stabilitätstheoretische Überlegungen zu öffentlichen Unternehmungen im weiteren Sinne gerechnet, wobei freilich die hier betonte Unterscheidung von unternehmungs- und haushaltsweisem Wirtschaften verloren geht. (So: Dieter Bös, Öffentliche Unternehmungen, in: Handbuch der Finanzwissenschaft, hrsg. von Fritz Neumark, 3. Aufl., Band 2, S. 1-60, hier S. 2 f.)

Sach- und Dienstleistungsbetriebe sowie Gewährleistungsbetriebe sind hingegen geborene Haushaltswirtschaften; denn entweder fehlt ihnen der besagte Verursachungszusammenhang gänzlich oder ist er bei ihnen nur schwach ausgebildet. Zu den öffentlichen Verwaltungen im weiteren Sinn gehören außer den geborenen Haushaltswirtschaften (öffentlichen Gewährleistungsbetrieben als Verwaltungen im engeren Sinn, beitragsorientierten öffentlichen Sach- und Dienstleistungsbetrieben) auch die gekorenen Haushaltswirtschaften (haushaltsweise geführte entgeltorientierte öffentliche Sach- und Dienstleistungsbetriebe).

III. Formale und materiale Systeme der betriebswirtschaftlichen Rechnung

Systeme des betrieblichen Rechnungswesens lassen sich in formaler und in materialer Hinsicht unterscheiden. Üblicherweise wird von der doppelten kaufmännischen und von der kameralistischen Buchführung gesprochen und mit letzterer die haushaltswirtschaftliche Rechnung gemeint. Damit werden je ein formales und ein materiales System zusammengefügt einander gegenübergestellt. Diese Übung verleitet dazu, die zwischen formalen und materialen Systemen bestehenden Kombinationsmöglichkeiten zu übersehen; sie hat wohl auch dazu beigetragen, die (in I.) beklagte ungenaue Rede vom kameralistischen Denken und Rechnen zu verbreiten.

Als vollendete formale Buchhaltungssysteme oder Rechnungsstile sind die doppelte kaufmännische und die kameralistische Buchführung zu unterscheiden.[17] Die erstere benützt zweiseitige Konten für je einen Gegenstand und verbucht jeden Rechnungsfall auf den jeweils entgegengesetzten Seiten zweier Konten. Die kameralistische Buchhaltungsform hingegen arbeitet mit zweiseitigen Kontengerüsten, deren Seiten jeweils mehrere Spalten aufweisen. Die Kontengerüste stellen somit Tabellen mit doppeltem Eingang dar: die meisten Kontengegenstände werden in der Horizontalen, einige dagegen über die gleichen Einträge in der Vertikalen entwickelt. Infolgedessen kann ein Rechungsfall je nach seinem Inhalt nur eine, wie bei der Doppik zwei, aber auch mehr als zwei Buchungen erfordern. Die Wahl zwischen dem einen oder dem anderen Buchführungsstil ist eine Traditions- oder eine Zweckmäßigkeitsfrage; letztere dürfte insbesondere nach der Gewöhnung des Personals sowie nach der Buchungsaufwendigkeit beantwortet werden, die nicht eindeutig bei dem einen

17 Hierüber: Ernst Walb, Die Erfolgsrechnung privater und öffentlicher Betriebe – Eine Grundlegung, Berling und Wien 1926, Eugen Schmalenbach, Die doppelte Buchführung, Köln und Opladen 1950.

oder dem anderen Stil liegt, sondern außer vom Buchungsalgorithmus von der Zusammensetzung des ihm zu unterziehenden Rechnungsstoffes abhängt.

Als materiale Systeme stehen die kaufmännische und die haushaltswirtschaftliche Buchführung einander gegenüber, zu welch letzterer das systematische Rechnungswesen für öffentliche Haushalte (kurz: das öffentliche Rechnungswesen) gehört. Die materialen Rechnungssysteme unterscheiden sich vor allem durch die zentralen Erfolgskategorien, auf welche sich die Verarbeitung des erfaßten Rechnungsstoffs richtet, der seinerseits für die Systeme ebenfalls nicht identisch ist. Die zentrale Erfolgsart der kaufmännischen Buchführung ist Gewinn oder Verlust, die der haushaltswirtschaftlichen Buchhaltung Deckung der Ausgaben durch endgültige Einnahmen, also durch Ertragseinnahmen.[18/19]

Der kaufmännische Gewinn oder Verlust ist ein Erwerbserfolg, auf den hin sich erwerbswirtschaftliche Unternehmungen spekulativ engagieren. Die haushaltswirtschaftliche Deckung ist demgegenüber ein Finanzierungserfolg; sie besagt, inwieweit es dem Haushalt gelungen ist, die vorläufige Bestreitung von Ausgaben durch Schuldeinnahmen zu vermeiden, welche künftige Haushaltsjahre mit Kapitaldienst vorbelasten.

Bleiben etwaige abweichende bilanzpolitische Gesichtspunkte außer Betracht, so stellt die kaufmännische Buchführung bei der Ermittlung des zentralen Erfolgs darauf ab, Aufwand und Ertrag den Geschäftsperioden tunlichst verursachungsgerecht zuzurechnen. Die Haushaltsbuchführung nimmt die Periodenzuweisungen der Rechnungsfälle hingegen nach dem Fälligkeitsprinzip vor (in der Bundesrepublik Deutschland bei den Gemeinden nach der Entstehung von Ansprüchen, beim Staat nach Zahlungszeitpunkten). Aus der gegensätzlichen Orientierung am Verursachungsprinzip dort und am Fälligkeitsprinzip hier resultieren wesentliche Unterschiede im Rechnungsstoff. So ist die kaufmännische Buchführung für die verursachungsgerechte Erfolgsermittlung gezwungen, Lagerbestände sowie noch nicht verbrauchte Sachanlagen als »Aufwandsvorräte« zu aktivieren, das heißt, auf jene Geschäftsperioden vorzutragen, in denen sie (weiter) verwendet werden.[20] Die Bildung von Aufwandsvorräten, welche Erfolgswirkungen zeitlich verlagert, sowie deren erfolgswirksamer Abbau durch Lagerentnahmen und Abschreibungen für Abnützung bilden Rechnungsstoff, der

18 Über den Deckungserfolg: Rudolf Johns, Kameralistik, in: Handwörterbuch der Betriebswirtschaft, hrsg. von Hans Seischab und Karl Schwantag, Band 2, 3. Aufl., Stuttgart 1958, Sp. 2936-2953, hier Sp. 2949 ff.

19 Wenn hier auf die jeweils zentrale Erfolgskategorie der beiden materialen Rechnungssysteme abgestellt wird, so soll damit keineswegs gesagt werden, die anderen Informationen, beispielsweise über Vermögensbestände und ihre Finanzierung, seien unwichtig.

20 Vgl. Eugen Schmalenbach, Dynamische Bilanz, 12. Aufl., Köln und Opladen, insb. S. 83 ff. und 134 ff., speziell zum Begriff »Aufwandsvorrat«: Rudolf Johns, Kameralistik – Grundlagen einer erwerbswirtschaftlichen Rechnung im Kameralstil, Wiesbaden 1951, insb. S. 22 f.

in der Haushaltsrechnung keinen Platz hat. Umgekehrt verechnet diese auf Grund des Fälligkeitsprinzips Tilgungseinnahmen und -ausgaben als erfolgswirksame Vorgänge, die in der kaufmännischen Buchführung als erfolgsunwirksame zu behandeln sind. Der wichtigste Unterschied im Rechnungsstoff beider Systeme liegt bei den Ertragseinnahmen. Die kaufmännische Buchführung ist auf entgeltorientierte Betriebe zugeschnitten. Gewinn und Verlust sind nur dann sinnvolle Rechnungsergebnisse, wenn ein starker Verursachungszusammenhang zwischen Aufwandsausgaben und Ertragseinnahmen besteht, wenn sich ein Betrieb also im Prinzip unternehmungsweise führen läßt (vgl. II. (4) und (5)). Die Ertragseinnahmen, welche die haushaltswirtschaftliche Buchhaltung in erster Linie verrechnen können soll, sind jedoch keine speziellen Entgelte für abgesetzte Sach- oder Dienstleistungen, sondern generelle Entgelte, insbesondere in Gestalt von Steuereinnahmen für Gewährleistungen oder für Sach- und Dienstleistungen, die unentgeltlich oder zu Entgelten abgegeben werden, die im Verhältnis zum zugehörigen Aufwand geringfügig sind.

IV. Bedingungen der Anwendbarkeit des kaufmännischen Rechnungswesens in der öffentlichen Verwaltung

Werden die kurzgefaßten Charakteristiken öffentlicher Verwaltungen (in II.) einerseits sowie der materialen Systeme des kaufmännischen und des haushaltswirtschaftlichen Rechnens (in III.) andererseits aufeinander bezogen, so lassen sich die Bedingungen herausarbeiten, unter denen das kaufmännische Rechnungswesen mit der zentralen Erfolgskategorie Gewinn oder Verlust in der öffentlichen Verwaltung sinnvoll verwendet werden kann.

Öffentliche Verwaltungen wurden durchweg gekennzeichnet als Produktivbetriebe, als Bedarfswirtschaften und als Haushalte. Außerdem wurde zwischen öffentlichen Verwaltungen im engeren Sinn von Gewährleistungsbetrieben, genauer: von Regierungsbetrieben, und öffentlichen Verwaltungen im weiteren Sinn von haushaltswirtschaftlich geführten Sach- oder Dienstleistungsbetrieben unterschieden. Da Gewährleistungen nicht an einzelne Empfänger abgegeben, sondern für eine kleinere oder größere Allgemeinheit unteilbar produziert werden, lassen sich für sie keine speziellen Entgelte nehmen und sind ihre Produzenten zwangsläufig beitragsorientiert. Daraus ergibt sich, daß für Regierungsbetriebe Gewinn oder Verlust keine sinnvolle Erfolgskategorie sein kann und die kaufmännische Erfolgsrechnung demgemäß für sie schon von der Zusammensetzung des Rechnungsstoffes her aus logischen Gründen untauglich ist.

Etwas anders verhält es sich bei haushaltswirtschaftlich geführten öffentlichen Sach- oder Dienstleistungsbetrieben, die als öffentliche Verwaltungen im weiteren Sinn bezeichnet wurden. Die Frage nach der Anwendbarkeit des kaufmännischen Rechnungswesens ist für sie unterschiedlich zu beantworten je nachdem, ob und in welchem Maße sie beitrags- oder entgeltorientiert sind.

Für beitragsorientierte öffentliche Verwaltungen im weiteren Sinn läßt sich die Anwendbarkeit nur dann aus rechnungsstofflich-logischen Gründen wie für Regierungsbetriebe verneinen, wenn sie ihre Leistungen unentgeltlich abgeben. Wohl wäre es hier im Gegensatz zu Regierungsbetrieben möglich, spezielle Leistungsentgelte zu erheben. Von dieser Möglichkeit wird jedoch kein Gebrauch gemacht; infolgedessen fehlen Ertragseinnahmen in der Form von Leistungsentgelten, und der Verlust wird immer aufwandsgleich sein. Solche Rechnungsergebnisse entbehren eines erkennbaren Sinnes, will doch die Gewinn- oder Verlusterfolgsrechnung gerade die Wandlungen verfolgen, die ihre zentrale Erfolgsgröße von Geschäftsperiode zu Geschäftsperiode erfährt.

Für beitragsorientierte Verwaltungen im weiteren Verstand entfallen die rechnungsstofflich-logischen Gründe gegen die Verwendung des kaufmännischen Buchführungssystems, sobald sie ihre Leistungen zu Entgelten abgeben, die freilich bei ihnen nur, am Aufwand gemessen, gering sind. An die Stelle der fortfallenden Ablehnungsgründe kann jedoch ein anderer Grund treten, der darin besteht, daß es wegen der Geringfügigkeit der Leistungsentgelte als kein vernünftiges Rechnungsziel angesehen wird, die an sich mögliche Gewinn- oder Verlustermittlung zu betreiben. Bei entgeltorientierten Verwaltungen im weiteren Sinn hingegen decken die Leistungsentgelte erhebliche Teile des zugehörigen Aufwands oder sollen sie sogar das Entstehen von Bedarf an Zuschüssen aus allgemeinen Deckungsmitteln tunlichst verhindern. Hier ist mithin eher als bei der nur peripheren Bedeutung von Leistungsentgelten zu erwarten, daß die Ermittlung von Gewinn oder Verlust oder die Verfolgung des Verlustverlaufes für ein nützliches Rechnungsziel gehalten wird; so kann von Interesse sein, inwieweit vorgegebene Aufwandsdeckungsgrade erreicht oder überschritten oder was für Verluste beim (anderweitig zu beurteilenden) Erfüllen der Versorgungsaufgabe in Kauf genommen wurden. Ungeachtet dieser Feststellung bleiben auch entgeltorientierte öffentliche Verwaltungen im weiteren Sinn selbst dann, wenn sie sich finanziell selbst tragen sollen, bedarfswirtschaftliche Betriebe (vgl. II. (2)). Das heißt, das Gewinn- oder Verlustergebnis kann für sie nicht die zentrale Erfolgsgröße sein.[21]

21 Vgl. Hans Taxis, Grundfragen des finanzwirtschaftlichen und des erwerbswirtschaftlichen Rechnens, in: Finanzarchiv, Neue Folge 18. Jg., 1957/58, S. 275-295; Karl Saindl, Die finanzwirtschaftliche Deckungsbilanz als Vermögensrechnung für den Gemeindehaushalt, in: Das öffentliche Haushaltswesen in Österreich, 19. Jg., 1978, S. 138-150.

Da bedarfswirtschaftliche Sach- oder Dienstleistungsbetriebe Instrumente zur Wahrnehmung bestimmter Versorgungsaufgaben (Bedarfsdeckungsaufgaben) sind, muß sich die zentrale Erfolgskategorie auf die Frage richten, inwieweit die Versorgungsziele erreicht worden sind. Dieser Frage entspricht bei Regierungsbetrieben die nach dem Erfüllen von Gewährleistungsaufgaben. Hier wie dort handelt es sich um unmittelbare Leistungserfolge, die von den mittelbaren zu unterscheiden sind, wie sie sich gegebenenfalls in Umsätzen, Gewinn oder Verlust widerspiegeln. Die Leistungsziele, auf die sie sich beziehen, stellen bei bedarfswirtschaftlichen Betrieben letzte Ziele (Oberziele) dar; bei erwerbswirtschaftlichen Betrieben sind sie lediglich Mittel zum Verdienstzweck.

V. Zweckmäßigkeit des öffentlichen Rechnungswesens in der öffentlichen Verwaltung

Die haushaltswirtschaftliche Buchführung, zu der das öffentliche Rechnungswesen gehört, ist, wie (in III.) dargestellt, eine Finanzerfolgsrechnung. Daher läßt sich von vornherein feststellen, daß sie über die zentrale Erfolgsgröße bedarfswirtschaftlicher Betriebe, die Wahrnehmung von Leistungsaufgaben, nur wenig auszusagen vermag. Wird davon ausgegangen, daß der öffentliche Haushalt wie derzeit in der Bundesrepublik Deutschland in Plan und Rechnung aus dem Verwaltungs- und dem Vermögenshaushalt besteht, so lassen sich aus der Haushaltsrechnung bezüglich der Leistungsaufgaben nur Teilinformationen entnehmen. Bei ihnen handelt es sich im wesentlichen um folgendes: Die Rechnung über den Verwaltungshaushalt zeigt, wieviel Mittel den einzelnen Aufgabengebieten für den laufenden Betrieb gewidmet wurden, sowie ob und in welchem Maß aus Deckungsmitteln zum Vermögenshaushalt, das heißt zur künftigen Aufgabenerfüllung, beigetragen wurde. Die Rechnung über den Vermögenshaushalt läßt erkennen, in welchem Maße für die verschiedenen Aufgaben Zukunftsvorsorge durch Vermögensbildung getrieben und die künftige Aufgabenerfüllung durch Schuldaufnahmen finanziell vorbelastet wurde. Die beiden Rechnungen über den Haushalt können durch eine Rechnung über das Vermögen ergänzt werden, aus der ersichtlich ist, welche Vermögensbestände den um knappe Mittel konkurrierenden Aufgabengebieten zur Verfügung stehen und wie sie finanziert sind.[22]/[23]

22 Vgl. zu diesem Abschnitt: Ludwig Mülhaupt, Ziele und Aussagewert eines modernen öffentlichen Rechnungswesens, in: Betriebswirtschaftliche Erkenntnisse für Regierung, Verwaltung und öffentliche Unternehmen, hrsg. von Peter Eichhorn, Schriften zur öffentlichen Verwaltung und öffentlichen Wirtschaft, hrsg. von Peter Eichhorn und Peter Friedrich, Bd. 85, Baden-Baden 1985, S. 75-95.

Ungeachtet der Tatsache, daß das öffentliche Rechnungswesen die Frage nach dem zentralen Erfolg öffentlicher Verwaltungen, dem Leistungserfolg, weithin offen lassen muß, ist es für öffentliche Verwaltungen aus zweierlei Gründen höchst zweckmäßig. Der eine Grund ergibt sich aus der Beitragsorientierung großer Teile der öffentlichen Verwaltung im weiteren Sinn, der andere aus der haushaltswirtschaftlichen Führung aller öffentlichen Verwaltungen. Die Beitragsorientierung von Betrieben ist dadurch charakterisiert, daß ihre Aufwandsausgaben allein oder in entscheidendem Maß aus solchen Ertragseinnahmen, die allgemeine Deckungsmittel darstellen, sowie aus Schuldeinnahmen finanziert werden. Wie bei privaten Haushalten (und bei frei-gemeinnützigen Verbänden mit mehrerlei Aufgaben) konkurrieren die vielen Aufgabengebiete, die sich finanziell nicht selbst tragen, miteinander um die Verteilung der verfügbaren Mittel. Der Haushaltsplan entscheidet in diesem politischen Wettbewerb, und die Haushaltsrechnung wie gegebenenfalls auch die Vermögensrechnung berichten, in welchem Maß der Plan vollzogen wurde. Die politische Entscheidung über die Mittelverteilung tritt gänzlich oder weithin an die Stelle der Mittelverteilung über marktliche Konkurrenz und Nachfragerentscheidungen, die für viele entgeltorientierte Betriebe maßgeblich ist.

Öffentliche Verwaltungen im weiteren Sinn unterscheiden sich (nach II. (3)) dadurch von anderen öffentlichen Sach- und Dienstleistungsbetrieben, daß sie nicht unternehmungsweise, sondern haushaltswirtschaftlich geführt werden. Zu ihnen gehören auch entgeltorientierte Einrichtungen, die durchaus unternehmungsweise betrieben werden könnten, aber kraft organisatorischer Entscheidung im Verband des Eigentümerhaushalts verbleiben. Für derartige Haushaltsteile kann die kaufmännische Gewinn- oder Verlusterfolgsermittlung (wie in IV. dargelegt) durchaus ein sinnvolles Rechnungsziel sein. Dennoch bleiben sie als Glieder des Haushalts dem Haushaltsplan unterworfen, dessen Vollzug von der Haushaltsrechnung für alle Hauhaltsteile zu kontrollieren ist, gleichgültig wie es um ihre betriebswirtschaftlichen Charakteristika bestellt ist.

Die Planbindung nimmt den betroffenen entgeltorientierten Betrieben Fähigkeiten zur Anpassung an sich wandelnde Ansprüche, die sie als teilautonome öffentliche Unternehmen besäßen, beispielsweise in bezug auf Zunahme der

23 Zur öffentlichen Vermögensrechnung wegweisend: Rudolf Johns, Die öffentliche Bilanz, in: Wirtschaftslenkung und Betriebswirtschaftslehre, Festschrift zum sechzigsten Geburtstag von Ernst Walb, Leipzig 1940, S. 165-182, derselbe, Das Problem der öffentlichen Vermögensrechnung und seine Lösung, Kommunalwissenschaftliche Studien und Forschungen, Heft 8, Würzburg 1943. Über den neuesten Stand der Diskussion: Ludwig Mülhaupt, Die Konzeption des baden-württembergischen Innenministeriums zur gemeindlichen Vermögensrechnung, in: Betriebswirtschaftliche Erkenntnisse für Regierung, Verwaltung und öffentliche Unternehmen, hrsg. von Peter Eichhorn, Schriften zur öffentlichen Verwaltung und öffentlichen Wirtschaft, hrsg. von Peter Eichhorn und Peter Friedrich, Bd. 85, Baden-Baden 1985, S. 185-216.

Nachfrage und sich aus ihr ergebendem Anstieg des eigenen Bedarfs an Einsatzgütern. Als öffentliche Unternehmen würden die fraglichen Betriebe nur gegebenenfalls mit dem Ansatz einer von ihnen erwarteten Gewinnablieferung oder eines für sie vorgesehenen Zuschusses im Haushaltsplan des Eigentümergemeinwesens erscheinen, wären sie also, was die Planbindung angeht, nur »Netto-« und nicht wie bei haushaltsweiser Führung »Bruttobetriebe«.

In der von der Planbindung hervorgerufenen Einbuße an dispositiven Möglichkeiten der Betriebsführung liegt der wahre Kern der (in I.) erwähnten Vorwürfe gegen kameralistisches Denken und Rechnen, der im übrigen generell gegen die öffentliche Verwaltung und nicht nur gegen die Wirtschaftsweise solcher Haushaltsteile erhoben wird, die sich im Prinzip unternehmungsweise betreiben ließen. Die beklagten Beweglichkeitsmängel der öffentlichen Verwaltung sind teils auf das Bedürfnis zurückzuführen, die Ausgabengebarung politisch vorzugeben und zu kontrollieren, wo es keine marktliche Kontrolle geben kann (Regierungsbetriebe) oder geben soll (beitragsorientierte Sach- und Dienstleistungsbetriebe). Teils liegt der ursächlichen Planbindung ein organisatorischer Wille zugrunde, der änderbar ist (entgeltorientierte Teilhaushalte). Das öffentliche Rechnungswesen oder gar der in ihm praktizierte kameralistische Buchhaltungsstil haben entgegen dem, was die Rede vom kontraproduktiven kameralistischen Denken und Rechnen nahelegt, keinen Anteil an den tatsächlich vorhandenen Rigiditäten.

VI. Möglichkeiten der Kombination von öffentlichem und kaufmännischem Rechnungswesen

Für entgeltorientierte Teilhaushalte, sogenannte »Gebührenhaushalte«, die zu den öffentlichen Verwaltungen im weiteren Sinn gerechnet worden sind, ergibt sich aus dem (in IV. und V.) Dargelegten, daß einerseits die kaufmännische Erfolgsrechnung nützliche Auskünfte über diesen Betriebstyp liefern kann und andererseits die haushaltswirtschaftliche Erfolgsrechnung zumindest für die Planvollzugskontrolle benötigt wird. Letztere ist für Gebührenhaushalte wie für den Gesamthaushalt darüber hinaus bedeutsam, insoweit sie in den politischen Wettbewerb um die Verteilung knapper Haushaltsmittel eintreten, sei es, daß sie zuschußbedürftig sind, sei es, daß sie Investitionsbedarf haben, den sie nicht aus Leistungsentgelten zu befriedigen vermögen.

Des Erkenntnisbedarfs in und gegenüber Gebührenhaushalten kann sich, soweit ihm überhaupt eine systematische Geldrechnung zu dienen vermag, partiell das eine und partiell das andere der beiden verglichenen materialen Buchführungssysteme annehmen. Infolgedessen bietet es sich an, diese miteinander zu kombinieren. *Rudolf Johns* hat ein Verfahren entwickelt, beide Systeme klaglos miteinander zu verbinden.[24] Das geschieht über Abgrenzungskonten, die Rechnungsstoff, den ein System benötigt, von dem jeweils anderen System fernhalten, dem er fremd ist. So werden im kaufmännischen Teil der kombinierten Rechnung Abschreibungen und kalkulatorische Zinsen erfolgswirksam verrechnet, die der haushaltswirtschaftliche Teil nicht verarbeiten kann. Des weiteren sind Tilgungseinnahmen und -ausgaben nur in der Haushaltsrechnung erfolgswirksam.

Bei der Benützung der kombinierten Buchführung ist zweierlei zu beachten: Erstens ist der kaufmännische Teil eine isolierte Erfolgsrechnung für den jeweiligen Gebührenhaushalt, der haushaltswirtschaftliche Teil ist dagegen in die Rechnung über den gesamten Haushalt eingebettet. Die kaufmännischen »Inselrechnungen« der Gebührenhaushalte eines Gemeinwesens ließen sich zwar zusammenführen, der Erkenntniswert wäre jedoch wegen der Unterschiedlichkeit der einzelnen Aufgabengebiete fraglich.

Zweitens ist die haushaltswirtschaftliche Rechnung exakter als die kaufmännische. Wohl können bei beiden eigene Ansprüche zweifelhaft und damit bewertungsbedürftig werden. Davon abgesehen, beruht die Haushaltsrechnung jedoch als finanzwirtschaftliche Rechnung im wesentlichen auf feststehenden Größen von Ansprüchen und Zahlungen. Die kaufmännische Buchführung ist demgegenüber insofern eine spekulative Rechnung, als sie einerseits Aufwand und Ertrag periodengerecht verbuchen sowie Gewinn und Verlust periodengerecht ermitteln will, dafür aber andererseits in periodenübergreifende, in die Zukunft reichende Zusammenhänge zwischen Ausgaben und Aufwand, Einnahmen und Ertrag sowie zwischen Aufwand und Ertrag einschneiden muß. Dafür sind prognostische Vorstellungen erforderlich, die das Gewinn- oder Verlustergebnis auf eine Schätzgröße reduzieren.

VII. Möglichkeiten der kostenrechnerischen Ergänzung haushaltswirtschaftlicher Buchführung

Wie (in V.) ausgeführt, vermag die Haushaltsbuchführung als systematische finanzwirtschaftliche Erfolgsrechnung nur Teilinformationen, und zwar solche in Ausgabebeträgen, über die Erfüllung von Leistungsaufgaben mitzuteilen. Sollen

24 Vgl. Rudolf Johns, Kombinierte Finanz- und Betriebsrechnung im Kameralstil, in: Zeitschrift für handelswissenschaftliche Forschung, Neue Folge 2. Jg., 1950, S. 407-440.

die für bedarfswirtschaftliche Betriebe zentralen Aussagen über Leistungserfolge vervollständigt werden, bedarf es der Ergänzung der geldlichen Haushaltsrechnung durch technisch-naturale Erhebungen und Schätzungen[25] darüber, in welchem Verhältnis Leistungsmengen, Leistungsorte, Leistungszeiten und Leistungsqualitäten zu den Anforderungen an sie standen. Hierüber vermöchte auch das kaufmännische Rechnungswesen nichts auszusagen, da es wie die Haushaltsbuchführung eine Geldrechnung ist. Ein großer Vorsprung des kaufmännischen Rechnungswesens gegenüber der Haushaltsrechnung besteht jedoch darin, daß es in der Lage ist, mit Hilfe von Abgrenzungskonten ein Kostenrechnungssystem in geschlossener Weise zu integrieren.

Die kaufmännische Kostenrechnung stellt gegenüber der bisher allein besprochenen Geschäftsbuchhaltung gleichsam eine Vertiefung des Erfassens von Verursachungszusammenhängen zwischen Mitteleinsatz und Leistungsverwertung dar. Die Geschäftsbuchhaltung ist, wie skizziert, eine Erfolgsrechnung, die auf periodengerechte Zurechnung von Aufwand und Ertrag abstellt. Ihr gegenüber nimmt die Kostenrechnung in einem ersten Schritt Abgrenzungen vor: insbesondere scheidet sie nicht dem betrieblichen Gegenstandsgebiet zuzurechnende Aufwendungen und Erträge als (für sie) neutral aus, ergänzt sie die gegenstandsbezogenen Aufwendungen um Zusatzkosten (wie kalkulatorische Zinsen auf das Eigenkapital und kalkulatorischen Unternehmerlohn) und bewertet sie manche gegenstandsbezogenen Aufwendungen anders, etwa als kalkulatorische Fremdkapitalzinsen und als kalkulatorische Abschreibungen. In weiteren Schritten ordnet die Kostenrechnung die aus der Geschäftsbuchhaltung übernommenen wie die von ihr abgegrenzten Kostenarten zunächst Verantwortungsbereichen (Kostenstellen) und schließlich Leistungsarten (Kostenträgern) zu. Zumindest insoweit die letzteren für den Absatz bestimmt sind, werden ihnen auch Leistungserträge zugerechnet, so daß sich Kostenträgergewinne oder -verluste ergeben.

Die elegante Erweiterung der Geschäftsbuchhaltung um eine mit ihr systematisch verbundene Kostenrechnung ist möglich, da beide Rechnungen dem Verursachungsprinzip folgen, wenn auch mit unterschiedlicher Intensität. Einem

25 Das Technisch-naturale ist eine für die übersichtliche Darstellung gebotene Sammelbezeichnung für sehr Differenziertes, zum Beispiel außer für technisch-naturale Leistungen i.e.S., etwa eines Wasserwerkes, auch für medizinisch-pflegerische Leistungen eines Krankenhauses, pädagogische Leistungen einer Schule, künstlerische Leistungen eines philharmonischen Orchesters oder Sicherheitsleistungen von Ämtern für öffentliche Ordnung. Näheres über die technisch-naturale Ergänzungsbedürftigkeit öffentlicher Geldrechnungen bei: Karl Oettle, Kaufmännische und öffentliche Jahresbilanzen – Inhalt und Ergänzungsbedürftigkeiten, in: Aktuelle Probleme der Datenverarbeitung und Bilanzierung, Festschrift für die Taylorix Organisation, hrsg. von Werner Kresse, Stuttgart 1971, S. 177-187, derselbe, Gründe für die Verwendungsorientierung der Vermögensdarstellung in öffentlichen Bilanzen, in: Zeitschrift für betriebswirtschaftliche Forschung, 36. Jg., 1984, S. 1005-1013.

analogen Vorgehen im öffentlichen Rechnungswesen steht entgegen, daß die Haushaltsrechnung sich nach dem Fälligkeitsprinzip richtet. In einer ihr angehängten Verwaltungskostenrechnung muß erst die verursachungsbezogene Periodisierung von Aufwandsaufgaben und etwaigen Leistungsentgelten nachgeholt werden, welche die Geschäftsbuchhaltung des Kaufmanns von vornherein vornimmt.[26] Anders verhält es sich nur, wenn Gebührenhaushalte die skizzierte kombinierte Rechnung praktizieren oder insoweit der Haushaltsrechnung ohne Erfolgswirkung, also neutralisiert-nachrichtlich, kalkulatorische Kosten (Abschreibungen, Zinsen) »aufgelagert« werden.

Der Tatsache, daß die Kostenrechnung in der öffentlichen Verwaltung komplizierter ist als bei Unternehmungen, sollen einige Betrachtungen über ihre verwaltungsspezifische Aussagekraft gegenübergestellt werden:

(1) Die Ermittlung der Kosten, die in öffentlichen Verwaltungen für Verantwortungsbereiche und für Leistungsarten entstehen, kann für diese selbst wie für Kontrollinstanzen von erheblichem Interesse sein. Zum einen können durch zeitliche und zwischenbetriebliche Kostenvergleiche wie durch Vergleiche entstandener Kosten mit technisch-analytisch gewonnenen Kostennormen Mittelverschwendungen aufgedeckt und hintangehalten werden. Zum andern dient es der Beurteilung der im Zentrum der verwaltungsbetrieblichen Tätigkeit stehenden Aufgabenerfüllung, wenn bekannt ist, welche Kosten sie verursacht. Die Kostenseite ist jedoch nur eine Komponente des geldlichen Leistungserfolges. Die andere Seite, die des geldlichen Leistungsertrages, fehlt bei Regierungsbetrieben und bei manchen beitragsbedingten Sach- und Dienstleistungsbetrieben gänzlich, bei anderen Betrieben der letztgenannten Art ist sie nur schwach ausgebildet. Selbst wo sie stark oder voll ausgebildet ist wie bei entgeltorientierten bedarfswirtschaftlichen Betrieben hat sie jedoch viel geringere Aussagekraft als für erwerbswirtschaftliche Betriebe. Für diese stellen die Leistungserträge eine Komponente des zentralen Gewinn- oder Verlusterfolges dar, an deren Stelle bei jenen die technisch-naturale Beurteilung der Aufgabenerfüllung als der zentralen Erfolgskategorie tritt.[27] Wo Leistungen außerhalb marktlicher Konkurrenz abgegeben werden, was auf öffentliche Verwaltungen weihin zutrifft, ist die Versuchung besonders groß, zu Lasten der Leistungsaufgabe Kosten zu sparen. Dem ist so, weil Leistungsbeurteilungen oft problematisch und Reaktionsmöglichkeiten Betroffener häufig gering sind oder fehlen.

(2) Für erwerbswirtschaftliche Unternehmungen liefert die Kostenrechnung in ihrer letzten Stufe, der Kostenträgerrechnung, Unterlagen für die Kalkulation von

26 Vgl. Jürgen Gornas, Grundzüge einer Verwaltungskostenrechnung, Schriften zur öffentlichen Verwaltung und öffentlichen Wirtschaft, hrsg. von Peter Eichhorn und Peter Friedrich, Bd. 13, Baden-Baden 1976.

27 Vgl. Anmerkung 25.

Preisvorstellungen (Preisforderungen, Preisuntergrenzen). Diese Funktion hat für entgeltorientierte bedarfswirtschaftliche Betriebe, so auch für entgeltorientierte öffentliche Verwaltungen (Gebührenhaushalte), eine geringere Bedeutung als für erwerbswirtschaftliche, weil sie nicht wie diese in erster Linie darauf bedacht sind, marktliche Verdienstmöglichkeiten auszuschöpfen, sondern ihre Preisvorstellungen wie ihre Leistungsprogramme Darbietungsaufgaben unterordnen, allenfalls eine beschränkte kalkulatorische Verzinsung des Eigenkapitals bringende, angemessene Preise fordern und ihre Leistungsgegenstände nicht nach kaufmännischer Opportunität wechseln dürfen. Bei beitragsorientierten öffentlichen Verwaltungen ist die preiskalkulatorische Funktion der Kostenrechnung entweder wenig bedeutsam oder sie entfällt, weil die Leistungsentgelte nur eine geringe Kostendeckung bringen sollen oder fehlen.

(3a) Die Planbindung schränkt die Handlungsspielräume öffentlicher Verwaltungsbetriebe gegenüber denjenigen öffentlicher Unternehmen und in noch viel stärkerem Maße gegenüber jenen erwerbswirtschaftlicher Unternehmungen empfindlich ein. Insofern könnten auch die kostenwirtschaftlichen Kontrollbedürfnisse in und gegenüber öffentlichen Verwaltungen für geringer als bei anderen Betriebstypen gehalten werden. Die Planbindung schafft jedoch in den einzelnen Verantwortungsbereichen Interessenlagen an verschwenderischem Verhalten, die anderswo nicht so ausgeprägt sind oder fehlen. Zu denken ist hierbei vor allem an Bemühungen, einmal gewonnene Positionen im Wettbewerb um die Verteilung von Haushaltsmitteln dadurch zu wahren, daß vermieden wird, sachlich und (oder) zeitlich nicht übertragbare Ausgabenansätze bei Minderbedarf verfallen zu lassen. Solchem eindeutig unwirtschaftlichen und unproduktiven Verhalten kann freilich nicht allein durch Kosten- und Leistungskontrollen gesteuert werden; vielmehr wird es auch nötig sein, die ursächliche Interessenlage zu ändern, etwa dergestalt, daß von den Instrumenten der sachlichen und zeitlichen Übertragbarkeit von Ausgabeansätzen stärkerer Gebrauch gemacht wird.

(3b) Obgleich alle öffentlichen Verwaltungen der Planbindung unterliegen und insofern tendenziell Gleichlaufbetriebe mit verhältnismäßig geringen Dispositionsspielräumen darstellen, gibt es zwischen ihnen in dieser Hinsicht erhebliche Unterschiede. Es sei etwa an Gerichte oder geisteswissenschaftliche Universitätsinstitute einerseits und an Umweltschutzbehörden oder naturwissenschaftliche Universitätsinstitute oder Gebührenhaushalte andererseits gedacht! Nur wo Einrichtungen unter den prinzipiell von der Planbindung eingeschränkten Handlungsmöglichkeiten vergleichsweise als Dispositionsbetriebe anzusprechen sind, dürfte sich eine laufende Kostenrechnung wirtschaftlich vertreten lassen. In den anderen Fällen müßte eine gelegentliche Kostenkontrolle genügen.

Neue Ansätze zur Buchführung und Rechnungslegung in der Bundes- und Landesverwaltung Österreichs

von *Reinbert Schauer*

I. Das Konzept der integrierten Haushaltsverrechnung

Das einzelwirtschaftlich ausgerichtete öffentliche Rechnungswesen des Bundes und der meisten Länder in Österreich wurde in den letzten beiden Dezennien schrittweise zu einer *Verbundrechnung* ausgebaut. Dabei spielten die rechnungsorganisatorischen Möglichkeiten, die die automatisierte Datenverarbeitung für die Entwicklung eines Systems der integrierten Haushaltsverrechnung bietet, eine große Rolle. Die Verbundrechnung umfaßt mehrere Dimensionen.

Im Mittelpunkt steht die *Voranschlagswirksame Verrechnung* (VWV) der Ausgaben und der Einnahmen. Der betriebswirtschaftlichen Rechnungstheorie folgend ist sie als *Finanzrechnung* anzusehen. Die Voranschlagswirksame Verrechnung ist mit einer Reihe anderer Verrechnungskreise verbunden.

Der *Bestands- und Erfolgsverrechnungskreis* (BEV) führt einerseits zu einer *Bestandsrechnung* (Vermögensrechnung) und andererseits zu einer *Erfolgsrechnung*. Damit besteht auch die Möglichkeit zur Verrechnung von *voranschlagsunwirksamen* Gebarungsfällen, zur Trennung zwischen bestands- und/oder erfolgswirksamen (leistungswirksamen) Bezügen aller Gebarungsfälle und zu deren periodengerechter Einordnung.

Die Voranschlagswirksame Verrechnung (VWV) und die Erfolgsrechnung sind *zeitraumbezogene* Rechnungen, die sich in der Regel auf ein Kalenderjahr (Finanzjahr, Budgetjahr) beziehen. Die Bestandsrechnung als *zeitpunktbezogene* Rechnung wird jeweils für das Ende eines jeden Kalenderjahres entwickelt. Da eine Reihe von Gebarungsfällen auch über ein Finanzjahr hinaus Wirkung entfalten, erfolgt in einem weiteren Verrechnungskreis die *Verrechnung von Vorberechtigungen* (künftige Einnahmen) *und Vorbelastungen* (künftige Ausgaben). Der *Haftungsverrechnungskreis* dient der Evidenthaltung übernommener Haftungen, die im Falle ihrer Inanspruchnahme zu Belastungen in der Voranschlagswirksamen Verrechnung der Ausgaben werden können.

Dem Bedürfnis nach Zuordnung von Zahlungen zu den einzelnen Teilbereichen einer Verwaltung dient der *Kostenstellenverrechnungskreis* (KO). Er ist nach institutionellen, funktionalen oder projektbezogenen Kriterien nach den jeweiligen Vorstellungen einer jeden Verwaltung einzurichten und kann insbesondere bei projektbezogener Ausrichtung über mehrere Finanzjahre erstreckt werden. Den Zusammenhang dieser Verrechnungskreise zeigt Abb. 1 auf.

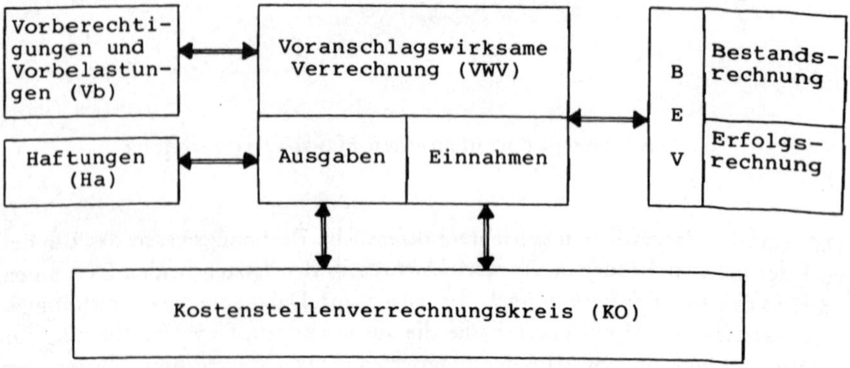

BEV: Bestands- und Erfolgsverrechnungskreis
Vb: Verrechnung von Vorberechtigungen und Vorbelastungen
Ha: Haftungsverrechnungskreis

Abb. 1: Das Konzept der integriertenHaushaltsverrechnung (Verbundrechnung) in Österreich

Nebenverrechnungskreise wie der *Personenkontenverrechnungskreis* (PE) oder der *Gebarungsfallkontenverrechnungskreis* (GF) erleichtern die organisatorische Abwicklung der integrierten Haushaltsverrechnung.

Innerhalb der Voranschlagswirksamen Verrechnung (VWV) wird eine andere *Verbunddimension* deutlich. Die Finanzrechnung umschließt die Planungsvorgabe (Budgetplanung), die verschiedenen Stadien des Haushaltsvollzugs (Gebarungsvollzugs), die Rechnungslegung über die abgewickelten Zahlungen und die noch offenen Reste sowie den Vergleich der Planwerte (Budgetzahlen) mit den Ist-Werten (Erfolgszahlen) im Zuge des Rechnungsabschlusses. Die Finanzrechnung weist mit ihren Planungs-, Vollzugs- und Überwachungselementen damit alle Phasen eines betrieblichen Führungskreislaufes auf.

Als *Rechnungsstil*, der die Geschlossenheit der Verbuchungen in den einzelnen Verrechnungskreisen und zwischen diesen sicherstellen soll, wurde in Österreich die *(Mehr-)Phasenbuchführung* bedeutsam. Ihre Entwicklung ist wesentlich von *Friedrich Kohl*[1] beeinflußt worden. Dieses Buchführungssystem erfaßt die

1 Friedrich Kohl, Die öffentliche Finanzkontrolle aus systemtheoretischer Sicht, in: Das öffentliche Haushaltswesen in Österreich, 15. Jg., 1974, S. 57-73, Friedrich Kohl, Ein neues Buchführungssystem in der öffentlichen Verwaltung, in: Journal für Betriebswirtschaft, 25. Jg., 1975, S. 217-226.

einzelnen Phasen des Haushaltsvollzugs und fußt weitgehend auf dem Einsatz von ADV-Systemen. Die Mehrfachauswertung einmal erfaßter Buchungsdaten ermöglicht die *Verknüpfung* der Voranschlagswirksamen Verrechnung mit den anderen Verrechnungskreisen. Die Verknüpfung erfolgt teils auf der Ebene einer *Datenintegration*, zum Teil aber auch im Wege einer *Verfahrensintegration*.

Die Entwicklung der Verbundrechnung bei den Bundes- und Landesverwaltungen in Österreich vollzog sich in formaler Hinsicht auf der Basis von verschiedenen Rechtsgrundlagen, in materieller Hinsicht jedoch zufolge weitgehender Absprachen relativ gleichförmig. Der Bund sorgte unter Ausnützung des Handlungsfreiraumes, den das Verwaltungsentlastungsgesetz 1925 und die Bundeshaushaltsverordnung 1926 boten, zunächst auf dem Verordnungsweg für die Einrichtung der Verbundrechnung. Mit dem Bundeshaushaltsgesetz (BGBl 1986/213) wurde nunmehr mit Wirkung vom 1. Januar 1987 eine gesetzliche Verpflichtung für eine in weiten Teilen schon bestehende Praxis auferlegt.[2] Das Rechnungswesen der Länder ist durch die Voranschlags- und Rechnungsabschlußverordnung (VRV 1974, BGBl. 493 in der Fassung 1986/440) geregelt.

II. Das Haushaltswesen des Bundes

1. Vorschau- und Planungsrechnungen

Nach dem Bundeshaushaltsgesetz 1986 besteht für den Bund neben der Erstellung des Haushaltsvoranschlages die Verpflichtung zu

- einer Vorschau auf die voraussichtliche Entwicklung des Bundeshaushalts in den nächsten vier Jahren *(Budgetprognose)*;
- einer Übersicht über die vom Bund für den mindestens die nächsten vier Jahre umfassenden Zeitraum geplanten Investitionen *(Investitionsprogramm)*.

Der *Haushaltsvoranschlag* sieht eine Ordnung nach folgenden Kriterien vor:

- haushaltswirtschaftliche Gliederung (ordentliche Gebarung der Ausgaben und der Einnahmen)
- organorientierte (institutionelle) Gliederung
- finanzwirtschaftliche Gliederung

Diese Gliederungen werden in Haushaltsansätzen und Einzelvorhaben sowie in Haushaltsposten codiert und unterstützen auf diese Weise auch funktionelle (aufgabenbezogene) und ökonomische Ordnungsaspekte.

2 Zur Entwicklungsgeschichte siehe Walter Schwab, Die Haushaltsrechtsreform des Bundes, in: Das öffentliche Haushaltswesen in Österreich, 27. Jg., 1986, Heft 1-2, S. 1-15.

Eine Neuerung stellt die Unterteilung des Gesamthaushaltes in einen *allgemeinen Haushalt* und einen *Ausgleichshaushalt* dar. Letzterer hat alle Einnahmen aus der Aufnahme und Ausgaben für die Rückzahlung von Finanzschulden und zur vorübergehenden Kassenstärkung eingegangene Geldverbindlichkeiten zu erfassen. Dadurch soll nur mehr eine (bereinigte) Saldogröße im allgemeinen Haushalt (früher: Netto-Defizit) nachgewiesen werden, die im Ausgleichshaushalt in Verbindung mit dem Kapitaldienst für frühere Schuldenaufnahmen auszugleichen ist. Die früher übliche Trennung zwischen ordentlichem und außerordentlichem Haushalt wurde beim Bund schon vor Jahren aufgegeben.

Die Gliederung des Jahresvoranschlages ist für die Verrechnungen im Laufe eines Finanzjahres sowie für die Rechnungslegung nach dessen Ablauf verpflichtend, wodurch der Soll-Ist-Vergleich erleichtert wird. Die Verbindung zwischen Planungs- bzw. Vorschaurechnungen einerseits und den Ist-Rechnungen andererseits wird auch durch den Rechnungsstil in der Buchführung unterstützt.

Zur wirkungsvollen Steuerung der Geldmittel und zur Sicherung der Liquidität sind im Laufe eines Finanzjahres *Monatsvoranschläge* (Monatshaushalte) und analog *Monatsrechnungsabschlüsse* von den haushaltsleitenden Organen zu entwickeln. Projekte mit außerordentlicher finanzieller Belastung sind als *Einzelvorhaben* zu planen und zu verrechnen. Belastet dieses Vorhaben auch künftige Finanzjahre, sind entsprechende *Vorbelastungen* (oder auch: Vorberechtigungen) im hierzu vorgesehenen Verrechnungskreis vorzusehen.

2. Verrechnung des Haushaltsvollzugs

a) Die Phasenbuchführung als Buchführungsstil

Die Phasenbuchführung (auch: Mehrphasen-Buchführung) ist als *Erweiterung* zur bisher angewandten *Verwaltungskameralistik* anzusehen. Sie ist so konzipiert, daß sie sowohl in der Hoheitsverwaltung als auch in den betriebsähnlichen Einrichtungen und in den Bundesbetrieben in gleicher Weise angewendet werden kann.

Als »Phasen« werden die einzelnen Dispositionsstufen zwischen der Haushalts*planung* und der Haushalts*ausführung* bezeichnet.[3]

3 Siehe auch Reinbert Schauer, Das System der integrierten Haushaltsverrechnung in Österreich, in: Betriebswirtschaftliche Erkenntnisse für Regierung, Verwaltung und öffentliche Unternehmen, hrsg. v. Peter Eichhorn, Schriften zur öffentlichen Verwaltung und öffentlichen Wirtschaft, hrsg. v. Peter Eichhorn und Peter Friedrich, Bd. 85, Baden-Baden 1985, S. 217-233.

Phase 1: *»Genehmigung«*

Wenn der Haushaltsvoranschlag durch das Parlament beschlossen wird, wird damit die *Genehmigung* erteilt, über veranschlagte Mittel zu verfügen.

Phase 2: *»Verfügung«*

Die veranschlagten Mittel werden den anweisungsberechtigten Stellen (Ministerien, nachgeordnete Dienststellen) zur Erfüllung öffentlicher Aufgaben zur *Verfügung* gestellt.

Phase 3: *»Verpflichtung« bzw. »Berechnung«*

Die anweisungsberechtigten Stellen (Verwaltungsorgane) gehen mit der Vergabe von Aufträgen (Bestellungen) *Verpflichtungen* ein; sie führen später zu Ausgaben. Umgekehrt entstehen *Berechtigungen*, wenn georderte Verwaltungsleistungen zu späteren Einnahmen führen.

Phase 4: *»Schuld« bzw. »Forderung«*

Werden die Leistungen erbracht, so entstehen zu diesem Zeitpunkt aus den Verpflichtungen *Schulden* und aus den Berechtigungen *Forderungen*.

Phase 5: *»Zahlung«*

Die Abstattung der Schulden bzw. Forderungen führt letztlich zu *Zahlungen* (Ausgaben, Einnahmen).

Diese Phasengliederung entspricht einer Erweiterung der kameralistischen Reste-Rechnung und einer zwingenden Verknüpfung der Zahlen des Haushaltsvollzugs mit den Zahlen der Haushaltsplanung. Die Zahlen der Phase 5 entsprechen der IST-Spalte der Verwaltungskameralistik. Die Funktion der SOLL-Spalte übernehmen bei grundsätzlicher Erweiterung der Informationsbasis die Phasen 3 und 4 der Phasenbuchführung.

Die *Verbindung* zwischen den einzelnen Phasen erfolgt mit Hilfe der *doppischen Buchungstechnik*. Sie soll die Geschlossenheit des Verrechnungssystems absichern. Dieser Zielsetzung wird durch folgende *Grundgleichung* entsprochen:

$$G = V$$

Genehmigung (G) des Voranschlages = Vollzug (V) des Voranschlages

Diese Grundgleichung ergibt für die beiden Verrechnungskreise der voranschlagswirksamen Ausgaben und Einnahmen den in Abb. 2 dargestellten Phasenzusammenhang.

<table>
<tr><th colspan="2">A U S G A B E N</th></tr>
<tr><td rowspan="4">Genehmigung (1)</td><td>Verfügung (2)</td></tr>
<tr><td>Verpflichtung (3)</td></tr>
<tr><td>Schuld (4)</td></tr>
<tr><td>Zahlung (5)</td></tr>
</table>

<table>
<tr><th colspan="2">E I N N A H M E N</th></tr>
<tr><td>Verfügung (2)</td><td rowspan="4">Genehmigung (1)</td></tr>
<tr><td>Berechtigung (3)</td></tr>
<tr><td>Forderung (4)</td></tr>
<tr><td>Zahlung (5)</td></tr>
</table>

Abb. 2: Schema der Phasengliederung

Neben diesen fünf (Haupt-)Phasen gibt es noch die sog. Phase der *»Verzweigung«* (Phase 9). Sie dient

- der Vorsorge für außer- und überplanmäßige Ausgaben (Budgetüberschreitungen);
- für Ausgabenbindungen (zeitlich befristete oder unbefristete Sperre von Ausgabenermächtigungen aus konjunkturpolitischen Gründen – »Kreditsperren«);
- für Postenausgleiche (Virements zwischen verschiedenen Posten des gleichen Haushaltsansatzes);
- für alle sich nur innerhalb der Verwaltung auswirkenden Verrechnungsmaßnahmen (z.B. Weitergabe von Ausgabengenehmigungen von den Zentralstellen an nachgeordnete Dienststellen).

Für jede Haushaltspost im Rahmen der finanzgesetzlichen Haushaltsansätze ergibt sich damit der aus Abb. 3 ersichtliche *typische Kontenaufbau.*

Kontierung und Kontenbezeichnung														
Tag	Beleg-Nr.	Buchungstext	Phase 1		Phase 2		Phase 3		Phase 4		Phase 5		Phase 9	
			S	H	S	H	S	H	S	H	S	H	S	H

zu Kontierung: Sie entspricht den üblichen Gliederungsmerkmalen der Verwaltungskameralistik, also Haushalt/Ansatz/Post: z. B. 1/14208/4570 (Ausgaben für Druckwerke im Bereich des Bundesministeriums für Wissenschaft und Forschung)

S .... Soll
H .... Haben } :Zweiseitige Verrechnungsfelder wie in der Doppik.

Abb. 3: Aufbau eines Ausgaben-Kontos im Rahmen der Voranschlagswirksamen Verrechnung (VWV)

Die Verrechnung erfolgt wie in der Doppik immer in Form einer *Soll-Buchung* in einem Phasenfeld und einer *Haben-Buchung* in einem anderen Phasenfeld (= *Prinzip von Buchung und Gegenbuchung*).

Beispiele für den *Ausgaben-Verrechnungskreis:*

- Ausgabengenehmigung: Phase (PH) 1 im Soll an Phase 2 im Haben;
- Bestellung von Papier: PH 2 an PH 3;
- Lieferung der Ware (Faktura): PH 3 an PH 4;
- Abstattung der Faktura: PH 4 an PH 5.

Im *Einnahmen-Verrechnungskreis* erfolgen die Buchungen ähnlich:

- Vorausschau auf Steuerträge: PH 2 im Soll an PH 1 im Haben;
- Veranlagung zur ESt (ESt-Bescheid): PH 4 an PH 2;
- Zahlung der ESt durch den Steuerpflichtigen: PH 5 an PH 4;

In Phase 4 und 5 werden die gleichen Konten-Seiten (Soll bzw. Haben) wie in der doppelten Buchhaltung privater Unternehmen gewählt. Dies erfolgt bewußt so, damit die Voranschlagswirksame Verrechnung (VWV) mit der Bestands- und Erfolgsrechnung (BEV) leicht verbunden werden kann.

Durch den formalen Abschluß der Phase 5 (Zahlung) gegen Phase 1 (Genehmigung) wird vom Buchungsystem her der *Vergleich* der *Ist-Zahlen* mit den *Budgetzahlen* bewirkt. Die Einhaltung des Jahresvoranschlages kann aus dem Saldo in Phase 1 nachgewiesen werden. Im Laufe eines Finanzjahres ist die Haushaltsüberwachung durch eine laufende Beobachtung der Phasen-Salden sowie durch eine Reihe von *Kennzahlen* möglich.

b) Organisatorische Rahmenbedingungen

Die Aussagefähigkeit der Phasenbuchführung ist in hohem Maße von der *zeitnahen Erfassung* der Gebarungsfälle abhängig. Dies bedingt eine *dezentrale* Erfassung der Buchungsfälle mit den Möglichkeiten zur zentralen Speicherung und Analyse der Informationen und zur zentralen wie dezentralen Informationswiedergabe. Der Einsatz eines *zentralen ADV-Systems* mit entsprechend weit verzweigten *Datenfernübertragungseinrichtungen* war die bislang vorherrschende Organisationsform, um die Buchungsergebnisse zur gleichen Zeit sowohl den Zentralstellen als auch den nachgeordneten Dienststellen verfügbar zu machen. Parallel hierzu wurde ein *zentrales Kassensystem* eingerichtet und der *bargeldlose Zahlungsverkehr* zur Regel erhoben. Der Bund unterhält seither nur bei der Österreichischen Postsparkasse und bei der Österreichischen Nationalbank ein Konto. Alle Ministerien und nachgeordneten Dienststellen führen lediglich Subkonten, die wohl Umsätze, aber keine Kassenbestände ausweisen.

Aus dem Haushaltsvollzug ergeben sich im wesentlichen *vier Anknüpfungspunkte* für die Datenerfassung:
- Voranschlagsgenehmigung (Phase 1/2)
- Bestellung/Auftragserteilung (Phase 3)
- Lieferung/Leistung (Phase 4)
- Zahlung (Phase 5)

In den Phasen 3, 4 und 5 ist immer wieder auf gleiche Buchungsdaten zurückzugreifen (z.B. Kontierung, Anschriften, Verwendungszweck, Buchungsbetrag). Deswegen werden ADV-unterstützt *Erfassungserleichterungen* in zwei Nebenverrechnungskreisen vorgesehen. In der *Gebarungsfallkonten-Verrech-*

nung (GF) werden alle wichtigen Daten eines Gebarungsfalles für spätere Buchungen bereitgestellt. Da im Ablauf der Phasen Differenzen in den Buchungsbeträgen entstehen können (z.B. Skonti, Kursdifferenzen), sorgt beim Abschluß eines Gebarungsfalles ein automatisierter Saldenausgleich in den Phasen 2 – 5 dafür, daß Betragsdifferenzen ausgebucht werden. Die *Personenkonten-Verrechnung* (PE) dokumentiert ab Phase 3 des Haushaltsvollzugs die Anschriften der späteren Zahlungspflichtigen und Zahlungsempfänger. Sie nimmt damit die Funktion der Personenkonten wie in der kaufmännischen Buchführung wahr.

c) Die Verknüpfung der Voranschlagswirksamen Verrechnung (VWV) mit der Bestands- und Erfolgsverrechnung (BEV)

Es wurde bereits aufgezeigt, daß es bei Erreichen der Phasen 4 und 5 im Haushaltsvollzug möglich wird, die Gebarungsfälle auch in ihren Auswirkungen auf die Vermögens- und Schuldenlage der Verwaltung bzw. im Hinblick auf ihre Erfolgswirksamkeit darzustellen. Im ADV-System ist dann vorgesehen, daß gleichzeitig mit der Buchung in der VWV auch die Verrechnung in der *Bestands- und Erfolgsverrechnung* (BEV) erfolgt. Die Grundlage dieser »simultanen« Buchungstechnik bildet der in Österreich übliche Einheitskontenrahmen. Voranschlags*un*wirksame Gebarungsfälle werden nur in der BEV verbucht.
Die *Hoheitsverwaltung* (Ordnungsverwaltung) kann von der simultan zur VWV geführten Bestandsrechnung im besonderen in der *Kassenführung* und im *Vermögens- und Schuldennachweis* in (durch den Buchungsstil) geschlossener Form Nutzen ziehen. Im Zusammenhang der *Bestandsrechnung* mit der *Erfolgsrechnung* erübrigt sich die früher in der Haushaltsrechnung geübte Trennung zwischen laufender Rechnung und Vermögensgebarung, wie sie auch in den »Rechnungsquerschnitten« vorzufinden ist.
Unternehmen der *Privatwirtschaftsverwaltung* (z.B. Bundesbetriebe und betriebsähnliche Einrichtungen) wird mit der BEV eine nach kaufmännischen Grundsätzen errichtete *Vermögensbilanz* und *Gewinn- und Verlustrechnung* ermöglicht.

d) Integration mit anderen Verrechnungskreisen

Für die Steuerung des Geldmittelflusses bieten die Gliederungsmöglichkeiten der VWV oftmals zu wenig Tiefe; sie sind auch in ihrer zeitlichen Dimension eingeschränkt. Auf der gemeinsamen Datenbasis wird deshalb eine Verbindung mit der *Kostenstellenrechnung* (KO) hergestellt. Dieser Verrechnungskreis läßt einen kostenstellen- oder kostenträgerbezogenen Nachweis von Ausgaben und

Einnahmen nach intern frei wählbaren räumlichen, funktionalen und/oder personellen Gliederungskriterien in einer Dienststelle zu. Außerdem ermöglicht er eine Zusammenfassung gleichartiger Ausgaben und Einnahmen über verschiedene Voranschlagsstellen einerseits und Dienststellen andererseits. Um die Zahlungsentwicklung über mehrere Finanzjahre verfolgen zu können, erfolgt in einer *Phase 0* der Nachweis geplanter bzw. verfügter Gesamtausgaben (-einnahmen) eines Projekts und in einem Feld »Vorjahreszahlungen« werden alle im Projektverlauf durchgeführten Zahlungen (Summe aus früheren Finanzjahren) aufgelistet.

Die Kostenstellenrechnung (KO) *ergänzt* damit die in der VWV vorgesehenen funktionellen, ökonomischen und finanzwirtschaftlichen Gliederungsgesichtspunkte der anfallenden Zahlungen. Eine den kalkulatorischen Gesichtspunkten entsprechende Abgrenzung und Überleitung in Kosten bzw. Leistungen erfolgt jedoch nicht. Mit diesem Verrechnungskreis ist aber zumindest eine Ausgangsbasis für verwaltungsinterne Betriebsabrechnungen verfügbar.

Um die Planung künftiger Finanzjahre zu unterstützen, werden im Verrechnungskreis für *Vorberechtigungen* und *Vorbelastungen* Forderungen und Verbindlichkeiten dokumentiert, die in künftigen Finanzjahren zu Zahlungen werden. Die Vorschau erstreckt sich auf 40 Jahre. Diese Bestandspositionen werden daher nach ihrer Fristigkeit in diesem Verrechnungskreis detailliert geordnet.

Im *Haftungsverrechnungskreis* erfolgt schließlich der Nachweis über vom Bund übernommene Haftungen (z.B. im Rahmen von Exportförderungen, für Straßenbausondergesellschaften oder für öffentliche Unternehmungen). Werden diese Haftungen zahlungswirksam, erfolgt eine phasengerechte Übernahme in die VWV.

3. Rechnungsabschluß

Der Rechnungsabschluß hat nach dem Bundeshaushaltsgesetz 1986 die *Voranschlagsvergleichsrechnung* (in der Gliederung des Bundesfinanzgesetzes), die *Jahresbestandsrechnung* und die *Jahreserfolgsrechnung* zu umfassen.

Die *Voranschlagsvergleichsrechnung* wird aus der Voranschlagswirksamen Verrechnung auf automatisiertem Wege abgeleitet. Für jeden Haushaltsansatz werden folgende Zahlen nachgewiesen:

- Voranschlagsbetrag (PH 1)
- Zahlung (PH 5)
- Unterschiedsbetrag (Ersparung oder Überschreitung)
- Offengebliebene Verpflichtungen/Berechtigungen (PH 3)

– Fällige Schulden/Forderungen (»Verwaltungsschulden/-forderungen«; PH 4)

Die *Jahresbestandsrechnung* und die *Jahreserfolgsrechnung* sind unter sinngemäßer Anwendung der Gliederungsvorschriften des (österreichischen) Aktiengesetzes 1965[4] zu entwickeln. Jede Jahresbestandsrechnung ist außerdem um eine detaillierte Aufstellung der Beteiligungen des Bundes, anderer Wertpapiere, der fälligen und noch nicht fälligen Finanzschulden sowie der Haftungen zu ergänzen.

4. Bewertungsprobleme in der Jahresbestandsrechnung und in der Jahreserfolgsrechnung

Während im Bereich der Finanzrechnung das öffentliche Rechnungswesen in Österreich von einer eigenständigen Entwicklung geprägt ist, ist der Bereich der Bestands- und Erfolgsrechnung durch eine relativ starke »Anlehnung« an das *kaufmännische Rechnungswesen* gekennzeichnet. Die Zielsetzungen einer finanzwirtschaftlichen Deckungsrechnung im Sinne von *Rudolf Johns*[5] und *Ludwig Mülhaupt*[6] werden offensichtlich nicht verfolgt. Den parlamentarischen Beratungen ist zu entnehmen, daß »ebenso wie die Unternehmen der Privatwirtschaft auch der Bund eine umfassende Vermögens- und Schuldenverrechnung zu führen« hat.[7] Die Bewertung und die Abschreibung habe nach den diesbezüglichen handelsrechtlichen Vorschriften zu erfolgen.

Dies hat implizit zur Folge, daß die *Zwecksetzungen* der kaufmännischen Bilanzierung auf die Bundesverwaltung übertragen werden. Sosehr die geschlossene, umfassende Darstellung von Vermögen und Schulden der öffentlichen Verwaltung zu begrüßen ist, sosehr bringt diese Anlehnung an das Aktiengesetz

4 Das österreichische Aktiengestz ist in diesen Teilen noch weitgehend mit den Regelungen des deutschen Aktiengesetzes von 1937 gleich.

5 Rudolf Johns, Das Problem der öffentlichen Vermögensrechnung und seine Lösung, Würzburg 1943.

6 Ludwig Mülhaupt, Die Konzeption des baden-württembergischen Innenministeriums zur gemeindlichen Vermögensrechnung, in: Betriebswirtschaftliche Erkenntnisse für Regierung, Verwaltung und öffentliche Unternehmen, a.a.O., S. 185-216, derselbe, Brauchen die öffentlichen Haushalte eine Vermögensrechnung und wenn ja, wie sollte sie beschaffen sein?, Referat vor der Wissenschaftlichen Kommission »Öffentliche Unternehmen und Verwaltungen« in Graz, 12. März 1985.

7 877 der Beilagen zu den Stenographischen Protokollen des Nationalrates, XVI. Gesetzgebungesperiode, S. 13.

und damit an die kaufmännische Rechnungslegung Probleme mit sich,[8] die den Wert der umfassenden Vermögensrechnung beeinträchtigen können.[9]
Während das Vermögen kaufmännischer Unternehmen im Rahmen der Eigenfinanzierung durch *Erwerbskapital* finanziert ist, das im allgemeinen dem Substanzerhaltungsprinzip und dem Rentabilitätsstreben unterworfen ist, ist das öffentliche Vermögen hingegen aus *Widmungskapital*[10] finanziert, das durch schon aufgebrachte oder noch aufzubringende Abgaben zur Erfüllung bestimmter staatlicher Aufgaben »gewidmet« wurde. Die Zwecksetzung dieser »Widmung« ist erreicht, wenn die gestellte Aufgabe (bestmöglich, ausreichend) erfüllt wurde. Es ist also vorstellbar, daß mit der restlosen Erfüllung einer zeitlich befristbaren Aufgabe auch das hierfür gewidmete Kapital (durch volle Abnutzung des Vermögens) voll aufgebraucht wäre. Ein Ersatz oder eine Rückerstattung dieses Widmungskapitals ist nicht vorgesehen.
Dieser Widmungscharakter ist bei der Hoheitsverwaltung anders zu sehen als bei den unternehmerischen Aktivitäten des Bundes (Bundesbetriebe, betriebsähnliche Einrichtungen), wo erwerbswirtschaftliche Zielsetzungen gemeinsam mit bedarfswirtschaftlichen Zielen wahrzunehmen sind.
Damit sind jedoch ins Gewicht fallende *unterschiedliche* ökonomische Zielsetzungen für die öffentliche Verwaltung im Vergleich zu den privatwirtschaftlichen Unternehmen gegeben, die sich in den Bewertungsregeln auszuwirken haben.
Klaus Lüder[11] ist in vollem Umfang beizupflichten, daß dem *Realisationsprinzip* und damit dem *Anschaffungswert* als Bewertungsgrundlage für den Verwaltungsbereich eine zentrale Bedeutung zukommt. Insoweit sieht die Regelung des Aktiengesetzes nichts anderes vor.
Hingegen bedeutet das Imparitätsprinzip im Rahmen der Grundsätze der ordnungsmäßigen Bilanzierung eine Durchbrechung des Realisationsprinzips, weil es aus Gläubigerschutzgründen eine rechnerische Vorwegnahme drohender Verluste fordert. Ebenso entspricht die Nutzung von Ansatz- und Bewertungswahlrechten der kaufmännischen Vorsicht, was zur bewußten Bildung stiller Reserven führt. Dieser Freiraum ist aus dem Widmungscharakter öffentlichen

8 Siehe auch Alfred Finz, Sinn oder Unsinn einer Bundesbilanz, in: Das öffentliche Haushaltswesen in Österreich, 22. Jg., 1981, S. 273 ff., sowie Reinbert Schauer, Das System der integrierten Haushaltsverrechnung in Österreich, in: Betriebswirtschaftliche Erkenntnisse für Regierung, Verwaltung und öffentliche Unternehmen, a.a.O., S. 217-233, hier S. 228 ff.

9 Peter Eichhorn, Öffentliche Verwaltung, Rechnungswesen der, in: Handwörterbuch des Rechnungswesens, 2. Aufl., hrsg. von Erich Kosiol, Klaus Chmielewicz und Marcell Schweitzer, Stuttgart 1981, Sp. 1123-1136, hier Sp. 1233 f.

10 Karl Oettle, Notwendigkeit und Grenzen öffentlicher Vermögensrechnungen, in: Finanz- und Geldpolitik im Umbruch, hrsg. v. Heinz Haller und Horst Claus Recktenwald, Mainz 1969, S. 353.

11 Klaus Lüder, Zur Bewertungsproblematik bei finanziellen Verbundrechnungen der öffentlichen Hand, in: Entwicklungsperspektiven des öffentlichen Rechnungswesens, hrsg. v. Klaus Lüder, Speyerer Forschungsberichte 48, Speyer 1986, S. 96.

Vermögens heraus nicht erforderlich bzw. unerwünscht. Es ist auf eine willkürfreie, klare und unmanipulierte Rechnungslegung hinzuarbeiten.

Bundesbilanzen wurden auf der Grundlage des Verwaltungsentlastungsgesetzes in der Fassung von 1975 bereits seit 1982 aufgestellt. Die Bewertung erfolgte jedoch nach eigenen, *uneinheitlichen* Bewertungsregeln. Diese sahen bei beweglichen Gütern des Anlagevermögens feste Buchwerte in der Höhe des halben Anschaffungswertes vor. Abschreibungen wurden nur im Jahr der Anschaffung und im Jahr des Ausscheidens eines Anlagegutes im Ausmaß von je 50 % des Anschaffungswertes vorgenommen. Beim unbeweglichen Bundesvermögen waren zum Teil Festwerte, zum Teil Wiederbeschaffungswerte und zum Teil Anschaffungswerte heranzuziehen. Durch diese Bewertungsvielfalt ergaben sich nicht unbeträchtliche stille Reserven im Anlagevermögen und ein negatives Eigenkapital (Grundkapital der Bundesbetriebe und Kapitalausgleich im Sinne von Reinvermögensänderungen). Tabelle 1 zeigt die Strukturen der bislang veröffentlichten *Bilanzen* auf, die *Jahreserfolgsrechnungen* sind in Tabelle 2 dargestellt (alle Zahlen in Mrd. Schilling):

Tab. 1: Jahresbestandsrechnungen 1982-1985

	1982	1983	1984	1985
Aktiva				
1. Anlagevermögen	335,7	362,0	413,5	428,7
2. Umlaufvermögen	108,5	131,4	104,0	108,5
3. Aktive Rechnungsabgrenzung	12,7	12,7	11,6	14,4
4. Grundkapital und Kapitalausgleich	1,4	44,5	87,7	131,2
Summe Aktiva	458,3	550,6	616,8	682,8
Passiva				
1. Rücklagen	8,7	10,6	10,6	15,7
2. Wertberichtigungen	0,2	0,2	0,3	0,0
3. Verbindlichkeiten	444,4	532,9	594,5	656,0
(davon Finanzschulden	341,6	416,2	469,8	526,6)
4. Rückstellungen	0,5	0,5	2,0	2,1
5. Passive Rechnungsabgrenzung	4,5	6,4	9,4	9,0
Summe Passiva	458,3	550,6	616,8	682,8

Quelle: Rechnungsabschlüsse des Bundes

Tab. 2: Jahreserfolgsrechnungen 1982-1985

	1982	1983	1984	1985
Aufwendungen				
1. Aufwand für Bedienstete	100,1	105,9	111,9	119,2
2. Abschreibungen und Wertberichtigungen	11,2	13,0	14,8	18,5
3. übrige Aufwendungen	82,5	102,8	101,3	114,1
4. Transfers	132,4	150,6	199,2	179,3
Summe Aufwendungen	326,2	372,3	427,2	431,1
Erträge				
1. Abgabenerträge	213,0	224,7	252,7	270,8
2. andere Haupterträge	60,9	63,6	67,4	75,0
3. übrige Erträge	19,0	16,5	19,1	33,4
4. aktivierte Eigenleistungen	2,4	2,9	3,5	3,8
5. Transfers	22,8	21,8	17,3	15,7
6. Vermögensabgang	8,1	42,8	67,2	32,4
Summe Erträge	326,2	372,3	427,2	431,1

Quelle: Rechnungsabschlüsse des Bundes

Bei der hohen Investitionstätigkeit und der überwiegenden Fremdfinanzierung brachte die Abschreibungsregel einen entsprechenden Druck auf die (negative) Entwicklung des Kapitalausgleichs.

Das *Bundeshaushaltsgesetz* 1986 bringt hier eine Änderung und zum Teil auch eine Klarstellung. Wirtschaftsgüter des Anlagevermögens, die einer Wertminderung durch Alter und Abnutzung unterliegen, sind auf der Grundlage des Anschaffungswertes *anteilig abzuschreiben.* Dies erfordert Richtlinien für die Bemessung der Nutzungsdauer auf dem Verordnungsweg. Diese Richtlinien haben auch zu bestimmen, welche Güter mangels Bestimmbarkeit ihres Anschaffungswertes in ein Festwertverfahren einzubeziehen sind bzw. welche Güter einer pauschalierten Abschreibungsregel zu unterwerfen sind. Diese Verordnungsermächtigung eröffnet die Chance, die vorhin vorgetragenen Bedenken gegen die unmodifizierte Übernahme kaufmännischer Bilanzierungsprinzipien auszuräumen und auf eine klare, willkürfreie Bewertung hinzuarbeiten. Auch erscheint es zweckmäßig, die Überlegungen zu einer nach Hoheitsverwaltung und Betrieben getrennten Bilanzdarstellung weiter zu verfolgen.

5. Informationswert der Jahreserfolgsrechnung

Die Jahreserfolgsrechnung soll die Aufwendungen und Erträge des abgelaufenen Jahres einander gegenüberstellen. Das bedeutet gegenüber der Voranschlagswirksamen Verrechnung eine Periodisierung und eine Abgrenzung der *leistungswirksamen* Zahlungen gegenüber den lediglich bestandswirksamen Zahlungen. Der Saldo zeigt in einer Kennzahl das Ausmaß der Reinvermögensänderungen an. Insoweit kann die Jahreserfolgsrechnung in Anlehnung an das kaufmännische Rechnungswesen eine *angemessene Selbstfinanzierung* einer Verwaltung belegen.

Die vom Kontenplan hergeleitete Gliederung erscheint jedoch verbesserungsfähig. Insbesondere ist zwischen zahlungsgleichen und nicht zahlungsgleichen Aufwendungen und Erträgen deutlich zu trennen. Auch haben der Zinsaufwand für Finanzschulden und Zinserträge als Äquivalente für den »Produktionsfaktor Zeit« eine besondere Bedeutung, weil sie Finanzierungsvorgängen in Vorperioden entsprechen. Dadurch erst kann die Jahreserfolgsrechnung auch die Funktion der »Laufenden Rechnung« im Vergleich zur Vermögensgebarung bei finanzwirtschaftlicher Betrachtung übernehmen.

Die Gliederung und die Ergebnisse der Jahreserfolgsrechnung müssen auch in die *Kostenstellenrechnung* übergeleitet werden können, um bei den einzelnen Dienststellen das Bewußtsein um die Wirtschaftlichkeit des Verwaltungshandelns steigern zu können. Dies ist umso bedeutender, als das neue Bundeshaushaltsgesetz auch für die Hoheitsverwaltung und nicht allein für die Bundesbetriebe Kostenvorstellungen verlangt. Im besonderen unterliegen rechtsetzende Maßnahmen einer Kalkulationspflicht, die in der Vergangenheit leider allzuoft nur im finanzwirtschaftlichen Sinne als Analyse der neu hinzukommenden Zahlungswirkungen verstanden wurde, so daß ein *leistungswirtschaftliches Denken* im Sinne von Input-Output-Relationen außer Acht gelassen wurde. Auch müssen Einzelvorhaben ab einer bestimmten Größenordnung in Zukunft im Planungsstadium durch *Kosten-Nutzen-Untersuchungen* belegt werden. Um diese Kostenanalyse durchführen zu können, ist es auch notwendig, aus den Jahreserfolgsrechnungen Kennzahlen für den zahlungswirksamen und zahlungsunwirksamen Produktionsfaktoreinsatz abzuleiten, um den einzelnen Dienststellen zumindest Richtwerte für deren Kostenrechnungen in die Hand zu geben, sofern nicht detailliertere Kostenanalysen (Betriebsrechnungen) zur Verfügung stehen. Initiativen, die in diese Richtung gehen, werden derzeit im Rahmen der Verwaltungsreformkommission des Bundes diskutiert und in Pilotprojekten erprobt. Die Budgetbeschränkungen erfordern die *Verstärkung des Kostenbewußtseins*, weil nur auf diese Weise eine Steuerung und ein Senken der Kosten in der Verwaltung möglich werden. Das Kostenbewußtsein wird auch notwendig sein, wenn

Verwaltungsentscheidungen nicht auf wirtschaftlicher Grundlage, sondern nach Maßgabe politischer Prioritäten erfolgen. Dann muß den *politischen* Instanzen die *ökonomische* Konsequenz ihrer Entscheidungen vor Augen geführt werden können, was mangels erfolgsrechnerischer Grundlage in der Vergangenheit kaum möglich war.

III. Das Haushaltswesen der Länder

Die meisten der neun österreichischen Bundesländer haben sich in ihren Haushaltsordnungen zum System der *Phasenbuchführung* und damit zur integrierten Haushaltsverrechnung entschlossen bzw. bereiten deren Einführung vor. Die Länder sind derzeit nur zur *Jahresplanung* angehalten. Anders als der Bund trennen sie jedoch noch zwischen ordentlichem und außerordentlichem Haushalt. Budgetprognosen und der Nachweis mehrjähriger Investitionsprogramme sind ihnen noch nicht vorgeschrieben. Auch die Darstellung von (größeren) Einzelvorhaben ist zunächst nur Bundesrecht.

Im *Rechnungsabschluß* ist für die Länder nur die Voranschlagsvergleichsrechnung verpflichtend. Der Aufbau einer Vermögens- und Schuldenrechnung ist dem *Ermessen* der Länder überlassen. In der Regel erfolgt bislang nur ein nichtsaldierender Teilausweis, der Vermögenszugänge, -abgänge sowie übernommene Haftungen und einen Nachweis der Forderungen und Schulden enthält.

Da die Berücksichtigung der Erfordernisse des gesamtwirtschaftlichen Gleichgewichts sowie der *Verbundenheit der Finanzwirtschaft* des Bundes, der Länder und der Gemeinden (Gemeindeverbände) zum erklärten Ziel der Haushaltsführung des Bundes erhoben wurde, ist abzusehen, daß das Rechnungswesen der Länder in analoger Weise wie jenes des Bundes weiterentwickelt wird. Entsprechende Zusammenfassungen und Quervergleiche sollten dann in aussagekräftiger Weise möglich sein. Eine solche parallele, durch Absprache der Gebietskörperschaften geförderte Entwicklung war bei der Einführung der Phasenbuchführung gegeben und sollte auch für die Erweiterung hinsichtlich mehrjähriger Planungs- und Prognoserechnungen und hinsichtlich von Bestands- und Erfolgsrechnungen erwartet werden können.

IV. Ausblick

Das in Österreich beim Bund und den meisten Ländern praktizierte System der integrierten Haushaltsverrechnung stellt eine leistungsfähige *Erweiterung zur Verwaltungskameralistik* dar, indem es in buchungstechnisch geschlossener Form umfassende Steuerungs- und Abstimmungsmöglichkeiten zwischen Haushaltsplanung und Haushaltsvollzug sowie Zahlungsanordnung und Zahlungsausführung eröffnet. Die Erweiterung der kameralistischen Reste-Rechnung durch die Phasengliederung in der Buchführung erlaubt effizientere Dispositionsmöglichkeiten als bisher.

Durch die *neuen* haushaltsrechtlichen Rahmenbedingungen wird neben der eigenständig gestalteten und in den Verwaltungen mit großem Erfolg praktizierten *Finanzrechnung* auch die Führung von *Bestands- und Erfolgsrechnungen* vorgesehen, die sich in ihrem Aufbau jedoch weitgehend an privatwirtschaftlichen (aktienrechtlichen) Vorbildern orientieren. Die Zielsetzungen, der Adressatenkreis und auch die Form derartiger Rechnungen sind im Gesetz nur allgemein umrissen. Dadurch besteht in der nächsten Zukunft die *Chance*, in entsprechenden Forschungsarbeiten und Diskussionen der Beteiligten auch für die Bestands- und Erfolgsrechnungen jene zweckmäßige Form und inhaltliche Ausgestaltung zu finden, die den Rechnungszielen öffentlicher Verwaltungen adäquat sind. Die *Dynamik*, die sich in der Entwicklung des öffentlichen Rechnungswesens in den letzten Jahrzehnten ergab, sollte daher auch den Zukunftserfolg bestimmen.

Der kommunale Lagebericht als Ergänzung der Rechnungslegung von Gemeinden

von *Hannes Streim*

I. Ergänzungsbedürftigkeit der kommunalen Rechnungslegung

1. Fehlende Bürgerorientierung der kommunalen Rechnungslegung

Der Verfassungsgeber hat sich für die repräsentative Demokratie auch auf der kommunalen Ebene entschieden. Jede Gemeinde muß deshalb gemäß Artikel 28 Abs. 1 GG eine Volksvertretung haben, die durch allgemeine, unmittelbare, freie, gleiche und geheime Wahlen zu bestimmen ist. Die Volksvertretung (=Vertretungskörperschaft, Gemeinderat) ist nach allen Gemeindeordnungen der Länder das oberste demokratische Repräsentations- und Beschlußorgan der kommunalen Selbstverwaltung; sie ist mit örtlicher Allzuständigkeit im Rahmen der Gesetze ausgestattet. Zur Vorbereitung und Durchführung der Beschlüsse dient dem Gemeinderat ein hauptamtlicher Verwaltungsapparat, der durch den Hauptverwaltungsbeamten (=Bürgermeister, Gemeindedirektor) allein (Bayern, Baden-Württemberg) oder zusammen mit einem Verwaltungsausschuß (Niedersachsen), einem Magistrat (Schleswig-Holstein) bzw. einem Gemeindevorstand (Hessen, Rheinland-Pfalz) geleitet wird.[1]

Nach Abschluß eines jeden Haushaltsjahres hat die hauptamtliche Verwaltungsleitung Rechenschaft abzulegen. Dazu dient in erster Linie die Jahresrechnung, die aus dem kassenmäßigen Abschluß und der Haushaltsrechnung besteht. Zusätzlich sind der Jahresrechnung als Anlagen eine Vermögensübersicht, eine Übersicht über die Schulden und Rücklagen, ein Rechnungsquerschnitt, eine Gruppierungsübersicht und ein Rechenschaftsbericht beizufügen.

Adressat dieser Rechnungslegung ist nach dem Willen der Kommunalverfassungsgeber unter anderem auch die Bürgerschaft. Durch öffentliche Auslage der Jahresrechnung und des Rechenschaftsberichts an mindestens sieben Werktagen

1 Vgl. zu den verschiedenen Typen der inneren Kommunalverfassung u.a. Gerd Schmidt-Eichstädt, Die Machtverteilung zwischen der Gemeindevertretung und dem Hauptverwaltungsbeamten im Vergleich der deutschen Kommunalverfassungssysteme, in: Archiv für Kommunalwissenschaften, 24. Jg., 1985, S. 20-37.

ist den interessierten Bürgern Gelegenheit zum Einblick zu gewähren. Diese Informationsbeschaffungsmöglichkeit nutzen allerdings die wenigsten Bürger. Eine von *Frederic J. Carlson* durchgeführte empirische Untersuchung in texanischen Städten zeigt, daß von den befragten Personen 88 % nie Einblick in die kommunale Rechnungslegung genommen haben; viele der Befragten wußten nicht einmal etwas von der Existenz einer solchen Rechnungslegung.[2] Ähnlich dürfte die Situation auch in den Gemeinden der Bundesrepublik Deutschland sein.

Das Faktum, daß die überwiegende Mehrzahl der Gemeindebürger von der Möglichkeit der Einsichtnahme in die Jahresrechnung und den Rechenschaftsbericht keinen Gebrauch macht, läßt sich nicht allein mit mangelndem Interesse an kommunalen Angelegenheiten erklären. Wie die empirische Untersuchung von *Frederic J. Carlson* zeigt, besteht durchaus ein Interesse am Gemeindegeschehen, denn so die Mehrzahl der Befragten »citizens do wish to receive information from their city government which they can read and understand«.[3] Die Gründe dafür, daß die derzeit praktizierte kommunale Rechnungslegung die Bürger nicht erreicht, liegen meines Erachtens vor allem in der Art der Publizität und in Inhalt und Format der Rechnungslegung. Aus der ökonomischen Theorie der Demokratie ist bekannt, daß sich die Bürger rational verhalten, wenn sie wenig Zeit und Kosten für die Beschaffung von Informationen, die kommunale Angelegenheiten betreffen, aufwenden.[4] Informationen, die den Bürger erreichen sollen, müssen deshalb zu ihm transportiert werden. Die kommunalverfassungsrechtlich vorgesehene Publizität verlangt dagegen, daß sich der Bürger zum Ort der Information begibt. Weiterhin dürfen beim Bürger keine hohen psychischen und zeitlichen Interpretationskosten anfallen, d.h. die Informationen müssen in einer verständlichen Form präsentiert werden. Auch dieser Anforderung genügt die derzeit praktizierte kommunale Rechnungslegung schon allein wegen ihres voluminösen Umfangs nicht. Während beispielsweise der Jahresabschluß für das Jahr 1974 von General Motors (31 Milliarden Einnahmen, 734 000 Beschäftigte) 24 Seiten umfaßte, davon allein 10 erläuternde Textseiten, verlangte dagegen die Jahresrechnung einer Großstadt (1 Milliarde Einnahmen, 50 000 Beschäftigte) vom Leser »to wade through 225 pages of report, including more than 200 pages of detailed numerical schedules, much of it only relevant to internal management.«[5]

2 Vgl. Frederic J. Carlson, An Empirical Investigation of the Citizen's Use of Municipal Accounting Information, Diss. Saint Louis University 1983, S. 139.

3 Frederic J. Carlson, a.a.O., S. 137.

4 Vgl. Anthony Downs, Eine ökonomische Theorie des politischen Handelns in der Demokratie, in: Hans P. Widmaier (Hrsg.), Politische Ökonomie des Wohlfahrtsstaates, Frankfurt a.M. 1974, S. 134.

5 Robert M. Cockrill u.a., Financial Disclosure Practices of the American Cities: A Public Report, New York 1976, S. 10.

Es wird sogar die Auffassung vertreten, daß die kommunale Rechnungslegung wegen ihrer Komplexität nicht nur für den Normalbürger, sondern auch für die meisten Gemeinderatsmitglieder gänzlich unverständlich ist.[6]
Die wenigen Bürger, die sich die Mühe machen, die ausgelegte Jahresrechnung einzusehen, werden außerdem kaum für sie relevante Informationen entdecken. Dieses Informationsdefizit trotz »Zahlen im Überfluß« ist darauf zurückzuführen, daß es sich bei der kommunalen Jahresrechnung primär um ein Kontrollinstrument des Gemeinderates handelt. Sie dient einmal zum Nachweis des Haushaltsplanvollzuges, indem dargelegt wird, ob die von der Vertretungskörperschaft im Haushaltsplan veranschlagten Einnahmen eingegangen sind und ob sich die Ausgaben im Rahmen der Ausgabenbewilligung des Haushaltsplans gehalten haben bzw. inwieweit Haushaltsüberschreitungen und außerplanmäßige Einnahmen und Ausgaben entstanden sind. Zum anderen soll das Ergebnis der Haushaltswirtschaft durch Gegenüberstellung von Soll-Einnahmen und Soll-Ausgaben unter Berücksichtigung etwaiger Haushaltsreste ausgewiesen werden. Aus rechnungstheoretischer Sicht ist die Rechnungslegung, die sich an den Gemeinderat richtet, zum *internen* Rechnungswesen zu zählen.[7] Plan-Ist-Vergleiche im Rahmen einer Budgetierung werden auch in der Privatwirtschaft angestellt, um dem Management die Unternehmensführung und -kontrolle zu erleichtern; sie werden aber i.d.R. nicht unternehmensexternen Gesellschaftern und Gläubigern zugänglich gemacht. Für die *externe* Rechnungslegung privatwirtschaftlicher Unternehmen schreibt der Gesetzgeber einen speziellen Bericht, den kaufmännischen Jahresabschluß, vor. Dagegen glaubt man, auf der kommunalen Ebene mit *einem* Rechenwerk auskommen zu können, um die Informationsbedürfnisse der internen Adressaten (=Mitglieder der Gemeindevertretung) und der externen Adressaten (=Gemeindebürger) befriedigen zu können. Diese Vorstellung erweist sich als nicht haltbar. Der Gemeinderat benötigt zur Kontrolle des Haushaltsplanvollzuges ein detailliertes Zahlenwerk, dessen Komplexität wiederum den interessierten Normalbürger überfordert. Wird die Rechnungslegung auf die Informationsbedürfnisse und die Informationsverarbeitungskapazität der Gemeindebürger zugeschnitten, dann ist sie als Kontrollinstrument für den Gemeinderat untauglich.
Als Ergebnis kann somit festgehalten werden: Die gegenwärtig praktizierte Form der Rechnungslegung der hauptamtlichen Gemeindeverwaltung ist zur Information der Gemeindebürgerschaft nicht geeignet. Sie ist viel zu komplex und damit

6 Vgl. Eugene H. Brooks, Integrated Municipal Accounting Information Systems, Diss. The University of North Carolina at Chapel Hill 1983, S. 115 f.

7 So auch Robert M. Cockrill, a.a.O., S. 11; Roger Mansfield, The Financial Reporting Practices of Government: A Time for Reflection, in: Public Administration Review, Vol. 39, 1979, S. 159.

für die Mehrzahl der Bürger unverständlich, sie berücksichtigt nicht die spezifischen Informationsinteressen der Bürger und sie wird in einer Form »publiziert«, daß der Mehrzahl der Gemeindebürger nicht einmal deren Existenz bekannt ist. Wenn die kommunale Rechnungslegung die Bürgerschaft erreichen soll, dann kann das nur mit Hilfe eines *zusätzlichen* Berichts geschehen, der sowohl benutzerfreundlich und bürgerorientiert gestaltet als auch jedem Haushalt zugesandt werden müßte. Zur Minimierung der Versandkosten könnte der Bericht in Gemeinden mit eigener Lokalpresse als Beilage in der Tageszeitung verteilt werden.[8]

Solche zusätzliche, bürgerorientierte Berichte werden im US-amerikanischen Schrifttum unter Bezeichnungen wie z.B. »urban annual report«, »local government annual report« oder »municipal annual report« bereits gefordert.[9] Meiner Ansicht nach sollte für den deutschsprachigen Bereich in Anlehnung an die in der kaufmännischen Rechnungslegung gebräuchliche Terminologie die Bezeichnung *»kommunaler Lagebericht«* gewählt werden. Der von den Kapitalgesellschaften im Zusammenhang mit der Rechnungslegung zu erstellende Lagebericht ist nämlich auch das wichtigste Informationsinstrument für die unternehmensexternen Adressaten.

Wegen der Kosten, die mit der Erstellung und Verteilung eines zusätzlichen Berichts verbunden sind, sollte ein bürgerorientierter kommunaler Lagebericht jedoch nur eingeführt werden, wenn dessen Notwendigkeit hinreichend begründet werden kann.

2. Notwendigkeit einer bürgerorientierten kommunalen Rechnungslegung

Die Rechnungslegung privatwirtschaftlicher Unternehmen wird heute im allgemeinen mit der Notwendigkeit des Individual- und Funktionenschutzes begründet.[10] Den nicht an der Geschäftsführung beteiligten Gesellschaftern und den Unternehmensgläubigern soll die Möglichkeit gegeben werden, sich selbst ein

8 So auch Frederic J. Carlson, a.a.O., S. 175.

9 Vgl. Gerard A. Cahill, The Feasibility of the Issuance by Municipal Governments of Annual Reports Analogous to the Corporate Annual Report, Diss. New York University 1973; Frederic J. Carlson, a.a.O.; Robert M. Cockrill u.a., a.a.O.; Arie Y. Lewin und Robert W. Blanning, The Urban Government Annual Report, in: Willis D. Hawley und David Rogers (Hrsg.), Improving the Quality of Urban Management, Beverly Hills und London 1974, S. 65-91; Ralph E. Thayer, The Local Government Annual Report as a Policy Planning Opportunity, in: Public Administration Review, Vol. 38, 1978, S. 373-376.

10 Vgl. Hannes Streim, Grundsätzliche Anmerkungen zu den Zwecken des Rechnungswesens, in: Klaus Lüder (Hrsg.), Entwicklungsperspektiven des öffentlichen Rechnungswesens, Speyerer Forschungsberichte Nr. 48, Speyer 1986, S. 1-25 und die dort angeführte Literatur.

Urteil über die Lage der Unternehmung zu bilden. Dadurch wird die Gefahr reduziert, daß sie durch gezielte Fehlinformationen der Geschäftsleitung zu Entscheidungen veranlaßt werden, die sie so nicht getroffen hätten, wenn sie besser informiert gewesen wären. Dabei schützt die Rechnungslegung primär diejenigen Gesellschafter und Gläubiger, die sich tatsächlich die Mühe machen, die Jahresabschlüsse zu lesen. Einen gewissen Schutz bietet die Rechnungslegung allerdings auch den inaktiven externen Unternehmensbeteiligten. Die Geschäftsführung wird durch das bloße Wissen um die Pflicht zur jährlichen Rechnungslegung daran gehindert, den vorhandenen Handlungsspielraum und die bestehende asymmetrische Informationsverteilung exzessiv zum eigenen Vorteil und zum Schaden der außenstehenden Gesellschafter und Gläubiger auszunutzen.

Der durch die Rechnungslegung den Gesellschaftern und Gläubigern gewährte Schutz (=Individualschutz) leistet gleichzeitig einen Beitrag zum Schutz der Funktionsfähigkeit des Kapitalmarktes (=Funktionenschutz) und damit letztlich zur effizienten Ressourcenallokation in einer Volkwirtschaft. Die Reduzierung der Gefahr einer bewußten Täuschung der Kapitalgeber stärkt deren Vertrauen in das Funktionieren des Kapitalmarktes als einem »fair game«.

a) Der Zweck des Individualschutzes

Die Mitglieder der Vertretungskörperschaft sind in periodischen Abständen von den wahlberechtigten Gemeindebürgern zu wählen. Die weitaus überwiegende Zahl der Kandidaten für ein Gemeinderatsmandat wird heute auch auf lokaler Ebene von den politischen Parteien nominiert; daneben spielen noch Freie Wählergemeinschaften bzw. die sogenannten »Rathausparteien« eine gewisse Rolle.[11] In aller Regel wirbt die bisherige Mehrheitspartei im Wahlkampf mit Argumenten, die das erfolgreiche Wirken ihrer Mandatsträger in der abgelaufenen Wahlperiode betonen. Die Oppositionsparteien behaupten meistens das Gegenteil. Die Wähler sind »einem Trommelfeuer von Behauptungen, Argumenten und Wertungen ausgesetzt, so daß es für sie außerordentlich schwierig ist, sich eine fundierte Meinung zu bilden.«[12] Die Parteien versuchen die relative Uninfor-

11 Vgl. Joachim J. Hesse, Bürger und Parteien auf lokaler Ebene: Die Kommune als Ort der gesellschaftlichen und politischen Integration?, in: Joachim Raschke (Hrsg.), Bürger und Parteien. Ansichten und Analysen einer schwierigen Beziehung, Bonn 1982, S. 235-248; Arnim Klein, Parteien und Wahlen in der Kommunalpolitik, in: Oscar W. Gabriel (Hrsg.), Kommunalpolitik im Wandel der Gesellschaft, Königstein/Ts. 1979, S. 94-118.

12 Heinz Haller, Zum Vergleich zwischen unternehmerischem und politischem Wettbewerb, in: Siegmar Stöppler (Hrsg.), Information und Produktion, Beiträge zur Unternehmenstheorie und Unternehmensplanung, Festschrift zum 60. Geburtstag von Prof. Dr. Waldemar Wittmann, Stuttgart 1985, S. 160; siehe auch Edgar Wangen, Polit-Marketing. Das Marketing-Management der politischen Parteien, Opladen 1983.

miertheit der Wähler zu nutzen,«um mit massivem Einsatz von Propagandamitteln und Ideologien den Wähler zu überreden.«[13]
Bürger, die eine fundierte Wahlentscheidung treffen wollen, benötigen objektive Informationen, um sich selbst ein Urteil über den Wahrheitsgehalt der verschiedenen Behauptungen bilden zu können.[14] Gibt es eine jährliche bürgerorientierte kommunale Rechnungslegung, dann kann der interessierte Wähler auf die dort vermittelten Informationen zurückgreifen. Damit reduziert sich die Gefahr, daß er durch bewußte Fehlinformationen zu einer Wahlentscheidung bewegt wird, die er so nicht getroffen hätte, wenn er richtig informiert gewesen wäre. Die Bedeutung der kommunalen Rechnungslegung für die Wahlentscheidung betont auch das US-amerikanische »Committee on Accounting in the Public Sector«, indem es den Hauptzweck wie folgt definiert: »THE BASIC OBJECTIVE OF ACCOUNTING IN THE PUBLIC SECTOR is to provide information on which constituents can base a decision to retain or replace incumbents.«[15]
Primärer Zweck einer bürgerorientierten kommunalen Rechnungslegung ist somit, die Bürger durch Vermittlung objektiver Informationen vor Fehlinformationen und den daraus resultierenden Folgen einer falschen Wahlentscheidung zu schützen. Geschützt werden können selbstverständlich nur solche Bürger, die die Rechnungslegung tatsächlich nutzen, um sich sachkundig zu machen. Damit stellt sich zwangsläufig die Frage, ob es solche aktive und interessierte Bürger überhaupt gibt. Ausgehend von der These von *Anthony Downs,* die besagt, daß rationale Wähler nicht bereit sein werden, hohe Kosten für die Informationsbeschaffung aufzuwenden, bezweifelt *Jerold L. Zimmermann* die Existenz solcher interessierter und informationssuchender Bürger; er hält deshalb auch eine bürgerorientierte kommunale Rechnungslegung für überflüssig.[16] Diese Schlußfolgerung erscheint allerdings voreilig, weil sie nicht berücksichtigt, daß die Informationsbeschaffungskosten auch gesenkt werden können.[17] Dies kann zum Beispiel erreicht werden, indem den Bürgern jährlich ein in verständlicher Form abgefaßter kommunaler Lagebericht zugesandt wird. Wenn aber die Restriktion

13 Elmar Wiesendahl, Moderne Demokratietheorie, Eine Einführung in die Grundlagen, Spielarten und Kontroversen, Frankfurt a.M. 1981, S. 77.

14 Vgl. Susan Rose-Ackermann, Inefficiency and Reelection, in: Kyklos, Vol. 33, 1980, S. 299; John H. Engstrom, Setting Accounting Standards in the Public Sector, in: The Journal of Accountancy, Vol. 149, May 1980, S. 90.

15 Report of the Committee on Accounting in the Public Sector, in: The Accounting Review, Vol. 52, 1977, Supplement, S. 43.

16 Vgl. Jerold L. Zimmerman, The Municipal Accounting Maze: An Analysis of Political Incentives, in: Journal of Accounting Research, Vol. 15, 1977, Supplement, S. 107-144.

17 Selbst bei hohen Informationsbeschaffungskosten kann es aus einer Reihe von Gründen für einen Bürger rational sein, sich zu informieren. Deshalb weist Downs selbst darauf hin, daß aus seiner These nicht der Schluß gezogen werden darf, jeder politisch gut informierte Bürger sei irrational. Siehe Anthony Downs, a.a.O., S. 134.

der hohen Informationsbeschaffungskosten nicht mehr besteht, dann werden zumindest die am Gemeindegeschehen interessierten Bürger[18] ihr Informationsinteresse befriedigen.

Selbst wenn der prozentuale Anteil der Bürger, die sich informieren möchten, nicht hoch sein sollte, spricht das nicht gegen eine bürgerorientierte Rechnungslegung. Denn gerade diejenigen Bürger, die dem fast allen Versionen der Demokratietheorie zugrunde liegenden Idealbild vom sich informierenden, aktiven und rationalen Teilnehmer an politischen Prozessen am ehesten entsprechen, dürfen nicht auch noch durch Informationsverweigerung in die Apathie getrieben werden. Dies ist auch die herrschende Meinung im verfassungsrechtlichen Schrifttum. So stellt beispielsweise *Wolfgang Martens* fest: »Unbestreitbar läßt sich vom Wahlrecht, diesem ›vornehmsten Recht des Bürgers im demokratischen Staat‹ nur dann ein sinnvoller Gebrauch machen, wenn die Wahlberechtigten über das Wirken ihrer Repräsentanten ausreichend informiert sind. Dem kann nicht entgegengehalten werden, große Teile der Bevölkerung seien entweder politisch unreif oder desinteressiert.«[19] In der juristischen Literatur wird die Pflicht zur Bürgerinformation i.d.R. aus dem Demokratieprinzip hergeleitet. Denn »in allem ist Demokratie nach ihrem Grundprinzip eine Sache mündiger, informierter Staatsbürger, nicht einer unwissenden, dumpfen, nur von Affekten und irrationalen Wünschen geleiteten Masse, die von wohl- oder übelmeindenden Regierenden über die Fragen ihres eigenen Schicksals im dunkeln gelassen wird.«[20] Nach *Hans-Ulrich Jerschke* wäre gar der in Artikel 1 GG verankerte »Satz von der Menschenwürde leere Makulatur, wenn er dem Menschen nicht dazu verhelfen könnte, dem Staat (oder der Gemeinde, A.d.V.) zumindest einen Grundbestand von (verläßlichen, A.d.V.) Informationen abzuverlangen.«[21] Dieser Anspruch läßt sich nicht durch beliebige Informationen erfüllen, sondern nur durch solche, die geeignet sind, vor den Bürgern Rechenschaft abzulegen. Das

18 Daß es solche interessierten Bürger gibt, zeigen die Ergebnisse der empirischen Untersuchung von Frederic J. Carlson, a.a.O., S. 137; vgl. auch Robert W. Ingram und Ronald M. Copeland, Municipal Accounting Information and Voting Behaviour, in: The Accounting Review, Vol. 56, 1981, S. 831.

19 Wolfgang Martens, Öffentlich als Rechtsbegriff, Bad Homburg v.d.H., Berlin und Zürich 1969, S. 60.

20 Konrad Hesse, Grundsätze des Verfassungsrechts der Bundesrepublik Deutschland, Karlsruhe 1968, S. 61; siehe dazu auch Peter Häberle, Die Verfassung des Pluralismus, Studien zur Verfassungstheorie der offenen Gesellschaft, Königstein/Ts. 1980, S. 130; Otto Ernst Kempen, Grundgesetz, amtliche Öffentlichkeitsarbeit und politische Willensbildung, Berlin 1975, S. 96; Ewald Müller, Bürgerinformation, Kommunalverwaltung und Öffentlichkeit, 2. Aufl., Köln 1977, S. 109 ff.; Susanne Rubbert, Saal- und Medienöffentlichkeit mündlicher Verhandlungen zwischen Verwaltung und Bürgern, Frankfurt a.M., Bern und New York, 1985, S. 104 ff.

21 Hans-Ulrich Jerschke, Öffentlichkeitspflicht der Exekutive und Informationsrecht der Presse, Berlin 1971, S. 89.

ergibt sich aus der verfassungsrechtlich verankerten Stellung der Bürgerschaft als dem eigentlichen Souverän. »In such a case, the question of accountability is inexorably interlinked with the souvereignty of the citizenry: to say that in a political system the citizens are sovereign is to say that the members of the legislature are accountable to the citizens.«[22] Zum selben Ergebnis führt auch die »Agency-Theory«, die sich nicht nur auf privatwirtschaftliche Organisationen, sondern auch auf den politischen Bereich anwenden läßt.[23] Die Bürger in ihrer Stellung als Prinzipale können von ihren gewählten Repräsentanten (= Agenten im Sinne der Agency-Theory) eine periodische Rechenschaft verlangen.

Eine jährliche bürgerorientierte Rechnungslegung leistet noch einen weiteren Beitrag zum Schutz der Gemeindebürger. Die Schutzwirkung läßt sich am einfachsten verdeutlichen, indem auf das Konstrukt der »perfekten Demokratie« zurückgegriffen wird. In einer »perfekten Demokratie«, die vollkommen informierte Bürger voraussetzt, müßten sich die gewählten Mandatsträger bei ihren Entscheidungen immer am Mehrheitswillen der Bürger orientieren. Mit steigender Zahl der schlecht informierten Wähler vergrößert sich der Handlungsspielraum der Mandatsträger, den diese opportunistisch ausnutzen können. Insbesondere können sie die Forderungen organisierter Minoritäten erfüllen, ohne gleichzeitig Gefahr zu laufen, dadurch Einbußen an Wählerstimmen zu erleiden.[24] Eine Verpflichtung zur jährlichen bürgerorientierten Rechnungslegung könnte dem Mehrheitswillen mehr Geltung verschaffen, weil die Wahrscheinlichkeit größer ist, daß eine allzu einseitige Orientierung an den Interessen organisierter Minderheiten bekannt wird.

22 David K. Whynes und Roger A. Bowles, The Economic Theory of the State, Oxford 1981, S. 147.

23 Vgl. zur »agency theory« allgemein u.a. Eugene F. Fama, Agency Problems and the Theory of the Firm, in: Journal of Political Economy, Vol. 88, 1980, S. 288-307; John W. Pratt und Richard R. Zeckhauser (Hrsg.), Principals and Agents: The Structure of Business, Boston 1985. – Zur Anwendbarkeit der »agency theory« auf den politischen Bereich siehe z.B. Richard D. Auster und Morris Silver, The State as a Firm, Economic Forces in Political Development, Boston u.a. 1979; David K. Whynes und Roger A. Bowles, a.a.O.

24 Vgl. Harold Demsetz, Economic, Legal, and Political Dimensions of Competition, Amsterdam, New York, Oxford 1982, S. 67 ff.; Artur T. Denzau und Michael C. Munger, Legislators and Interest Groups: How Unorganized Interests Get Represented, in: American Political Science Review, Vol. 80, 1986, S. 89-106; Bryan D. Jones, Party and Bureaucracy: The Influence of Intermediary Groups on Urban Public Service Delivery, in: American Political Science Review, Vol. 75, 1981, S. 688-700; Wolfgang Laux, Erhöhung staatswirtschaftlicher Effizienz durch budgetäre Selbstbeschränkung?, Frankfurt a.M. 1984, S. 90 ff.; Franz U. Pappi und Christian Melbeck, Das Machtpotential von Organisationen in der Gemeindepolitik, in: Kölner Zeitschrift für Soziologie und Sozialpsychologie, 36. Jg., 1984, S. 557-584; Jörg Ueltzhöffer, Die kommunale Machtelite und der politische Willensbildungsprozeß in der Gemeinde, in: Hans-Georg Wehling (Hrsg.), Kommunalpolitik, Hamburg 1975, S. 95-130.

b) Der Zweck des Fuktionenschutzes

Wie *George A. Akerlof* in seinem bekannten Modell des »lemon-market« nachgewiesen hat, kann eine asymmetrische Informationsverteilung zwischen Marktpartnern zu Funktionsstörungen des Marktsystems und im Extremfall zu totalem Marktversagen führen.[25] Asymmetrische Informationsverteilungen können einen Prozeß auslösen, der auf der besser informierten Anbieterseite zu einer Negativauslese (»adverse selection«) und auf der schlechter informierten Nachfragerseite zur Abwanderung führt. Am Ende des Prozesses können sich auf der Anbieterseite nur noch die »unehrlichsten« Anbieter und auf der Nachfragerseite nur noch wenige »vertrauensselige« Nachfrager befinden.

Da auch zwischen den Mandatsträgern und den meisten Gemeindebürgern eine asymmetrische Informationsverteilung besteht, kann im kommunalpolitischen Bereich der Ablauf eines ähnlichen Anpassungsprozesses mit allen negativen Folgen nicht a priori ausgeschlossen werden. Die relative Uninformiertheit der Wahlbürger verleitet die Kandidaten um die Gemeinderatsmandate und die sie tragenden Parteien im Wahlkampf zu Versprechungen, deren Einhaltung nicht möglich ist und/oder deren Einhaltung von Anfang an nicht ernsthaft erwogen wird. Hinzu kommt, daß die Mandatsträger wegen der asymmetrischen Informationsverteilung eher bereit sind, den Interessen organisierter Minderheiten zu Lasten der Mehrheit Rechnung zu tragen. Dieses Verhalten kann zu Enttäuschungen bei denjenigen Bürgern führen, die sich aus ihrem Demokratieverständnis heraus am stärksten für kommunalpolitische Angelegenheiten interessieren. Wiederholte Enttäuschungen können ihr Vertrauen in ein »faires« Funktionieren demokratischer Entscheidungsprozesse derart erschüttern, daß sie sich nicht mehr an der Wahl beteiligen (=Abwanderung). Das fehlende Korrektiv der kritischen und interessierten Wähler kann die politischen Parteien zu noch übertriebeneren Versprechungen im Wahlkampf verleiten. Die Folge könnte sein, daß sich gerade die »ehrlichsten« Politiker nicht mehr zur (Wieder-)Wahl stellen. Die Nichteinlösung gegebener Wahlversprechen und das wahrscheinlich noch ausgeprägtere opportunistische Verhalten der Mandatsträger kann bisher weniger interessierten Bürgern bewußt werden und deren Vertrauen in die demokratische Institution der Wahl erschüttern. Der sich fortsetzende Anpassungsprozeß wäre gekennzeichnet durch eine immer stärkere Wahlenthaltung auf der einen Seite und durch einen kontinuierlichen Rückzug der »ehrlichen« Politiker vom politischen Geschehen. Analog zur Marktstörung könnte man dann von einer Demokratiestörung sprechen, die durch das Phänomen der Massenapathie gekennzeichnet ist.

25 Vgl. George A. Akerlof, The Market for ›Lemons‘: Quality Uncertainty and the Market Mechanism, in: Quarterly Journal of Economics, Vol. 84, 1970, S. 488-500.

Indifferenz und Apathie eines großen Teils der Bürgerschaft »is not likely to bring about revolution or anarchy, but it may have a negative effect on compliance with laws, willingness to pay taxes and other types of co-operation with government; it may thus have a crippling effect on government authority.«[26] Wenngleich die Apathie sicherlich die vorherrschende Reaktionsform auf die fortwährenden Erwartungsenttäuschungen sein wird, so kann doch nicht ausgeschlossen werden, daß sich eine zunächst geringe Zahl von Bürgern, auch wenn dies höchst irrational sein mag, Organisationen zuwendet, die eine nichtdemokratische Ordnung anstreben.[27] Setzen sich solche Organisationen wegen des Eintretens weiterer für sie günstiger Ereignisse im politischen Machtkampf durch, dann kann am Ende des Anpassungsprozesses sogar ein Demokratieversagen stehen.

Eine asymmetrische Informationsverteilung zwischen den Mandatsträgern und der Mehrzahl der Gemeindebürger kann die Funktionsfähigkeit demokratischer Institutionen gefährden. Ihr zumindest teilweiser Abbau durch eine jährliche bürgerorientierte Rechnungslegung schützt damit nicht nur einzelne Wähler vor falschen Wahlentscheidungen, sondern auch, ja insbesondere, die Funktionsfähigkeit und damit auch den Bestand der Demokratie.

II. Allgemeine Grundsätze der Gestaltung eines kommunalen Lageberichts

Bei der Aufstellung des kommunalen Lageberichts sind bestimmte Grundsätze zu beachten, die im Schrifttum zur handelsrechtlichen Bilanzierung als »Grundsätze ordnungsmäßiger Rechenschaft« bezeichnet werden.[28] Im wesentlichen hat sich dabei die Klassifizierung *Adolf Moxters* durchgesetzt, in der zwischen Rahmengrundsätzen und Kerngrundsätzen unterschieden wird.[29] Zu den Rahmengrundsätzen zählen die Grundsätze der Wahrheit, Klarheit und Vollständigkeit.

26 Eva Etzioni-Halevy, Bureaucracy and Democracy: A Political Dilemma, revised edition, London u.a. 1985, S. 49. So auch Bernard Rosen, Holding Government Bureaucracies Accountable, New York 1982, S. 13; Elmar Wiesendahl, a.a.O., S. 23.

27 Vgl. auch Karl-Dieter Opp, Haben demokratische Ordnungen ihre Selbstzerstörung zur Folge?, in: Jahrbuch für Neue Politische Ökonomie, 4. Bd., 1985, S. 178-195; Bruce Adams, The Frustrations of Government Service, in: Public Administration Review, Vol. 44, 1984, S. 5-13; Mark W. Crain, On the Structure and Stability of Political Markets, in: Journal of Political Economy, Vol. 85, 1977, S. 829-842.

28 Vor der Umsetzung der 4. EG-Richtlinie in deutsches Recht verwies § 160 Abs. 4 Satz 1 AktG a.F. explizit auf die »Grundsätze einer gewissenhaften und getreuen Rechenschaft«.

29 Vgl. Adolf Moxter, Fundamentalgrundsätze ordnungsmäßiger Rechenschaft, in: Joerg Baetge, Adolf Moxter und Dieter Schneider (Hrsg.), Bilanzfragen, Festschrift für Ulrich Leffson, Düsseldorf 1976, S. 87-100; Reinhard Sprenger, Grundsätze gewissenhafter und getreuer Rechenschaft im Geschäftsbericht, Ein Beitrag zur Interpretation von § 160 IV 1 AktG, Wiesbaden 1976.

Kerngrundsätze sind der Grundsatz der adressatenorientierten Rechenschaft, der entscheidungsorientierten Rechenschaft und der gefahrenorientierten Rechenschaft.

Der Grundsatz der Rechenschaftswahrheit verlangt nach *Adolf Moxter*, daß kein Element der Rechenschaft falsch sein darf »in dem Sinne, daß seine Beschreibung ›wider besseres Wissen‹ erfolgt. ... Die Rechenschaft muß mit der ›Wirklichkeit‹ übereinstimmen.«[30] Häufig wird dieses Rechenschaftsprinzip auch als Grundsatz der Willkürfreiheit oder als Grundsatz der Richtigkeit bezeichnet.[31] Gemeint ist immer dasselbe: Die bewußte Falschinformation der Adressaten ist verboten. Falschinformationen sind dabei Informationen, die nicht dem tatsächlichen Wissen oder der tatsächlichen Überzeugung des Rechnungslegenden entsprechen. Der Lagebericht darf neben objektiven Tatsachenangaben auch subjektive Beurteilungsaussagen enthalten; für den Leser muß jedoch immer erkennbar sein, welcher Aussagetyp vorliegt. »Richtigkeit« von Tatsachenangaben ist nämlich im Sinne von intersubjektiv eindeutiger Nachprüfbarkeit zu interpretieren, während bei subjektiven Beurteilungsaussagen (meistens handelt es sich dabei um Prognosen) die »Richtigkeit« im Sinne von glaubwürdig/nicht glaubwürdig, realistisch/unrealistisch oder wahrscheinlich/unwahrscheinlich verstanden wird.

Der Grundsatz der Vollständigkeit verlangt, »daß kein ›notwendiges‹ Berichtselement ausgelassen wird.«[32] Nicht nur die unrichtige Darstellung, sondern auch das Unterlassen von Angaben, die für eine gewissenhafte und getreue Rechenschaft erforderlich sind, können dazu führen, daß der Lagebericht einen falschen Eindruck vermittelt.[33] Nicht verlangt wird jedoch eine bis in jede Einzelheit gehende Berichterstattung. Es reicht aus, wenn alle »wesentlichen« Informationen vermittelt werden.[34]

Der Grundsatz der Klarheit verbietet »einen ›mehrdeutigen‹ und insofern irreführenden Berichtsinhalt.«[35] Weiterhin ist der Lagebericht zu untergliedern und das einmal gewählte Gliederungsschema ist beizubehalten, solange nicht schwerwiegende Argumente dagegen sprechen. Neben diesen eher »formellen« Aspekten verlangt der Grundsatz der Berichtsklarheit auch, daß der Bericht

30 Adolf Moxter, a.a.O., S. 91.

31 Vgl. u.a. Ulrich Leffson, Die Grundsätze ordnungsmäßiger Buchführung, 6. Aufl., Düsseldorf 1982, S. 174 ff.

32 Adolf Moxter, a.a.O., S. 93.

33 Vgl. Wolfgang Reittinger, Die Prüfung des Lageberichts nach Aktienrecht und nach den Vorschriften der 4. EG-Richtlinie, Frankfurt a.M. und Bern 1983, S. 114.

34 Der Inhalt des »Wesentlichkeitsgrundsatzes« (»materiality principle«) ist noch immer nicht eindeutig geklärt, Vgl. u.a. Byung T. Ro, An Analytical Approach to Accounting Materiality, in: Journal of Business and Accounting, Vol. 9, 1982, S. 397-412.

35 Adolf Moxter, a.a.O., S. 93.

verständlich abzufassen ist. Die Anforderung der Verständlichkeit bezieht sich sowohl auf die einzelnen Berichtselemente als auch auf den Bericht insgesamt. Der Schwierigkeitsgrad der Darstellung hat sich am Empfängerkreis zu orientieren. Es sollte sich um Berichte handeln, »which can be understood by laymen, without being oversimplified so much that they contain incorrect or misleading statements.«[36] Am zweckmäßigsten erscheint eine Mischung des Berichts aus verbalen Ausführungen und optischen Auflockerungen wie Tabellen, Graphiken und Bildern. Dabei sollten bei den verbalen Ausführungen die Satzstrukturen so einfach wie möglich gehalten werden, um den Empfängern das Verständnis nicht von vornherein zu erschweren oder unmöglich zu machen.[37]

»Ohne einen wohldefinierten Adressaten ist keine sinnvolle Rechenschaft denkbar. Denn Rechenschaft hat immer eine Schutzfunktion; sie soll durch Änderung der ›Informationsverteilung‹ Adressaten vor Nachteilen bewahren. Das ist nur möglich, wenn der Rechenschaftsinhalt am Informationsinteresse der Adressaten ausgerichtet wird.«[38] Der so definierte Grundsatz der adressatenorientierten Rechenschaft bestimmt zusammen mit dem Grundsatz der entscheidungsorientierten Rechenschaft, der den Ausweis entscheidungsrelevanter Informationen fordert, den Inhalt des Lageberichts. Ausgehend vom primären Schutzzweck hat der kommunale Lagebericht vor allem solche Informationen zu enthalten, die der Bürger zur besseren Fundierung seiner Wahlentscheidung benötigt. Die Bestimmung der Sachverhalte, über die im kommunalen Lagebericht informiert werden soll, kann dabei auf zwei Wegen erfolgen. Einmal kann der empirisch-induktive Weg gewählt werden, der den Berichtsinhalt über Befragungen der Informationsadressaten festzulegen versucht. Zum anderen können die im Bericht aufzunehmenden Informationen aus theoretisch fundierten Entscheidungsmodellen logisch-deduktiv abgeleitet werden. Beide Vorgehensweisen sind nicht ganz unproblematisch: die empirisch-induktive Methode berücksichtigt zu wenig, daß die befragten Personen durch ihre soziale und kulturelle Umwelt konditioniert sind und deshalb eine Tendenz zur Bestätigung des status quo besteht. Der logisch-deduktive Weg setzt die Kenntnis eines allgemeingültigen Wählerentscheidungsdmodells voraus, das es schon aufgrund der großen Heterogenität der Wählerschaft kaum geben kann. Zur Bestimmung

36 Jan M. Lodal, Improving Local Government Financial Information Systems, in: Duke Law Journal, 1976, S. 1140.

37 Vgl. zu den Möglichkeiten einer verständlichen Gestaltung des Lageberichts Günther Damm, Kommunikationsmedium Geschäftsbericht, Eine empirische Untersuchung über die Kommunikationsfunktion des Geschäftsberichtes deutscher Aktiengesellschaften, Frankfurt a.M. 1980, S. 44 ff.; Georg Kellinghusen und Wolfgang Irrgang, Der optimale Geschäftsbericht, Praktische Hinweise auf der Grundlage von Marktforschungsergebnissen, in: Der Betrieb, 31. Jg., 1978, S. 2277-2283.

38 Adolf Moxter, a.a.O., S. 94 f. Der Grundsatz der gefahrenorientierten Rechenschaft ist für die Gestaltung des kommunalen Lageberichts nicht relevant.

des Berichtsinhalts sollten deshalb zweckmäßigerweise beide Wege simultan beschritten werden.
Damit bei der Erstellung des kommunalen Lageberichts die Grundsätze ordnungsmäßiger Rechenschaft, insbesondere die Grundsätze der Wahrheit und Vollständigkeit beachtet werden, ist der Bericht einer Pflichtprüfung durch unabhängige sachverständige Dritte zu unterwerfen.[39] Die Fremdprüfung soll verhinden, daß der kommunale Lagebericht zu einem Instrument der Imagewerbung und der beschönigenden Selbstdarstellung degeneriert; sie leistet damit einen Beitrag zur Erhöhung der Glaubwürdigkeit der im Bericht enthaltenen Informationen. Das ist besonders wichtig, denn verständliche und relevante Informationen werden von den Adressaten nur verwendet, wenn sie hinreichend glaubwürdig erscheinen. Meines Erachtens ist zur Sicherung der Glaubwürdigkeit die örtliche Prüfung durch ein Rechnungsprüfungsamt oder einen Prüfungsausschuß nicht ausreichend.[40] Der zusätzlich erstellte Lagebericht ist, wie der sonstige kommunale Jahresabschluß, von den in den Gemeindeordnungen vorgesehenen Instanzen der überörtlichen Prüfung zu prüfen. Im Bestätigungsvermerk sollte darauf eingegangen werden, inwieweit der Bericht ein den tatsächlichen Verhältnissen entsprechendes Bild (»true and fair view«) von der Lage der Gemeinde vermittelt.

III. Inhalt und Form des kommunalen Lageberichts

1. Explikation des Begriffs »Lage«

Der kommunale Lagebericht soll ein den tatsächlichen Verhältnissen entsprechendes Bild von der »Lage« einer Gemeinde vermitteln. Die interessierten Bürger sollen damit selbst beurteilen können, ob es dem Gemeinderat im Zusammenwirken mit der Gemeindeverwaltung in dem abgelaufenen Wirtschaftsjahr gelungen ist, die »Lage« der Gemeinde zu verbessern oder zumindest nicht zu verschlechtern. Diese Aussage bleibt allerdings leerformelhaft, solange der Begriff der »Lage« nicht präzisiert wird. Ein Blick in den Bereich der privatwirtschaftlichen Rechnungslegung hilft insofern weiter, als deutlich wird, daß es sich bei

39 So auch Frederic J. Carlson, a.a.O., S. 188.
40 Vgl. zu den Problemen der örtlichen Prüfung u.a. Heinrich Siedentopf und Klaus-Dieter Grunewald, Die kommunale Rechnungsprüfung, 2. Aufl., Bad Wörishofen 1977.

dem Begriff »Lage« um ein mehrdimensionales Konstrukt handelt.[41] Man kann auch sagen, daß sich die (Gesamt-)Lage aus verschiedenen Einzellagen zusammensetzt. Dabei wird eine Einzellage durch die Ausprägung eines ausgewählten Merkmals beschrieben. Wird als Merkmal der finanzielle Aspekt gewählt, dann spricht man von der Finanzlage. Die Konzentration auf andere Merkmale führt zu Einzellagen wie: Vermögens-, Ertrags-, Konkurrenz-, Auftrags-, Beschäftigungs-, Forschungs-, Rationalisierungs- oder Beschaffungslage. Im Lagebericht von Kapitalgesellschaften interessieren dabei insbesondere solche Einzellagen, die zur Verdeutlichung der »wirtschaftlichen Lage« geeignet sind.[42]

Nach § 289 Abs. 2 Nr. 2 HGB soll der Lagebericht von Kapitalgesellschaften auch auf deren voraussichtliche Entwicklung eingehen. Damit wird deutlich, daß der Begriff »Lage« auch prospektive Elemente enthält, für deren Beschreibung Prognosen notwendig sind. Der Lagebegriff ist folglich nicht statisch, sondern dynamisch zu interpretieren.[43] Die Lage darf somit nicht als eine bloße Momentaufnahme in einem dynamischen Prozeß verstanden werden, bei der die zu erwartende Entwicklung keine Rolle spielt.

Diese für die privatwirtschaftliche Rechnungslegung gewonnenen Erkenntnisse sind auch für die Gestaltung des kommunalen Lageberichts relevant. Der kommunale Lagebericht kann folglich nicht über die Lage der Gemeinde schlechthin, sondern nur über ausgewählte Einzellagen informieren, wobei zu deren Kennzeichnung zum Teil Prognoseaussagen erforderlich sind.

2. Informationen über Einzellagen

Die Frage, über welche Einzellagen ein kommunaler Lagebericht informieren sollte, läßt sich derzeit weder auf logisch-deduktivem Weg noch auf empirisch-induktivem Weg hinreichend präzise beantworten, weil bislang keine fundierten Wahl-Entscheidungsmodelle und keine ausreichenden empirischen Forschungs-

41 Vgl. Edmund Heinen, Diskussionsbeitrag, in: Betriebswirtschaftliche Forschung und Praxis, 32. Jg., 1980, S. 561.

42 Welche Einzellagen im handelsrechtlichen Lagebericht auszuweisen sind ist immer noch nicht definitiv geklärt. Vgl. u.a. Hans Bauchowitz, Die Lageberichtspublizität der Deutschen Aktiengesellschaft, Eine empirische Untersuchung zum Stand der Berichterstattung gem. § 160 Abs. 1 AktG, Frankfurt a.M. u.a. 1979, S. 25 f.; Hans Michael Korth, Die Darstellung der wirtschaftlichen Lage im Bericht über die aktienrechtliche Jahresabschlußprüfung, Diss. München 1976, S. 6 ff.; Bruno Kropff, Der Lagebericht nach geltendem und zukünftigem Recht, in: Betriebswirtschaftliche Forschung und Praxis, 32. Jg., 1980, S. 514-532.

43 Vgl. dazu auch Wolf-Rüdiger Bretzke, Inhalt und Prüfung des Lageberichtes: Anmerkungen zur gegenwärtigen und zukünftigen Praxis der Prognosepublizität, in: Die Wirtschaftsprüfung, 32. Jg., 1979, S. 337-349; Friedhelm Sahner und Heinz Kammers, Der Lagebericht – Gegenwart und Zukunft, in: Der Betrieb, 37. Jg., 1984, S. 2309-2316.

ergebnisse vorliegen. Nachfolgend wird daher lediglich ein Überblick über mögliche Informationen gegeben, die in diesem Zusammenhang relevant sein könnten. Als Leitidee dient dabei die Vorstellung, daß die Bürger in erster Linie an ihrer eigenen Wohlfahrt interessiert sind. Im Lagebericht sollte deshalb primär über solche kommunale Sachverhalte informiert werden, die sich positiv und/oder negativ auf die individuellen Wohlfahrtspositionen auswirken. Die Wohlfahrt der Bürger wird positiv beeinflußt durch die Leistungen, welche der Kernbereich der Verwaltung (=Verwaltungsbetriebe i.e.S.) und der periphere Bereich (=alle aus dem Kernbereich ausgegliederten Organisationseinheiten, die rechtlich und/oder wirtschaftlich verselbständigt sind) produzieren.[44] Sofern der Bürger zur Finanzierung der Leistungserstellung in Form von Leistungsentgelten, Gebühren, Beiträgen, Steuern und sonstigen Zwangsabgaben beitragen muß, wirkt sich dies wohlfahrtsmindernd aus. Die Bürger dürfte außerdem interessieren, ob das Leistungsangebot bei gegebenen Finanzierungsbeiträgen auf Dauer sichergestellt ist, oder ob aufgrund der geringen finanziellen Leistungsfähigkeit der Gemeinde Leistungseinschränkungen und/oder Beitragserhöhungen wahrscheinlich sind. Damit erwartet der interessierte Bürger von einem kommunalen Lagebericht primär Informationen über die »Leistungslage« und die »Finanzlage« der Gemeinde.

a) Informationen über die Leistungslage

Die Gemeindeverwaltung produziert, zusammen mit den kommunalen Einrichtungen und Betrieben, eine Vielzahl unterschiedlichster Leistungen. Es handelt sich zum einen um Leistungen, zu deren Bereitstellung die Gemeinde gesetzlich verpflichtet ist (z.B. Ver- und Entsorgung, soziale Absicherung, Bildung) und zum anderen um Leistungen, die freiwillig erstellt werden (z.B. Leistungen im Kultur-, Sport- und Freizeitbereich). Damit der Lagebericht nicht zu voluminös und damit für den Normalbürger nicht mehr handhabbar wird, darf selbstverständlich nicht über jede einzelne Leistungsart im Detail informiert werden. Es erscheint zweckmäßig, den Berichtsteil »Leistungslage« in einzelne Leistungsbereiche, wie z.B. »Soziale Absicherung«, »Freizeit und Erholung«, »Bildung und Kultur«, »Ver- und Entsorgung«, »Straßenbau und Verkehr« und »Umwelt und Natur« zu untergliedern. Innerhalb eines jeden Leistungsbereichs wird nur über besonders wichtig erscheinende Einzelleistungen gesondert berichtet, während ansonsten nur Globalinformationen gegeben werden. Welche Leistungsarten aus

44 Vgl. zu dieser Einteilung Klaus Lüder und Willi Küpper, Möglichkeiten und Probleme der Organisationsentwicklung öffentlicher Verwaltungen, in: Die Betriebswirtschaft, 39. Jg., 1979, S. 248-259.

der Sicht der Bürger »besonders wichtig« sind, läßt sich letztlich nur über empirische Untersuchungen feststellen. Es spricht allerdings einiges für die Vermutung, daß sich die Bürger vor allem für die freiwilligen kommunalen Leistungen, und dabei wiederum insbesondere für die ausgabeintensivsten Leistungsarten interessieren dürften.

Welche Informationen soll der Lagebericht zu den ausgewählten Leistungsbereichen, Leistungsbündeln oder Einzelleistungen geben? Diese Frage läßt sich abschließend auch erst nach einer empirischen Erhebung beantworten. Ausgehend von der plausiblen Annahme, daß die Bürger keine Ressourcenverschwendung in ihren kommunalen Institutionen wünschen, sollte der Lagebericht Informationen über die *»technische Effizienz«* der Leistungsproduktion enthalten. Allerdings erscheint es nicht sinnvoll, im Bericht einzelne Effizienzmaße (z.B. Produktivitäts- und Kostenwirtschaftlichkeitskennziffern) auszuweisen, da sie vermutlich von der Mehrzahl der Bürger nicht verstanden werden dürften. Das vermutete Informationsinteresse der Bürger an Wirtschaftlichkeitsaussaggen läßt sich eher dadurch befriedigen, daß in den Lagebericht nicht nur der Bestätigungsvermerk der überörtlichen Prüfungsinstanz, sondern auch Prüfungsbemerkungen zur technischen Effizienz aufgenommen werden. Dabei sollte in den Prüfungsbemerkungen nur auf solche Leistungsbereiche eingegangen werden, die überdurchschnittlich effizient oder besonders ineffizient gewirtschaftet haben. Zu derartigen Wirtschaftlichkeitsurteilen sind die Prüfer von überörtlichen Prüfungsinstitutionen durchaus in der Lage, verfügen sie doch in der Regel über hinreichend viele Vergleichsdaten anderer Gemeinden.

Technisch effizient können aber auch Leistungen erstellt werden, die niemand nachfragt. Deshalb dürfte die Bürger auch interessieren, ob zumindest die ausgewählten »teuersten« Leistungen in Quantität und Qualität ihren Präferenzen entsprechend produziert worden sind. Ein Indikator für die bedarfsgerechte Leistungs m e n g e ist das Verhältnis von produzierter zur abgesetzten Menge. Bei sogenannten Optionsgütern mit freier Konsumwahl (z.B. Parks, öffentliche Verkehrsmittel) ist die Zahl der Benutzungen aufschlußreich. Bei Optionsgütern, die die Bürger normalerweise nicht freiwillig in Anspruch nehmen (z.B. Feuerwehr), da sie lediglich eingerichtet sind, um Schaden zu verhindern oder zu vermindern (Optionsgüter im engeren Sinn), läßt sich dagegen kaum feststellen, ob die bereitgestellten Kapazitäten über- oder unterdimensioniert sind.[45] Das gleiche gilt für Einrichtungen, die der Bürger in Anspruch nehmen muß (Anschluß- oder Benutzungszwang).

45 Vgl. Manfried Gantner, Meßprobleme öffentlicher Aktivitäten, Staatsquoten, Preissteigerungen, Outputkonzepte, Baden-Baden 1984, S. 264.

Der kommunale Lagebericht sollte auch Aussagen zur *Qualität* der produzierten Leistungen enthalten. Die Qualitätskomponente hat allerdings mehrere Dimensionen,[46] so daß ihre Messung erhebliche Schwierigkeiten bereitet. Möglicherweise bietet die seit einiger Zeit im Schrifttum diskutierte und schon einige Male mit Erfolg praktizierte Befragung repräsentativ ausgewählter Bürger (»citizen feedback«) einen Ausweg.[47] Hinsichtlich der Validität und Reliabilität dieser Methode bestehen kaum noch Bedenken; gegen regelmäßige, in periodischen Abständen durchzuführende Befragungen könnten daher nur die damit verbundenen Kosten sprechen. Zusätzlich kann in einem beigefügten Stadtplan die Lage derjenigen öffentlichen Einrichtungen gekennzeichnet werden, die der Bürger aufsuchen muß, wenn er in den Genuß der Leistungen kommen will (z.B Parks, Kinderspielplätze, Kindergärten, Sportplätze, Schulen). Daraus wird ersichtlich, inwieweit einzelne Stadtteile mit öffentlichen Einrichtungen unter- bzw. überversorgt sind.[48]

Schließlich sollten für die im Lagebericht ausgewiesenen »teuersten« kommunalen Leistungen die *Kosten* pro Leistungseinheit sowie die durch Leistungsentgelt der Abnehmer bzw. Benutzer erreichten *Kostendeckungsgrade* pro Einheit und insgesamt offengelegt werden. Diese Zahlen zeigen dem Bürger, welchen Beitrag der Leistungsempfänger zur Deckung der Kosten leistet.

b) Informationen über die Finanzlage

Die Finanzlage einer Gemeinde wird im wesentlichen durch ihre *finanzielle Leistungsfähigkeit* ausgedrückt. Darunter versteht man die »Fähigkeit eines

46 Vgl. u.a. Harry P. Hatry, Measuring the Quality of Public Services, in: Willis D. Hawley und David Rogers (Hrsg.), a.a.O., S. 39-63.

47 Vgl. u.a. Jeffrey L. Brudney und Robert E. England, Urban Policy Making and Subjective Service Evaluations: Are they Compatible?, in: Public Administration Review, Vol. 42, 1982, S. 127-135; Michael R. Fitzgerald und Robert F. Durant, Citizen Evaluations and Urban Management: Service Delivery in an Era of Protest, in: Public Administration Review, Vol. 40, 1980, S. 585-594; Roger B. Parks, Linking Objective and Subjective Measures of Performance, in: Public Administration Review, Vol. 44, 1984, S. 118-127; John P. Pelissero, Citizen Evaluations of Community Services in Oklahoma, Bureau of Government Research, Norman 1978; Brian Stipak, Are there Sensible Ways to Analyze and Use Subjective Indicators of Urban Service Quality?, in: Social Indicators Research, Vol. 6, 1979, S. 421-438; ders., Citizen Satisfaction With Urban Services: Potential Misuses as a Performance Indicator, in: Public Administration Review, Vol. 39, 1979, S. 46-52.

48 Im Schrifttum wird die These vertreten, daß die öffentlichen Einrichtungen nicht gleichmäßig über das Stadtgebiet verteilt sind, vgl. u.a. Robert L. Lineberry, Equality and Urban Policy: The Distribution of Municipal Public Services, Beverly Hills 1977; Kenneth R. Mladenka, Citizen Demands and Urban Services: The Distribution of Bureaucratic Response in Chicago and Houston, in: American Journal of Political Science, Vol. 25, 1981, S. 693-714; Elinor Ostrom, The Social Stratification: Government Inequality Thesis Explored, in: Urban Affairs Quarterly, Vol. 19, 1983, S. 91-112; Richard C. Rich (Hrsg.), Analyzing Urban-Service Distribution, Lexington, Mass. 1982.

öffentlichen Gemeinwesens, jene Leistungen auch weiterhin zu erbringen, für die es existiert.«[49] Die Bürger dürfte die dauernde finanzielle Leistungsfähigkeit ihrer Gemeinde deshalb interessieren, weil sie Aufschluß gibt über die Sicherheit der zukünftigen Versorgung mit kommunalen Leistungen und/oder über zukünftige wahrscheinliche Entgelt- und Abgabenerhöhungen.

Ein wichtiger Indikator zur Beurteilung der finanziellen Lage stellt die *Einnahmen- und Ausgabenstruktur* dar. Im Interesse der Übersichtlichkeit und Verständlichkeit sollten die Informationen nur in komprimierter Form gegeben werden. Eine Möglichkeit ist die Darstellung der Zu- und Abflüsse der finanziellen Mittel in einem Schaubild.

Zur Einschätzung der Finanzlage einer Gemeinde ist weiterhin der derzeitige *Verschuldungsgrad* und seine Entwicklung in der Vergangenheit darzustellen. Dazu dient zum einen die Offenlegung des Gesamtbestandes der Schulden, möglicherweise nach Fristigkeiten gegliedert und zum anderen die Darstellung der Entwicklung der Pro-Kopf-Verschuldung. Besonders informativ erscheint außerdem der Ausweis der Schuldendienstquote, die sich aus dem Verhältnis der laufenden Zins- und Tilgungszahlungen zu den Gesamteinnahmen ergibt. Je höher diese Quote ist, um so stärker ist der finanzielle Handlungsspielraum einer Gemeinde wegen der laufenden Belastung durch den Schuldendienst eingeschränkt.[50] Ein Vermerk der überörtlichen Prüfung, wie die Verschuldung im Vergleich zu anderen Gemeinden einzuschätzen ist, erscheint sinnvoll. Das gleiche gilt für Prognoseaussagen zur zukünftigen Schuldenentwicklung. Neben den sicheren Schulden sollten auch die unsicheren, aber wahrscheinlichen Verbindlichkeiten (=Rückstellungen im Sinne der kaufmännischen Rechnungslegung) ausgewiesen werden.

Ein brauchbarer Indikator zur Beurteilung der finanziellen Lage einer Gemeinde ist weiterhin die sogenannte *freie Spitze* oder Investitionsrate, die man auch als »kameralistischen cash flow« bezeichnen kann.[51] Die freie Spitze ergibt sich aus der Zuführung des Verwaltungshaushalts zum Vermögenshaushalt, vermindert um diejenigen regelmäßig wiederkehrenden vermögenswirksamen Ausgaben des Vermögenshaushalts (Kredittilgung, Zuführungen zur allgemeinen Rücklage), die der gemeindlichen Disposition im wesentlichen entzogen sind. Der so ermittelte

49 Walter Moser, Kriterien zur Beurteilung der finanziellen Lage öffentlicher Gemeinwesen, Bern und Stuttgart 1982, S. 23.

50 Vgl. Eberhard Hoffmann, Die Beurteilung der finanziellen Leistungsfähigkeit von Gemeinden anhand ausgewählter Kennzahlen – kritische Anmerkungen zu ihrer Aussagefähigkeit –, in: Der Gemeindehaushalt, 87. Jg., 1986, S. 245-254.

51 Vgl. Jürgen Gornas, Zur Berücksichtigung der finanziellen Leistungsfähigkeit in kommunalen Investitions- und Finanzplanungsmodellen, in: Archiv für Kommunalwissenschaften, 23. Jg., 1984, S. 51.

»kameralistische cash flow« zeigt an, in welcher Höhe der Haushalt eines Jahres zusätzlich mit Ausgaben für Sachinvestitionen belastet werden kann. Die Darstellung der Entwicklung dieser Größe in der Vergangenheit sowie prognostische Aussagen zur zukünftigen Entwicklung kann für den Bürger informativ sein; notwendig sind allerdings verständliche Erläuterungen.

Für den Bürger interessant könnte auch der Ausweis des *Finanzvermögens* im Sinne des neuen harmonisierten Rechnungsmodells von Kantonen und Gemeinden in der Schweiz sein.[52] Zum Finanzvermögen werden dort alle Vermögenswerte einer Gemeinde gezählt, die ohne Verletzung einer öffentlich-rechtlichen Verpflichtung jederzeit am Markt verwertbar sind. Lassen sich diese jederzeit realisierbaren Vermögenswerte zu Verkehrswerten (=Marktpreisen) ausweisen, dann erhält der Bürger einen Eindruck von den »Reserven für finanzielle Notlagen« der Gemeinde.

Zur weiteren Konkretisierung des Inhalts eines kommunalen Lageberichts sind insbesondere empirische Untersuchungen erforderlich. Anzustreben ist die Bestimmung eines »Informations-Set«, das dann verbindlich als Berichterstattungs-Soll allen Gemeinden vorzugeben wäre. Denn dem Sinn des »Publizitätsgrundsatzes widerspräche es, wenn Art und Umfang der Veröffentlichung im Belieben der Kontrollierten selbst ständen.«[53]

3. Form des kommunalen Lageberichts

Die Adressaten des kommunalen Lageberichts sind die Gemeindebürger, die im Normalfall keine Experten auf dem Gebiet der Kommunalfinanzen und der öffentlichen Leistungserstellung sind. Dieses Faktum ist bei der Gestaltung des Berichts zu berücksichtigen. Zu vermeiden ist deshalb ein mit Detailinformationen überfrachteter umfangreicher Lagebericht.[54] Es reicht aus, wenn die wesentlichen Informationen in einer für die Mehrzahl der Bürger verständlichen Form vermittelt werden. Um beim Leser das Interesse und die Aufmerksamkeit zu wecken, sollte der in einer verständlichen Sprache abgefaßte Textteil und der unvermeidliche Tabellenteil durch Bilder und Graphiken optisch aufgelockert

52 Vgl. dazu u.a. Ernst Buschor, Haushaltsführung und Finanzplanung, Wirtschaftsbulletin 34 der Zürcher Kantonalbank, Zürich 1984; Hans-Peter Wehrli, Öffentliches Rechnungswesen in der Schweiz, in: Klaus Lüder (Hrsg.), a.a.O., S. 39-51.

53 Hans Herbert v. Arnim, Die Öffentlichkeit kommunaler Finanzkontrollberichte als Verfassungsgebot, hrsg. vom Karl-Breuer-Institut des Bundes der Steuerzahler, Heft 51, Wiesbaden 1981, S. 32.

54 Dieser Anforderung genügt m.E. der von Cahill vorgeschlagene »annual report« nicht, da er zu viele Detailinformationen enthält. Vgl. Gerard A. Cahill, a.a.O., S. 63 ff.

werden. Die Bestimmung einer benutzerfreundlichen Form des kommunalen Lageberichts erfordert entsprechende empirische Untersuchungen.

IV. Zusammenfassung

Die derzeit praktizierte Form der kommunalen Rechnungslegung erreicht die weitaus überwiegende Mehrzahl der Gemeindebürger nicht. Die Folge davon ist eine zwischen der Leitung der Gemeindeverwaltung sowie den Ratsmitgliedern auf der einen Seite und der Gemeindebürgerschaft auf der anderen Seite bestehende asymmetrische Informationsverteilung. Daraus resultieren Risiken für die Funktionsfähigkeit der Demokratie. Zumindest die auf der asymmetrischen Informationsverteilung beruhende Gefährdung der Institution »Demokratie« läßt sich vermeiden, wenn das oft konstatierte »Bürgerrecht auf Information« ernst genommen und den Gemeindebürgern jährlich ein allgemeinverständlicher »kommunaler Lagebericht« zur Verfügung gestellt wird. Mit diesem Bericht legt der Gemeinderat zusammen mit der hauptamtlich Verwaltungsleitung Rechenschaft vor den Bürgern. Zur Bestimmung des Inhalts des kommunalen Lageberichts ist noch weitere Forschungsarbeit notwendig. Sie zu leisten ist sicher im Sinne des Jubilars, hat doch *Ludwig Müllhaupt* die Forschung auf dem Gebiet des kommunalen Rechnungswesens wesentlich geprägt und vorangetrieben.[55]

55 Vgl. u.a. Ludwig Mülhaupt, Das Problem der gemeindlichen Vermögensrechnung in betriebswirtschaftlicher und finanzwirtschaftlicher Betrachtung, in: Zeitschrift für handelswissenschaftliche Forschung, 34. Jg., 1940, S. 305-330; ders., Das Problem der öffentlichen Vermögensrechnung und seine Lösung, Würzburg 1943; ders., Probleme der kommunalen Vermögensrechnung, in: Der öffentliche Haushalt, 11. Jg., 1970, S. 19-39; ders., Erfolgs- und haushaltswirtschaftliches Rechnen öffentlicher Haushalte am Beispiel des privaten Haushalts, in: Zeitschrift für Betriebswirtschaft, 55. Jg., 1985, S. 362-382.

Kurzfassung

Diese Festschrift zu Ehren von Ludwig Mülhaupt widmet sich dem öffentlichen Rechnungswesen und insbesondere der Verbesserung der Informationsgrundlagen des Verwaltungshandelns mit Hilfe betriebswirtschaftlicher Kategorien und Methoden. Der Jubilar hat seit vielen Jahren wegweisende Beiträge auf diesem Gebiet veröffentlicht.

Im ersten Beitrag geht Franz Xaver Bea auf die Determinanten des Informationsbedarfs und die Möglichkeiten der Informationsbeschaffung für Entscheidungen in öffentlichen Verwaltungen ein. Er legt nicht nur dar, daß zwischen dem Informationsbedarf und den Möglichkeiten der Informationsbeschaffung eine »Informationslücke« besteht, sondern setzt sich auch mit deren Ursachen und den prinzipiellen Möglichkeiten der Problemlösung auseinander.

Ernst Buschor stellt in seiner Abhandlung »Die Schweizer Haushaltsreform der Kantone und Gemeinden« das neu eingeführte Rechnungswesen vor. In dessen Mittelpunkt steht eine den besonderen Bedürfnissen der öffentlichen Verwaltung angepaßte kaufmännische Buchführung. An Hand eines Buchungsbeispiels illustriert Buschor die buchhalterische Vorgehensweise bei diesem neuen Rechnungssystem.

Der Allgemeinen und Öffentlichen Betriebswirtschaftslehre, insbesondere deren Rechnungsstile Doppik und Kameralistik ist der Beitrag von Peter Eichhorn gewidmet. Eichhorn fordert auf, in einer wahrhaft Allgemeinen Betriebswirtschaftslehre die Gemeinsamkeiten aller dem Wirtschaftlichkeitsprinzip folgenden Betriebe herauszuarbeiten und sich nicht nur auf gewinnstrebende Wirtschaftseinheiten zu konzentrieren. Zur besseren Fundierung des Verwaltungshandelns schlägt er eine »Neue Kameralistik« vor, die auch Kosten- und Wirtschaftlichkeitsrechnungen erlaubt.

Manfred Fuchs untersucht die Einsatzmöglichkeit der Kameralistik als Informationssystem für die wirtschaftliche Verwaltungsführung. Er beschreibt das System der Erweiterten Kameralistik und schließt entsprechende gesetzliche Regelungen in seine Ausführungen ein.

Basierend auf Darstellungen des Haushalts-, Kassen- und Rechnungswesens sowie der elektronischen Datenverarbeitung veranschaulicht Jürgen Gornas den Einsatz der EDV in der kommunalen und staatlichen Verwaltung. Er erörtert die Möglichkeit, ein umfassendes EDV-Konzept zu bilden, welches partielle Lösungen ersetzt.

Zu den Aufgaben der Speziellen Betriebswirtschaftslehre der öffentlichen Verwaltungen und Unternehmen zählt die Leistungsberechnung und Leistungsbeurteilung in wissenschaftlichen Hochschulen. Erich Potthoff zeigt deren Problematik und Möglichkeiten der Leistungsrechnung in Lehre und Forschung auf. Er erörtert verschiedene Evaluationsmaßnahmen in den USA und spezifiziert unterschiedliche Rahmenbedingungen zwischen der BR Deutschland und den USA, die bei einem Vergleich von Hochschulen beider Länder zu beachten sind.

Im Mittelpunkt der Ausführungen von Karl Saindl über das externe und interne Rechnungswesen in den östereichischen Gemeinden steht die Voranschlags- und Rechnungsabschlußverordnung. Einen besonderen Akzent setzt Saindl auf den Voranschlag, der neben der Haushaltsrechnung den wichtigsten Teil des externen Rechnungswesens bildet.

Henner Schierenbeck befaßt sich mit der Integration von kaufmännischer und kameralistischer Buchführung. Er vergleicht Aufbau und Ablauf der kaufmännischen Buchführung mit dem der Verwaltungs- und Betriebskameralistik und kommt durch eine Gegenüberstellung des dreiteiligen Rechnungswesens (Doppik ergänzt durch eine integrierte Finanz- und Erfolgsrechnung) und der Kameralistik zu dem Schluß, daß die Entscheidung für einen bestimmten Rechnungsstil vom jeweiligen Einzelfall abhängt.

Die gestiegenen Staatsausgaben aufgrund vermehrter öffentlicher Aufgaben sowie höhere Verwaltungskosten sind für Walter Schwab Anlaß, mehr Wirtschaftlichkeit zu fordern, um so die Staatsverdrossenheit zu dämpfen.

Manfred Steiner diskutiert die Haushalts- und Vermögensrechnung in ihrer Bedeutung für die öffentliche Verwaltung. Der Ausgangspunkt seiner Darstellung der unverbundenen, teilverbundenen und vollverbundenen Haushalts- und Vermögenswirtschaft bilden die Ausführungen von Rudolf Johns und Ludwig Mülhaupt über eine Vermögensrechnung, die sowohl finanz- als auch betriebswirtschaftlichen Zielsetzungen genügt.

In Anbetracht der vielfältigen Aufgaben der Bundeswehr benötigt diese ein leistungsfähiges Rechnungswesen, um bei der Festlegung des jährlichen Haushalts einen sinnvollen Kompromiß zwischen den einzelnen Aufgaben finden zu können. Manfred Timmermann beschreibt das Rechnungswesen der Bundeswehr und zeigt insbesondere deren Kostenrechnung und Kostenschätzung auf.

Zu den Instrumenten der Wirtschaftlichkeitsanalyse gehören betriebswirtschaftliche Kennzahlen und Indikatoren, denen sich Günther E. Braun annimmt. Weitere Verfahrensweisen stellen nach Ansicht des Autors die Bereitstellung eines Beauftragten für Wirtschaftlichkeit oder die Verankerung des Wirtschaftlichkeitsprinzips bei der individuellen Leistungsbeurteilung in der öffentlichen Verwaltung dar.

Das Fund Accounting besitzt dieselben Wurzeln wie das kameralistische Rechnungswesen, bildet aber eine andere formale Rechnungslösung. Helmut

Brede und Ulrich Trogele geben einen Überblick über das Fund Accounting und erläutern die Verbuchung von Geschäftsvorfällen sowie die Erstellung eines Jahresabschlusses an einem praktischen Beispiel.
Mit den Grundzügen einer zweckadäquaten Vermögensrechnung beschäftigt sich Werner Buchholz. Die öffentliche Vermögensrechnung beinhaltet alle Rechnungen, die das öffentliche Vermögen zum Abbildungs- und Entscheidungsgegenstand haben (finanzwirtschaftliche, kosten- und güterwirtschaftliche sowie gesellschaftsbezogene). Dabei dominieren finanz- und leistungswirtschaftliche Kategorien. Im Gegensatz zum leistungswirtschaftlichen ist der finanzwirtschaftliche Teil bereits gut entwickelt.
Entscheidungsgegenstand haben, wobei finanz- und leistungswirtschaftliche Kategorien dominieren. Im Gegensatz zum leistungswirtschaftlichen ist der finanzwirtschaftliche Teil bereits gut entwickelt.
Dietrich Budäus sieht im Einsatz des Controlling als Führungsinstrument Verbesserungsmöglichkeiten des Verwaltungshandelns. Außer den Verbesserungsmöglichkeiten zeigt der Autor Ansatzpunkte zur organisatorischen Institutionalisierung des Conrolling in der kommunalen Verwaltung auf.
Klaus Lüder tritt für eine Annäherung des staatlichen an das kaufmännische Rechnungswesen ein. Er legt dar, daß die bestehende Form des staatlichen Rechnungswesen in der BR Deutschland im internationalen Vergleich nicht allzu gut abschneidet und wägt Pro und Contra für eine Reform ab.
Wie auch Budäus sieht Walter Oechsler im Einsatz des Controlling Verbesserungen des Verwaltungshandelns, insbesondere verbesserte Entscheidungsgrundlagen und präzisere Wirtschaftlichkeits- bzw. Wirksamkeitskontrollen. Der Autor macht deutlich, daß das Controlling der Privatwirtschaft bei der Übernahme auf die öffentliche Verwaltung verschiedener Änderungen bedarf.
Karl Oettle erörtert Möglichkeiten und Grenzen der Übertragung des kaufmännischen Rechnungswesens auf öffentliche Unternehmen. Er arbeitet zentrale Anwendungsbedingungen heraus und veranschaulicht neben Möglichkeiten der Kombination von öffentlichem und kaufmännischem Rechnungswesen auch Ansätze der kostenrechnerischen Ergänzung haushaltswirtschaftlicher Buchführung.
Einen neuen Ansatz zur Buchführung und Rechnungslegung bildet in der Bundes- und Landesverwaltung Österreichs das Konzept der integrierten Haushaltsverrechnung. Reinbert Schauer stellt diese Verbundrechnung am Beispiel des Haushaltswesen des österreichischen Bundeshaushaltes dar und kennzeichnet gleichzeitig ihre Leistungsfähigkeit. Einen besonderen Akzent legt der Autor auf den Rechnungsstil der Mehrphasenbuchführung, der dem Konzept der integrierten Haushaltsführung zugrunde liegt.
Im letzten Beitrag sieht Hannes Streim im kommunalen Lagebericht ein

ergänzendes Instrument der Jahresrechnung von Gemeinden. Durch einen solchen Bericht lassen sich Risiken für die Demokratie, die sich aus der gegenwärtigen Form der Rechnungslegung ergeben, reduzieren.
Der Band enhält außerdem ein Verzeichnis der einschlägigen Veröffentlichungen von Ludwig Mülhaupt sowie ein Verzeichnis des in den Beiträgen benutzten Schrifttums.

Summary

This commemorative publication dedicated to Ludwig Mülhaupt deals with public sector accounting systems and, in particular, with better information bases for administrative purposes by means of categories and methods related to business economics. In the last few years Ludwig Mülhaupt has published several remarkable articles on this topic.

In the first article Franz Xaver Bea reviews the determining factors of information demand and the possibilities of information supply for decisions in public administration entities. He does not only demonstrate that there is an »information gap« between information need and the possibilities of information supply, he also discusses its reasons and possibilities of solving the problem.

In his treatise »The Swiss budgetary reform in cantons and communities« Ernst Buschor presents the recently introduced accounting system. It is focused on a commercial accounting system adapted to special demands in public administration. By means of a book-keeping entry Buschor illustrates the accounting system.

Peter Eichhorn deals with business economies in general and in the public sector. He mainly pays attention to double-entry book-keeping and cameralistics. Peter Eichhorn demands that the common features of all enterprises pursuing the efficiency rule should be worked out and not to concentrate only on profitable economic entities. This should be done with the help of real general business economics. For a better foundation of administrative activities he proposes »new cameralistics« which also allow for cost and efficiency accounting.

Manfred Fuchs examines the possibilities of using cameralistics as an information system for efficient management in public administration entities. He describes the system of enlarged cameralistics and includes the respective legal stipulations.

Based on illustrations of the budgetary-, cash and accounting system as well as EDP Jürgen Gornas deals with EDP in municipal and public administration. He discusses the possibility of a comprehensive EDP-concept replacing partial solutions.

Among the functions of business economics in public administration entities and public enterprises are the calculation and evaluation of efficiency at universities. Erich Potthoff shows the problems and the possibilities of results accounting. He discusses the various evaluation methods in the US and specifies the different

frameworks in the Federal Republic of Germany and the US which have to be taken into consideration when comparing universities in the two countries.
Karl Saindl's contribution to the external and internal accounting system in Austrian communities is mainly focused on the regulation on cost estimates and accounting. He attaches special importance to cost estimates which is apart from budgetary accounting the major part of the external accounting system.
Henner Schierenbeck deals with an integration of commercial and cameralistic accounting. He compares structure and methods of commercial accounting with those employed in public administration and public enterprises. By contrastig the three-tier accounting system (double-tier accounting system complemented by an integrated budgetary and results accounting) with cameralistics he arrives at the conclusion that a decision in favour of a particular accounting method depends on the individual case.
According to Walter Schwab rising government expenditure due to the increasing number of public functions as well as higher administrative costs are reasons for demanding more efficiency. This will help reducing people's dissatisfaction with the state.
Manfred Steiner discusses the significance of budgetary and asset accounting in public administration. Points of departure of his description of unlinked, partly linked and linked budgetary and asset accounting systems are the articles written by Rudolf Johns and Ludwig Mülhaupt on an asset accounting system meeting financial as well as economic requirements.
In view of its numerous functions the Western German army needs an efficient accounting system in order to meet all demands when determining the annual budget. Manfred Timmermann describes the accounting system in the Western Germany army and illustrates, in particular, cost accounting and cost evaluation.

Günther E. Braun deals with ratios and indicators which are among the instruments of economic feasibility study. According to the author other methods would be the appointment of an officer responsible for efficiency or the consideration of the efficiency rule when evaluating individual performance in public administration.
Fund accounting has the same origin as governmental accounting, it uses, however, another formal accounting method. Helmut Brede and Ulrich Trogele make a review of fund accounting and illustrate the entry of business transactions and the preparation of an annual financial statement by means of an example.

Werner Buchholz describes the essential features of an asset accounting system keyed to its purposes. The public accounting system comprises all accounts related to finance, costs and commodities as well as socio-economic accounting. It reflects public assets and influences the decision-making process. In this respect efficiency

– and financially – related categories are dominant – but only the latter part being well-developed.
Dietrich Budäus considers controlling to be an instrument of management which helps to facilitate administrative activities. Apart from possibilities of improvement the author shows ways of institutionalising controlling in the organisation of municipal administration.
Klaus Lüder favours an approach of public accounting systems to commercial accounting. He is of the oppinion that present public accounting systems are unsatisfactory compared with those in other countries and considers the pros and cons for a reform.
Walter Oechsler agrees with Dietrich Budäus and regards the use of controlling as a possible means for improving administrative activities. This applies in particular to better bases for decision-making and more precise controls of efficiency or effectiveness. The author makes clear that a transfer of controlling from private economy to the public sector requires various changes.
Karl Oettle discusses the possibilities and limits of the application of commercial accounting in public enterprises. He elaborates central conditions for application and apart from possibilities of combining public sector accounting systems with commercial accounting he demonstrates ways of complementing budgetary accounting by cost accounting.
In Austrian administration, both on federal – and state-level, the concept of integrated accounting was introduced – this being a new point of departure for accounting and rendering of accounts. Reinbert Schauer exposes this linked accounting by means of the Austrian federal budget and shows its advantages. The author attaches special importance to the method of multi-stage accounting which is a basis of integrated budgetary management.
In the last article Hannes Streim deals with the municipal annual report which he regards as a supplement to annual accounts of communities. Such report can reduce risks for democracy resulting from the present accounting system.
This volume includes moreother a list of Ludwig Mülhaupt's publications and a list of writings used in the articles.

Literaturverzeichnis

Adams, Bruce, The Frustrations of Government Service, in: Public Administration Review, Vol. 44, 1984, S. 5-13

Akerlof, George A., The Market for ›Lemons': Quality Uncertainty and the Market Mechanism, in: Quarterly Journal of Economics, Vol. 84, 1970, S. 488-500

Albrecht, Wilhelm, Gemeinschaftliche autonome Basis-Datenverarbeitung, in: Öffentliche Verwaltung und Datenverarbeitung, 9. Jg., Heft 6, 1979, S. 3-7

Anthony, Robert N., Financial Accounting in Nonbusiness Organizations, Stamford, Conn. 1978

Anthony, Robert N., Making sense of nonbusiness accounting, in: Harvard Business Review, 58. Jg., 1980, Heft 3, S. 83-93

Arbeitskreis zur Bewertung von Eignung undLeistung, Bericht zur Einführung von Systemen zur Leistungsbewertung und zur Verwendungsbeurteilung im öffentlichen Dienst, Baden-Baden 1973

v. Arnim, Hans Herbert, Die Öffentlichkeit kommunaler Finanzkontrollberichte als Verfassungsgebot, hrsg. vom Karl-Breuer-Institut des Bundes der Steuerzahler, Heft 51, Wiesbaden 1981

Auster, Richard D. und *Morris Silver,* The State as a Firm, Economic Forces in Political Development, Boston u.a. 1979

Ball, Richard, Planung und Kontrolle in der Bundeswehr, Möglichkeiten und Grenzen des Controlling, in: Planung und Kontrolle in der öffentlichen Verwaltung und in öffentlichen Unternehmen, hrsg. von Jürgen Blum und Peter Horváth, Forschungsbericht Teil II, Stuttgart 1983, S. 157-191

Bauchowitz, Hans, Die Lageberichtspublizität der Deutschen Aktiengesellschaft, Eine empirische Untersuchung zum Stand der Berichterstattung gem. § 160 Abs. 1 AktG, Frankfurt am Main u.a. 1979

Bauer, Helfried, Die mittelfristige Finanzplanung, Wien 1971

Bauer, Helfried, Grenzen der kommunalen Verschuldung, Linz 1980

Baumgartner, Beat, Die Controllingkonzeption, Bern und Stuttgart 1980

Bea, Franz Xaver Ansätze einer Erweiterung der sog. rationalen Entscheidungstheorie, in: Struktur und Dynamik der Wirtschaft, Festschrift für Karl Brandt, hrsg. von Harald Enke, Walter Köhler und Wilfried Schulz, Freiburg 1983, S. 179-207

Bea, Franz Xaver und *Alfred Kötzle,* Grenzen für die verlegerische Betätigung der öffentlichen Hand – abgeleitet aus dem Grundsatz der Wirtschaftlichkeit der Haushaltsplanung und des Haushaltsvollzugs, in: Verlegerische Betätigung der öffentlichen Hand, hrsg. vom Börsenverein des Deutschen Buchhandels, Frankfurt 1984, S. 47-76

Bea, Franz Xaver und *Alfred Kötzle,* Nichterwerbswirtschaftliche Betriebe, in: Handwörterbuch der Planung, hrsg. von Norbert Szyperski, Stuttgart (im Druck)

Becker, Bernd, Zentrale nichtministerielle Organisationseinheiten in der unmittelbaren Bundesverwaltung, in: Verwaltungsarchiv, 1978, S. 149-202

Becker, Bernd, Entscheidungen in der öffentlichen Verwaltung, in: Öffentliche Verwaltung in der Bundesrepublik Deutschland, hrsg. von Klaus König u.a., Baden-Baden 1981, S. 279-295

Bendel, Rüdiger, Kassen- und Rechnungswesen, in: Handbuch für die öffentliche Verwaltung, Band 1, Grundlagen, hrsg. von Albert von Mutius, S. 583-626

Bös, Dieter, Öffentliche Unternehmungen, in: Handbuch der Finanzwissenschaft, hrsg. von Fritz Neumark, 3. Aufl., Band 2, S. 1-60

Bolsenkötter, Heinz, Zum gegenwärtigen Stand und der Zukunft der Hochschul-Betriebswirtschaft, in: Zeitschrift für Betriebswirtschaft, 50. Jg., 1980, S. 928-933

Bornhalm, Wilhelm, Das staatliche Rechnungswesen, Möglichkeiten und Probleme einer zielgerechten Gestaltung, Bad Bentheim 1986

Bothe, Bernd, Kosten-Controlling durch Gemeinkosten-Systems-Engineering (GSE), Managementmethode zur partizipativen Arbeitsvereinfachung und Gemeinkostensenkung, in: Betriebswirtschaftliche Forschung und Praxis, 33. Jg., 1981, S. 1-11

Braun, Günther E., Ziele, Planungsphilosophie und Planungskultur in öffentlicher Verwaltung und privatem Betrieb, Vergleich zwischen öffentlicher Verwaltung und privatem Betrieb sowie eine Analyse der Einsatzbedingungen betriebswirtschaftlicher Planungsmethoden in der öffentlichen Verwaltung, Habilitationsschrift, Technische Hochschule Darmstadt, Darmstadt 1984

Braun, Günther E., Stand und Entwicklungsperspektiven der öffentlichen Betriebswirtschaftslehre, in: Betriebswirtschaftliche Forschung und Praxis, 38. Jg., 1986, S. 181-198

Braun, Günther E., Vergleiche, betriebswirtschaftliche, in: Management Enzyklopädie, 2. Aufl., Landsberg am Lech, S. 529-534

Bresser, Rudi K.F., Fachbereichsorganisation, Frankfurt am Main 1979

Bretzke, Wolf-Rüdiger, Inhalt und Prüfung des Lageberichtes: Anmerkungen zur gegenwärtigen und zukünftigen Praxis der Prognosepublizität, in: Die Wirtschaftsprüfung, 32. Jg., 1979, S. 337-349

Brooks, Eugene H., Integrated Municipal Accounting Information Systems, Diss. The University of North Carolina at Chapel Hill, 1983

Brudney, Jeffrey L. und *Robert E. England*, Urban Policy Making and Subjective Service Evalutations: Are they Compatible?, in: Public Administration Review, Vol. 42, 1982, S. 127-135

Buchholz, Werner, Verbundrechnung versus Teilrechnung, in: Entwicklungsperspektiven des öffentlichen Rechnungswesens, hrsg. von Klaus Lüder, Speyerer Forschungsberichte Nr. 48, Speyer 1986, S. 27-38

Budäus, Dietrich, Betriebswirtschaftliche Instrumente zur Entlastung kommunaler Haushalte, Schriften zur öffentlichen Verwaltung und öffentlichen Wirtschaft, hrsg. v. Peter Eichhorn und Peter Friedrich, Band 65, Baden-Baden 1982

Budäus, Dietrich, Controlling als Ansatz zur Operationalisierung der Instrumentalfunktion öffentlicher Unternehmen, in: Zeitschrift für öffentliche und gemeinwirtschaftliche Unternehmen, Band 7, 1984, S. 143-162

Budäus, Dietrich, Controlling in der öffentlichen Verwaltung – Ein konzeptioneller Ansatz effizienten Verwaltungshandelns, in: Information und Wirtschaftlichkeit, hrsg. von Wolfgang Ballwieser und Karl-Heinz Berger, Wiesbaden 1985, S. 569-596

Budäus, Dietrich, Elmar Gerum und *Gebhard Zimmermann (Hrsg.)*, Controlling-Konzepte aus der Sicht der Praxis, Diskussionsschriften zur Führung privater und öffentlicher Organisationen, Nr. 4, Hamburg 1987

Budäus, Dietrich und *Walter A. Oechsler*, Die Steuerung von Verwaltungseinheiten, in: Betriebswirtschaftliche Organisationstheorie und öffentliche Verwaltung, Einige neuere Erkenntnisse und Entwicklungen der Organisationstheorie mit besonderer Berücksichtigung ihrer Bedeutung für Verwaltungsorganisationen, hrsg. von Klaus Lüder, Speyerer Forschungsberichte Nr. 46, Speyer 1985, S. 165-202

Bundesministerium der Finanzen, Das neue Haushaltsrecht, Bonn 1969

Burns, Tom und *George M. Stalker*, The Management of Innovation, London 1961

Burret, Gerhard F., Kameralistik und Doppik, Allgemeine Einführung in die Finanzwirtschaftslehre und in die Zusammenhänge zwischen kameralistischer und kaufmännischer Buchführung, Otterbach und Kaiserslautern 1965

Buschor, Ernst, Deckungspolitik und öffentliche Bilanz, in: Der Schweizer Treuhänder, 56. Jg., Heft Nr. 8, 1982, S. 6-17

Buschor, Ernst, Die öffentliche Finanzwirtschaft zwischen Automatismen und Mittelverknappung, Staat und Politik, hrsg. von Richard Reich, in Verbindung mit Marcel Bridel u.a., Band 28, Bern 1983

Buschor, Ernst, Haushaltsführung und Finanzplanung, Schriftenreihe der Zürcher Kantonalbank (Hrsg.), Band 34, Zürich 1984

Buschor, Ernst, Management Accounting in der öffentlichen Verwaltung, in: Der Schweizer Treuhänder, 60. Jg., Heft 6, 1986, S. 268-273

Cahill, Gerard A., The Feasibility of the Issuance by Municipal Governments of Annual Reports Analogous to the Corporate Annual Report, Diss. New York University, 1973

Carlson, Frederic J., An Empirical Investigation of the Citizen's Use of Municipal Accounting Information, Diss. Saint Louis University, 1983

Chmielewicz, Klaus, Integrierte Finanz- und Erfolgsplanung, Stuttgart 1972
Chmielewicz, Klaus, Betriebliche Finanzwirtschaft I, Berlin und New York 1976
Cockrill, Robert M. u.a., Financial Disclosure Practices of the American Cities: A Public Report, New York 1976
Committee on Accounting in the Public Sector, Report, in: The Accounting Review, Vol. 52, 1977
le Coutre, Walther, Grundzüge der Bilanzkunde, Eine totale Bilanzlehre, Teil 1, 4. Aufl., Wolfenbüttel 1949
Crain, Mark W., On the Structure and Stability of Political Markets, in: Journal of Political Economy, Vol. 85, 1977, S. 829-842
Curtius, Carl-Friedrich, Evaluation im Hochschulwesen, in: Die Deutsche Universitätszeitung, Heft 1, 1981, S. 17-21

Damm, Günther, Kommunikationsmedium Geschäftsbericht, Eine empirische Untersuchung über die Kommunikationsfunktion des Geschäftsberichtes deutscher Aktiengesellschaften, Frankfurt am Main 1980
Demsetz, Harold, Economic, Legal, and Political Dimensions of Competition, Amsterdam, New York, Oxford 1982
Denzau, Artur T. und *Michael C. Munger,* Legislators and Interest Groups: How Unorganized Interests Get Represented, in: American Political Science Review, Vol 80, 1986, S. 89-106
Depiereux, Stefan, Das neue Haushaltsrecht der Gemeinde, 5. überarbeitete Aufl., Siegburg 1975
Derlien, Hans-Ulrich, Zur systemtheoretischen Fassung des Kontrollproblems in der öffentlichen Verwaltung, in: Anwendung der Systemtheorie und Kybernetik in Wirtschaft und Verwaltung, hrsg. von Harry Hauptmann und Karl-Ernst Schenk, Berlin 1980, S. 311-326
Deyhle, Albrecht, Controlling in der öffentlichen Verwaltung, Seminar am Hernstein-Institut für Führungskräfte in Wien am 8. Oktober 1986
Dézsy, Josef und *Gottfried Koos,* Vergleich der Kostenrechnungsergebnisse Österreich – Bayern 1979/1981, in: Krankenhaus-Umschau, 53. Jg., 1984, S. 101-107
Dickertmann, Dietrich, Zur Abkehr vom globalisierenden ökonomischen Denken und zur Notwendigkeit der Bestandsaufnahme einzelner Wissenschaften, dargestellt am Beispiel der Finanzwissenschaft, in: Bürokratisierung und Entbürokratisierung, hrsg. von Gerhard W. Wittkämper, Schriften des Wissenschaftlichen Instituts Öffentlicher Dienste e.V., Bonn, Band 1, Regensburg 1982, S. 24-36
Diederich, Helmut, Zur Planung öffentlicher Investitionen, in: Investitionstheorie und Investitionspolitik privater und öffentlicher Unternehmen, hrsg. von Horst Albach und Hermann Simon, Wiesbaden 1976, S. 37-63
Downs, Anthony, Eine ökonomische Theorie des politischen Handelns in der Demokratie, in: Politische Ökonomie des Wohlfahrtsstaates, hrsg. von Hans P. Widmaier, Frankfurt am Main 1974, S. 134
Dubber, Oliver und *Peter Franz,* Über den Nutzen und Wert der Nutzwertanalyse in der öffentlichen Verwaltung, Speyerer Arbeitshefte, hrsg. von der Hochschule für Verwaltungswissenschaften Speyer, Nr. 56, 1984
Duhmer, Wilhelm, Das öffentliche Vermögen in Deutschland und seine Bewirtschaftung, Göttingen 1952
Dye, Kenneth M., Is it possible to audit the national debt? Address to the International Financial Management Conference, Manuskript, Washington D.C. 1984

Eichhorn, Peter, Gelddisposition und Liquiditätsplanung in öffentlichen Haushalten, Schriften zur öffentlichen Verwaltung und öffentlichen Wirtschaft, hrsg. von Peter Eichhorn und Peter Friedrich, Band 2, Baden-Baden 1973
Eichhorn, Peter, Grundlagen einer gemeinwirtschaftlichen Erfolgsrechnung für Unternehmen, Frankfurt am Main 1974
Eichhorn, Peter, Wirtschaftlichkeitsrechnung für private und öffentliche Investitionen (Teil 1), in: Wirtschaftswissenschaftliches Studium, 3. Jg., 1974, S. 319-324
Eichhorn, Peter, Gemeinwirtschaftliche Rechnungslegung für öffentliche Unternehmen, in: Gemeinwirtschaft, Nr. 7, 1975, S. 20-26
Eichhorn, Peter, Gesellschaftsbezogene Unternehmensrechnung und betriebswirtschaftliche Sozialindikatoren, in: Zeitschrift für betriebswirtschaftliche Forschung, 28. Jg., 1976, S. 159-169

Eichhorn, Peter, Kostendenken im öffentlichen Dienst, in: Öffentlicher Dienst, Festschrift für Carl Hermann Ule, hrsg. von Klaus König u.a., Köln u.a. 1977, S. 33-51

Eichhorn, Peter, Verwaltungshandeln und Verwaltungskosten, Möglichkeiten zur Verbesserung der Wirtschaftlichkeit in der Verwaltung, Schriften zur öffentlichen Verwaltung und öffentlichen Wirtschaft, hrsg. von Peter Eichhorn und Peter Friedrich, Band 34, Baden-Baden 1979

Eichhorn, Peter, Rudolf Johns 80 Jahre alt, in: Zeitschrift für öffentliche und gemeinwirtschaftliche Unternehmen, Band 3, Heft 2, 1980, S. 233-236

Eichhorn, Peter, Öffentliche Verwaltung, Rechnungswesen der, in: Handwörterbuch des Rechnungswesens, hrsg. von Erich Kosiol, Klaus Chmielewicz und Marcell Schweitzer, 2. Aufl., Stuttgart 1981, Sp. 1223-1236

Eichhorn, Peter, Zwölf Thesen über das öffentliche Interesse an und in Unternehmen, in: Öffentliche Bindung von Unternehmen, Beiträge zur Regulierungsdebatte, Gert von Eynern zum 80. Geburtstag gewidmet, hrsg. von Theo Thiemeyer, Carl Böhret und Gerhard Himmelmann, Schriftenreihe der Gesellschaft für öffentliche Wirtschaft und Gemeinwirtschaft, Heft 22, Baden-Baden 1983, S. 73-79

Eichhorn, Peter, Leistungssteigerung in der öffentlichen Verwaltung, Melle 1984

Eichhorn, Peter, Öffentliche Verwaltung, in: Verwaltungslexikon, hrsg. von Peter Eichhorn u.a., Baden-Baden 1985, S. 673-676

Eichhorn, Peter, Wirtschaftlichkeit, in: Verwaltunslexikon, hrsg. von Peter Eichhorn u.a., Baden-Baden 1985, S. 1050-1053

Eichhorn, Peter (Hrsg.), Kaufmännische Wirtschaftsführung für staatliche Einrichtungen, Schriften zur öffentlichen Verwaltung und öffentlichen Wirtschaft, hrsg. von Peter Eichhorn und Peter Friedrich, Band 89, Baden-Baden 1986

Eichhorn, Peter und *Peter Friedrich,* Verwaltungsökonomie I, Methodologie und Management der öffentlichen Verwaltung, Schriften zur öffentlichen Verwaltung und öffentlichen Wirtschaft, hrsg. von Peter Eichhorn und Peter Friedrich, Band 1, Baden-Baden 1976

Eichhorn, Peter und *Heinrich Siedentopf* unter Mitarbeit von *Bernd Adamaschek* und *Albrecht Graf von Ingelheim,* Effizienzeffekte der Verwaltungsreform, Baden-Baden 1976

Engels, Wolfram, Reform der Staatswirtschaft – eine Problemübersicht, in: Schlankheitskur für den Staat, hrsg. von Hubertus Zuber, Stuttgart 1979, S. 35-70

Engstrom, John H., Setting Accounting Standards in the Public Sector, in: The Journal of Accountancy, Vol. 149, May 1980, S. 90

Eschenbach, Rolf, Chancen für Controlling im öffentlichen Bereich, in: Strategische Unternehmensführung und Controlling, hrsg. von Rolf Eschenbach, Wien 1982, S. 61-87

*Estes, Ralph,*Dictionary of Accounting, Cambridge, Mass. 1981

Etzioni-Halevy, Eva, Bureaucracy and Democracy: A Political Dilemma, revised edition, London u.a. 1985

Fama, Eugene F., Agency Problems and the Theory of the Firm, in: Journal of Political Economy, Vol. 88, 1980, S. 288-307

Ferjancic, Theodor, Die moderne Allgemeine Kameralistik, Wien 1941

Finz, Alfred, Sinn oder Unsinn einer Bundesbilanz, in: Das öffentliche Haushaltswesen in Österreich, 22. Jg., 1981, S. 273-278

Fisch, Rudolf und *Hans-Dieter Daniel (Hrsg.),* Messung und Förderung von Forschungsleistung, Konstanzer Beiträge zur sozialwissenschaftlichen Forschung, Band 2, Konstanz 1986

Fischer, Wolfram, Staat und Beamtentum, Zur Entwicklungsgeschichte und Gegenwartsproblematik des modernen Staates, in: Verwaltete Bürger – Gesellschaft in Fesseln, hrsg. von Heiner Geißler, Frankfurt am Main u.a. 1978, S. 14-27

Fitzgerald, Michael R. und *Robert F. Durant,* Citizen Evaluations and Urban Management: Service Delivery in an Era of Protest, in: Public Administration Review, Vol. 40, 1980, S. 585-594

Flämig, Christian, Effizienzkontrolle der Hochschulforschung?, in: Hochschulverband, Bilanz einer Reform, Denkschrift zum 450jährigen Bestehen der Philipps-Universität zu Marburg, Bonn-Bad Godesberg 1977

Frankenbach, Wilfried und *Heinrich Reinermann,* Benutzerorientierte und bürgerfreundliche Informa-

tionstechnik für kleinere Kommunalverwaltungen, in: Speyerer Forschungsberichte, Nr. 41, Speyer 1984
Friedel, Robert, Haushaltsrechnung und -plan in verbundener Form, Leipzig 1940
Fröhler, Ludwig und *Peter Oberndorfer (Hrsg.),* Das österreichische Gemeinderecht, Linz 1980
Fuchs, Manfred und *Helmut Zentgraf,* Betriebsabrechnung in öffentlichen Einrichtungen, 4. Aufl., Göttingen 1981
Fuchs, Manfred, Kommunales Haushaltswesen, 4. Aufl., Göttingen 1983

Gandenberger, Otto, Theorie der öffentlichen Verschuldung, in: Handbuch der Finanzwissenschaft, hrsg. von Fritz Neumark unter Mitwirkung von Norbert Andel und Heinz Haller, 3. Aufl., Tübingen 1981
Gantner, Manfred, Meßprobleme öffentlicher Aktivitäten, Staatsquoten, Preissteigerungen, Outputkonzepte, Baden-Baden 1984, S. 264
Gaugler, Eduard u.a., Erprobung neuer Beurteilungsverfahren, Baden-Baden 1981
Gawlik, Leonhard und *Lieselotte Marsen,* Verteilte Rechnerleistung für die Finanzwirtschaft, in: data report, 16. Jg., Heft 1, 1981, S. 20-26
Götz, Franz Josef, Kommunale Jahresrechnung, München 1978
Gornas, Jürgen, Finanzwirtschaftliches und betriebswirtschaftliches Rechnen in Gemeinden, in: Der öffentliche Haushalt, 14. Jg., 1973, S. 15 ff.
Gornas, Jürgen, Grundzüge einer Verwaltungskostenrechnung, Die Kostenrechnung als Instrument zur Planung und Kontrolle der Wirtschaftlichkeit in der öffentlichen Verwaltung, Schriften zur öffentlichen Verwaltung und öffentlichen Wirtschaft, hrsg. von Peter Eichhorn und Peter Friedrich, Band 13, Baden-Baden 1976
Gornas, Jürgen, Zur Berücksichtigung der finanziellen Leistungsfähigkeit in kommunalen Investitions- und Finanzplanungsmodellen, in: Archiv für Kommunalwissenschaften, 23. Jg., 1984, S. 51
Gornas, Jürgen, Öffentliche Rechnungssysteme im europäischen Ausland, in: Entwicklungsperspektiven des öffentlichen Rechnungswesens, hrsg. von Klaus Lüder, Speyerer Forschungsberichte Nr. 48, Speyer 1986, S. 53-70
Gornas, Jürgen, Zur Anwendung von Werkzeugen »Individueller Datenverarbeitung in der öffentlichen Verwaltung«, in: GI – 16. Jahrestagung Informatik – Anwendungen – Trends und Perspektiven, hrsg. von Günter Hommel und Sigram Schindler, Band II, Berlin u.a. 1986, S. 57-66

Häberle, Peter, Die Verfassung des Pluralismus, Studien zur Verfassungstheorie der offenen Gesellschaft, Königstein/Ts. 1980
Haeseler, Herbert R. (Hrsg.), Gemeinwirtschaftliche Betriebe und öffentliche Verwaltungen, in: Schmalenbachs Zeitschrift für betriebswirtschaftliche Forschung, Sonderheft 5, 1976, S. 159-194
Hafner, Gustav, 10 Jahre VRV, in: Steirische Gemeinde-Nachrichten, Heft 2 und 3, 1986, S. 9-11
Hahn, Dietger, Planungs- und Kontrollsysteme, 2. Aufl., Wiesbaden 1985
Haller, Heinz, Zur Problematik der Kreditfinanzierung öffentlicher Ausgaben, in: Finanzarchiv, N.F., Band 19, 1958/59, S. 72 ff.
Haller, Heinz, Zum Vergleich zwischen unternehmerischem und politischem Wettbewerb, in: Information und Produktion, Beiträge zur Unternehmenstheorie und Unternehmensplanung, Festschrift zum 60. Geburtstag von Prof. Dr. Waldemar Wittmann, hrsg. von Siegmar Stöppler Stuttgart 1985
Hauschildt, Jürgen, Die integrierte Erfolgs- und Finanzplanung – Leitbild einer Entwicklung des betrieblichen Rechnungssystems, in: Der Österreichische Betriebswirt, 24. Jg., 1974, S. 53-66
Hay, Leon E., Accounting for Governmental and Nonprofit Entities, 6. Aufl., Homewood, Ill. 1980
Heiber, Horst, Messung von Forschungsleistungen der Hochschulen, Ein empirischer Ansatz auf der Basis von Zitatenanalysen, Schriften zur öffentlichen Verwaltung und öffentlichen Wirtschaft, hrsg. von Peter Eichhorn und Peter Friedrich, Band 66, Baden-Baden 1983
Heinen, Edmund, Kostenanalysen, in: Handwörterbuch der Betriebswirtschaftslehre, 4. Aufl., Stuttgart 1975, Sp. 2290-2303
Heinen, Edmund, Diskussionsbeitrag, in: Betriebswirtschaftliche Forschung und Praxis, 32. Jg., 1980, S. 561

Heinrichsdorf, Fritz, Nutzen-Kosten-Untersuchungen zur Bewertung von verkehrs- und umweltspezifischen Wirkungen der Bundesverkehrswegeplanung, in: Investition, Erklärung und Planung durch Simulation, hrsg. von Franz Xaver Bea, Armin Bohnet und Herbert Klimesch, München 1981, S. 155-173

Helmert, Otto und *Herbert König,* Die Vermögensrechnung des Bundes, Kommentar zur Buchführungs- und Rechnungslegungsverordnung für das Vermögen des Bundes (VBRO), 2. Aufl., Berlin 1963

Hengstschläger, Johannes, Das Gemeindehaushaltsrecht, in: Das österreichische Gemeinderecht, Nr. 3.10.4

Hesse, Joachim J., Bürger und Parteien auf lokaler Ebene: Die Kommune als Ort der gesellschaftlichen und politischen Integration?, in: Bürger und Parteien, Ansichten und Analysen einer schwierigen Beziehung, hrsg. von Joachim Raschke, Bonn 1982, S. 235-248

Hesse, Konrad, Grundsätze des Verfassungsrechts der Bundesrepublik Deutschland, Karlsruhe 1968

Hobein, Thomas, Zur Notwendigkeit öffentlicher Vermögensrechnungen, in: Archiv für Kommunalwissenschaften, 1. Halbjahresband, 1986, S. 64-78

Höferer, Gustav, Das Rechnungswesen der Gemeinden, Wien 1954

Höring, Klaus und *Gerd van Nievelt,* Wirtschaftlichkeit von Büro- und Informationssystemen – ein neuer Anfang, in: Office Management, 33. Jg., 1985, S. 6-9

Hoffmann, Eberhard, Die Beurteilung der finanziellen Leistungsfähigkeit von Gemeinden anhand ausgewählter Kennzahlen – kritische Anmerkungen zu ihrer Aussagefähigkeit –, in: Der Gemeindehaushalt, 87. Jg., 1986, S. 245-254

Horváth, Péter, Controlling in der »organisierten Anarchie«, Zur Gestaltung von Budgetsystemen, in: Zeitschrift für Betriebswirtschaft, 52. Jg., 1982, S. 250-260

Ingram, Robert W. und *Ronald M. Copeland,* Municipal Accounting Information and Voting Behavior, in: The Accounting Review, Vol. 56, 1981, S. 831

Jerschke, Hans-Ulrich, Öffentlichkeitspflicht der Exekutive und Informationsrecht der Presse, Berlin 1971

Johns, Rudolf, Die Vollrechnung der Gemeinden, in: Zeitschrift für handelswissenschaftliche Forschung, 32. Jg., Leipzig 1938, S. 145-176 und S. 193-212

Johns, Rudolf, Die öffentliche Bilanz, in: Wirtschaftslenkung und Betriebswirtschaft, Festschrift für Ernst Walb, Leipzig 1940, S. 165-182

Johns, Rudolf, Das Problem der öffentlichen Vermögensrechnung und seine Lösung, in: Kommunalwissenschaftliche Studien und Forschungen, Heft 8, Würzburg 1943

Johns, Rudolf, Kombinierte Finanz- und Betriebsrechnung, im Kameralstil, in: Zeitschrift für handelswissenschaftliche Forschung, 2. Jg., 1950, S. 407-440

Johns, Rudolf, Kameralistik, Grundlagen einer erwerbswirtschaftlichen Rechnung im Kameralstil, Wiesbaden 1951

Johns, Rudolf, Kameralistik, in: Handwörterbuch der Betriebswirtschaft, hrsg. von Hans Seischab und Karl Schwantag, Band 2, 3. Aufl., Stuttgart 1958, Sp. 2936-2953

Jones, Bryan, Party and Bureaucracy: The Influence of Intermediary Groups on Urban Public Service Delivery, in: American Political Science Review, Vol. 75, 1981, S. 688-700

Jones, David B. u.a., The needs of users of governmental financial reports, GASB Research Report, Stamford, Conn. 1985

Karpen, Ulrich, Wirtschaftlichkeitskontrolle an Hochschulen, in: Die Verwaltung, Band 19, 1986, S. 230-259

Kearney, A.T., Management Consultants, Effizienzsteigerung im Gemeinkostenbereich, Internationaler Vergleich, Düsseldorf, Manuskript o.J., verteilt anläßlich eines Vortrages vor der Rechnungshofakademie Wien am 28. Juni 1982

Kellinghusen, Georg und *Wolfgang Irrgang,* Der optimale Geschäftsbericht, Praktische Hinweise auf der Grundlage von Marktforschungsergebnissen, in: Der Betrieb, 31. Jg., 1978, S. 2277-2283

Kemmer, Paul, Zielkonzeption und Rechnungssystem von Rundfunkanstalten, Schriften zur öffentlichen Verwaltung und öffentlichen Wirtschaft, hrsg. von Peter Eichhorn und Peter Friedrich, Band 49, Baden-Baden 1986

Kempen, Otto Ernst, Grundgesetz, amtliche Öffentlichkeitsarbeit und politische Willensbildung, Berlin 1975

Kielmannsegg, Peter Graf, Adam Smith und Wilhelm von Humboldt« – Überlegungen zur Frage, ob mehr Wettbewerb im deutschen Hochschulsystem wünschenswert und möglich sei –, in: Differenzierung und Wettbewerb im Hochschulbereich, Dokumentation der Westdeutschen Rektorenkonferenz, Bonn-Bad Godesberg 1984, S. 41-60

Kirsch, Guy, Die Cost-Benefit-Analyse: Zur Kritik ihrer theoretischen Grundlagen, in: Nationale Ziele und soziale Indikatoren, hrsg. von Guy Kirsch und Walter Wittmann, Stuttgart 1975, S. 69-80

Klapdor, Karl, Die kameralistische Buchführung in ihrer einfachen und gehobenen Form, 3. Aufl., Düsseldorf 1914

Klein, Arnim, Parteien und Wahlen in der Kommunalpolitik, in: Oscar W. Gabriel (Hrsg.), Kommunalpolitik im Wandel der Gesellschaft, Königstein/Ts, 1979, S. 94-118

Klimesch, Herbert, Simulation von ADV-Investitionen in einem Projekt der öffentlichen Verwaltung, in: Investition, Erklärung und Planung durch Simulation, hrsg. von Franz Xaver Bea, Arnim Bohnet und Herbert Klimesch, München 1981, S. 193-223

Klostermann, Cäcilia, Kommunales Haushalts- und Rechnungswesen, Eine vergleichende Analyse der Haushaltsreformen in der Bundesrepublik Deutschland und in der Schweiz, Diss. Zürich, 1985

Klug, Fritz, Die VRV in der Bewährungsprobe, in: Österreichische Gemeinde-Zeitung, Heft 1, 1986, S. 5-8

König, Herbert, Grundlagen zur Einführung eines geschlossenen, integrierten Kosten- und Buchungssystems der öffentlichen Hand, in: Öffentliches Rechnungswesen im Fortschritt der Automation, Ausschuß für Wirtschaftliche Verwaltung (AWV-)Schriftenreihe Nr. 123, hrsg. von Herbert König und Erhard Wobser, Berlin u.a. 1967, S. 1 ff.

König, Herbert, Effizienz öffentlichen Handelns neu überdacht, in: Wirtschaftsdienst, 49. Jg., 1979, S. 250-254

König, Herbert, Von der Finanzkontrolle zum Controlling in der öffentlichen Verwaltung, in: Veröffentlichungen zu Organisation und Planung, Beiträge zur Controlling-Praxis, hrsg. von Hans-Christian Pfohl und Günther E. Braun, Fachbereich Wirtschaftswissenschaften, Universität Essen, 1982, S. 77 ff.

König, Herbert, Von der Finanzkontrolle zum Controlling in der öffentlichen Verwaltung, in: Verwaltungspraxis, 6, 1983, S. 21-24

König, Herbert und *Erhard Wobser,* Öffentliches Rechnungswesen im Fortschritt der Automation, Berlin, Köln und Frankfurt am Main o.J. (1967)

Koetz, Axel G., Autonome Datenverarbeitung birgt Risiken, in: Computerwoche, Nr. 50, 1984, S. 31-35

Kötzle, Alfred, Das Planungsverhalten nichterwerbswirtschaftlicher Unternehmen, in: Zeitschrift für öffentliche und gemeinwirtschaftliche Unternehmen, 1984, S. 346-359

Koch, Helmut, Grundprobleme der Kostenrechnung, Köln und Opladen 1966

Kohl, Friedrich, Die öffentliche Finanzkontrolle aus systemtheoretischer Sicht, in: Das öffentliche Haushaltswesen in Österreich, 15. Jg., 1974, S. 57-73

Kohl, Friedrich, Ein neues Buchführungssystem in der öffentlichen Verwaltung, in: Journal für Betriebswirtschaft, 25. Jg., 1975, S. 217-226

Kommunale Gemeinschaftsstelle für Verwaltungsvereinfachung (Hrsg.), Kriterien für Auswahl und Entwicklung der automatisierten Datenverarbeitung auf Fachamtsebene, Bericht Nr. 20/1983, Köln 1983

Konferenz der kantonalen Finanzdirektoren (Hrsg.), Handbuch des Rechnungswesens der öffentlichen Haushalte, Band 1, Bern 1981

Korth, Hans Michael, Die Darstellung der wirtschaftlichen Lage im Bericht über die aktienrechtliche Jahresabschlußprüfung, Diss. München, 1976

Kosiol, Erich, Pagatorische Bilanz, Die Bewegungsbilanz als Grundlage einer integrativ verbundenen Erfolgs-, Bestands- und Finanzrechnung, Berlin 1976

Kosiol, Erich, Bilanztheorie, pagatorische, in: Handwörterbuch des Rechnungswesens, 2. Aufl., Stuttgart 1981, Sp. 235-258

Kroker, Rolf, Der Verwaltungsvergleich des Instruments zur Effizienzsteigerung der öffentlichen Verwaltung, Düsseldorf 1981

Kropff, Bruno, Der Lagebericht nach geltendem und zukünftigem Recht, in: Betriebswirtschaftliche Forschung und Praxis, 32. Jg., 1980, S. 514-532

Krüger-Spitta, Wolfgang und *Horst Bronk,* Einführung in die Haushaltsrechnung und die Haushaltspolitik, Darmstadt 1973

Küpper, Hans-Ulrich, Investitionstheoretische Fundierung der Kostenrechnung, in: Zeitschrift für betriebswirtschaftliche Forschung, 37. Jg., 1985, S. 26-46

Lange, Hermann, Aufgabenkritik und Entbürokratisierung – Berechtigte Hoffnung oder Selbsttäuschung?, in: Die öffentliche Verwaltung, 38. Jg., 1985, S. 169-178

Langner, Peter, Zero-Base Budgeting und Sunset Legislation, Schriften zur öffentlichen Verwaltung und öffentlichen Wirtschaft, hrsg. von Peter Eichhorn und Peter Friedrich, Bd. 80, Baden-Baden 1983

Laux, Wolfgang, Erhöhung staatswirtschaftlicher Effizienz durch budgetäre Selbstbeschränkung?, Frankfurt am Main 1984

Lawrence, Paul R. und *Jay W. Lorsch,* Organization and Environment, Homewood 1967

Lechner, Karl, Anton Egger und *Reinbert Schauer,* Einführung in die allgemeine Betriebswirtschaftslehre, 8. Aufl., Wien 1981

Leffson, Ulrich, Die Grundsätze ordnungsmäßiger Buchführung, 6. durchgesehene und geringfügig verbesserte Aufl., Düsseldorf 1982

Leimich, Peter, Die Vermögensrechnung der öffentlichen Hand, Schriften zur Verwaltungslehre, hrsg. von Werner Thieme, Heft 3, Köln und Berlin 1968

Lewin, Arie Y. und *Robert W. Blanning,* The Urban Government Annual Report, in: Improving the Quality of Urban Management, hrsg. von Wills D. Hawley und David Rogers, Beverly Hills und London 1974, S. 65-91

Lineberry, Robert L., Equality and Urban Policy: The Distribution of Municipal Public Services, Beverly Hills 1977

Lodal, Jan M., Improving Local Government Financial Information Systems, in: Duke Law Journal, 1976, S. 1140

Loesch, Achim von, Privatisierung öffentlicher Unternehmen – Ein Überblick über die Argumente, Schriftenreihe der Gesellschaft für öffentliche Wirtschaft und Gemeinwirtschaft, Heft 23, Baden-Baden 1983

Lüder, Klaus, Was kann die Betriebswirtschaftslehre zur Entbürokratisierung öffentlicher Verwaltungen beitragen?, in: Betriebswirtschaftliche Erkenntnisse für Regierung, Verwaltung und öffentlichen Wirtschaft, Schriften zur öffentlichen Verwaltung und öffentlichen Wirtschaft, hrsg. von Peter Eichhorn und Peter Friedrich, Band 85, Baden-Baden 1985, S. 97-104

Lüder, Klaus, Zur Bewertungsproblematik bei finanziellen Verbundrechnungen der öffentlichen Hand, in: Entwicklungsperspektiven des öffentlichen Rechnungswesens, hrsg. von Klaus Lüder, Speyerer Forschungsberichte Nr. 48, Speyer 1986, S. 89-107

Lüder, Klaus und *Dietrich Budäus,* Effizienzorientierte Haushaltsplanung und Mittelbewirtschaftung, Göttingen 1976

Lüder, Klaus und *Willi Küpper,* Möglichkeiten und Probleme der Organisationsentwicklung öffentlicher Verwaltungen, in: Die Betriebswirtschaft, 39. Jg., 1979, S. 247-259

Lynn, Edward S. und *Joan W. Thompson,* Introduction to Fund Accounting, Reston, Virg. 1974

Männel, Wolfgang, Produktionsanlagen, Eignung von, in: Handwörterbuch der Produktionswirtschaft, hrsg. von Werner Kern, Stuttgart 1979, Sp. 1465-14821

Mag, Wolfgang, Entscheidung und Information, München 1977

Mahlberg, Walter, Der Betriebsbegriff und das System der Betriebswirtschaftslehre, in: Grundriß der Betriebswirtschaftslehre, Band 2: Die Betriebsverwaltung, hrsg. von Walter Mahlberg, Eugen Schmalenbach, Fritz Schmidt und Ernst Walb, S. 1-67

Manhart, Herbert, Wirtschaftliche Unternehmungen der Gemeinden, I. Teil, Repetitorium: Kommunale Finanzen – Kommunale Wirtschaft, Heft 16, 1977

Mannlicher, Egbert und *Heimgard Quell,* Das Verwaltungsverfahren, 8. Aufl., Wien 1975

Mansfield, Roger, The Financial Reporting Practices of Government: A Time for Reflection, in: Public Administration Review, Vol. 39, 1979, S. 159

Martens, Wolfgang, Öffentliche als Rechtsbegriff, Bad Homburg v.d.H., Berlin und Zürich 1969

Marwedel, Henning, Zukunftsperspektiven der kommunalen Datenverarbeitung, in: Mitteilungen des schleswig-holsteinischen Landkreistages, 6. Jg., Heft 6, 1984, S. 1

Matschke, Manfred-Jürgen, Wirtschaftlichkeit im Krankenhaus, in: Die Ortskrankenkasse, 1981, S. 776-788

Mautz, Robert K., Financial Reporting: should Government Emulate Business?, in: Journal of Accountancy, August 1981, S. 53-60

Mayntz, Renate, Kurt Holm und *Peter Hübner,* Einführung in die Methoden der empirischen Soziologie, 5. Aufl., Wiesbaden 1978

Mechtersheimer, Alfred, MRCA-Tornado-Rüstung und Politik in der Bundesrepublik, Bad Honnef 1977

Meyer, Claus, Kennzahlen und Kennzahlensysteme, Stuttgart 1976

Meyer, Elmar (Hrsg.), Controlling-Konzepte, Perspektiven für die 90er Jahre, Wiesbaden 1986

Mintzberg, Henry, The Structuring of Organizations, Englewood Cliffs 1979

Mishan, Eduard Joshua, Cost-Benefit Analysis, London 1975

Mladenka, Kenneth R., Citizen Demands and Urban Services: The Distribution of Bureaucratic Response in Chicago and Houston, in: American Journal of Political Science, Vol. 25, 1981, S. 693-714

Moritz, Michaela, Wer ist Mc Kinsey? Was ist GWA?, in: Der Privatangestellte, Heft 3, 1982, S. 10

Moser, Walter, Kriterien zur Beurteilung der finanziellen Lage öffentlicher Gemeinwesen, Bern und Stuttgart 1982

Moxter, Adolf, Fundamentalgrundsätze ordnungsmäßiger Rechenschaft, in: Bilanzfragen, Festschrift für Ulrich Leffson, hrsg. von Joerg Baetge, Adolf Moxter und Dieter Schneider, Düsseldorf 1976, S. 87-100

Mülhaupt, Ludwig, Das Problem der gemeindlichen Vermögensrechnung in betriebswirtschaftlicher und finanzwirtschaftlicher Betrachtung, in: ZfhF, 34. Jg., 1940, S. 305-330

Mülhaupt, Ludwig, Der Deckungsprozeß in der Gemeindefinanzwirtschaft und seine rechnerische Darstellung, in: Finanzarchiv, Neue Fassung, Band 8, Tübingen 1941, S. 402-443

Mülhaupt, Ludwig (Hrsg.), Gemeindewirtschaft und Unternehmenswirtschaft, Göttingen 1965

Mülhaupt, Ludwig, Neuere Entwicklungen auf dem Gebiet des Gemeinderechnungswesens in Westdeutschland, in: Gemeindewirtschaft und Unternehmenswirtschaft, Festgabe für Rudolf Johns, hrsg. von Ludwig Mülhaupt und Karl Oettle, Göttingen 1965, S. 15-49

Mülhaupt, Ludwig, Die öffentliche Vermögensrechnung, in: Die große Finanzreform, Gutachten für das Institut »Finanzen und Steuern«, Heft 80, Bonn 1966, S. 105-136

Mülhaupt, Ludwig, Die Pläne zur Reform der ordentlichen Haushaltsrechnung, in: Der öffentliche Haushalt, 11. Jg., Jahr 1970, Heft 2/3, S. 71-78

Mülhaupt, Ludwig, Probleme der kommunalen Vermögensrechnung, in: Der öffentliche Haushalt, 11. Jg., 1970, S. 117-136

Mülhaupt, Ludwig, Kameralistische oder kaufmännische Buchführung für Gemeinden?, in: Local Finance, Vol. 2, Den Haag 1973, 3-14

Mülhaupt, Ludwig, Die öffentliche Verwaltung als Forschungsobjekt der Betriebswirtschaftslehre, Vortrag vom 9. Juni 1973 in Rothenberg

Mülhaupt, Ludwig, Kameralistik, in: Handwörterbuch der Betriebswirtschaft, hrsg. von Erwin Grochla und Waldemar Wittmann, 4. völlig neu gestaltete Aufl., Stuttgart 1975, Sp. 2059-2077

Mülhaupt, Ludwig, Brauchen die öffentlichen Haushalte eine Vermögensrechnung und wenn ja, wie sollte sie beschaffen sein?, Referat vor der Wissenschaftlichen Kommission »Öffentliche Unternehmen und Verwaltungen« in Graz, 12. März 1985

Mülhaupt, Ludwig, Die Konzeption des baden-württembergischen Innenministeriums zur gemeindlichen Vermögensrechnung, in: Betriebswirtschaftliche Erkenntnisse für Regierung, Verwaltung und öffentliche Unternehmen, hrsg. von Peter Eichhorn, Schriften zur öffentlichen Verwaltung und öffentlichen Wirtschaft, hrsg. von Peter Eichhorn und Peter Friedrich, Band 85, Baden-Baden 1985

Mülhaupt, Ludwig, Ziele und Aussagewert eines modernen öffentlichen Rechnungswesens, in: Betriebswirtschaftliche Erkenntnisse für Regierung, Verwaltung und öffentliche Unternehmen, hrsg. von Peter Eichhorn, Schriften zur öffentlichen Verwaltung und öffentlichen Wirtschaft, hrsg. von Peter Eichhorn und Peter Friedrich, Baden-Baden 1985

Mülhaupt, Ludwig, Erfolgs- und haushaltswirtschaftliches Rechnen öffentlicher Haushalte am Beispiel des privaten Haushalts, in: Zeitschrift für Betriebswirtschaft, 55. Jg., 1985, S. 362-382

Mülhaupt, Ludwig, Theorie und Praxis des öffentlichen Rechnungswesens, Baden-Baden 1987

Mülhaupt, Ludwig und *Peter Eichhorn,* In falscher Richtung – Das künftige Haushaltsrecht ist zu einseitig wirtschaftspolitisch orientiert, in: Der Volkswirt, 23. Jg., 1969, Heft 14, S. 48-49

Mülhaupt, Ludwig und *Jürgen Gornas,* Betriebswirtschaftliche Grundsätze in der Kameralistik, in: Kommunal-Kassen-Zeitschrift, 24. Jg., 1973, S. 104-110 und S. 121-128

Mülhaupt, Ludwig und *Jürgen Gornas,* Finanzwirtschaftliches und betriebswirtschaftliches Rechnen in Gemeinden, in: Der öffentliche Haushalt, 14. Jg., 1973, S. 15-46

Müller, Ewald, Bürgerinformation, Kommunalverwaltung und Öffentlichkeit, 2. Aufl., Köln 1977

von Mutius, Albert, Einführung in die Verwaltungslehre, in: Handwörterbuch für die öffentliche Verwaltung, Band 1, Grundlagen, hrsg. von Albert von Mutius, S. 712-757

Neidl, Wilhelm, Richtlinien für die Erstellung der Voranschläge und Rechnungsabschlüsse der Länder, Gemeindeverbände und Gemeinden, Mit Erläuterungen versehen von Wilhelm Neidl, Wien 1949

Niesig, Hartmut, Datenverarbeitung im Verbundkonzept der Datenzentrale Schleswig-Holstein für die öffentliche Verwaltung, in: Die Gemeinde, 35. Jg., Heft 8, 1983, S. 220-225

Nicklisch, Heinrich, Die Betriebswirtschaft, 7. Aufl. der Wirtschaftlichen Betriebslehre, Stuttgart 1932

Nordsiek, Fritz, Die Eigenbetriebsverordnung, 3. Aufl., Stuttgart und Berlin 1941

Oechsler, Walter A., Zweckbestimmung und Ressourceneinsatz öffentlicher Betriebe, Baden-Baden 1982

Oechsler, Walter A., Ergebnisse führungstheoretischer Ansätze und Anwendungsmöglichkeiten von Führungsmodellen, in: Führungsgrundsätze und Führungsmodelle, hrsg. von Eduard Gabele, Hermann Liebel und Walter A. Oechsler, 2. Aufl., Bamberg 1984, S. 35-66

Oechsler, Walter A., Personalführung durch tätigkeitsbezogene Personalbeurteilung, in: Personalbeurteilung, Neue Wege der Verhaltens- und Leistungsbewertung, hrsg. von Hermann Liebel und Walter A. Oechsler, Bamberg, 1987

Österreichischer Städtebund (Hrsg.), Lexikon der kommunalen Finanzwirtschaft, Wien 1977

Oettle, Karl, Über den Charakter öffentlich-wirtschaftlicher Zielsetzungen, in: Zeitschrift für betriebswirtschaftliche Forschung, 18. Jg., 1966, S. 241-253

Oettle, Karl, Gemeinsamkeiten und Verschiedenheiten von Doppik und Kameralistik, in: Der öffentliche Haushalt, 8. Jg., Heft 1, 1966/67

Oettle, Karl, Grundlagen und Systeme des betrieblichen Rechnungswesens, in: Zentrallehrgang 1967, hrsg. von der Studienstiftung der Verwaltungsleiter deutscher Krankenanstalten, 1967

Oettle, Karl, Notwendigkeit und Grenzen öffentlicher Vermögensrechnungen, in: Finanz- und Geldpolitik im Umbruch, hrsg. von Heinz Haller und Horst Claus Recktenwald, Mainz 1969, S. 327-353

Oettle, Karl, Kaufmännische und öffentliche Jahresbilanzen – Inhalt und Ergänzungsbedürftigkeiten, in: Aktuelle Probleme der Datenverarbeitung und Bilanzierung, Festschrift für die Taylorix Organisation, hrsg. von Werner Kresse, Stuttgart 1971, S. 177-187

Oettle, Karl, Einzelleistungs- und Gewährleistungsbetriebe, Sonderdruck der Kommunalen Gemeinschaftsstelle für Verwaltungsvereinfachung (KGSt), 1974

Oettle, Karl, Buchhaltung, kameralistische, in: Handwörterbuch des Rechnungswesens, 2. Aufl., hrsg. von Erich Kosiol, Klaus Chmielewicz und Marcell Schweitzer, Stuttgart 1981, Sp. 313-324

Oettle, Karl, Gründe für die Verwendungsorientierung der Vermögensdarstellung in öffentlichen Bilanzen, in: Zeitschrift für betriebswirtschaftliche Forschung (ZfbF), 36. Jg., 1984, S. 1005-1013

o. V., Die Soltauer Lösung, in: IBM Magazin für Basis-Datenverarbeitung und Textverarbeitung, Heft 12, 1981, S. 6-8

Opp, Karl-Dieter, Haben demokratische Ordnungen ihre Selbstzerstörung zur Folge?, in: Jahrbuch für Neue Politische Ökonomie, Band 4, 1985, S. 178-195

Ostrom, Elinor, The Social Stratification: Government Inequality Thesis Explored, in: Urban Affairs Quarterly, Vol. 19, 1983, S. 91-112

Pappi, Franz U. und *Christian Melbeck*, Das Machtpotential von Organisationen in der Gemeindepolitik, in: Kölner Zeitschrift für Soziologie und Sozialpsychologie, 36. Jg., 1984, S. 557-584
Parks, Roger B., Linking Objective and Subjective Measures of Performance, in: Public Administration Review, Vol. 44, 1984, S. 118-127
Pelissero, John P., Citizen Evaluations of Community Services in Oklahoma, Bureau of Government Research, Norman 1978
Petry, Alexander, Von der Kameralistik zur Wirtschaftlichkeitsrechnung, in: Anstaltsumschau, 18. Jg., 1949, S. 6-10
Picot, Arnold, Rationalisierung im Verwaltungsbereich, in: Zeitschrift für Betriebswirtschaft, 1979, S. 1045-1065
Picot, Arnold und *Ralf Reichwald*, Untersuchung zur Wirtschaftlichkeit der Schreibdienste in Obersten Bundesbehörden – Abschlußbericht, München und Hannover 1979
Picot, Arnold, *Ralf Reichwald* und *Peter Behrboom*, Das Vier-Ebenen-Modell der Wirtschaftlichkeitsbeurteilung, in: Arbeitsschutz Humanisierung des Arbeitslebens/Wirtschaftlichkeit, hrsg. von der Bundesanstalt für Arbeitsschutz, Dortmund 1985, S. 171-177
Piduch, Erwin A., Bundeshaushaltsrecht, Kommentar, Stuttgart u.a. 1969
Potthoff, Erich und *Karl Drescher*, Controlling in der Personalwirtschaft, Berlin und New York 1986
Pratt, John W. und *Richard R. Zeckhauser (Hrsg.)*, Principals and Agents: The Structure of Business, Boston 1985
Püttner, Günter, Verwaltungslehre, München 1982

Raffée, Hans, Grundprobleme der Betriebswirtschaftslehre, Uni-Taschenbücher 97, Göttingen 1974
Rechnung des Bundesamtes für Rüstungsbetriebe 1985 in der Staatsrechnung des Bundes 1985
Recktenwald, Horst, Ursachen für Unwirtschaftlichkeit im Staatsbereich, Elemente einer Theorie des ökonomischen Staats«versagens«, in: Reform öffentlicher Leistungen, hrsg. von Horst Hanusch, Baden-Baden 1978, S. 15-24
Reichmann, Thomas, Controlling mit Kennzahlen, Grundlagen einer systemgestützten Controlling-Konzeption, München 1985
Reinermann, Heinrich, Wirtschaftlichkeitsanalysen, in: Handbuch der Verwaltung, hrsg. von Ulrich Becker und Werner Thieme, Heft 4, 6, Köln u.a. 1974, S. 7
Reinermann, Heinrich, Programmbudgets in Regierung und Verwaltung, Schriften zur öffentlichen Verwaltung und öffentlichen Wirtschaft, hrsg. von Peter Eichhorn und Peter Friedrich, Bd. 6, Baden-Baden 1975
Reinermann, Heinrich, Verwaltungsautomation, in: Handwörterbuch der Organisation, 2. Aufl., hrsg. von Erwin Grochla, Stuttgart 1980, Sp. 2334-2346
Reinermann, Heinrich, Messungsprobleme der Rechnungskontrolle, in: Die Verwaltung, Zeitschrift für Verwaltungswissenschaft, 1981, S. 483-500
Reinermann, Heinrich, Controlling in mittleren und kleineren Kommunalverwaltungen, in: Die Betriebswirtschaft, 44. Jg. (1984), S. 85-97
Reinermann, Heinrich, Verwaltungsinnovation und Informationsmanagement, 92 Speyerer Thesen zur Bewältigung der informationstechnologischen Herausforderung, Heidelberg 1986
Reinermann, Heinrich und *Gerhard Reichmann*, Verwaltung und Führungskonzepte, Berlin 1978
Reittinger, Wolfgang, Die Prüfung des Lageberichts nach Aktienrecht und nach den Vorschriften der 4. EG-Richtlinie, Frankfurt am Main und Bern 1983
Renfordt, Heinz-Dieter, Zukunftsorientierte Informationsverarbeitung einer GKD, in: Öffentliche Verwaltung und Datenverarbeitung / Online, 15. Jg., Heft 9, 1985, S. 79-84
Rich, Richard C. (Hrsg.), Analyzing Urban-Service Distribution, Lexington, Mass. 1982
Rieger, Wilhelm, Einführung in die Privatwirtschaftslehre, 2. Aufl., Erlangen 1959
Risak, Johann, *Robert Denk* und *Werner Wirth*, Der betriebswirtschaftliche Blick, Gemeinkostengestaltung, Wien 1983
Ro, Byung T., An Analytical Approach to Accounting Materiality, in: Journal of Business and Accounting, Vol. 9, 1982, S. 397-412
Roever, Michael, Gemeinkosten-Wertanalyse, in: Zeitschrift für Betriebswirtschaft, Heft 6, 1980, S. 686-690

Rosen, Bernard, Holding Government Bureaucracies Accountable, New York 1982
Rose-Ackermann, Susan, Inefficiency and Reelection, in: Kyklos, Vol. 33, 1980, S. 299
Roth, Winfried, Bedeutung eines leistungsfähigen Rechnungswesens für Haushaltsplanung, Haushaltsvollzug und Rechnungslegung, o.O., o.J. (unveröffentlichtes Manuskript)
Roth, Winfried, Der Einsatz der Datenverarbeitung im Haushalts-, Kassen- und Rechnungswesen des Bundes, o.O., o.J. (unveröffentlichtes Manuskript)
Roth, Winfried, Das Informationssystem für den Haushalts- und Finanzplanungsprozeß sowie für den Haushaltsvollzug in der Bundesrepublik Deutschland, Manuskript, Bonn 1980
Rubbert, Susanne, Saal- und Medienöffentlichkeit mündlicher Verhandlungen zwischen Verwaltung und Bürgern, Frankfurt am Main, Bern und New York 1985

Sahner, Friedhelm, und *Heinz Kammers,* Der Lagebericht – Gegenwart und Zukunft, in: Der Betrieb, 37. Jg., 1984, S. 2309-2316
Saindl, Karl, Der Gemeindehaushalt, Wien 1972
Saindl, Karl, Die Gliederung des Gemeindehaushaltes aufgrund der Haushaltsreform in der Bundesrepublik Deutschland, in: Österreichische Gemeinde-Zeitung, Heft 20, 1973, S. 445-455
Saindl, Karl, Überblick über die allgemeinen Bestimmungen der VRV, in: Die Voranschlags- und Rechnungsabschlußverordnung, hrsg. vom Österreichischen Städtebund, Wien 1974, S. 17-33
Saindl, Karl, Finanzierungsrechnung als Ergänzung des Rechnungswesens der wirtschaftlichen Unternehmen, in: Wirtschaftliche Unternehmungen der Gemeinden und ihr Rechnungswesen, hrsg. von KDZ, Wien 1975, S. 18-57
Saindl, Karl, Die Anlagennachweise gemäß § 16 Abs. 1 der VRV, in: Österreichische Gemeine-Zeitung, Heft 3, 1978, S. 42-46
Saindl, Karl, Die finanzwirtschaftliche Deckungsbilanz als Vermögensrechnung für den Gemeindehalshalt, in: Das öffentliche Haushaltswesen in Österreich, Heft 2-3, 1978, S. 138-150
Saindl, Karl, Aufgaben der Betriebsrechnung und ihr Stellung innerhalb des gemeindlichen Rechnungswesens, in: Die Betriebsrechnung (Kostenrechnung) und ihre praktische Anwendung in den Gemeinden, hrsg. von KDZ, Wien 1980, S. 7-32
Samsinger, Robert, Personalabbau durch Gemeinkostenwertanalyse, in: Arbeit und Wirtschaft, 5. Jg., 1982, S. 28-30
Samsinger, Robert, »Verf(l)ixte Kosten«, in: Arbeit und Wirtschaft, 6. Jg., 1983, S. 20-23
Sandler, Guido G., Meinungsspiegel zum Gemeinkosten-Management, in: Betriebswirtschaftliche Forschung und Praxis, 33. Jg., 1981, S. 80
Schachner-Blazizek, Peter, Probleme einer Gesellschaftsbezogenen Unternehmensrechnung, Wien 1977
Schäfer, Erich, Über einige Grundfragen der Betriebswirtschaftslehre, in: Zeitschrift für Betriebswirtschaft, 20. Jg., 1950, S. 553-563
Schäfer, Erich, Die Unternehmung – Einführung in die Betriebswirtschaftslehre, 10. durchgesehene Aufl., Wiesbaden 1980
Schatz, Heribert, Das politische Planungssystem des Bundes – Idee, Entwicklung, Stand, in: Anwendungsprobleme moderner Planungs- und Entscheidungstechniken, hrsg. von Hans-Christian Pfohl und Bert Rürup, Königstein 1978, S. 241-257
Schauer, Reinbert, Das System der integrierten Haushaltsverrechnung in Österreich, in: Betriebswirtschaftliche Erkenntnisse für Regierung, Verwaltung und öffentliche Unternehmen, hrsg. von Peter Eichhorn, Schriften zur öffentlichen Verwaltung und öffentlichen Wirtschaft, hrsg. von Peter Eichhorn und Peter Friedrich, Band 85, Baden-Baden 1985, S. 217-233
Schauer, Reinbert, Peter Marwan-Schlosser et al., Spezielle Betriebswirtschaftslehre – Öffentliche Verwaltung, Band II, Linz 1983
Scheel, Werner und *Johannes Steup,* Gemeindehaushaltsrecht Nordrhein-Westfalen, 2. Aufl., Köln 1974
Schelle, Heinz, Wissenschaft von den Nachfolgekosten, Leserbrief, in: Süddeutsche Zeitung, Nr. 226 vom 1. Oktober 1985, S. 22
Schmalenbach, Eugen, Dynamische Bilanz, 12. Aufl., Köln und Opladen
Schmalenbach, Eugen, Die doppelte Buchführung, Köln und Opladen 1950
Schmidt, Andreas, Das Controlling als Instrument zur Koordination der Unternehmensführung, Eine

Analyse der Koordinationsfunktion des Controlling unter entscheidungsorientierten Gesichtspunkten, Frankfurt, Bern und New York 1986

Schmidt-Eichstädt, Gerd, Die Machtverteilung zwischen der Gemeindevertretung und dem Hauptverwaltungsbeamten im Vergleich der deutschen Kommunalverfassungssysteme, in: Archiv für Kommunalwissenschaften, 24. Jg., 1985, S. 20-37

Schneider, Dieter, Investition und Finanzierung, Lehrbuch der Investitions-, Finanzierungs- und Ungewißheitstheorie, 5. Aufl., Wiesbaden 1980

Schneider, Dieter, Geschichte betriebswirtschaftlicher Theorie, Allgemeine Betriebswirtschaftslehre für das Hauptstudium, München und Wien 1981

Schneider, Ferdinand, Wegweiser durch die gehobene kameralistische Buchführung für die werbenden Betriebe der Staats- und Kommunalverwaltungen, Berlin 1913

Schnellenbach, Helmut, Die dienstliche Beurteilung der Beamten und Richter, Ein Handbuch, Heidelberg 1986

Schönbäck, Wilfried, Zur historischen Genese des Budgets, in: Handbuch der österreichischen Finanzpolitik, Festgabe für Wilhelm Weber, hrsg. von Wolfgang Wergel, Eckhard Leithner und Rupert Windisch, Wien 1986, S. 201-215

Schredl, Kurt, Die Funktion des Finanzplanes bei wirtschaftlichen Unternehmen, in: Das öffentliche Haushaltswesen in Österreich, Heft 2, 1964, S. 5-14

Schreyögg, Georg und *Horst Steinmann,* Strategische Kontrolle, in: Zeitschrift für betriebswirtschaftliche Forschung, 37. Jg., Heft 5, 1985

Schwab, Walter, Harmonisierung im Rechnungswesen öffentlicher Haushalte, in: Das öffentliche Haushaltswesen in Österreich, Heft 1-3, 1976, S. 150-173

Schwab, Walter, Staatsausgabenerfüllung aus rechts-, wirtschafts- und kontrollpolitischer Sicht, in: Salzburger Symposium zum Jubiläum »60 Jahre Bundesverfassung«, Schriftenreihe des Landespressebüros, Serie Sonderpublikationen, Band 31, Salzburg 1980, S. 84-90

Schwab, Walter, Budgetrecht der Länder, in: Budgetrecht und Budgetpolitik der Länder, hrsg. von Walter Schwab und Gerhard Lehner, Wien 1981, S. 7-199

Schwab, Walter, Die Haushaltsrechtsreform des Bundes, in: Handbuch der österreichischen Finanzpolitik, Festgabe für Wilhelm Weber, hrsg. von Wolfgang Weigel, Eckhard Leithner und Rupert Windisch, Wien 1986, S. 121-133

Schwab, Walter, Die Haushaltsreform des Bundes, in: Das öffentliche Haushaltswesen in Österreich, 27. Jg., 1986, Heft 1-2, S. 121-133

Schweitzer, Marcell, Grundzüge einer Kostenrechnung für Hochschulen, in: Effizienz der Hochschulen, Colloquium der Westdeutschen Rektorenkonfrenz 1979, Dokumente zur Hochschulreform XXXVII/1980, Bonn-Bad Godesberg 1979, S. 117-140

Schweitzer, Marcell, Günter O. Hettich und *Hans-Ullrich Küpper,* Systeme der Kostenrechnung, München 1975

Seicht, Gerhard, Bilanztheorien, allgemein, in: Handwörterbuch des Rechnungswesens, hrsg. von Erich Kosiol, Klaus Chmielewicz und Marcell Schweitzer, 2. Aufl., Stuttgart 1981, Sp. 258-270

Seicht, Gerhard, Bilanztheorien, Würzburg und Wien 1982

Seidel-Kwem, Brunhilde, Strategische Planung in öffentlichen Verwaltungen, Berlin 1983

Siedentopf, Heinrich und *Klaus-Dieter Grunewald,* Die kommunale Rechnungsprüfung, 2. Aufl., Bad Wörishofen 1977

Sprenger, Reinhard, Grundsätze gewissenhafter und getreuer Rechenschaft im Geschäftsbericht, Ein Beitrag zur Interpretation von § 160 IV 1 AktG, Wiesbaden 1976

Schramm, Herbert, Eine Stadtverwaltung schert aus und schafft kurzfristig den Alleingang, in: Öffentliche Verwaltung und Datenverarbeitung, 11. Jg., Heft 11, 1981, S. 878-880

Schumacher-Wolf, Clemes und *Ursula Siedenburg,* Informations- und Kommunikationstechnologien in der öffentlichen Verwaltung, GMD-Studien Nr. 78, hrsg. von der Gesellschaft für Mathematik und Datenverarbeitung mbH Bonn, Darmstadt 1984

Steinebach, Nikolaus, Verwaltungsbetriebslehre, Regensburg 1980

Steinle, Klaus, Zukunftsgerichtetes Controlling – Strategische Früherkennung und Geschäftsfeldplanung als Instrumente, in: Der Betriebswirt, 27. Jg., Heft 2, 1986

Steiner, Jürg, Spitzenförderung im amerikanischen Bildungswesen, in: Neue Zürcher Zeitung vom 28./29. September 1986

Stipak, Brian, Are there Sensible Ways to Analyze and Use Subjective Indicators of Urban Service Quality?, in: Social Indicators Research, Vol. 6, 1979, S. 421-438

Stipak, Brian, Citizen Satisfaction With Urban Services: Potential Misuses as a Performance Indicator, in: Public Administration Review, Vol. 39, 1979, S. 46-52

Stollmann GmbH (Hrsg.), Konzept zur Bewertung des Einsatzes autonomer dezentraler Datenverarbeitung in den Kommunalverwaltungen im Vergleich zu einer Kooperation mit der Datenzentrale Schleswig-Holstein, Hamburg 1985 (unveröffentlichtes Gutachten)

Stollmann GmbH (Hrsg.), Kriterien für Auswahl und Einsatz einer Datenverarbeitungslösung in Kommunalverwaltungen Schleswig-Holsteins, Hamburg 1985 (unveröffentlichtes Gutachten)

Streim, Hannes, Grundsätzliche Anmerkungen zu den Zwecken des Rechnungswesens, in: Entwicklungsperspektiven des öffentlichen Rechnungswesens, hrsg. von Klaus Lüder, Speyerer Forschungsberichte Nr. 48, Speyer 1986, S. 1-25

Streitferdt, Lothar, Besonderheiten und Probleme der Bewertung im öffentlichen Rechnungswesen unter besonderer Berücksichtigung von Verbundrechnungen, in: Entwicklungsperspektiven des öffentlichen Rechnungswesens, hrsg. von Klaus Lüder, Speyerer Forschungsberichte Nr. 48, Speyer 1986, S. 71-88

Study Series Local and Regional Authorities in Europe, Vol. 22, Council of Europe, 1983

Taxis, Hans, Die Konzeption der gemeindlichen Vermögensrechnung, in: Der Städtetag, Heft 1, 1954

Taxis, Hans, Grundfragen des finanzwirtschaftlichen und des erwerbswirtschaftlichen Rechnens, in: Finanzarchiv, Neue Folge 18. Jg., 1957/58, S. 275-295

Taxis, Hans, Die württembergische Teilverbundrechnung, in: Der öffentliche Haushalt, 11. Jg., 1970, S. 106-107

Tätigkeitsbericht des Rechnungshofes für das Verwaltungsjahr 1971, Wien 1971

Tätigkeitsbericht des Rechnungshofes für das Verwaltungsjahr 1975, Wien 1975

Tätigkeitsbericht des Rechnungshofes für das Verwaltungsjahr 1983, Wien 1983

Tesar, Helmut, Die oberste Rechnungskontrollbehörde Österreichs, in: 200 Jahre Rechnungshof, hrsg. vom Präsidium des Rechnungshofes, Wien 1961, S. 1-23

Thayer, Ralph E., The Local Government Annual Report as a Policy Planning Opportunity, in: Public Administration Review, Vol. 38, 1978, S. 373-376

Thiemeyer, Theo, Wirtschaftslehre öffentlicher Betriebe, Reinbek bei Hamburg 1975

Thoms, Walther, Kritik der Verwaltungslehre Henri Fayol's, in: Der praktische Betriebswirt, 12. Jg., 1932, S. 754-760

Tierney, Cornelius E., Handbook of Federal Accounting Practices, Reading, Mass., Menlo Park, Calif., London, Amstredam, Don Mills, Ontario, Sydney 1982

Timm, Herbert, Zeitliche Lastenverschiebung durch Staatsverschuldung oder Privatverschuldung?, in: Finanzarchiv, N.F., Band 42, 1984, S. 71-83

Timmermann, Manfred und *Karl-Heinz Koop,* Käufer und Einkaufspolitik auf Investitionsgütermärkten I – Beschaffungsstrategien und Leistungen, in: Technischer Vertrieb, wehrtechnischer TV-Lehrbrief IK 031, hrsg. von Wulff Plinke, Projektgruppe Technischer Vertrieb, Freie Universität Berlin, Berlin 1985

Ueltzhöffer, Jörg, Die kommunale Machtelite und der politische Willensbildungsprozeß in der Gemeinde, in: Hans-Georg Wehling (Hrsg.), Kommunalpolitik, Hamburg 1975, S. 95-130

U.S. General Accounting Office, Office of the Auditor General of Canada, Federal Government Reporting Study, Detailed Report (GAO/AFMS-86-30B), Washington, Ottawa 1986

Voegeli, Fred, Einsparungen bei der öffentlichen Verwaltung, in: Neue Zürcher Zeitung, Nr. 168 vom 24. Juli 1986, S. 21

Wagener, Frido (Hrsg.), Verselbständigung von Verwaltungsträgern, Schriften der Deutschen Sektion des Internationalen Instituts für Verwaltungswissenschaften, Band 1, Bonn 1976

Wagener, Frido, Datenverarbeitung auf der Ebene der Gemeinden, Kreise und Regionen, in: Öffentliche Verwaltung und Datenverarbeitung, 10. Jg., Heft 12, 1980, S. 4-8

Walb, Ernst, Die Erfolgsrechnugn der Kameralistik, in: Zeitschrift für handelswissenschaftliche Forschung, 19. Jg., 1925, S. 241-307

Walb, Ernst, Die Erfolgsrechnung privater und öffentlicher Betriebe, Berlin und Wien 1926

Wangen, Edgar, Polit-Marketing, Das Marketing-Management der politischen Parteien, Opladen 1983

Weber, Dieter, Haushaltsplan-Erstellung als IMS-Projekt, in: Öffentliche Verwaltung und Datenverarbeitung / Online, 12. Jg., Heft 1, 1982, S. 89-91

Weber, Jürgen, Zielorientiertes Rechnungswesen öffentlicher Betriebe, Schriften zur öffentlichen Verwaltung und öffentlichen Wirtschaft, hrsg. von Peter Eichhorn und Peter Friedrich, Band 71, Baden-Baden 1983

Weber, Jürgen, Ausgewählte Aspekte des Controlling in öffentlichen Institutionen, in: Zeitschrift für öffentliche und gemeinwirtschaftliche Unternehmen, Band 6, 1983, S. 438-461

Wehrli, Hans Peter, Öffentliches Rechnungswesen in der Schweiz, in: Entwicklungsperspektiven des öffentlichen Rechnungswesens, hrsg. von Klaus Lüder, Speyerer Forschungsberichte Nr. 48, Speyer 1986, S. 39-51

Weinrich, Günter und *Joachim Zoll,* Im Overhead-Bereich die Kostenschere ansetzen, industrielle Organisation 1982

Wenger, Karl, Christian Brünner und *Peter Oberndorfer,* Grundriß der Verwaltungslehre, Wien und Köln 1983

Wiesendahl, Elmar, Moderne Demokratietheorie, Eine Einführung in die Grundlagen, Spielarten und Kontroversen, Frankfurt am Main 1981

Whynes, David K. und *Roger A. Bowles,* The Economic Theory of the State, Oxford 1981

WIBERA-Projektgruppe Bolsenkötter, Ökonomie der Hochschule, Eine betriebswirtschaftliche Untersuchung, Band I-III, Baden-Baden 1976

Winkelmann, Hans, Kameralistische und kaufmännische Rechnungslegung in öffentlichen Verwaltungen und Betrieben, Berlin 1950

Wissenschaftsrat zur Organisation, Planung und Forderung der Forschung, Empfehlungen, abgedruckt in: Bundesdruckerei, Bonn 1975

Witte, Eberhard und *Herbert Klein,* Finanzplanung der Unternehmung, Reinbek bei Hamburg 1974

Wittrock, Karl, Kontrolle durch Rechnungshöfe, in: Öffentliche Verwaltung in der Bundesrepbulik Deutschland, hrsg. von Klaus König, Hans-Joachim von Oertzen und Frido Wagener, Baden-Baden 1981, S. 383-395

v. Wysocki, Klaus, Kameralistisches Rechnungswesen, Stuttgart 1965

Zehentner, Helmut, Der Einsatz der Datenverarbeitung im Haushalts-, Kassen- und Rechnungswesen, Einführung in die Arbeitsweise, Bonn 1981 (unveröffentlichtes Manuskript)

Zimmermann, Jerold L., The Municipal Accounting Maze: An Analysis of Political Incentives, in: Journal of Accounting Research, Vol. 15, 1977, S. 107-144

Namenverzeichnis

Sachverzeichnis

Verzeichnis der Veröffentlichungen von Ludwig Mülhaupt

(nur Publikationen auf dem Gebiet der Öffentlichen Betriebswirtschaftslehre)

Einzelschriften:

- Die Wirtschaftsgrundsätze der Deutschen Gemeindeordnung und ihre Auswirkungen auf das gemeindliche Rechnungswesen, Diss. Köln, 1939.
- Gemeindewirtschaft und Unternehmerwirtschaft, Festgabe für Rudolf Johns zum 65. Geburtstag, herausgegeben gemeinsam mit Karl Oettle, Studien der Forschungsgesellschaft für Staats- und Kommunalwirtschaft, Bd. 4, Göttingen 1965.
- Theorie und Praxis des öffentlichen Rechnungswesens in der Bundesrepublik Deutschland, Schriften zur öffentlichen Verwaltung und öffentlichen Wirtschaft, hrsg. von Peter Eichhorn und Peter Friedrich, Bd. 93, Baden-Baden 1987.

Aufsätze in Zeitschriften und Beiträge in Sammelwerken:

- Zum Begriff der Aufwendungen nach § 72 DGO, in: Reichsverwaltungsblatt, Bd. 60, Heft 3, 1939, S. 55.
- Das Problem der gemeindlichen Vermögensrechnung in betriebswirtschaftlicher und finanzwirtschaftlicher Betrachtung, in: Zeitschrift für handelswissenschaftliche Forschung, 34. Jg., 1940, S. 305-330.
- Der Grundsatz der Wirtschaftlichkeit in der Gemeindewirtschaft und die Problematik ihrer Messung, in: Finanzarchiv, Bd. 8, 1941, S. 94-114.
- Der Deckungsprozeß in der Gemeindefinanzwirtschaft und seine rechnerische Darstellung in: Finanzarchiv, Bd. 8, 1941, S. 403-443.
- Grundsätzliches zum Problem der Vermögensstatistik, in: Allgemeines Statistisches Archiv, Bd. 30, 1941/42, S. 36-47.
- Neuere Entwicklungen auf dem Gebiet des Gemeinderechnungswesens, in: Gemeindewirtschaft und Unternehmerwirtschaft, Festgabe für Rudolf Johns zum 65. Geburtstag, herausgegeben gemeinsam mit Karl Oettle, Studien der Forschungsgesellschaft für Staats- und Kommunalwirtschaft, Bd. 4, Göttingen 1965, S. 15-49.
- Die öffentliche Vermögensrechnung, in: Die große Finanzreform, Gutachten, Institut Finanzen und Steuern, Heft 80, Bonn 1966, S. 105-136.
- In falscher Richtung, Das künftige Haushaltsrecht ist zu einseitig wirtschaftspolitisch orientiert (gemeinsam mit Peter Eichhorn), in: Der Volkswirt, 23. Jg., Heft 14, 1969, S. 48-49.
- Die Auswirkungen der staatlichen Haushaltsreform auf die Gemeinden in der Bundesrepublik Deutschland, in: Materialien zur Arbeitstagung »Reform des

Gemeindehaushalts«, veranstaltet vom Kommunalwissenschaftlichen Dokumentationszentrum (KDZ) mit dem österreichischen Städtebund am 26. Mai 1970, Wien 1970, S. 19-39.

- Die Pläne zur Reform der ordentlichen Haushaltsrechnung, in: Der öffentliche Haushalt, 11. Jg., 1970, S. 74-78.
- Die Bestrebungen zur Reform der gemeindlichen Vermögensrechnung, in: Der öffentliche Haushalt, 11. Jg., 1970, S. 78-81.
- Probleme der kommunalen Vermögensrechnung, in: Der öffentliche Haushalt, 11. Jg., 1970, S. 117-136.
- Erwiderung auf die Stellungnahme von Dr. Leisnich zur finanzwirtschaftlichen Deckungsrechnung, in: Der öffentliche Haushalt, 11.Jg., 1970, S. 140-141.
- Kameralistische oder kaufmännische Buchführung für Gemeinden, in: Local finance, Vol. 2, Nr. 1, 1973, S. 3-14.
- Betriebswirtschaftliche Grundsätze in der Kameralistik (gemeinsam mit Jürgen Gornas), in: Kommunal-Kassen-Zeitschrift, 24. Jg., 1973, S. 104-110 und 121-128.
- Zur Prognose des kommunalen Kreditbedarfs (gemeinsam mit Jürgen Gornas), in: Sparkasse, 91. Jg., 1974, S. 95-100.
- Anmerkungen zur Veranschlagung kalkulatorischer Kosten im gemeindlichen Haushaltsplan (gemeinsam mit Jürgen Gornas), in: Der Gemeindehaushalt, 75. Jg., 1974, S. 49-54.
- Finanzwirtschaftliches und betriebswirtschaftliches Rechnen in Gemeinden, Anmerkungen zur Neuordnung des Gemeindehaushaltsrechts (gemeinsam mit Jürgen Gornas), in: Der öffentliche Haushalt, 14. Jg., 1973, S. 15-46.
- Entwicklungstendenzen des öffentlichen Bankwesens in der Bundesrepublik Deutschland (gemeinsam mit Rudolf Holdijk), in: Zeitschrift für öffentliche und gemeinwirtschaftliche Unternehmen, Bd. 2, Heft 3, 1979, S. 241-251.
- Von der finanzwirtschaftlichen Bilanz zur neueren Finanzierungslehre, in: Schmalenbachs Zeitschrift für betriebswirtschaftliche Forschung, 32. Jg., 1980, S. 975-988.
- Ziele und Aussagewert eines modernen öffentlichen Rechnungswesens, in: Betriebswirtschaftliche Erkenntnisse für Regierung, Verwaltung und öffentliche Unternehmen, 25 Jahre Öffentliche Betriebswirtschaftslehre an der Universität Mannheim, Schriften zur öffentlichen Verwaltung und öffentlichen Wirtschaft, hrsg. von Peter Eichhorn und Peter Friedrich, Bd. 85, Baden-Baden 1985, S. 75-95.
- Die Konzeption des baden-württembergischen Innenministeriums zur gemeindlichen Vermögensrechnung, in: Betriebswirtschaftliche Erkenntnisse für Regierung, Verwaltung und öffentliche Unternehmen, 25 Jahre Öffent-

liche Betriebswirtschaftslehre an der Universität Mannheim, Schriften zur öffentlichen Verwaltung und öffentlichen Wirtschaft, hrsg. von Peter Eichhorn und Peter Friedrich, Bd. 85, Baden-Baden 1985, S. 185-216.
- Erfolgswirtschaftliches und haushaltswirtschaftliches Rechnen öffentlicher Haushalte am Beispiel des privaten Haushalts, in: Zeitschrift für Betriebswirtschaft, 55. Jg., Heft 4, 1985, S. 362-382.
- Kameralistik, in: Verwaltungslexikon, hrsg. von Peter Eichhorn gemeinsam mit Carl Böhret, Hans-Ulrich Derlien, Peter Friedrich, Albert von Mutius, Günter Püttner und Heinrich Reinermann, Baden-Baden 1985, S. 484-487.

Buchbesprechungen:
- Johns, Rudolf, Die Vollrechnung der Gemeinden, in: Der Gemeindehaushalt, 44. Jg., 1938, S. 275.
- Juzi, Otto, Studien zur Theorie der doppelten Buchhaltung, in: Zeitschrift für handelswissenschaftliche Forschung, 34. Jg., 1940, S. 304.
- Held, Georg, Theorie der Kameralrechnung, in: Weltwirtschaftliches Archiv, Schrifttum, Bd. 70, 1953, S. 60-61.
- Gröner, Jakob Leo, Das Wesen der kameralistischen Buchführung mit Gewinnausweis, in: Finanzarchiv, Bd. 14, 1953/54, S. 200-201.
- Held, Georg, Noch einmal: Theorie der Merkantil- und der Kameralrechnung, in: Weltwirtschaftliches Archiv, Bd. 72, 1954, S. 31-34.
- Oettle, Karl, Grundfragen öffentlicher Betriebe I und II, in: Zeitschrift für öffentliche und gemeinwirtschaftliche Unternehmen, Bd. 1, Heft 2, 1978, S. 99-102.